OEUVRES COMPLÈTES DE A. F. OZANAM (8) •
FRÉDÉRIC OZANAM

Note de l'éditeur

Les descriptions du livre que nous demandons aux libraires de placer en évidence préviennent qu'il s'agit d'un livre historique contenant de nombreuses coquilles ou du texte manquant ; il n'est pas référencé ni illustré.

Le livre a été créé en recourant au logiciel de reconnaissance optique de caractères. Le logiciel est précis à 99 pour cent si le livre est en bon état. Toutefois, nous comprenons que même un pour cent peut représenter un nombre agaçant de coquilles ! Et, parfois, il peut manquer une partie d'une page voire une page entière dans notre copie du livre. Il peut aussi arriver que le papier ait été si décoloré avec le temps qu'il est difficile à lire. Nous présentons nos excuses pour ce désagrément et remercions avec gratitude l'assistance de Google.

Après avoir recomposé et reconçu un livre, les numéros de page sont modifiés et l'ancien index et l'ancienne table des matières ne correspondent plus. Pour cette raison, nous pouvons les supprimer ; sinon, ignorez-les.

Nous corrigeons attentivement les livres qui vendront suffisamment d'exemplaires pour payer le correcteur ; malheureusement, c'est rarement le cas. C'est pourquoi, nous essayons de laisser aux clients la possibilité de télécharger une copie gratuite du livre original sans coquilles. Entrez simplement le code barre de la quatrième de couverture du livre de poche dans le formulaire Livre gratuit sur www.RareBooksClub.com.

Vous pouvez également remplir les conditions pour adhérer gratuitement et à l'essai à notre club de livres pour télécharger quatre livres tout aussi gratuitement. Entrez simplement le code barre de la quatrième de couverture sur le formulaire d'adhésion qui se trouve sur notre page d'accueil. Le club de livres vous permet d'accéder à des millions de livres. Entrez simplement le titre, l'auteur ou le sujet dans le formulaire de recherche.

Si vous avez des questions, pourriez-vous d'abord consulter la page de notre Foire Aux Questions sur www.RareBooksClub.com/faqs.cfm ? Vous pouvez également nous y contacter.

General Books LLC™, Memphis, USA, 2012. ISBN: 9781235176272.

❧ ❧ ❧ ❧ ❧ ❧ ❧ ❧

DISCOURS

SDR U

PUISSANCE DU TRAVAIL

PRONONCÉ AU COLLÈGE STANISLAS

POUR LA DISTRIBUTION DES PRIX

Messieurs,

Ces couronnes laborieuses, cette jeunesse disciplinée qui les attend, cette assemblée impatiente de les applaudir; les murs d'un collége retenant pour quelques heures tant de personnes qui font l'ornement du monde ou qui en sont la lumière; tout l'appareil enfin de la solennité que nous célébrons en montre assez le dessein: c'est la fête du travail. Si vous ne croyez faire tort ni aux affaires de l'Église, ni à celles de l'État en les interrompant pour assister à nos humbles triomphes, c'est que vous voulez honorer un principe que la mollesse de nos mœurs n'aime pas, et qui semble s'effacer des esprits. Vous permettrez donc, messieurs, que je cherche à rendre la pensée commune d'une si imposante réunion, et que je traite de la loi du travail le jour même où on le cesse, puisque c'est aussi le jour où on le récompense. Le sujet, d'ailleurs, convient au lieu comme au temps: il s'agit de remettre en vigueur une idée chrétienne; et nulle part la tentative ne fut plus opportune que dans cette école qui fait gloire de conserver avec fidélité toutes les traditions du christianisme.

Si dans les premiers souvenirs du genre humain, au milieu de ce renversement de la nature qui suit la chute originelle, la loi du travail paraît d'abord comme un châtiment; une volonté miséricordieuse fait en sorte que le châtiment répare la faute, et que dans l'humiliation courageusement subie l'homme trouve une autre grandeur. En fécondant la terre do ses sueurs, comme le soleil la fertilise de ses feux et les nuées de leurs pluies, il rentre dans l'ordre régulier de l'univers: Dieu l'emploie, et par conséquent le réhabilite; dès qu'il sert, il commence à mériter. Voilà le dogme chrétien du travail, dont le sens profond n'est plus compris. Et quel siècle pourtant fut plus actif que le nôtre, et plus avare de ses loisirs? Sut-on jamais mieux ce que valent les heures et ce que peuvent les bras? La vitesse a reconquis le temps sur l'espace;, toutes les forces de la création se fatiguent au service de nos besoins. Mais, en admirant les prodiges de l'industrie, il est permis de dire qu'elle est dirigée vers le seul but de la richesse, par conséquent du plaisir et du repos, et qu'on ne travaille guère qu'afin d'arriver à ne travailler pas. Dans toutes les carrières le souci principal est d'avancer, c'est-à-dire d'atteindre bientôt au point où l'on s'arrête; et les lettres elles-mêmes, tournées au gain, ne sont plus qu'un moyen de se reposer un jour, c'est-à-dire de n'écrire et de ne penser plus. C'est là cependant, c'est dans les lettres que se fait mieux sentir le bienfait de cette loi si impatiemment supportée, qu'on apprend à l'accomplir avec amour, sans intérêt, et dès lors sans relâche. J'y restreins mon discours, et je veux montrer le pouvoir du travail dans l'éducation des esprits, dans la production des bons ouvrages, et dans la préparation qui fait les grands siècles.

L'âme est une puissance active, et celte activité la distingue souverainement de la matière, dont le propre est l'inertie. Toute puissance se développe par son exercice: les forces de l'âme grandissent donc à mesure qu'elles s'emploient, et, comme par une admirable écor nomie, toute créature se satisfait en usant de ses forces, l'âme se plaît aussi au jeu de ses facultés, elle jouit de ce qu'elle peut, en sorte qu'elle trouve son repos véritable dans le travail même. Assurément il ne faut pas nier la paresse de la nature, les fatigues de l'cntende ment qui veut concevoir et produire; et les plus grands écrivains ont connu ces premières angoisses de la pensée, comme les plus grands militaires connaissent la première terreur des combats. C'est là le caractère pénal du travail et le sceau de la condamnation. Mais il faut savoir aussi le plaisir d'un effort vainqueur, la jouissance infinie de la vérité découverte ou de la beauté reproduite. Ce bonheur désintéressé, ce frémissement de l'esprit aux approches de la lumière qui le visite, lui révèle qu'elle vient de plus haut. Il y éprouve comme un pressentiment de la Divinité. La philosophie antique l'avait compris, quand elle faisait consister la perfection et le souverain hien de l'homme dans le mouvement harmonieux de ses facultés, et qu'elle le représentait comme une image de Dieu éternellement heureux dans une action éternelle.

Je ne viens pas décrire un passe-temps de rêveur, mais un emploi déjà vieux dans le monde, et ce qu'on appelait autrefois le métier des lettres. Il leur appartient d'exercer l'intelligence et de la porter à sa place, au-dessus des sens et plus près de Dieu: elles affranchissent aussi la volonté par cette contrainte salutaire qu'on nomme l'application, et qui l'arrache aux entraînements extérieurs. Ainsi se rétablit l'harmonie troublée de la nature humaine. Si donc le soin de réparer la nature fait le fonds pour ainsi dire de toute l'éducation, on comprend pourquoi les lettres y tiennent tant de place, et comment depuis vingt siècles elles sont restées chargées de l'apprentissage de la vie chez toutes les nations policées. Je ne parle pas des anciens: la célébrité des écoles grecques remplit toute l'histoire, et Rome comprit tout ce qu'on pouvait tirer de l'enseignement littéraire, puisqu'elle en fit une institution de l'État. Quand le christianisme paraît, il semble qu'il va rompre avec le passé, et qu'il se charge-

ra lui seul de former les hommes. Mais aussitôt qu'il entreprend l'éducation des barbares, il les retient sous la discipline des lettres, il les rompt au travail d'esprit, il les plie aux difficultés de la parole, il met l'ordre dans les idées et par là dans les mœurs. Ces âmes impétueuses, domptées par la règle, prennent l'essor, et je ne m'étonne plus si des écoles monastiques je vois sortir des saints, des législateurs de royaumes, et à leur suite toute la civilisation moderne.

Les lettres donc sont demeurées maîtresses, et c'est vainement qu'on a voulu leur contester la part qui leur est faite dans l'instruction publique, et qu'on propose de la restreindre. L'erreur de beaucoup de gens est de se méprendre sur les études où l'on a coutume d'appliquer la jeunesse. Le but prochain qu'on s'y propose n'est point précisément le savoir, mais l'exercice.. Il ne s'agit pas tant de littérature, d'histoire, de philosophie, choses qui s'oublieront peut-être, que d'affermir l'imagination, la mémoire, le jugement, qui demeureront. Ces langues anciennes, auxquelles plusieurs voudraient qu'on donnât moins d'années, sont les plus admirables formes qu'ait jamais revêtues la parole humaine; et, s'il est vrai que la parole modifie la pensée, ne voyezvous pas que l'esprit, obligé de se modeler longtemps sur les types grecs et latins, en gardera nécessairement les impressions puissantes? Dans ces leçons de tous les siècles, dans ce commerce journalier avec tout ce qui fut grand, il se forme plus que l'esprit, je veux dire le caractère. Et quand, au sortir des bancs, on devrait perdre jusqu'au souvenir des auteurs qu'on y explique, ce serait encore un bienfait considérable que d'avoir été nourri de bonne heure à l'idée du devoir, que d'avoir appris à obéir, et de savoir au moins s'appliquer et se contraindre, ce qui est le secret des affaires et le grand art de la vie humaine. Il se pourra qué, d'un grand nombre d'élèves, on fasse peu d'écrivains et d'orateurs: il en restera, ce qui vaut mieux, des citoyens utiles et des chrétiens persévérants. Il en est de l'éducation comme de l'héritage du laboureur: ses enfants y cherchèrent un

trésor, ils y firent lever des moissons. Cette belle image est celle de toutes les choses où le travail de l'homme concourt avec l'action de la Providence: il fait autrement qu'il ne veut, mieux qu'il ne veut, et l'invisible artisan qui travaillait avec lui ne se déclare qu'à la fin.

Il convient donc que tous les esprits passent par les lettres pour leur bien: mais il faut aussi qu'un petit nohmre s'y fixe pour le bien public. Les vocations littéraires ne veulent pas être décidées légèrement. Le travail les éprouve et les juge par les œuvres. Je sais que de complaisantes doctrines attribuent tout à l'inspiration, dont il faudrait attendre le souffle sans effort et sans art. Mais le souffle divin ne s'arrête que dans les âmes qui le retiennent par force: l'inspiration ne sait point se passer de la volonté; ce sont les deux moitiés du génie. Et si nous étudions ses ouvrages, nous verrons que la perfection est laborieuse, et que les choses coûtent ce qu'elles valent.

Le travail d'où sortent les ouvrages durables se compose de deux parties, la pensée et la forme, la science 1 et l'art. La pensée poursuit la vérité; la recherche de la vérité constitue la science, qui se propose comme son terme, ou la gloire de Dieu, ou l'utilité des hommes. Mais Dieu, qui est la fin où aboutissent toutes les connaissances humaines, a voulu qu'on ne parvînt scientifiquement jusqu'à lui qu'après avoir parcouru toute la longueur du chemin: il se montre de loin pour qu'on le trouve; mais il se dérobe en même temps pour qu'on le cherche. Ce n'est pas non plus une facile entreprise que d'instruire les hommes: car ils savent déjà beaucoup, et ce qu'ils ignorent doit être bien caché pour que tant de siècles ne l'aient pas découvert. Aussi les plus fermes esprits ne s'y essayent qu'en hésitant. Descartes, agité dans ses méditations solitaires de cette idée qui doit changer toute la philosophie, se rend en pèlerinage à Notre-Dame de Lorette, afin d'obtenir la grâce de ne point tromper le genre humain. La recherche de la vérité est exigeante: il y faut de la probité. Il faut savoir résister à cette promptitude d'esprit qui n'est qu'une paresse ingénieuse, qui plie les faits, presse les rapprochements, précipite les conclusions. Il faut savoir susciter les questions, s'enfoncer dans les obscurités, se défier des fausses lueurs, ne plaindre ni le temps, ni la peine, et ne pas croire que ce soit trop de la vie pour atteindre à l'évidence. Alors, de cette certitude, péniblement obtenue, résulte une force nouvelle à quoi rien ne résiste. Ce sont les grandes convictions qui font l'éloquence véritable; elle a prospéré par les hommes d'Église et les hommes d'État dont les discours étaient la défense d'une cause, et qui, en nous laissant des chefs-d'œuvre, ne pensaient faire que leur devoir. Quand Bourdaloue monte en chaire, avec ce front sévère et ces yeux qu'il ne leva jamais, vous n'attendez de lui que la sagesse; laissez-le s'établir sur une pensée et l'approfondir à sa manière, il la creusera jusqu'au vif, jusqu'à ce point où la raison jaillit avec toute l'énergie de la passion même.

La vérité connue ne se contient pas. Elle remplit le cœur d'un amour qui a besoin de se communiquer. 11 est impatient de la faire connaître; il ne peut pas souffrir qu'elle demeure obscurcie d'aucune imperlèction; 11 la veut lumineuse, et telle qu'elle ravisse l'admiration de l'univers; il n'a pas de cesse qu'il n'y ait épuisé ses derniers efforts; et, quand il les a faits, confondu de l'intervalle immense qui sépare la réalité divine de l'ébauche terrestre, il s'humilie de son impuissance, et s'en repent comme d'une infidélité. La conscience chrétienne n'est pas indulgente pour les ouvrages d'esprit; elle ne s'accommode point de *Va peu près,* capitulation misérable des volontés faibles: elle y veut la perfection qu'elle cherche partout. Je trouve là le principe légitime de l'art. L'art reçoit la vérité au sortir de la science, et la reproduit avec l'éclat du beau, afin de la propager d'abord, et de la conserver ensuite. Car, si les ouvrages excellents commencent par la pensée, c'est par la forme qu'ils durent. Quand la pensée se produit sous une forme imparfaite, elle se confond bientôt dans cette multitude de connaissances et d'opinions, qui circulent comme une monnaie courante dont l'effigie s'efface et dont le poids s'altère. Le vrai qui s'y trouve, n'arrêtant pas l'attention des hommes, iinit par se perdre: la beauté, au contraire, se fait respecter, et ne permet pas qu'on l'oublie. Ainsi se font et se refont sans cesse les histoires des mêmes peuples, ainsi les doctrines philosophiques se répètent: les plus anciennes, oubliées au bout de peu de temps, ne servent plus que de matériaux à celles qui viennent après, pour se perdre à leur tour dans les travaux de l'avenir. 11 en est de même de la poésie. Vous connaissez ces belles traditions épiques de Roland et d'Arthur, qui paraissent au moyen âge, comme, aux temps héroïques de la Grèce, les souvenirs du siége de Troie. Assurément on ne saurait concevoir de plus nobles caractères, des situations plus pathétiques: les preux de Roncevauxne le cèdent en rien aux guerriers d'1lion. Cependant ces récits descendent le cours des siècles sans rencontrer un grand poëte qui s'en empare. Ils ne cessent donc de se transformer: d'abord en vers chantés par les troubadours, puis en prose dans ces romans énormes qu'on attachait d'une chaîne d'acier sur le pupitre des châtelaines; enfin dans ces populaires histoires des quatre fils Aymon, qu'on trouve encore sous le chaume des villageois. Au contraire, on ne tentera pas de refaire le Discours Sur l'histoire universelle, Andromaque, Iphigénie, comme on ne voit point qu'on ait jamais recommencé l'Iliade. C'est que le génie s'est approprié l'idée, qui «st le bien de tous, par le travail qui est à lui. Il en a pris possession, comme parle Thucydide, pour l'éternité: les temps qui suivront connaîtront son empreinte et n'y toucheront pas. Il y a dans toutes les vieilles villes des murailles croulantes dont les décombres ne servent plus qu'à des constructions nouvelles. Mais NotreDame do Paris ne deviendra jamais une carrière; et quand nos neveux voudront bâtir à leur tour, ils iront chercher des pierres ailleurs.

Lorsque le travail rencontre l'inspiration, et que, par le concours de la science et de l'art, les ouvrages parfaits se multiplient, alors on voit de grands siècles. On pourrait rappeler ici toute l'antiquité: ces voyages loin-tains entrepris par les philosophes pour entendre les leçons d'une sagesse plus ancienne qu'eux; les exercices où se formaient les orateurs; ce qu'il en coûta au fils bègue et timide d'un forgeron athénien pour devenir Dcmoslhènes; les études immenses de Cicéron poussées jusqu'aux derniers artifices du style, du nombre et de l'action oratoire. C'est surtout dans le christianisme que je veux suivre la tradition du travail: je l'y vois toujours conservée aux temps difficiles, toujours souveraine aux époques mémorables. Les querelles de l'arianisme, en agitant les esprits par de redoutables perplexités, et en les ramenant aux études, préparèrent l'âge glorieux des Pères de l'Église. On est étonné des prodigieux labeurs de ces grands hommes. Trois fois saint Athanase sort des déserts où il a caché, sa tête proscrite: il en revient avec des écrits qui fondent en quelque façon la théologie. Saint Basile et saint Grégoire de Nazianze ont grandi aux écoles d'Athènes, et le dernier s'écrie: « J'abandonne aux païens tout le reste, « richesse, naissance, autorité d'ici-bas; mais je me « saisis de l'éloquence, et je ne regrette pas les travaux « et les voyages que j'ai entrepris pour l'obtenir. » Le génie des orateurs antiques s'assied avec saint Jean Chrysostome sur la chaire de Constantinople. Saint Jérôme emporte Platon dans la grotte de Bethléem, où il traduit Moïse. Saint Augustin, qui commence si tard, embrasse toute la science chrétienne. Les siècles passent, et le treizième, qui fut le plus beau du moyen âge, éclaire des générations infatigables. L'école de Paris compte quarante mille étudiants venus de toutes les extrémités de l'Europe; nul auditoire ne peut contenir la foule; ils s'assoient autour des maîtres, sur la paille étendue dans les places publiques; jamais les intérêts de la pensée n'émurent à ce point l'altention des peuples. Ne méprisez point ces disputes. Les questions qui s'y agitent sont celles qui, sous d'autres noms, n'ont pas cessé d'intéresser l'esprit humain. De l'arène scolastique, vous verrez sortir ces athlètes de la pensée qui semblent des géants: leurs œuvres colossales nous effrayent, comme ces épées de sept pieds de long dont se servaient leurs belliqueux contemporains. Vous reconnaissez Albert le Grand, dont la science sembla plus qu'humaine; saint Thomas d'Aquin, qui mourut à quarante-neuf ans, laissant à la science dix-sept volumes in-folio, et aux liturgies sacrées des hymnes dont rien ne surpasse la poésie; saint Bonaventure; Vincent de Beauvais; tous ces noms qui prêtent leur éclat au pontificat d'Innocent IV et au règne de saint Louis. A leur suite, et comme un disciple après ses maîtres, paraît le plus grand des poètes modernes, Dante, qui, sans dérober sa vie au service de l'État, sans cesser de poursuivre les desseins où il avait attaché le salut de son pays, trouve le loisir de hanter les écoles, de briguer le laurier théologique, d'écrire de volumineux traités de philosophie, de politique, de philologie, et de composer enfin un poëme de trente mille vers, où il fait entrer tout le savoir de son époque, pour le faire rayonner de toute la splendeur de l'épopée, comme afin de prouver au monde une fois pour toutes que l'étude, non plus que la foi, n'étouffe pas si fort le génie.

Mais l'idée chrétienne du travail ne fut jamais mieux comprise qu'au dix-septième siècle, dans ces temps qui ne sont pas encore assez loin de nous pour qu'il faille désespérer d'en renouer la suite. Alors la langue même de nos pères témoignait de leurs doctrines. Ils donnaient une noble acception à ce mot de *service,* qui autrefois voulait dire *servitude* et qui est devenu synonyme de *bienfait:* on faisait état de servir, soit dans les camps, soit dans les cours de justice. Les lettres, non plus que les armes, n'avaient point honte de s'appeler un *métier,* c'est-à-dire une chose laborieuse. Toute cette époque sortit de la discipline savante de l'Université et des ordres religieux, de ces colléges où tout l'enseignement se donnait en latin, où les écoliers indociles lisaient à la dérobée des romans

en grec. Tout ce qu'il y avait de considérable dans la nation passait par cette éducation forte, qui trempait les caractères aussi bien que les esprits. Le grand Condé avait étudié aux Jésuites de Bourges, sans autre distinction qu'un siége un peu plus haut dans les classes: son instruction s'acheva par un cours de droit romain, et quand, tout couvert des lauriers de Rocroy, il vint assister à la thèse de Bossuet, on dit qu'il fut tenté de se mesurer avec le répondant, et de vider un point de théologie en Sorbonne. Quand telles étaient les habitudes des hommes de guerre, que ne devait-on pas attendre des gens de robe? Là vivaient les exemples du chancelier l'Hôpital et du président deThou. Ces magistrats qui à six heures du matin siégeaient sur les fleurs de lis, qui donnaient tout le jour aux soins de leur charge, le soir à l'éducation de leurs enfants, partageaient encore la nuit entre l'étude et la prière. Un conseiller au Parlement de Toulouse, nommé Fermât et „de qui l'on ne sait presque rien, sinon qu'il fut trèsappliqué à ses devoirs, remuait par ses découvertes toutes les sciences mathématiques. Vers le même temps, d'Âguesseau, chancelier de France, traçait un plan d'études pour son fils: il n'y veut que le nécessaire, et comme, en fait d'histoire ancienne, il ne faut point de vainc curiosité, il conseille seulement « la lecture des écrivains grecs et latins dans leur entier, en les commentant par les médailles et par un certain nombre de dissertations choisies parmi les trente volumes de

Graevius et de Gronovius. » En ce qui touche la littérature, il laisse en doute la nécessité de l'hébreu, où il incline pourt;nt. Mais il insiste pour l'italien, l'espagnol, le portugais, qui ne seront que des jeux de vacances; car il professe que l'esprit se délasse suffisamment par le changement seul d'occupations. Lui-même possédait huit langues mortes ou vivantes, se reposait de ses fatigues de jurisconsulte en ouvrant un livre d'algèbre, et faisait aux moments perdus des vers que voyait Boileau. Au milieu de cette activité des intelligences, dans une société oùles femmes n'avaient pas peur des controverses théologiques, savaient le latin et lisaient les Pères, ceux qui faisaient profession d'écrire s'engageaient à une vie sans relâche. Je ne parle pas des érudits, quoique je ne puisse oublier que ce siècle est celui de Ducange, de Ménage, de Pétau, de Mabillon. Mais je pénètre dans la familiarité des gens de lettres, et, en y trouvant tant de savoir, je ne suis plus surpris de les trouver si sévères pour eux-mêmes et si difficiles à se contenter. C'est Racine à Auteuil, traduisant à livre ouvert, dans le texte original, l'OEdipe roi de Sophocle devant ses amis consternés. C'est la: Bruyère, vouant toutes ses années à un livre de peu d'étendue, qu'il ne cesse de retoucher jusqu'à ce qu'il en ait fait un monument impérissable. C'est Fénelon, laissant dix-huit manuscrits de Télémaque, chargés dé ratures, et nous livrant ainsi le secret de la merveilleuse facilité de son style. Mais il faut s'arrêter devant le plus grand de tous, c'est-à-dire Bossuet. Il faut le voir, à l'âge de six ans, s'enfermant dans la bibliothèque de son oncle, remplissant dès sa seizième année l'hôtel de Rambouillet et la Sorbonne de l'éclat naissant de son éloquence, employant sa longue retraite de Met/ à l'étude complète de l'antiquité ecclésiastique; ce furent là ses commencements. Plus tard, devenu précepteur du Dauphin, on le voit revenir aux lettres profanes, s'échauffer au nom du divin Homère, réciter de longs passages de *VIliade* et de *VOdyssée,* qu'il savait par cœur d'un bout à l'autre; et la nuit, agité de songes héroïques, composer en dormant des vers grecs dont il fait retentir les lambris dorés de son appartement de Versailles. Ou bien encore dans les royales allées du parc, entouré de Fénelon, de Fleury et de Renaudot, auxquels Pélisson et la Bruyère avaient obtenu de se mêler, il propose et résout les difficultés du dogme, de l'Écriture et de l'histoire, tandis que les courtisans respectueux s'écartent pour faire silence et laisser en paix cette réunion qu'ils appellent le concile. Enfin, lorsque, retiré dans sa ville épiscopale, réservant à son troupeau les restes de sa vie, il semble devoir fléchir sous le poids des ans et des affaires, voyez-le interrompre le sommeil de ses nuits, se lever régulièrement à deux heures du matin, et après avoir récité, tête nue, l'office nocturne, reprendre la plume victorieuse qui écrivit *l'Histoire des variations*. On s'émeut à cette grande image, on admire cette humilité des grands hommes, et cette justice de Dieu qui fait, je veux le 'lire, suerBossuet sur ses livres, comme le laboureur

MÉUNGKS. II. 2 sur le sillon; et, devant l'égalité de cette sentence qui n'épargne rien, on se demande quel terrible compte auront à rendre les oisifs.

Il ne suffit pas d'admirer les beaux siècles des littératures, il faut chercher la raison de leur gloire. En y pénétrant jusqu'au fond, on y trouvera plus de mérite que de faveur, et le travail des hommes plus que la force des choses. Et si alor3 la comparaison du passé et du présent humilie et chagrine, on apprend à s'accuser soi-même et non pas son temps, ce qui est une autre façon d'accuser la Providence. Quand je considère l'époque présente, et que j'y vois tant de talents incontesta- bles, tant de fécondes inspirations, de pensées généreuses, je tiens que Dieu ne lui doit rien de plus, et qu'il ne lui manque pour être grande à son tour que le travail, c'est-à-dire la volonté seule. Il dépend de nous qu'il ne manque pas, si nous savons secouer ces molles habitudes qui nous circonviennent, si nous revenons aux mâles doctrines de nos ancêtres et que nous ne laissions pas périr leurs exemples. Ces pensées, jeunes élèves, devraient vous suivre dans les jours de repos, qu'on ne vous donne que pour vous préparer à de nouveaux efforts. Et si votre âge, qui a besoin de joie et de dissipation, ne comprend pas encore la sincérité de nos maximes, oubliez vos maîtres et faitesvous raconter les traditions de vos familles: vous y apprendrez ce que peut le travail pour honorer la vie, pour fonder les fortunes légitimes et la grandeur héréditaire des nobles maisons.

NOTICE
L'ŒUVRE DE LA PROPAGATION
DE LA FOI
1842

NOTICE SUR L'OEUVRE
DE lA
PROPAGATION DE LA FOI '
L'Association de la Propagation de la Foi, longtemps restreinte dans un cercle étroit où ses souvenirs se conservaient sans peine, compte maintenant par toute la terre des milliers de frères venus plus tard, et qui ne savent pas assez à quelle humble tentative leurs efforts réunis ont prêté quelque grandeur. Nos traditions de famille leur appartiennent aussi: ils ont besoin de les connaître. Ils en prendront sujet de ranimer leur amour pour l'institution dont ils auront vu l'origine obscure et bénie. C'est pourquoi on a jugé opportun de raconter dans un simple récit la fondation de FOEuvre. Et, comme rien de considérable ne s'opère ici-bas sans une préparation conduite de loin, il a paru nécessaire de rappeler d'abord brièvement ce qui s'était fait jusque-là pour l'assistance temporelle des Missions.

(1) Extrait «tes *Annales de lu propagation de la Foi.*
Au moyen âge, l'Europe armée se levait à la voix des souverains Pontifes, pour aller porter la croix sur des rivages infidèles. Plus tard, quand les découvertes modernes ouvrirent la route des deux Indes, le christianisme y passa sur les flottes de l'Espagne et du Portugal. Ces deux couronnes consacraient leurs conquêtes en s'obligeant par un traité solennel à étendre le règne de la Foi. Elles fondaient des évêchés qui devinrent des foyers de lumière. Quels qu'aient été les désordres des premiers aventuriers, la prédication évangélique fit son ouvrage; et des millions d'indigènes dans l'Amérique méridionale, et les Philippines converties, policées, marquent encore l'empreinte puissante du génie espagnol sur le monde. D'un autre côté les belles colonies françaises du Canada et de la Louisiane avaient pour ainsi dire à leur tète ces Missions qui s'enfoncèrent courageusement dans la vallée du Mississipi, dans les forêts vierges, et le long des grands lacs, pour porter la parole du Grand-Esprit aux tribus sauvages, et souvent pour trouver le martyre sous les flèches ou sur les bûchers. Alors aussi la France

envoyait des Missionnaires jusqu'aux extrémités de l'Asie, et fondait à Constantinople, à Smyrne, dans les îles de l'Archipel, les hospices des RR. PP. Capucins, desservis aujourd'hui par des religieux italiens. Plusieurs princes soutenaient de leurs aumônes et enrichissaient de leurs présents les églises latines de Terre-Sainte, et singulièrement le monastère du Saint-Sépulcre, dernière garde laissée sur le sol conquis des Croisades.

Il était cependant désirable qu'un moment vînt où le concours des simples tidèles s'exercerait, non plus seulement par la faveur des puissants du monde, mais par la charité de tous. Ainsi les plus petits et les plus pauvres participeraient à l'honneur d'évangéliser ces empires lointains dont ils ignorent même le nom. L'OEuvre propagatrice, en poussant des racines plus profondes jusque dans les entrailles de la société chrétienne, devait y trouver une nouvelle séve; parce que plus elle serait marquée de ce caractère universel qui est le caractère même de l'Église, plus elle en emprunterait aussi la force divine.

Cette pensée est ancienne. Elle remonte par une re-marquable origine à l'époque même où commence l'ère nouvelle des Missions. En 1504, douze ans après la découverte de l'Amérique, un jeune insulaire des terres australes était amené en France par le navigateur Gonneville; il y recevait une éducation chrétienne, et oubliait sa patrie. Un arrière-petit-fils de cet homme, l'abbé Paulmyer, chanoine de la cathédrale de Bayeux, louché d'un zèle ardent pour le salut de la race dont il était issu, adressa en 1665 au Pape Alexandre VII des *Mémoires touchant l'établissement d'une Mission dans le troisième monde, autrement appelé la terre australe.* Il y considérait les difficultés et les moyens de l'entreprise, et tentait d'y pourvoir par une association dont il traçait le dessein. Il la formait sur le modèle des Compagnies des Indes, c'est-à-dire qu'il demandait le concours libre de tous, jusqu'aux moindres artisans et aux servantes, sous la direction d'un petit nombre de gens expérimentés, pour contribuer de leurs biens à ce glorieux ouvrage. Il exprimait enfin l'espoir qu'il plairait à Dieu de permettre, sous la bénédiction du saint-siége apostolique, et l'approbation despuissances supérieures, la naissance d'une société pour la Propagation de la Foi, c'est-à-dire la plus excellente de toutes les œuvres.

Cet homme de bien mourut sans avoir vu s'accomplir son plus cher désir, et le remettant aux mains de Dieu, entre lesquelles rien ne se perd. Souvent c'est après la mort des justes que leurs bonnes inspirations se répandent, comme une odeur suave autour de leur tombeau. On dirait qu'il y eut ici quelque chose de pareil. Un siècle après, une association de prières et de bonnes œuvres s'était établie pour le salut des infidèles. 11 est permis de croire que la lecture des *Lettres édifiantes* contribuait à tourner la piété publique du côté des Missions dont elles popularisaient l'admirable histoire. Mais il fallait encore que les derniers orages du dix-huitième siècle eussent passé sur la France pour féconder ce germe, déposé dans les esprits. Il devait refleurir d'abord au sein d'une ville où la restauration religieuse fut plus décisive et plus éclatante. Le jour où le souverain Pontife Pie VII, du haut de la colline de Fourvières, bénit la cité de Lyon, il semble que de ses mains étendues descendit la grâce qui devait faire éclore l'OEuvre de la Propagation de la Foi.

Les commencements de l'OEuvre sont obscurs et faibles: telle est la destinée des institutions chrétiennes. Dieu souvent y prépare toutes choses de façon que nul n'en puisse être appelé l'auteur et qu'il ne s'y attache pas un nom humain. Il cache et divise leur source nomme celle des grands fleuves, dont on ne peut pas dire à quel ruisseau ils ont commencé. Deux cris de détresse, venus l'un de l'Orient, l'autre de l'Occident, entendus dé deux femmes pieuses dans une ville de province, inspirèrent le dessein qui heureusement réalisé soutient déjà d'une assistance efficace les Missions des deux mondes.

En l'année 1815, monseigneur Dubourg, évêque de la Nouvelle-Orléans, revenant de Rome où il avait été sacré, s'arrêta quelque temps à Lyon. Préoccupé de la pénurie de son diocèse, dans lequel il fallait tout créer, il le recommanda chaleureusement à la charité des Lyonnais. Il entretint surtout de ses désirs une veuve chrétienne qu'il avait autrefois connue aux Etats-Unis, et lui communiqua la pensée de fonder pour les besoins spirituels de la Louisiane une société d'aumônes, proposant de fixer à un franc la rétribution annuelle. La bienfaisante veuve se prêtait aux vues de l'Évêque: elle en fit part à quelques personnes. Mais on lui opposa des difficultés nombreuses. Il fallut qu'elle attendît l'heure marquée au ciel, et qu'elle se contentât de recueillir de modiques secours pour ces chrétientés d'Amérique adoptées par sa maternelle sollicitude.

Vers le même temps, c'est-à-dire en 1816, MM. les Directeurs du séminaire des Missions étrangères, établis depuis un an dans leur maison de Paris, cherchèrent à renouveler l'union de prières fondée au siècle précédent pour le salut des Infidèles. Us obtinrent dans ce but des indulgences du saint-siége, et publièrent un exposé des besoins de leurs églises. Ces tentatives commencèrent à disposer les esprits. Trois ans plus tard, une personne de Lyon, dont la vie consumée en bonnes œuvres rappelle les vierges chrétiennes des premiers temps, reçut de son frère, étudiant au séminaire de Saint-Sulpice, une lettre pleine de la plus douloureuse émotion. 11 y faisait connaître le dénûment de la maison des Missions étrangères, et proposait de lui assurer des ressources régulières par l'établissement d'une compagnie de charité. La religieuse femme recueillit cette inspiration; et dans le courant de 1820 elle établit une association d'aumônes à raison d'un sou par semaine en faveur du séminaire des Missions. L'OEuvre commença parmi ces pieuses ouvrières qui honorent de leurs vertus cachées, comme elles soutiennent de leur travail, la riche et populaire industrie des Lyonnais. Pendant les six derniers mois de cette année, la fondatrice porta seule tout le poids de son laborieux dessein. Il n'y avait encore ni prière commune, ni fête, ni publication périodique. Bientôt le nombre des asso-

ciés fut d'environ mille, résultat considérable, mais qui parut ne devoir point s'accroître, à cause du cercle étroit dans lequel s'exerçait l'influence des premiers propagateurs. Les offrandes réunies furent employées comme un pieux souvenir de l'Église de Lyon à cette vieille Asie, d'où lui vint la Foi. 11 y avait deux mille francs. Nous aimons à compter les premières gouttes de cette rosée qui devait un jour se répandre plus abondante sur un champ sans limites.

Cependant les correspondants de monseigneur Dubourg, témoins de ces efforts, ne renonçaient pas à l'espérance de fonder pour le diocèse de la NouvelleOrléans quelque chose de pareil, quand ils furent visités, au commencement de 1822, par un vicaire général de cet évêché. Sa présence pressa le zèle déjà fervent des bienfaiteurs de la Louisiane. Mais une objection avait été souvent répétée: c'est qu'une OEuvre pour les Missions ne pourrait solidement s'établir qu'en se faisant catholique, c'est-à-dire en secourant l'apostolat partout l'univers. Cette idée prévalut enfin. Une assemblée est convoquée: douze invités s'y rendent. Elle commence par l'invocation du Saint-Esprit. Un prêtre le premier prend la parole; et, après un court récit des progrès et des souffrances de la Religion dans l'Amérique du Nord, il propose l'établissement d'une grande association en faveur des Missions catholiques des deux mondes. L'assemblée adopte à l'unanimité cet avis; et sans désemparer on désigne un président, et une commission de trois membres chargés de préparer un projet d'organisation. Ce fut alors, par l'adoption du principe d'universalité qui distinguait l'entreprise nouvelle des tentatives antérieures, ce fut ce jour-là que l'OEuvre de la Propagation de la Foi fut fondée.

Or, par un dessein de la Providence, qui semble dès lors prendre le gouvernement de l'Œuvre pour la conduire sans le secours des hommes, il se trouva que cette première réunion s'était tenue, sans qu'on y eût songé, un vendredi, 3 mai, fête de l'Invention de la sainte Croix. Seulement, un peu après, lorsqu'on désigna le jour de la fondation pour l'une des deux solennités annuelles de la société, on reconnut que ce jour de nos anniversaires futurs était consacré au culte de la Croix rédemptrice, dont nos humbles tributs prétendaient étendre les conquêtes. On avait sollicité l'approbation de l'autorité ecclésiastique, sans laquelle aucune nouveauté, même bienfaisante, ne doit s'introduire dans le peuple chrétien. Elle ne se fit pas attendre, et vint consacrer les travaux des fondateurs. La recette du premier mois avait été de 520 fr. 10 c. pour le diocèse: celle de la première année s'éleva à 15,2 72 fr. 15 c.

Mais la pensée de l'Association ne pouvait pas se contenir dans les bornes d'une province. Peu de jours après la première assemblée, un des membres du conseil central de Lyon allait provoquer la charité toujours ardente des villes du Midi. Des comités diocésains se formaient à Avignon, Aix, Marseille, Nîmes, Montpellier, Grenoble. Les membres les plus éminents du clergé s'y mêlaient avec les plus religieux laïques, et l'activité confiante de tant de gens de bien semblait déjà faire espérer quelque chose de grand. Bientôt après, un des fondateurs se rendait à Paris; par ses soins un autre conseil central y était fondé, et dès lors l'OEuvre comprenait tout le royaume.

L'année suivante, un délégué du conseil de Lyon, prosterné aux pieds du souverain Pontife Pie VII, d'heureuse mémoire, obtenait les indulgences qui enrichissent l'Œuvre à perpétuité. Dès lors, de toutes les chaires épiscopales de France, d'encourageantes paroles descendirent. A leur tour les Prélats des contrées voisines s'émurent. Bientôt la Belgique et la Suisse, les divers États d'Allemagne et de l'Italie, la Grande-Bretagne, l'Espagne et le Portugal vinrent successivement s'engager dans la croisade de l'aumône. Près de trois cents Évêques ont élevé la voix en sa faveur; enfin Sa Sainteté le Pape Grégoire XVI, glorieusement régnant, par sa lettre encyclique de 1840, en daignant recommander à toutes les églises l'Association de la Propagation de la Foi, l'a mise au rang des-institutions communes de la chrétienté.

Ainsi un petit nombre de séances sans difficultés et pour ainsi dire sans débats suffirent à poser les principes d'une ORuvre dont les résultats devaient embrasser l'univers. Dans la facilité de cette organisation qui n'a jamais manqué de pourvoir à ses développements, se découvre l'action de la Sagesse éternelle, dont les moyens sont toujours simples au milieu de l'infinie variété de ses ouvrages. La même Sagesse a voulu se montrer d'une manière plus éclatante en se prononçant par l'organe de l'Église. Une force mystérieuse nous a été donnée: les sources de la grâce se sont ouvertes, et le sang du Sauveur est descendu sur nos indigentes offrandes, avec les bénédictions des Pontifes, avec les saints sacrifices offerts partout où s'élève un autel, avec les prières des martyrs qui ne meurent pas sans se souvenir de leurs bienfaiteurs. Voilà le caractère providentiel de l'OEuvre, la part que Dieu a prise: voici celle qu'il nous a laissée. Ce ne furent d'abord que les pieux désirs de deux humbles chétiennes; mais ces deux servantes du Seigneur se rendaient les interprètes de deux parties du monde. Quoi de plus efficace que tant de foi et tant d'espérance? et cependant c'eût été trop peu, sans la charité qui rapprocha ces deux désirs et les deux intérêts dont ils étaient l'expression, qui les fit s'abdiquer de part et d'autre pour se confondre dans la sollicitude du bien général. Le contact de ces deux étincelles alluma le foyer. L'OEuvre naquit de la sorte; elle ne grandit pas autrement: ce fut sa nouveauté et sa puissance, et la condition de ses progrès futurs. Elle ne subsiste que par l'oubli des prédilections personnelles et des susceptibilités nationales, par l'unité et la catholicité dans la distribution des secours et l'origine des ressources.

11 n'aura pas été inutile de recueillir ces traditions si elles servent à répandre et à perpétuer l'esprit de l'OEuvre. Elles auront un autre genre d'utilité en nous humiliant devant le souvenir de la faveur divine. Les grâces reçues obligent. Ce n'est pas impunément que tant de suffrages augustes ont encouragé depuis vingt et un ans cette charitable entre-

prise. Ces signes nous avertissent de ne point manquer à la volonté suprême qui nous a pris pour instruments. D'ailleurs, après l'attente excitée parmi les chrétientés lointaines par tant de Bulles apostoliques, de mandements et de promesses, la lenteur de notre assistance serait une sorte d'infidélité. Les bienfaits accordés engagent aussi, et les faibles secours donnés durant quelques années, s'ils devaient maintenant s'interrompre, ne serviraient qu'à publier notre impuissance, et à désoler nos frères, en leur laissant la honte de suspendre ce qu'ils ont commencé sur la foi de notre appui. Alors, en voyant leurs églises inachevées tomber en ruines, et mendier leurs orphelins et leurs veuves, l'infidèle demanderait avec mépris: Où donc est le Dieu des chrétiens? Loin de pouvoir abandonner à leurs propres forces quelquesunes des Missions anciennes, l'OEuvre voit souvent leurs besoins s'accroître. On peut dire que ce sont de jeunes familles dont l'éducation devient plus coûteuse, mais aussi plus consolante, à mesure qu'elles grandissent.

D'un autre côté, les Missions nouvelles se multiplient. En 1842, douze diocèses ou vicariats apostoliques sont venus s'ajouter au nombre des chrétientés qui remplissent les colonnes de nos dépenses. Cette année nos charges s'accroissent avec les espérances de la religion. Les tribus américaines, refoulées au delà des montagnes Rocheuses, sur les bords de l'océan Pacifique, réclament les prêtres dont leurs pères avaient gardé le souvenir: les ouvriers manquent pour recueillir la moisson blanchissante. Bientôt on comptera quatre évêques et plus de soixante missionnaires dans les îles de l'Océanie, sur des rivages où naguère le navigateur voyait fumer les horribles festins des cannibales. Un vicaire apostolique et douze prêtres vont aborder aux côtes de Guinée pour annoncer parmi les noirs de l'Afrique centrale le Dieu dont ils sont aussi les enfants. La Chine ne s'enorgueillit plus de son indépendance jalouse, derrière la grande muraille. Elle livre cinq de ses ports au commerce de l'Europe. L'hérésie accumule à Londres et à Calcutta ses fastueux préparatifs pour aller exercer une propagande circonspecte à la portée du canon des vaisseaux de guerre; mais elle ne saurait creuser là les fondations de ses temples sans rencontrer les corps de nos martyrs. L'Église a pris possession de ce sol ensanglanté par les six pieds de terre qu'il a bien fallu donner à chacun de ses morts. Ne ferons-nous rien pour garder nos conquêtes? De nombreux missionnaires sont prêts à partir: il ne leur manque plus que le viatique de l'aumône. Des secours plus considérables permettraient d'étendre une OEuvrc depuis longtemps entreprise par les apôtres de ces lointaines contrées. Nous voulons parler de tant de milliers d'enfants exposés aux chiens, jetés dans les fleuves, et qu'on pourrait racheter afin de les baptiser ensuite et de les élever, en même temps qu'un grand nombre iraient recruter les rangs des anges et peupler le ciel.

Il semble que le *vent impétueux* qui se fit dans le cénacle au jour de la Pentecôte recommence à souffler sur le monde chrétien. Les vocations se manifestent plus nombreuses. Le sacerdoce et les ordres religieux ressentent un entraînement irrésistible vers ces combats héroïques qui étonnent la mollesse et la lâcheté de nos jours. Jusqu'à quand Irouvera-t-on plus facilement des hommes disposés à aller chercher des âmes jusqu'aux extrémités dn monde, que les deniers nécessaires pour payer leur passage sur le pont d'un navire, ou leur pain sous la tente? Au milieu des mouvements qui agitent les esprits et les empires, qui rapprochent les distances et rétablissent pour ainsi dire toutes les communications de la famille humaine, on croit voir se dérouler un dessein miséricordieux de la Providence pour la conversion de l'univers. Le salut des infidèles serait-il retardé par l'indifférence des chrétiens? Il faudrait pourtant se souvenir que la cause dont il s'agit est toujours la nôtre, et que la lutte de l'idolâtrie et du christianisme n'est pas achevée. Le paganisme n'a jamais entièrement disparu, parmi nous, ni des opinions ni des mœurs; et qui sait si les victoires de la Foi en Orient ne lui ra-

mèneraient pas un règne plus glorieux dans cette vieille Europe où elle avait paru s'affaiblir? Songeons-y, et si quelquefois nous étions tentés de nous reposer dans la jouissance égoïste des bienfaits de la civilisation catholique, rappelons-nous ces multitudes innombrables qui ignorent encore la Rédemption de Notre-Seigneur Jésus-Christ.

DEUX DISCOURS
AUX CONFÉRENCES
DE
SAINT-VINCENT DE PAUL
A FLORENCE ET A LIVOURNE
1853
PAROLE
DETTE
ALLA CONFERENZA FIORENTINA
DI S. VINCENZO DE' PAOLI
NELL' ADUNANZA *W:* 30 GENNAJO 1HST.

lo vi domando il permesso, o Signori, di dirvi una parola, la quale vi esprima la mia commozione nel trovarmi in mezzo di voi. E prima di tulto vi prego a scusarmi se parlando nel vostro bellizimo idioma io pur troppo lo guasterò.

E come potrei tacere nel gaudio di ritrovare in paesi tanto lontani dal mio, un numero di fratelli che si amano del medesimo affetto, formando quasi una sola famiglia? Questo stesso sentimento l' ho provato altre volte in Inghilterra, e non ha mollo in Castiglia, ove io fui ricevuto da un ristretto numero di amici in una piccola stanza. Ma vi accerto che se la stanza era piccola grande era la carità di que' cuori! e si facea manifesta negli sguardi, nelle parole, nelle strette di mano! Questo DISCOURS
PKONONCÉ
A LA CONFÉRENCE DE SAINT VINCENT DE PAUL
A FLORENCE
DAiNS LA SÉANCE l)U 30 JANVIER 1885

Je vous demande la permission, messieurs, de vous adresser la parole pour vous exprimer les sentiments que j'éprouve en me trouvant au milieu de vous. El, d'abord, je vous prie de m'exeuser si, me servant de votre admirable langue, je suis exposé à la gâter beaucoup.

Comment pourrais-je retenir l'expression de ma joie lorsque je retrouve, si loin de mon pays, tant de frères qui s'aimentd'une même affection et ne forment qu'une seule famille? Autrefois déjà j'ai ressenti la même émotion en Angleterre, et tout récemment en Gastille, où un petit nombre d'amis me reçurent dans une chambre peu spacieuse. Mais je vous assure que, si la chambre était petite, grande était la charité dans les cœurs! Elle se traduisait dans les regards, dans les spirito di fraternità che anima e vivifica le Conferenze di S. Vincenzo de' Paoli, e che si propaga uguale e costante in sì diverse e lontane parti della terra, mi commuove di tenerezza; e non so dirvi quanto sia lieto di ritrovarlo ora qui, come già l' ho trovato a Genova, a Livorno ed in altre parti d' Italia.

Io ho bisogno di dirvi che non già il merito personale mi ha fatto divenire Vicepresidente del Consiglio Superiore delle Conferenze di Parigi; ma solo l ' anzianità. Imperciocchè voi vedete davanti a voi uno degli otto studenti che, venti anni sono, nel Maggio del 1833, per la prima volta si unirono, sotto l' ombra di S. Vincenzo de' Paoli, nella capitale della Francia.

In quel tempo un numero indefinito di principj filosofici ed eterodossi si agitava d'intorno a noi, e noi sentivamo il desiderio e il bisogno di mantenere la nostra fede in mezzo agli attacchi che le muoverano le scuole diverse dei falsi sapienti. Alcuni dei nostri giovani amici erano Materialisti; alcuni Sansimoniani, alcuni Furieristi, altri Deisti. Quando noi Cattolici tentavamo di ricordare a questi infelici le maraviglie del Cristianesimo, es9Ì dicevano tutti: Avete ragione se parlate del passato: il Cristianesimo ha fatto prodigj: ma oggi il Cristianesimo è morto. Ed infatti voi stessi che vi vantate Cattolici che fate voi? dove sono le opere che vi dimostrano tali, e che valgano a far rispettare la vostra credenza? — In verità noi pensammo che in questo paroles, dans les serments de mains! Je suis profondément touché de cet esprit fraternel qui anime et vivifie les Conférences de Saint-Vincent de Paul, et qui se retrouve constamment le même dans les contrées les plus diverses et les plus éloignées, et je ne saurais vous exprimer combien il est doux pour moi de le rencontrer ici, comme je l'ai rencontré déjà à Gênes, à Livourne et dans d'autres parties de l'Italie.

J'ai besoin de vous dire que ce n'est point par mon mérite personnel que je suis devenu vice-président du Conseil général de Paris, mais uniquement à cause de mon ancienneté. Vous voyez, en effet, devant vous un des huit étudiants qui, il y a vingt ans, en mai 1833, se réunirent pour la première fois, sous la protection de saint Vincent de Paul, dans la capitale de la France.

Nous étions alors envahis par un déluge de doctrines philosophiques et hétérodoxes qui s'agitaient autour de nous, et nous éprouvions le désir et le besoin de fortifier notre foi au milieu des assauts que lui livraient les systèmes divers de la fausse science. Quelques-uns de nos jeunes compagnons d'études étaient matérialistes; quelques-uns, saint-simoniens; d'autres, fouriéristes; d'autres encore, déistes. Lorsque nous, catholiques, nous nous efforcions de rappeler à ces frères égarés les merveilles du christianisme, ils nous disaient tous: « Vous avez raison si vous parlez du passé: le christianisme a fait autrefois des prodiges; mais aujourd'hui le christianisme est mort. Et, en effet, vous qui vous vantez d'être catholiques, que faites-vous? Où sont les rimprovero vi era pur troppo ragione, perchè noi non facevamo nulla. Fu allora che noi dicemmo a noi stessi: Ebbene! operiamo! facciamo qualche cosa che sia consentaneo alla nostra fede. — Ma che faremo noi? che potremo fare per essere veramente cattolici se non adoperarci in quello che più piace a Dio? Soccorriamo dunque il nostro prossimo, come facea G. Cristo, e mettiamo la nostra fede sotto l' ombra della carità.

In questo pensiero ci riunimmo noi otto! e non volevamo aprire ad altri le porte, quasi gelosi del nostro tesoro. Ma Iddio voleva altrimenti; imperocchè mentre noi avevamo desiderato di raccogliere una ristretta società di intimi amici, Egli avea destinato di formare una grande famiglia di fratelli che si diffondesse per una gran parte d' Europa. Vedete quindi che noi non possiamo dircene veramente i fondatori; ma è Iddio che l' ha fondata e l' ha voluta così.

Mi ricordo che da principio un mio buon amico, preso dalle teorie lusinghiere dei Sansimoniani, mi diceva con senso di compatimento: E che sperate voi di poter fare? Siete otto poveri giovani e presumete di soccorrere alle miserie di una città come Parigi? E quando anche foste tanti e tanti potreste far sempre ben poco! Noi invece andiamo raccogliendo idee e sistemi che riformeranno il mondo, e ne sradicheranno le miserie per sempre: quindi faremo in un istante per œuvres qui démontrent votre foi et qui peuvent nous la faire respecter et admettre? » Ils avaient raison: ce reproche n'était que trop mérité. Ce fut alors que nous nous dîmes: Eh bien, à l'œuvre! et que nos actes soient d'accord avec notre foi. Mais que faire? Que faire pour être vraiment catholiques, sinon ce qui plaît le plus à Dieu? Secourons donc notre prochain, comme le faisait Jésus-Christ, et mettons notre foi sous la protection de la charité.

Nous nous réunîmes tous les huit dans cette pensée, et d'abord même, comme jaloux de notre trésor, nous ne voulions pas ouvrir à d'autres les portes de notre réunion. Mais Dieu en avait décidé autrement. L'association peu nombreuse d'amis intimes que nous avions rêvée devenait, dans ses desseins, le noyau d'une immense famille de frères, qui devait se répandre sur une grande partie de l'Europe. Vous voyez que nous ne pouvons pas nous donner véritablement le titre de fondateurs: c'est Dieu qui a voulu et qui a fondé notre Société!

Je me rappelle que, dans le principe, un de mes bons amis, abusé un moment par les théories saintsimoniennes, me disait avec un sentiment de compassion: « Mais qu'espérez-vous donc faire? Vous êtes huit pauvres jeunes gens, et vous avez la prétention de secourir les misères qui pullulent dans une ville comme Paris! Et, quand vous seriez encore tant et tant, vous ne feriez toujours pas grand'chose! Nous, au contraire, nous élaborons des idées et un système qui réformeront la umanità quello che voi non potreste fare in dei secoli. Voi sapete a che siano riuscite lo teoriche che lusingavano tanto il mio povero amico! E noi invece, che egli allora compativa, di olio, in Parigi soltanto, siamo divenuti duemila; e visitiamo cinquemila famiglie, cioè in circa ventimila individui, le quali si possono considerare siccome un quarto dei poveri che racchiudono le mura di quella città. Le Conferenze, in Francia soltanto, sono cinquecento; e ne abitiamo in Inghilterra, nella Spagna, nel Belgio, in America e perfino in Gerusalemme. Di qui si vede come principiando dalle cose umili si possa arrivare a farne di grandi; come Gesù Cristo che dalla abiezione del presepio ascese alla gloria del Tabor. Di qui si vede come Iddio ha fatto sua l' opera nostra, e colle sue copiose benedizioni ha voluto diffonderla sopra la terra.

Ma quello che mi consola anche di più si è che nel diffondersi in tante parti diverse, non ha la Società nostra punto perduto o mutato lo spirito col quale venne fondata. E questo occorre che si mantenga e giova tenerne viva la ricordanza. Degnatevi di ascoltarmi, fratelli. — Il nostro scopo principale non fu quello di soccorrere il povero: no; questo fu il mezzo soltanto. Il nostro fine fu quello di mantenerci puri nella fede cattolica, e di propagarla negli altri per mezzo della carità. Noi volemmo anche prevenire con questo che di noi si le monde et en arracheront la misère pour toujours! Nous ferons en un instant pour l'humanité ce que vous ne sauriez accomplir en plusieurs siècles. » Vous savez, messieurs, à quoi ont abouti les théories qui causaient cette illusion à mon pauvre ami! Et nous, qu'il prenait en pitié, au lieu de huit, à Paris seulement, nous sommes deux mille et nous visitons cinq mille familles, c'est-à-dire environ vingt mille individus, c'està-dire le quart des pauvres que renferment les murs de cette immense cité. Les Conférences, en France seulement, sont au nombre de cinq cents, et nous en avons en Angleterre, en Espagne, en Belgique, en Amérique et jusqu'à Jérusalem. C'est ainsi qu'en commençant humblement on peut arriver à faire de grandes choses, comme Jésus-Christ, qui, de l'abaissement de la crèche, s'est élevé à la gloire du Thabor. C'est ainsi que Dieu a fait de noire œuvre la sienne et l'a voulu répandre par toute la terre en la comblant de ses bénédictions.

Il est bien consolant surtout de penser qu'au milieu de cet accroissement si rapide notre Société n'a rien perdu de son esprit primitif. Permettez-moi de vous rappeler quel est cet esprit, et veuillez me continuer pour cela votre fraternelle attention.

Notre but principal ne fut pas de venir en aide au pauvre, non; ce ne fut là pour nous qu'un moyen. Notre but fut de nous maintenir fermes dans la foi catholique et de la propager chez les autres par le moyen de la charité. Nous voulions aussi faire d'avance une rédimandasse col verso del Salmista: *Ubi est Deux eoritm?* Imperocchè a quei tempi a Parigi ben poca era la religione, e i giovani più timorati si vergognavano di andare alla Chiesa, perchè sarebbero stati mostrati a dito e si sarebbe detto di loro che aspiravano a qualche impiego. Ma oggi non è così, e si può asserire grazie a Dio senza tema che i giovani più sapienti e più colti sono eziandio i più religiosi. Al che io credo abbia contribuito in parte anche la nostra Società, ed in questo riguardo ella ha glorificato Iddio nelle opere sue.

Sotto questo aspetto io credo quindi un gran bene che 10 spirito delle Conferenze di S. Vincenzo de' Paoli si propaghi oggi in Italia. Questo spirito è certamente più necessario ai paesi dove la Chiesa è militante; e perciò esso fu prezioso per la Francia, quando Iddio volle che vi sorgesse. Nè qui sarebbe allora stato tanto necessario, quando la fede dei vostri padri, pura, incorrotta, tranquilla, si riposava contenta sulle antiche tradizioni. Ma oggi anche da voi le cose sono cambiate, e le grandi commozioni d'Europa hanno fatto sì che anche in Italia possa dirsi essere per la Chiesa tornato 11 tempo della battaglia. Ed io vi dirò che me ne rallegro, perchè stimo che la Chiesa sia più vicina alla sua gloria quando combatte, e perchè penso

che non è questo il luogo del suo riposo.

E che la Chiesa esca più grande dalle fatiche lo prova ponse à quiconque demanderait avec le verset du Psalmiste: *Ubi est Deus eorum?* Où donc est leur Dieu? Il y avait alors dans Paris bien peu de religion, et les jeunes gens, même chrétiens, n'osaient guère aller à l'église, parce qu'on les montrait au doigt, en disant d'eux qu'ils simulaient la piété pour obtenir des places. Aujourd'hui il n'en est plus ainsi; et, grâce à Dieu, l'on peut affirmer que les jeunes gens les plus sages et les plus instruits sont en même temps les plus religieux. Je suis convaincu que ce résultat est dû en grande partie à notre Société, et, à ce point de vue, on peut dire d'elle qu'elle a glorifié Dieu dans ses œuvres.

Sous ce rapport, ce serait évidemment un grand bien que l'esprit des Conférences de Saint-Vincent de Paul se propageât aujourd'hui en Italie. Cet esprit est particulièrement nécessaire dans les contrées où l'Église est militante: aussi fut-il très-utile à la France quand Dieu permit qu'il y parût. Il ne vous aurait point été aussi nécessaire alors que la foi de vos pères, pure, calme et tranquille, suivait paisiblement le cours des vieilles traditions. Mais maintenant, pour vous aussi, tout a bien changé: les grandes commotions qui ont agité l'Europe se sont fait sentir en Italie, et l'on peut dire que le temps du combat y est arrivé pour l'Eglise. Pour moi, je m'en réjouis; car j'estime que quand l'Église combat, elle est plus près du triomphe, et je ne pense point qu'ici-bas se trouve le lieu de son repos.

Votre histoire est une preuve éclatante que l'Église la vostra istoria. E il vostro 8. Gregorio VII, S. Giovanni Gualberto, S. Francesco e S. Tommaso d'Aquino, e i grandi cattolici, e i Santi del Medio-evo nacquero fra le contese che le feroci sette muovevano alla fede di Cristo. È quindi da ritenersi che gli attacchi portati al Gattolicismo sono arra di gloria per esso. Onde il sorgere della Conferenza nostra in Italia mi pare oggi un felice augurio dei suoi religiosi destini e quasi un primo sorriso di Dio che voglia presto concedere una fede più forte e avvalorata dal combattimen-

to a questa bella Italia. Egli è perciò che io vi ringrazio e mi congratulo con voi che siete stati i primi a fondarla nella vostra cara Firenze. Oh! custodite, o Confratelli, e propagate questo spirito di fratellanza cristiana che informa la Società di S. Vincenzo de' Paoli, e tenete fermo il grande scopo di serbarvi nella vostra fede, e di invitare gli altri a seguirvi nella vostra via.

Nè crediate già che il considerare la carità come il *mezzo* di conservare la fede impiccolisca il concetto di quella sublime virtù. Imperocchè anzi questo contribuisce ad elevarlo, e a mostrarci che nel visitare il povero noi guadagnamo assai più di lui, mentre lo spettacolo del suo misero stato serve a migliorarci, e pone nel nostro cuore un tal senso di gra titudine per quegl sort più grande de chacune de ses luîtes. Votre saint Grégoire VII, vos saint Jean Gualbert, saint François, saint Thomas d'Aquin, ces grands catholiques, et tant de saints du moyen âge, naquirent au milieu des combats que des sectes furieuses livraient à la foi chrétienne. C'est une chose digne de remarque que toutes les attaques dirigées contre le catholicisme ont été pour lui autant de préludes de la victoire. Aussi la naissance de nos Conférences en Italie me paraît aujourd'hui d'un heureux augure pour les destinées religieuses de ce noble pays; c'est comme un premier sourire de Dieu, qui veut faire renaître dans cette belle Italie la foi robuste des anciens jours, retrempée dans le combat. C'est pourquoi je vous rends grâces et je me félicite avec vous de ce que vous avez été les premiers à fonder notre Société dans votre Florence bien-aimée. 0 mes amis, mes confrères! conservez et propagez cet esprit de fraternité chrétienne, qui est la base de la Société de Saint-Vincent de Paul; poursuivez avec persévérance le noble but qu'elle se propose, de vous garder fermes dans votre foi et d'amener les autres à la partager avec vous.

Ne croyez point, d'ailleurs, que regarder la charité comme un *moyen* de conserver la foi, ce soit amoindrir cette sublime vertu. Elle grandira au contraire en nous; nous apprendrons, en visitant le pauvre, que nous y gagnons plus que lui, puisque le spectacle de sa misère servira à nous rendre meilleurs. Nous éprouverons alors pour ces infortunés un tel sentiment de reinfelici che noi allora sentiamo davvero di amarli. Oh! quante volte io medesimo, abbattuto da qualche intima pena, e talora dal sentimento della mia mal ferma salute, sono entrato mesto nella casa del povero commesso alle mie cure; e colà, vedendo che vi erano tanti più infelici di me, mi sono vergognato del mio abbattimento, mi sono sentito più forte a sostenere i miei mali, e quindi ho dovuto ringraziar quel tapino che mi avea consolato con l' aspetto delle proprie miserie. Come allora non amarlo di più?

Persuadiamocene miei cari: questi sono i prodigj della carità cristiana. Le Società puramente filantropiche non hanno elemento di vita e di durevolezza perchè si fondano sovra interessi puramente umani. Vi corre il danaro; ma non vi palpita il cuore. Quella carità che dà le lagrime ai mali che non può riparare, che accarezza e bacia il fanciullo lacero e abbandonato, che porge il consiglio dell' amicizia alla gioventù trepidante, che si asside benevola al letto dell' infermo, che ascolta, senza dar segni di noia, i lunghi, i ripetuti lamenti dello sfortunato... quella carità, o miei cari, non la può spirare che Iddio.

Voi non avevate bisogno che io vi spiegassi in che consista lo spirito del nostro consorzio, mentre già ve ne trovo animati nel fondo del onore. Ma trovandomi fra mezzo a voi ho sentito il bisogno ed il debito di porconnaissance, que nous ne pourrons nous empêcher de les aimer. Oh! combien de fois moi-même, accablé de quelque peine intérieure, inquiet de ma santé mal affermie, je suis entré plein de tristesse dans la demeure du pauvre confié à mes soins, et là, à la vue de tant d'infortunés plus à plaindre que moi, je me suis reproché mon découragement, je me suis senti plus fort contre la douleur, et j'ai rendu grâces à ce malheureux qui m'avait consolé et fortifié par l'aspect de ses propres misères! Et comment dès lors ne l'aurais-je pas d'autant plus aimé?

Soyons-en persuadés, mes amis, ce sont là les prodiges de la charité chrétienne. Les sociétés purement philanthropiques n'ont point ces éléments de force et de durée, parce qu'elles ne se fondent que sur des intérêts purement humains. On y voit répandre l'argent, mais on n'y sent pas battre le cœur. Cette charité, qui mêle ses larmes aux larmes des malheureux qu'elle ne peut consoler autrement, qui caresse et recueille l'enfant nu et abandonné, qui porte les conseils de l'amitié à la jeunesse timide, qui s'assied avec bienveillance au chevet du malade, qui écoute, sans donner signe d'ennui, les longs et lamentables récits de l'infortune... cette charité, ô mes amis! ne peut être inspirée que par Dieu.

Vous n'aviez pas besoin de m'entendre expliquer en quoi consiste l'esprit de notre association, puisqu'il remplit votre cœur. Mais, me trouvant au milieu de vous, c'était pour moi un besoin et un devoir de vous

MÉLANGES. II. 4 gervi queste parole, le quali io desidero che voi accettiate come tradizioni e ricordi di famiglia. Io finisco col ringraziarvi della benevolenza di che mi avete onorato. Io sono per tornare ancora per poco in Pisa ove ho, come voi, altri fratelli di S. Vincenzo. Ma prima di ripatriare io spero di rivedervi fra qualche mese; e di ritrovarvi sempre più animati da quell' amore crescente di carità, e da quello spirito di fratellanza cristiana che mi preparava in mezzo di voi una così calda e così dolce accoglienza. Ne porterò incancellabile la memoria nel cuore, e a' nostri confratelli di Parigi la testimonianza che sotto '1 bel ciel d'Italia 1' albero di San Vincenzo abbia già rampolli, degni di gareggiare coi più fioriti rami.

adresser ces paroles; j'ai espéré que vous les recevriez comme des traditions aimées et comme des souvenirs de famille. Je finis en vous remerciant de la bienveillance dont vous m'avez honoré. Je vais bientôt retourner pour quelque temps à Pise, où j'ai, comme vous, d'autres frères en saint Vincent de Paul. Mais, dans quelques mois, avant de regagner ma patrie, j'espère vous revoir encore; j'espère retrouver en vous ces sentiments affectueux que la charité ac- croît et vivifie, cet esprit de fraternité chrétienne qui m'a préparé parmi vous un si chaleureux et si doux accueil. J'en emporterai dans mon cœur le souvenir impérissable, et j'attesterai devant nos confrères de Paris que, sous le beau ciel d'Italie, l'arbre de saint Vincent de Paul a déjà poussé des rameaux dignes de figurer à côté de ses plus vigoureuses brandies.

PAROLE
DETTE
ALLA CONFERENZA LIVORNESE
DI S. VICENZO DE' PAOLI
NELLA GENERALE ADUNANZA DEL 1 MAGGIO 1S55

Benchè, a cagione della mia inferma salute, mi sia proibito di parlare, non posso astenermi dal dirvi alcune parole per esprimervi la commozione che io provo nel trovarmi in mezzo a voi, Confratelli carissimi di S. Vincenzo De' Paoli, ed esternare la mia vivissima gratitudine dello interesse e dell' affezione che dimostraste per me. Per me ignoto, per me straniero, per me, il cui nome molti di voi non avevano pur sentito, voi indirizzaste a Dio le più fervide preghiere. Questo è l'effetto di quella Fratellanza cristiana per la quale già siamo amici prima di esserci veduti cogli occhi, prima di aver sentito il suono della nostra voce, prima di aver provato l'affettuoso stringere delle mani. —Il qual senso di fratellevole amore che tutti i cattolici unifica sulla terra, e di popoli diversi una sola famiglia compone,

miDISCOURS
PRONONCÉ
A LA CONFÉRENCE DE SAINT-VINCENT DE PAUL
A L1VOURNF.
DANS LA SÉANTE GÉNÉRALE 101 1" MAI 1853

Bien que, à cause de la faiblesse de ma santé, les plus brefs discours me soient interdits, je ne puis cependant résister au désir de vous adresser quelques paroles, pour vous exprimer l'émotion que j'éprouve en me trouvant au milieu de vous, bien-aimés Confrères en saint Vincent de Paul, et pour vous dire combien je suis reconnaissant de tous les témoignages d'intérêt et d'affection que vous m'avez prodigués. Pour un inconnu, pour un étranger, pour un homme dont lu plupart d'entre vous ignoraient même le nom, vous avez adressé à Dieu les plus ferventes prières. Douxeffet de cette fraternité chrétienne, qui fait do nous des amis, avant même que nous ayons échangé un regard, avant d'avoir entendu le son de nos voix, avant de nous être serré affectueusement la main.

Ce sentirabilmente si manifesta trà i Membri della Società di S. Vincenzo De' Paoli.—E di questi confratelli potrebbe il mondo ripetere ciò che stupiti dicevano i Pagani dei primitivi cristiani, come ne attesta Tertulliano: — *Vedete come sanno amarm i*

Signori Confratelli, compatite, se come uno dei primogeniti della nostra Società, mi prevalgo della mia esperienza per renderle una solenne testimonianza. — Quando vengono per un cristiano i giorni cattivi della vita, quando egli si trova oppresso da grave infermità, allora è il tempo più propizio di riandar col pensiero il passato, e quivi rimembrando il bene o il male fatto, servirsi della memoria di questo a maggior pentimento, di quello a consolazione e conforto delle presenti afflizioni. Ed io essendo in siffatta condizione non trovo maggior conforto che di richiamare spesso alla mente quel poco di bene, che in rimedio a tanto male, ebbi occasione di fare nella Società di S. Vincenzo De' Paoli nei primi felici anni di mia gioventù. — E quanto di consolazione mi arrechino cotai pensieri, ora particolarmente che non so se Iddio mi concederà più a lungo di godere i beni della nostra Società, non so esprimervi a parole. — Non invano fù scritta quella bellissima parola della Santa Scrittura: « *Beatus qui inlelligit su« per egenum et pauperem, in die mala liberabit eum « Dominm. »* — Signori Confratelli, io ben di cuore ment d'amour fraternel, qui unit sur la terre tous les catholiques, et qui de tant de peuples divers ne fait qu'une seule famille, se retrouve au plus haut degré parmi les membres de la Société de Saint-Vincent de Paul. Le monde pourrait dire d'eux ce que les païens étonnés disaient des premiers chrétiens, ainsi que l'atteste Tertullien: Voyez comme ils savent s'aime r!

Messieurs et chers Confrères, pardonnez-moi si, comme un des aînés de notre Société, je me prévaux d'une longue expérience pour lui rendre un solennel témoignage. Quand viennent pour un chrétien les jours mauvais de la vie, quand il se trouve aux prises avec de graves infirmités, c'est pour lui le moment de remonter, par la pensée, les jours passés, d'évoquer le souvenir du bien ou du mal qu'il a faits: du mal, pour s'en repentir de plus en plus; du bien, pour y puiser des motifs de consolation et de soulagement dans l'affliction présente. J'en fais aujourd'hui l'expérience, et j'éprouve la plus grande douceur à repasser dans ma mémoire le peu de bien qu'en regard de tant de mal j'ai eu occasion de faire au sein de la Société de SaintVincent de Paul, dans les premières et heureuses années de ma jeunesse. La parole est impuissante à retracer les consolations que ces souvenirs répandent dans mon âme, maintenant surtout que je ne sais si Dieu m'accordera longtemps encore la joie de voir le bien que fait notre Société. Elle est bien juste et bien vraie, cette admirable parole de la sainte Écriture: vi auguro giorni felici e tranquilli; ma è ben difficile passare il corso di questa vita presente senza che o prima o dopo venga il giorno cattivo, e allora troverete anche voi un gran conforto nel rammentare il bene che avrete operato nella Società di S. Vincenzo De' Paoli, e benedirete i momenti che avrete spesi al soccorso di quelli che hanno sofferto forse ancor più di voi. — Queste rimembranze non solo allieveranno le vostre afflizioni, ma saranno occasione di farvi sempre più andare innanzi nel bene.

E ciò si può facilmente ottenere coll'accrescere il numero dei Socj. — Al quale accrescimento vi deve anche fortemente eccitare il numero grandissimo dei poveri, che han bisogno dei vostri soccorsi. — In principio fù utile, fù necessario esser pochi, che si formasse come un nucleo vivo, capace di germogliare, di stendere rami e di portare frutti. Ed io mi rallegro con voi che abbiate dato cominciamento alla vostra Confe-

renza simile al tutto alla prima instituzione che ne fù fatta in Parigi; giacche anche voi incominciaste con otto memhri, anche voi cominciaste nel mese dei fiori, mese consacrato a Maria SS. nostra speciale Proteggilrice. —E mollo più mi rallegra il vedere come anche tra voi si *Beatus qui intelligit super egenum et pauperem, in die mala liberabit eum Dominm!* Heureux celui qui a l'intelligence de sa mission près du pauvre et de l'indigent; le Seigneur lui viendra en aide aux jours mauvais.
— Messieurs et chers Confrères, je vous souhaite du fond du cœur des jours heureux et tranquilles; mais il vous sera bien difficile de suivre le cours de la vie présente, sans rencontrer, ou plus tôt ou plus tard, les jours mauvais. Alors, vous aussi, vous trouverez une grande consolation à vous rappeler le bien que vous aurez fait dans la Société de Saint-Vincenl de Paul, et vous bénirez les heures employées à secourir des malheureux qui, peut-être, ont souffert plus encore que vous. Ce souvenir allégera vos épreuves, et vous sera en même temps une occasion d'avancer de plus en plus dans la voie du bien.

Pour obtenir plus sûrement ces heureux résultats, il faut chercher à accroître le nombre de vos associés. La multitude des pauvres qui ont besoin de vos secours doit d'abord vous y engager fortement. Dans l'origine, il fut utile, il fut nécessaire d'être en petit nombre, afin de former comme un noyau plein de séve, capable de germer, de pousser des rameaux et de porter des fruits. Et je me félicite avec vous que vous ayez corn-, mencé votre Conférence exactement comme l'avaient fait à Paris les premiers membres de la Société. Vous aussi, en effet, vous vous êtes réunis au nombre de huit; vous aussi, vous avez commencé dans le mois des fleurs, mois consacré à Marie, notre protectrice spéciale.

custodiscano gelosamente le tradizioni e lo spirito della prima istituzione. Qui lo stesso spirito vive nel vostro Presidente, spira nel vostro Presidente Onorario, il quale porta con tanta dignità e tanta grazia le divise di S. Vincenzo De' Paoli, e soprattutto spira nello zelantissimo e illustre vostro Pastore Monsignor Vescovo Gavi il quale tante prove ne ha date di suo amore a questa nascente Conferenza. E come non riconoscerei quella stessa carità nei membri attivi che con santa emulazione hanno tra loro gareggiato nella cura delle famiglie ad essi affidati; e nei Membri Onorarj e Benefattori che colle loro limosine hanno tanto contribuito allo incremento di questa opera pia?

In due soli anni voi avete fatto grandi progressi, ma bisogna crescere ancora, bisogna che la Conferenza di Livorno divenga uno dei centri più operosi della Società di S. Vincenzo De' Paoli in Italia.

Quelli che spesero e tuttora spendono il maggiore zelo per la propagazione dell' opera nostra si lagnano d'incontrare due gravissimi ostacoli. Il primo è il rispetto umano. Quanti giovani si ascriverebbero volentieri alla Società di S. Vincenzo De' Paoli e porterebbero al servizio del povero tutto il generoso impeto dei loro verdi anni, se non fossero trattenuti dal timore di esser derisi, quasi tanti bacchettoni, perchè quel poco di bene che procuriamo di fare, si fà in nome di Dio e sotto la insegna di un Santo!

Je me félicite plus encore de voir se conserver religieusement parmi vous les traditions et l'esprit de notre Institut. Cet esprit vit dans votre président, il anime votre président honoraire, qui porte avec tant de dignité et de grâce la devise de saint Vincent de Paul. Il respire surtout dans votre zélé et illustre pasteur, monseigneur l'évêque Gavi, qui a donné de si grandes preuves de son affection à cette Conférence naissante. El comment ne pas reconnaître cet esprit et cette charité traditionnels dans les membres actifs qui rivalisent entre eux de soins pour les familles qui leur sont confiées, et dans les membres honoraires ou bienfaiteurs qui ont tant contribué par leurs aumônes au développement de vos bonnes œuvres?

En deux années d'existence, vous avez fait de grands progrès. Il faut avancer encore; il faut que la Conférence de Livourne devienne un des centres les plus actifs de la Société de Saint-Vincent de Paul en Italie.

Ceux qui ont déployé et qui déploient encore le plus de zèle pour la propagation de notre OEuvre se plaignent de rencontrer deux principaux obstacles. Le premier est le respect humain. Que de jeunes gens qui s'inscriraient volontiers parmi les membres de la Société de Saint-Vincent de Paul, et qui porteraient dans le service des pauvres toute la généreuse ardeur de leurs vertes années, s'ils n'étaient retenus par la crainte d'être raillés, parce que le peu de bien que nous essayons de faire, nous le faisons au nom de Dieu sous le patronage d'un saint!

A questi bisogna rispondere: che un tale timore doveva essere molto maggiore negli otto giovani studenti, i quali, mossi dalle parole che alcuni loro condiscepoli scagliavano a scherno del Cattolicismo, cominciarono la Società di S. Vincenzo De' Paoli. — In qual Città infatti il rispetto umano era più forte in quei tempi che in Parigi? — Ma essi non curarono ciò che al di fuori si sarebbe detto, sicuri che verrebbe il giorno della verità e della giustizia. — A codesti timorosi del rispetto umano bisogna rispondere ancora: che quando i primi membri della Società ebber salite le scale del povero, spezzato il pane alla piangente famiglia, mandati alle scuole i ragazzi negletti, quando si conobbe che essi erano i veri amici del popolo, allora trovarono non solamente tolleranza tra quelli del di fuori, ma favore e rispetto. — Imperocchè a questo secolo, sebbene in molte parti corrotto, non può negarsi questa lode, che onora e rispetta coloro i quali si dedicano a migliorare la sorte del popolo, a far più leggiero il giogo dei bisogni che piegano la fronte dei dolenti figli di Adamo. — Quando in Francia nei giorni luttuosi del 1793, si spogliavano chiese ed altari, non si dubitò di proporre una statua a S. Vincenzo De' Paoli benefattore della umanità. E mi sia permessa quella parola in un certo senso temeraria e sacrilega: mercè del bene procurato al popolo, anche gli empj perdonarono che si amasse Iddio. — Dite finalmente a cotesti cui il rispetto umano è d' impedimento, che fori; poteva compatirsi la loro timidezza nei primi t mpi, quando le Répondez-leur qu'une semblable crainte aurait dû, à plus forte raison, arrêter les huit jeunes étudiants qui, émus des paroles méprisantes qu'adressaient aux catholiques quelques-uns de leurs condisciples, commencèrent la Société de Saint-Vincent de Paul. Dans quelle ville, en effet, le respect humain est-il plus fort qu'il ne l'était, à cette époque, dans Paris? Toutefois ces jeunes gens n'eurent aucun souci de ce qu'on pourrait dire d'eux, sûrs qu'ils étaient de voir se lever le jour de la vérité et de la justice.

Répondez encore à ces captifs du respect humain qu'à peine les premiers membres de la Société eurent franchi l'escalier du pauvre, distribué le pain à des familles en pleurs, envoyé aux écoles les enfants jusque-là négligés; à peine eut-on reconnu à ces signes que le peuple avait en eux de vrais amis, qu'ils trouvèrent aussitôt autour d'eux, non-seulement tolérance, mais faveur et respect. Ce siècle, en effet, tout corrompu qu'il soit sur tant de points, honore et respecte, il faut le dire à sa louange, ceux qui se vouent à l'amélioration du sort du peuple et qui cherchent à rendre plus léger le joug qui pèse sur la tête des fds désolés d'Adam. Lorsque, en France, dans les jours funèbres de 1793, on dépouillait les églises et les autels, on n'hésita pas à proposer d'élever une statue à saint Vincent de Paul, bienfaiteur de l'humanité; et, si je puis me servir de ces paroles téméraires et sacriléges en un sens, les impies, en retour du bien qu'il avait fait aux hommes, lui pardonnaient d'avoir aimé Dieu.

nostre Conferenze non godevano nè il vantaggio del numero, nè il benefizio di un lungo esperimento. Ma adesso vengano operaj della terza ora nella vigna del padre di famiglia, già fornita di vendemmiatori, vengano a far parte di una Società già diffusa nei più inciviliti paesi, nelle più dotte Città della terra, a Londra come a Parigi, Berlino non che a Roma. Dio guardi che io esalti le nostre Conferenze il cui sommo pregio è nel tenersi, non segrete, ma oscure, non nascoste, ma umili! — Però Iddio e il nostro Santo Patrono mi condoneranno di averlo detto per il conforto dei deboli. —Vengano tra noi: vi troverranno un numero di compagni bastante per rassicurare i loro timori, bastanti esempj di carità per accendere i loro più nobili sentimenti, vi troverranno l' amicizia cristiana e l' amorevole fratellanza, che non lascerà loro altro rammarico che di averla troppo lardi conosciuta.

Il secondo ostacolo è un certj dubbio che la Società di S. Vincenzo De' Paoli sotto il colore della carità non nasconda un fine politico. In molli luoghi ho veduto nascere questo sospetto, e ci hanno creduti ora di uno, ora di un contrario partito; ciò che già basterebbe a mostrare che non siamo di nessuno. A coloro che hanno

Dites enfin à ceux qu'arrête le respect humain que peut-être aurait-on pu comprendre leur timidité et y compatir, dans l'origine, alors que nos Conférences n'offraient ni les avantages du nombre, ni les résultats d'une longue expérience. Mais, aujourd'hui, qui donc peut empêcher les ouvriers de la troisième heure d'entrer dans la vigne du père de famille, déjà remplie de vendangeurs, et de faire partie d'une société répandue dans les pays les plus civilisés, dans les cités les plus savantes du monde, à Londres comme à Paris, à Berlin aussi bien qu'à Rome? A Dieu ne plaise que je veuille ici glorifier nos Conférences, qui attachent le plus grand prix à rester, non pas secrètes, mais obscures; non pas cachées, mais humbles! Si je parle ainsi, Dieu et notre saint patron me le pardonneront, car c'est pour fortifier les faibles. Que ceux-ci ne craignent donc pas de venir parmi nous; ils y trouveront assez de frères pour que leur timidité se rassure, assez d'exemples de charité pour éveiller en eux la plus noble émulation. Ds y trouveront l'amitié chrétienne et cette affectueuse fraternité qui ne leur laisseront d'autre regret que celui de les avoir connues si tard.

Le second obstacle à la propagation de notre OEuvre vient d'une crainte vague que la Société de SaintVincent de Paul, sous le voile de la charité, ne cache un but politique. Dans beaucoup de lieux, j'ai vu naître cette crainte; on nous a crus tantôt d'un parti, tantôt d'un

autre tout opposé, ce qui suffirait déjà pour décosifatta diffidenza si replica: che la Società di S. Vincenzo de' Paoli non si è mai intromessa in cose di politica, che lo spirito di partito ne è espressamente escluso, che, la Dio mercè, essa ha potuto tenersi sempre estranea alle cittadinesche passioni; che questo solo fine ha in mira: santificare i suoi membri mediante l'esercizio della carità a vantaggio del povero cui procura di sovvenire nei suoi temporali e spirituali bisognj. — Testimone Parigi, che anche negli ultimi sconvolgimenti non ha veduto punto compromessa la Società. Quattro diversi governi in quattro anni si sono in Francia succeduti, e la nostra Società, conservando sempre il suo esclusivo carattere di carità, è stata da tutti rispettata perche non ostile a nessuno. —Testimoni due paesi diversi, anzi contrarj d' ingegno e di costumi, 1! Olanda retta da un potere poco amico del proselitismo cattolico, la Spagna cattolica bensi, ma sempre sospettosa quando si tratta d' opere nate al di là dei Pirenei. Pertanto quei due governi, fatta la più esatta ricerca, credettero di dovere non che tollerare le Conferenze di S. Viricenzo de' Paoli, ma autorizzarle con solenni decreti. Vivono le nostre Conferenze sotto il dispotismo mitigato che siede sulle rive del Bosforo e del Giordano; e prosperano all' aria libera del Messico e degli Stati Uniti.

Però bisogna confessarlo: toccano le nostre Confemontrer que nous ne sommes d'aucun parti. A ceux qui vous témoigneraient une semblable crainte, il faut répondre: Jamais la Société de Saint-Vincent de Paul ne s'est mêlée de politique; l'esprit de parti en est absolument exclu, et Dieu merci, elle est toujours restée étrangère aux discordes civiles. Elle n'a qu'un seul but: sanctifier ses membres en exerçant la charité et en secourant le pauvre dans ses besoins temporels et spirituels. Voyez Paris: nos Conférences ne s'y sont trouvées compromises dans aucun des derniers bouleversements. Quatre gouvernements divers se sont succédé en France, dans l'espace de quatre ans, et notre Société, conservant toujours son caractère exclusif de société charitable, estrestée en-

tourée du respectde tous, parce qu'elle n'est hostile à personne. Voyez deux autres pays, de mœurs et de caractères bien différents, la Hollande, régie par un pouvoir peu favorable au prosélytisme catholique, et l'Espagne, catholique il est vrai, mais toujours défiante à l'égard des œuvres qui ont pris naissance de l'autre côté des Pyrénées. Eh bien! ces deux gouvernements, après la plus minutieuse enquête, ont cru devoir non-seulement tolérer les Conférences de Saint-Vincent de Paul, mais encore en autoriser l'établissement par des décrets solennels. Nos Conférences vivent sous le despotisme mitigé qui règne sur les rives du Bosphore et du Jourdain; elles prospèrent à l'air libre du Mexique et des ÉtatsUnis.

Du reste, disons-le hautement, nos Conférences s'oc

MÉLAtiGES. H. 5 renze, anzi si credono in dovere di mettere una mano benefica alla più grande alla più interessante delle questioni. Si tratta di spegnere il male inteso risentimento del povero contro il ricco, e di non permettere che si scinda la Società fra quelli che hanno e quelli che non hanno. E come già qui nella vostra Italia quando le irrequiete fazioni insanguinavano le vostre bellissime Città, un fra Giovanni da Vicenza, un S. Bernardino da Siena, con in mano un Crocifisso, si gettavano in mezzo alle schiere armate, e pace proclamando, in pace ricom ponevano gli opposti partiti; così anche i membri della Società di S. Vincenzo de' Paoli, sebben deboli assai da non potersi paragonare a siffati Eroi, pure animati dallo stesso spirito, cercano anch' essi d' adoperarsi nella grand' opera della conciliazione.

Anco in questa grande e fiorente Città vi saranno dei ricchi, i quali non hanno il comodo, non hanno in tempo di andare da se stessi a soccorrerei poveri. Andate da (juesti ricchi e dite loro: se non potete visitare da voi stessi il tuguriodell'indigente, se colla personale presenza sollevar non potete le sue miserie, eccoci quà, siam noi che faremo le vostre parti, e ci onoreremo di essere nello stesso tempo gli ambasciatori vostri, i provveditori dei poveri, i servitori di Gesù Cristo, Dio dei poveri e dei ricchi; dei ricchi il più grande giacchè lo è per natura, dei poveri il più meritevole giacchè lo è per volontà. — E quindi recandovi entro il tugurio dell' abbandonato, e portando colla elemosina vostra e coli' altrui il farcupent de la plus intéressante des questions modernes. Regardant comme un devoir d'y porter une main bienfaisante, elles s efforcent d'éteindre les fatals ressentiments du pauvre contre le riche et d'empêcher que la société ne se divise en deux camps, ceux qui ont et ceux qui n'ont pas. De même qu'autrefois, dans votre Italie, quand des factions implacables ensanglantaient les plus belles cités, on voyait un père Jean de Vicence, un saint Bernard de Sienne, se jeter, le crucifix à la main, entre les combattants, proclamer la paix et réconcilier les partis hostiles; de même aujourd'hui les membres de la Société de Saint-Vincent de Paul, bien que leur faiblesse ne permette pas de les comparer à de semblables héros, animés cependant du même esprit, font leurs efforts pour avancer ce grand ouvrage d'une conciliation universelle.

Dans votre vaste et florissante cité, il y a certainement des riches qui n'ont ni la facilité, ni le temps d'aller en personne secourir les pauvres. Allez à eux et dites-leur: Si vous ne pouvez visiter vous-mêmes l'indigent dans sa demeure, s'il vous est impossible de le secourir personnellement, nous voici prêts à nous charger de cette mission; nous tiendrons à honneur d'être à la fois vos ambassadeurs, les pourvoyeurs des pauvres, les serviteurs de Jésus-Christ, de Jésus-Christ, Dieu des pauvres et des riches, le plus grand des riches, puisqu'il l'est par sa nature, le plus saint des pauvres, puisqu'il l'est par sa volonté. Vous vous rendrez ensuite sous le toit de l'indigent, et après avoir maco alla insopportabile indigenza, ne uscirete annunziatori di pace, corne la colomba foriera di nuova alleanza tornava nell' arca con il ramo verdeggiante d'olivo. adouci ses insupportables misères par vos propres aumônes et par celles d'autrui, vous sortirez de sa demeure, en messagers de la paix, rapportant, comme autrefois la colombe de l'arche,

en signe d'une nouvelle alliance, le rameau vert de l'olivier.

NOTICES
M. AMPÈRE.-M. BALLANCHE. M. FAURIEL
ET SON ENSEIGNEMENT
M. AMPÈRE 1836

Une vie illustre vient de s'éteindre. M. Ampère, membre de l'Institut, professeur au Collège de France, inspecteur général de l'Université, est mort le 10 juin à Marseille, laissant un grand vide dans la société des intelligences d'élite, parmi lesquelles il marchait au premier rang; laissant un grand deuil dans le cœur de tous ceux qui avaient pu l'approcher de plus près et jouir de la familiarité de ses vertus.

M. André-Marie Ampère était né à Lyon le 20 janvier 1775. De longues et solitaires éludes, auxquelles l'entraînait une vocation irrésistible, de cruelles douleurs que la Révolution fit peser sur sa famille et sur lui, mais qui ne purent décourager sa laborieuse persévérance, furent comme les initiations de sa jeunesse. Il ne sortit de cette première obscurité que pour occuper l'humble place de professeur de physique et de chimie à l'École centrale du département de l'Ain, puis celle de professeur de mathématiques au lycée de Lyon (23 floréal an xi). Peu de temps après, ses *Considérations sur la théorie mathématique du jeu* lui attirèrent des éloges de l'Institut et l'attention bienveillante du gouvernement. Il fut appelé en qualité de répétiteur à l'École polytechnique (octobre 1804), où il ne se trouva pas déplacé au milieu des grandes lumières de l'époque, réunies sur ce point par une main qui savait choisir. Dès lors s'associant au vaste mouvement scientifique qui se faisait autour de lui, M. Ampère porta ses investigations dans les parties les plus inexplorées des mathématiques, de la mécanique, de la physique et de la chimie, aborda les problèmes les plus ardus, et en résolut un grand nombre avec un rare bonheur. Le résultat de ses recherches fut une série de mémoires, dont se sont enrichis les plus célèbres recueils de la France et de l'étranger. A mesure qu'il s'élevait plus haut dans les régions de la science, les

honneurs auxquels il ne songeait point descendirent vers lui. 11 fut successivement nommé membre et secrétaire du bureau consultatif des arts et manufactures (24 mars 1806), inspecteur général de l'Université (21 septembre 1808), professeur à l'École polytechnique (28 décembre 1809), membre de la Légion d'honneur, membre de l'Académie royale des sciences (1815). Plus tard, il échangea sa chaire de l'École polytechnique contre celle de physique générale et expérimentale au Collége de France. Mais ce qui devait environner son nom de plus de gloire et lui assurer pour toujours une place parmi les noms des grands hommes, c'étaient ses travaux sur les phé nomènes électro-magnétiques. Après la célèbre expérience de M. OErsted, à Copenhague, en 1819, tandis que les savants hésitaient en présence de cette révélation subite, M. ijAmpère pressentit, devina comme Kepler et Newton, et, par une suite de méditations, d'expériences continuées pendant dix ans, il démontra jusqu'à la plus claire évidence l'identité de l'électricité et du magnétisme. Et cette découverte, en réduisant le nombre des agents de la nature, semble diriger aujourd'hui la physique dans une nouvelle voie, et devoir la conduire par des éliminations successives à l'unité de tontes les forces qui meuvent la matière, à la simplicité primitive du plan divin. Plus s'effaceront les causes secondes, plus la cause première semblera se rapprocher.

Tels sont les points principaux par lesquels M. Ampère s'est fait connaître: c'était assez pour avoir droit à l'admiration de son siècle et au souvenir des siècles qui viendront après. Cependant les travaux et les découvertes que nous venons de signaler n'occupèrent peut-être que la moindre partie de ses veilles. Toutes les sciences étaient pour lui un seul empire, dont la physique et les mathématiques étaient des provinces un peu plus favorisées, mais dont aucune portion ne lui restait étrangère. Dieu l'avait doué d'une activité d'esprit que rien ne fatiguait, sinon le repos, d'une mémoire prompte à saisir l'idée ou la parole au passage, et qui retenait pour toujours. Avec ces facultés puissantes, il s'était rendu accessibles toutes les sphères des connaissances humaines, il les parcourait, il s'y jouait à son gré. Des hardies spéculations de l'astronomie, il savait redescendre aux ingénieux aperçus de la philologie, et jusqu'aux réminiscences les plus gracieuses de la littérature ancienne ou moderne. Toutefois, entre toutes les sciences, celle qui était l'objet de ses plus chères préoccupations, c'était celle qui recherche les principes et forme le couronnement de toutes les autres, la philosophie. C'était là le secret de ces méditations prolongées, dans lesquelles, depuis sa jeunesse, il aimait à oublier les heures. C'était là ce qu'ignorait la foule, soit parce que M. Ampère n'avait pas reçu, soit parce qu'il avait dédaigné ce talent facile d'écrire beaucoup, ces formes souples et un peu molles de notre langage philosophique et littéraire. Aussi ses études de psychologie et de métaphysique n'eurent-elles longtemps qu'un petit nombre de confidents choisis, parmi lesquels il faut compter le célèbre Maine de Biran, lui aussi mort trop tôt. En 1822, M. Ampère fit à la Sorbonne un cours de métaphysique. Puis, dans ces derniers temps, et à dater de 1830, il entreprit de résumer l'œuvre de toute sa vie dans une classification générale des sciences, tableau encyclopédique où toutes les connaissances de l'homme devaient avoir une place marquée, non par le caprice, mais par la nature; inventaire immense des richesses et des misères de l'intelligence humaine, où toutes les questions, toutes les certitudes et tous les doutes seraient posés pour servir de point de départ aux investigations de l'avenir; distribution du travail, méthode, économie qui pourrait peut-être ménager le temps et la peine de l'humanité. Il développait à son cours du Collége de France ce magnifique programme; mais il avait voulu lui donner une forme plus rigoureuse et une publicité plus étendue en en faisant un livre. Le premier volume de la *Philosophie des sciences* avait paru au commencement de l'année dernière; le second devait paraître à la fin de celle-ci. Ce nous est une consolation d'apprendre qu'il est achevé, et qu'il se-

ra mis au jour par la piété de M. Ampère fils: M. Ampère fils, ce jeune savant en qui l'on ne sait ce qu'on doit le plus aimer, la modestie d'une profonde érudition, la délicatesse exquise de l'esprit ou l'excellence du cœur; et qui, après avoir eu l'honneur mérité d'être le collègue de son père, après avoir eu la trop courte joie de professer sous ses yeux, sera maintenant le continuateur de ses glorieuses traditions.

Tout n'est point dit encore; et pour nous, catholiques, ce beau génie avait d'autres titres à notre vénération et à notre amour. Il était notre frère dans la foi, un frère dont nous étions heureux, et dont l'exemple en ces jours mauvais rassurait les faibles. M. Ampère était né dans une ville profondément chrétienne, qui se souvient du sang de ses martyrs, qui, après avoir été fidèle au temps de ses prospérités, est demeurée croyante, aimante et forte dans ses malheurs. Et comme cette ville devait donner à la France de 1793 l'exemple d'un héroïque sacrifice, en retour la Providence lui avait donné vers cette même époque des enfants qui devaient un jour être son honneur et sa consolation: de ce nombre furent MM. Ballanche, Camille Jordan, de Jussieu, Bergasse, de Gérando, Dugas-Montbel, célèbres dans des voies diverses, mais unis par un esprit commun de christianisme, tous compatriotes et contemporains, presque tous amis de M. Ampère. Ce fut dans la société de ces hommes et de plusieurs autres non moins excellents, quoique moins connus, qu'à l'issue de la terreur révolutionnaire, à Lyon, un foyer d'études et de tendances religieuses se forma. Nous avons entendu parler de ces réunions amicales dans lesquelles chacun apportait son tribut intellectuel, et où M. Ampère aimait à développer les preuves de la divinité des livres saints. Nous savons des âmes qui lui durent alors les premières lueurs de la foi. A Paris, au milieu du matérialisme de l'Empire, de l'indifférence de la Restauration, du panthéisme de ces derniers temps, il conserva inébranlable cette religion de ses premières années. C'était elle qui présidait à tous les labeurs de sa pensée, qui éclairail toutes ses médi-

tations; c'était de ce point de vue élevé qu'il jugeait toutes choses et la science elle-même. Naguère encore, à son cours au Collège de France, nous l'avons entendu justifier par une brillante théorie géologique l'antique récit de la Genèse. 11 n'avait point sacrifié comme tant d'autres au génie du rationalisme l'intégrité de ses convictions, ni déconcerté le légitime orgueil que ses frères avaient mis en lui. Cette tête vénérable, toute chargée de science et d'honneurs, se courbait sans réserve devant les mystères et sous le niveau de l'enseignement sacré. Il s'agenouillait aux mêmes autels que Descartes et Pascal, à côté de la pauvre veuve et du petit enfant moins humbles que lui. Nul plus scrupuleusement ne garda ces austères et douces observances de l'Église, dont sa docilité savante découvrait les raisons cachées dans les profondeurs de la nature humaine et de la sagesse divine. Mais il était beau surtout de voir ce que le Christianisme avait su faire à l'intérieur de sa grande âme: cette admirable simplicité, pudeur du génie qui savait tout et s'ignorait soi-même; cette haute probité scientifique, qui cherchait la vérité seule et non pas la gloire, et qui maintenant est devenue si rare; cette charité si affable et si communicative que souvent elle se laissait surprendre, dans l'expansion d'un entretien familier, des trésors d'idées que le plagiat exploitait ensuite; cette bienveillance enfin qui allait au-devant de tous, mais surtout des jeunes gens: nous en connaissons pour lesquels il a eu des complaisances et des sollicitudes qui ressemblaient à celles d'un père. En vérité, ceux qui n'ont connu que l'intelligence de cet homme n'ont connu de lui que la moitié la moins parfaite. S'il pensa beaucoup, il aima encore davantage.

Il y a peu de jours, lorsqu'à la veille de son départ pour sa tournée inspectorale, ses amis l'entouraient, et, le voyant un peu souffrant, pressaient, non sans quelque inquiétude, sa main dans les leurs, ils étaient bien loin de s'attendre que si tôt leur viendrait la douloureuse nouvelle qui leur est venue. Elle les a cruellement surpris, et ne leur a pas permis de réunir leurs pensées et d'interroger leur mémoire pour faire savoir au pays par la voie des feuilles publiques toute l'étendue de la perte qu'il a faite. Il faut pourtant que la mort fasse au moins cette justice de révéler la vertu qui s'est cachée pendant sa vie. Pour nous qui écrivons ces lignes, à peine avons-nous pu recueillir quelques souvenirs et quelques renseignements pour tracer à la hâte cette rapide ébauche, espérant toutefois pouvoir mieux faire plus tard.

Heureusement le grand homme n'a pas besoin de cette immortalité factice et passagère que peuvent donner les oraisons funèbres et les biographies. C'est un mot qui n'a jamais été chrétien, ni vrai de personne, mais qui l'est moins encore de l'homme que nous regrettons, ce mot impitoyable prononcé sur toutes les tombes: // n'est plus. Nous dirons au contraire: 11 nous a quittés, mais nous ne l'avons pas perdu. Il n'est pas perdu pour la science, cet infatigable ouvrier, car son œuvre est là, scellée de son nom pour recevoir l'œuvre de l'avenir, et quelque loin que se poursuivent ses conséquences, elles attesteront toujours la présence et la fécondité du génie qui a posé les prémisses. Il n'est pas perdu pour l'amitié qui lui était si tendrement attachée: le tombeau d'un chrétien est comme ces pierres de commémoration que les patriarches élevaient au bord de la route, au lieu où ils se séparaient pour un peu de temps: la séparation sera courte et le rendezvous éternel. Il n'est pas perdu surtout pour l'Église, qui le comptait parmi ses illustrations: l'Église est une société qui ne se dissout pas par la mort, elle a une loi qui unit les âmes arrivées les premières dans le repos, avec celles qui restent encore dans la lutte: elle n'a sur la terre qu'un vestibule où elle se tient pour appeler les générations à mesure qu'elles passent, c'est dans l'éternité qu'elle a son sanctuaire où elle rassemble peu à peu tout ce qu'elle a recueilli ici-bas de plus grand, de plus pur et de meilleur.

M. BALLANCHE 1848

Voilà bientôt quinze mois que M. Ballanche mourut, à Ja veille de cette révolution dont il aurait consolé les an-goisses, en nous révélant à quel degré d'initiation la Providence nous conduisait. 11 laissait un vide irréparable dans le cercle choisi où il trouvait, où il entretenait aussi les plus exquises traditions de l'ancienne France et les plus généreux sentiments de la nouvelle. C'était là qu'après lui on devait prendre soin de sa gloire, dont il ne s'occupa jamais. Et, comme sa vie toute de recueillement et de méditation n'était pas de celles qui se racontent, comme ses œuvres sont dans les mains de tous ceux qui servent encore la philosophie et les muses sé-rieuses, il ne restait plus qu'à le popu-lariser, à le faire connaître et aimer de tous, en dévoilant le fond même d'un écrivain si digne de devenir populaire par l'élévation chrétienne de ses doc-trines) par ses justes pressentiments des temps nouveaux., et par ce besoin de persuader et de secourir les hommes qui fut la première passion de son cœur. Voici ce qu'a tenté M. Ampère avec la hardiesse d'un critique sûr et avec toute l'émotion d'un ami inconsolé. A l'aide de courts récits et de rares transitions qui recueillent les circonstances les plus inspiratrices de la vie de M. Ballanche, qui éclairent la pensée et lient la suite de ses travaux, à l'aide de plusieurs frag-ments de correspondance inédite, M. Ampère a su enchaîner de nombreux ex-traits des livres du philosophe lyonnais, et n'en former qu'un seul tout. Il a su choisir les endroits où éclatait surtout le dessein de l'auteur, le cachet de son ta-lent, la beauté de son caractère, enfin l'homme entier, autant qu'il est permis de le reconstruire ici-bas, quand Dieu l'a brisé pour un temps, en reprenant son âme et en ne nous laissant que ses œuvres. On voit assez ce qu'il y a de modestie, mais on ne découvre pas d'abord tout ce qu'il y a d'art et d'effort dans la brièveté même des passages qui encadrent tant de morceaux habilement choisis; et, quand d'autres écrivains font montre d'eux-mêmes à si peu de frais, on ne remarque pas assez ce que M. Ampère a mis d'application à se faire oublier. C'est le seul point où il ne pou-vait réussir entièrement. On le louera de s'être rendu l'interprète des plus nobles amitiés et des plus saintes douleurs. Et

si nos pensées le suivaient, il y a un mois, menant le deuil de M. de Cha-teaubriand sur la plage de Saint-Malo, nous lui saurons gré aujourd'hui d'avoir rendu à l'auteur des *Martyrs* un second hommage et le plus délicat de tous en faisant revivre, comme pour ses funé-railles, son vieil ami, M. Ballanche.

Dans ces jours d'orages civils rien ne saurait être plus nouveau qu'un livre pur de toute passion politique, un livre tout littéraire, calme et charmant. Ce n'est point la biographie de M. Ballanche, ce n'est ni un jugement ni un simple choix de ses écrits. C'est un hommage sans exemple, et l'inspiration d'une amitié ingénieuse, incapable de se satisfaire de ces tributs qu'on a coutume de rendre aux morts illustres.

C'est au milieu des ruines du siége de Lyon, dans cette ville héroïque alors et toujours chrétienne, que M. Ballanche vit s'écouler son adolescence maladive, mais réchauffée par tous les enthou-siasmes qui naissent ordinairement des grandes catastrophes, et par la société de trois esprits excellents, Camille Jor-dan, DugasMontbel et le mathématicien Ampère. L'inspiration religieuse de ces premières années éclata dans un *Essai sur le sentiment,* où l'on s'étonne de trouver toute la pensée et comme la pre-mière ébauche du *Génie du Christia-nisme,* en 1801 et plusieurs mois avant que ce livre immortel vînt commencer l'éducation du dixneuvième siècle. Ce-pendant le bruit des victoires du consu-lat étouffa les préludes du jeune philo-sophe et le laissa résigné à son obscu-rité, convaincu, non de l'injustice des hommes, mais de son impuissance. Il resta dans un abattement de cœur et d'esprit, dont la Providence ne devait le tirer que par un de ces moyens qu'elle réserve pour le traitement des grandes âmes: elle le guérit de la mélancolie par une forte et juste douleur. M. Ampère nous fait pénétrer avec une discrétion pleine de charmes dans le mystère de cet'amour chrétien dont les vœux trom-pés inspirèrent les *Fragments* écrits en 1808, et plus tard l'admirable récit *à'Antigone.* C'est là que le grand écri-vain est déjà tout entier, et que, le senti-ment laissant se dégager la pensée qu'il enveloppait, on saisit déjà sous les voiles poétiques tous les grands traits de doctrine à laquelle il vouera sa vie; l'expiation, loi suprême de l'humanité, et l'initiation par l'épreuve. C'est là surtout qu'il vivra pour la postérité qui aime de préférence ces livres courts, comme *Paul et Virginie,* comme *Atala et René,* où elle tient, ainsi que dans un vase plus léger, tous les parfums du génie. On s'étonne moins de cette splendeur d'image et de cet instinct de la beauté qui éclatent dans *Antigone,* quand on apprend que le dernier livre en fut écrit à Rome, et sous les yeux d'une personne qui devait être pour le poëte philosophe comme l'apparition terrestre de la poésie, qui devint, comme la Béatrix de Dante, la muse de ses plus belles années, et, de plus que Béatrix, la Providence de ses vieux jours.

Alors pour M. Ballanche tiré de sa solitude et entraîné à Paris commence une existence nouvelle qui le mêle aux grands spectacles du monde, mais non pas à ses passions. Il assiste en témoin aux premiers triomphes de la Restauration, en sage à ses combats, en conseiller méconnu et indigné à ses erreurs. La lutte des deux opinions dont chacune l'attire par ce qu'elle a de grand, lui arrache le pathétique épisode de *l'Homme sans nom,* le dialogue du *Vieillard et du jeune homme,* enfin *l'Essai sur les institutions sociales,* où respire avec le respect des traditions antiques la passion de tous les progrès et le zèle de toutes les libertés. Ces écrits attachaient l'attention publique, et prêtaient tour à tour un appui envié aux partis contraires. Ils n'étaient cependant que les distractions d'une grande pensée qui se recueillait, qui cherchait sa forme et qui devait la trouver dans le livre de la *Palingénésie sociale.* C'est sous ce titre que l'auteur se proposait de faire connaître la loi de transformation qui préside aux destinées du genre humain; et le développement de son dessein indiqué dans les *Prolégomènes* devait remplir une trilogie composée *d'Orphée,* de la *Formule générale appliquée à l'histoire romaine,* et de la *Ville des expiations.*

Le fond de cette doctrine est tout chrétien. Que dis-jeî c'est le christianisme même avec tous ses dogmes, à commencer par la déchéance et à finir par la transsubstantiation. Toutefois on a pu craindre qu'en poursuivant l'idée d'une évolution du christianisme, l'esprit de M. Ballanche ne se fût écarté en un point de ce cercle sacré de l'orthodoxie où son cœur demeurait.

Mais si l'on pardonne à M. de Maistre ce pressentiment d'une troisième révélation dont les saint-simoniens ont tant abusé, comment n'absoudrait-on pas la bonne foi de son glorieux adversaire, aussi catholique de croyance et de profession, mais trompé par l'autorité d'Origène et par la mansuétude d'une imagination qui n'eut d'autre tort que celui de ne pas assez croire au mal? Ses véritables sentiments devaient se déclarer dans un de ces moments décisifs qui sont l'épreuve de toutes les fidélités, quand la Révolution de 1850 déchaîna contre le catholicisme les passions de l'émeute et le délire des religions nouvelles. C'est alors que l'auteur de la *Palingénésie,* interrompant une œuvre si chère, et que pressait déjà la fuite trop rapide des années, écrivit pour le besoin du temps sa *Vision d'Hébal,* le plus courageux peut-être de ses ouvrages, et au sens d'un grand juge, M. de Chateaubriand, le plus élevé et le plus profond. Toute l'histoire y est resserrée dans le cadre d'une vision qui commence avec le monde, et est ramenée sous des lois souveraines jusqu'au siècle présent, dont elle arrache le secret. Arrivée à ce point, il semble un moment que le poëte ait partagé le don de la seconde vue qu'il prête à son héros; car on est en 1851, et il s'écrie: « Une Europe toute nouvelle doit « sortir des ruines de l'Europe ancienne, restée vêtue « d'institutions usées comme un vieux manteau. Une « incrédulité apparente menace d'abolir toute croyance, « mais la religion du genre humain renaîtra plus bril« lante et plus belle. — Hébal sait bien que le genre « humain n'est point en travail d'une religion nou« velle; car il sait que tout est dans le Christianisme, « et que le Christianisme a tout dit. — L'Italie ne con« querra-t-elle pas son indépendance, et la Pénin-

sule « ibérique n'entrera-t-ellc pas dans la loi du progrès? « La ville éternelle sait *qu'un nouveau règne lui est* « *promis.* Le pontificat romain dira de quelles traditions « il est dépositaire. »

Ceux qui lisent aujourd'hui ces paroles ne connaissent pas assez ce qu'elles avaient de hardi et de méritoire, Je lendemain de la dévastation de Saint Germainl'Auxerrois, en présence du saint-simonisme et de toutes les écoles qui annonçaient la fin du vieux dogme et qui faisaient ses funérailles. On ne connaît pas toute la lumière que portait la *Vision d'Hébal,* en même temps que la célèbre préface des *Études historiques,* à tant de jeunes gens troublés par le spectacle des ruines politiques, tentés par l'éloquence des prédications nouvelles, jetés dans cette angoisse du doute, qui mouilla si souvent de larmes le chevet de leurs lits; et relevés, raffermis tout à coup par ce bon exemple d'un grand esprit, qui ne trouvait le christianisme ni trop étroit pour lui, ni trop vieux. Comment les intelligences qu'il visitait ainsi ne se fussent-elles pas attachées;i un maître si secourable? Comme elles lui devaient la sécurité de la foi, elles lui durent l'ardeur de la science et le goût de la méditation, qui n'a rien de commun avec le mal de la rêverie. Il eut, sans le chercher, cet honneur que beaucoup cherchaient vainement, de former des disciples, soit parmi ceux qu'il admettait à l'instructive intimité de ses instructions, soit parmi ce grand nombre que ses écrits allaient chercher dans la solitude pour les pousser aux études laborieuses, et les mettre au service des vérités combattues. En même temps qu'il devenait l'initiateur d'une génération nouvelle d'esprits cultivés, le sentiment du remaniement prochain de la société lui donnait l'ambition de pénétrer dans les classes populaires. On le vit, dans une réunion d'ouvriers, exposer son système historique fondé sur la chute et la réhabilitation, et faire applaudir par des gens de travail une philosophie que les délicats se plaignaient de trouver inaccessible. Le temps n'était pas encore venu où les orateurs politiques devaient briguer la parole dans les clubs d'artisans, mais M. Ballanche, en qualité de Lyonnais, de compatriote de Jacquart, tenait par le cœur à ces populations ouvrières, dont il avait vu les besoins et dont les travaux l'attachaient. Le poete *d'Antigone* et *d'Orphée* donnait de longues heures à la combinaison de nouveaux procédés mécaniques; il espérait servir les hommes autant par ses machines que par ses livres, et ses réflexions avaient en effet devancé plusieurs inventions célèbres, la presse à eau, le clavier appliqué à la composition des pages d'impression, le papier sans fin. C'est au milieu de ces préoccupations bienfaisantes, soutenues de la plus active charité, que la vieillesse et la gloire le trouvèrent. Elles ne changèrent rien à sa naïveté, dirai-je à cette enfance de cœur, à cette grâce de parole que la seule bonté donne et conserve, à cette simplicité de mœurs qui charmait dans un siècle si peuplé de prophètes incompris et de messies méconnus. Il était du nombre de ces belles âmes qu'on voudrait retenir ici-bas pour l'honneur et pour l'instruction des hommes. Mais il était aussi de celles dont le ciel aime à se recruter. Quand le premier avertissement de la mort fut venu frapper à sa porte, nous savons que le vieux prêtre appelé auprès de lui s'étonna de la candeur et du calme de ce juste, et que sa fin, couronnée de toutes les bénédictions du catholicisme fut celle qu'il rêvait dans le premier livre de sa jeunesse, quand il représentait le citoyen du ciel arrivé au terme de l'exil, et « l'ange de Dieu venant « délier doucement les faibles liens qui le retenaient « encore à la terre. »

M. Ballanche avait vécu soixante et onze ans. Ce nombre de jours, qui n'est pas accordé à tous les grands artistes, ne devait pourtant pas suffire à l'entier achèvement d'un monument littéraire qui avait toute la hardiesse réunie du *Génie du Christianisme,* des *Études historiques* et des *Martyrs.* Des maux cruels, dernière purification réservée à une conscience si pure, suspendirent le travail des deux dernières parties de la *Palingénésie.* Mais nous avons de l'une de précieux fragments, de l'autre l'espérance de la voir bientôt paraître par les soins d'une amitié pieuse. Et

quand nos vœux seraient trompés, son œuvre resterait encore comme *l'Énéide,* la *Somme* de saint Thomas, comme tant de belles cathédrales commencées, comme tant de belles œuvres divines que le ciel n'a pas laissé être jusqu'au bout, mais qu'il a assez montrées à la terre pour lui servir de modèles.

Ostendent terris fata, nec ultra
Esse sinent.....;

Et en effet la langue française ne connaît pas de modèle qui ne soit égalé par les pages sublimes *d'Ântigone* et de la *Vision d'Hébal.* Ce besoin même de produire la pensée philosophique sous le vêtement de l'épopée, qu'est-ce autre chose que le sentiment le plus pur de la beauté qui tourmentait cet esprit de la famille de Platon et de Fénelon? Il était trop dégagé des faiblesses terrestres pour ne pas passer tout entier dans son style, et y porter toutes ses clartés avec toutes ses émotions. S'il a laissé aux écrivains du grand siècle ce privilége de la correction qu'on ne leur ravira point, il a, comme eux, l'élévation, l'ampleur et l'éclat. Les oreilles de Bossuet ne s'offenseraient pas de l'éloquent passage de *l'Essai sur les institutions,* où il est jugé; et le *Télémaque* n'a pas de récit après lequel on ne puisse relire les pathétiques épisodes *d'Orphée.*

Ballanche, destiné à s'élever à mesure que l'éloignement des temps détachera mieux sa noble figure, gardera donc la première place à côté de Chateaubriand, dans ce groupe de serviteurs du christianisme qui soutiennent la croix plantée à l'entrée de notre époque. De ce nombre, nous en honorons deux, de Maistre et de Bonald, quoiqu'en s'attachant à la tradition divine du passé, ils aient eu le tort de méconnaître les droits de l'avenir. Deux autres, Lamennais et Lamartine, nous ont donné cette douleur, que Dieu n'a pas encore rendue irréparable, de les voir faiblir, et, de crainte de laisser échapper l'avenir, déserter pour un moment la foi du passé. Chateaubriand et Ballanche eurent seuls des âmes égales à la grandeur et à la difficulté des temps. Seuls ils eurent cette gloire de servir avec intelligence un des plus laborieux desseins que la Providence puisse se proposer, celui de

lier les âges à l'endroit même où nous en inarquons la séparation. Comme ils ne crurent pas que ce fût trop des deux langages de la philosophie et de la poésie pour toucher les hommes, ils ne pensèrent pas que ce fût trop de la foi et de la raison pour les éclairer... Puissiez-vous, ô maîtres divins! avec cette suprême autorité que la mort vous a donnée, achever d'instruire un siècle qui est le vôtre, qu'on appellera de votre nom, un siècle troublé quelque temps par les doutes que vous avez connus, mais que vous avez surpassés, un siècle promis par vous au christianisme, et que le christianisme ne laissera pas périr!

i

M. FAURIEL
ET SON ENSEIGNEMENT
1845

M. Fauriel est du petit nombre de ces hommes qu'on veut connaître, parce qu'ils ne s'occupèrent point d'être connus, parce qu'ils aimèrent le travail plus que la célébrité, et qu'ayant tout négligé pour servir les lettres, ils le firent de façon qu'il n'est pas permis d'ignorer leurs services. On a dit de lui « que personne n'avait « mis en circulation plus d'idées nouvelles. » Personne cependant ne songea moins à marquer de son nom cette monnaie courante qui a fait la fortune de tant d'écrivains. Sa vie, dont il ne parlait jamais, dont il avait oublié beaucoup, est demeurée dans une obscurité volontaire. Il n'appartient qu'à une main sûre de l'en retirer avec respect, et de suspendre cette image aimable et grave dans la galerie des portraits contemporains. Ses écrits, interrompus par la mort, attendent, pour être jugés, la publication des œuvres inédites que le zèle de ses amis ne laissera pas enfouies. Il reste à étudier M. Fauriel dans son enseignement. Nulle part ce grand esprit ne montra mieux toute son étendue que dans la chaire qu'il remplit durant quinze ans à la Faculté des Lettres de Paris. Là seulement on connut le secret de ces travaux cachés dans un long silence, dont le dessein dépassait la mesure d'un livre et qui remuaient jusqu'au fond toute l'histoire littéraire. C'est donc une justice publique que de recueillir le souvenir de ces telles leçons; ce serait une étude profitable pour plusieurs; mais pour celui qui écrit ceci, c'est un devoir filial.

I

Claude Fauriel naquit à Saint-Étienne, le 27 octobre 1772. Il avait passé les premières années de sa vie au village de Saint-Barthélemy-le-Plain, puis au collége de Tournon, qu'il avait quitté pour finir ses études à Lyon, chez les Pères de l'Oratoire. Mais les murs de cette savante maison protégeaient mal la jeunesse contre les orages du dehors. Les premiers bruits de la Révolution française avaient troublé la paix de l'école; la violence des événements y portaient le désordre; la guerre la vida; et les disciples dispersés recrutèrent les armées des frontières. En 1794, le jeune Fauriel servit, dans les Pyrénées-Orientales, sous les ordres du général Dugommier. Il vit une partie de ces longues et meurtrières campagnes qui ne finirent qu'avec la paix de 1797. C'est un peu avant ce temps qu'une meilleure vocation le conduisit à Paris. Il y remplit d'abord, auprès du ministre Fouché, des fonctions honorables dont il se démit à l'avénement du régime impérial. Il pensait alors ne sacrifier qu'à la liberté; mais les lettres reçurent le sacrifice et le payèrent.

Les études excellentes de M. Fauriel, l'agrément de sa conversation, l'indépendance de son caractère, l'avaient recommandé de bonne heure à une société qui cherchait à sauver les traditions du siècle finissant: je veux parler de ce salon d'Auteuil où madame Condorcet, dans un veuvage honoré, réunissait autour d'elle madame Helvétius, madame Beccaria, Cabanis, Chénier, Destutt de Tracy. C'étaient assurément des maîtres dangereux; et je ne m'étonne point que, parmi les derniers amis de Voltaire, M. Fauriel ait débuté par une notice sur la Fare et Chaulieu (1803), charmants poëtes, mais de ceux qu'il ne faut couronner que pour les bannir. Il est vrai que ce petit écrit était le premier d'une publication qui devait réunir les principaux classiques français. En même temps le jeune auteur composait un traité des cryptogames et

commençait une histoire du stoïcisme. La poésie galante, la botanique, le stoïcisme, voilà bien les goûts de cette école qui sortit la première des ruines de la Révolution. Toutefois ce qui honora infiniment le jeune Fauriel, c'est que, au milieu d'une réunion où tant d'autres eussent été heureux d'écouter, il osa contredire. Au moment où Cabanis était devenu l'arbitre de la physiologie et de la métaphysique, où le livre des *Rapports du physi*

HÉLAXGES. II. 7 *que et du moral* faisait loi chez la secte toute-puissante de Locke et de Condillac, M. Fauriel se prononça contre ce matérialisme désespérant qui reléguait les causes premières dans les ténèbres d'une ignorance éternellement invincible. Sa résistance troubla le triomphe de Cabanis; elle l'inquiéta, et, ébranlant cet homme trompé, mais peut-être sincère, lui arracha la célèbre *Lettre sur les causes premières,* où il reconnaissait enfin quelque chose de plus puissant que la matière et de plus durable que l'organisation. La lettre fut adressée à l'auteur de *l'Histoire du Stoïcisme,* attendue avec une flatteuse impatience. Mais ce travail inédit n'eut pas d'autre honneur. En 1814, à l'approche des armées étrangères, l'auteur avait caché ses trésors littéraires (c'étaient les seuls) dans une maison de campagne. Un domestique infidèle livra le trésor, et *YHistoire du Stoïcisme* fut emportée par les Cosaques.

Il est douteux que M. Fauriel la regrettât beaucoup. Cette intelligence exigeante ne se contentait pas d'avoir pénétré jusqu'au fond des littératures antiques, d'avoir touché aux sciences naturelles, de tout ce qui suffisait enfin aux beaux-esprits du dix-huitième siècle: d'autres exemples l'entraînèrent. Les habitués d'Auteuil n'étaient pas tous si philosophes que plusieurs ne hantassent la cour naissante de madame de Staël, jeune alors et dans tout l'éclat de sa royauté littéraire. M. Fauriel y trouva un cercle moins restreint, des habitudes plus tolérantes, des lumières plus étendues. Il y connut les maîtres de la science allemande, les deux Schle gel et les deux Humboldt. Le premier ftruil

qu'il rapporta de ce commerce avec l'étranger (1810) lui la traduction de la *Purthénéide* de Baggesen, sou ami, poëme froid et qui promettait peu. Mais le traducteur s'y montrait par des *Réflexions prélim inaires sur l' Idylle,* où perce une critique hardie qui se joue des divisions artificielles reçues dans l'école, qui cherche les lois de la poésie au fond du cœur humain, qui les poursuit dans l'histoire comparée de toutes les littératures. L'idylle n'est plus pour lui ce récit monotone d'une vie pastorale qui n'exista jamais; c'est le souvenir immortel d'un état d'innocence où la pensée de l'homme se réfugie, fatiguée du bruit des passions et des affaires. Voilà la grande image que M. Fauriel reconnaît dans l'Eden de Milton comme dans les églogues de Camoëns, et qu'il voit renaissante chez les poëtes allemands, depuis la *Mortd'Abel* jusqu'aux rustiques fiançailles *d'Hermann ciDorothée.* Dans un sujet si restreint, M. Fauriel donnait des marques d'un esprit fait pour l'universalité. C'était le moment *où* l'on commençait à parler de la langue sacrée des Indiens, d'un idiome savant, poétique, dont l'étude allait livrer à l'Europe les trésors d'une littérature immense et renouveler les merveilles de la renaissance des lettres grecques au seizième siècle. M. Fauriel n'eut donc plus de repos qu'il ne sût le sanscrit. Il ne recula pas devant les difficultés d'un travail incertain, presque sans règles et sans livres, sur des textes épineux, quand il était si facile d'attendre que d'autres eussent défriché cette terre vierge. Il reçut avec

M. Chezy, avec MM. Schlegel, les premières leçons de M. Hamilton, savant anglais, prisonnier en France, et chargé ensuite de classer les manuscrits indiens de la bibliothèque impériale. Un peu plus tard, il apprenait l'arabe d'un ancien interprète de l'armée d'Egypte. Souvent il passait les soirées d'hiver à se faire répéter par son maître les contes qui charment dans le désert les veillées des caravanes. Cette simplicité de goût, avec une érudition si vaste, distinguait singulièrement le jeune orientaliste au milieu de tant de personnes illustres que madame de Staël rassemblait; société incomparable, mais où l'esprit était plus goûté que la nature. On raconte qu'un jour madame de Staël se promenant avec quelques amis, M. Fauriel, qui lui donnait le bras, s'arrêta pour admirer un point de vue. « Ah! mon cher Fauriel, dit-elle, vous en êtes encore au préjugé de la campagne! » Il avait ce préjugé comme plusieurs autres qui l'honoraient. 11 aimait la campagne comme les chants populaires, comme tout ce qui.est naturel et qui seul est vraiment beau. Les années ne purent rien sur cet heureux tour de son imagination; et celui qui écrit ceci l'a vu à l'âge de soixanteneuf ans, gravissant les sentiers d'un petit bois, et rappelant ses souvenirs de botaniste pour expliquer, avec une grâce charmante, les caractères de quelques fleurs à un jeune groupe qui l'entourait.

Ainsi M. Fauriel était déjà maître de ce domaine des littératures étrangères, qu'il avait parcouru dans tous les sens: mais il y avait peu moissonné. 11 se pressait d'apprendre et non d'écrire; il comptait sur la jeunesse d'esprit qui survivait en lui à celle de l'âge. Au lieu de vieillir avec une école littéraire où il avait eu sa place, il se trouvait le contemporain de celle qui succédait: ce fut ainsi qu'il traversa trois générations de savants, celle de la Révolution, celle de l'Empire, celle de la Restauration. Après que les portes de madame de Condorcet et de madame de Staël eurent été fermées par la mort, M. Fauriel, qui aimait la retraite, mais dont le cœur avait besoin de société, se rapprocha d'un cercle de jeunes écrivains où il trouvait l'amour de la liberté en même temps que des lettres. On le voyait quitter son austère solitude pour aller s'asseoir avec eux à la même table, éclairer leurs entretiens, encourager leurs travaux, tracer les plans, indiquer les preuves: ses conversations formèrent des disciples qui devaient porter un jour des noms célèbres. Mais aucune amitié ne lui fut plus honorable que celle de Manzoni, dont il introduisit en France la muse encore timide. H publia la traduction annotée (1823) des deux tragédies de *Carmagnola* et *A'Adelchi*. L'Italie n'oublia pas ce bon procédé:

M. Fauriel s'en aperçut à l'hospitalité qu'il y trouva l'année suivante. Mais, pendant qu'il visitait Milan, Trieste et Venise, pendant qu'il admirait ces coupoles dorées, ces palais de marbre que le génie italien fit sortir des eaux de l'Adriatique, il entendait, de l'autre côté de la mer, le bruit d'une nouvelle croisade, le cri de l'insurrection grecque qui brisait les fers de sept cent mille chrétiens. Il voyait les émissaires de cette nation renaissante venant réclamer l'appui de leurs frères d'Occident. Il recueillit de leur bouche et de leur plume les hymnes qui les échauffaient aux combats, les chansons plus douces qui consolaient leurs femmes et berçaient leurs fils. Bientôt après les instances de ses amis le décidèrent à publier les *Chants populaires de la Grèce moderne* (18241825). La correction des textes, la traduction, le discours préliminaire montraient toutes les habitudes du philologue et de l'historien. Il y avait plus: il y avait deux justices rendues: l'une à un peuple opprimé, l'autre à une poésie méconnue. Jusque-là les Grecs lettrés, élevés aux écoles d'Angleterre ou d'Italie, ne souffraient pas volontiers qu'on leur parlât de leurs chants populaires: ils s'en tenaient humiliés comme de leurs pirates et de leurs klephtes. Il était hardi de mettre la main sur ces productions méprisées, d'y démêler la beauté, la force et la vie, les preuves d'un génie que la servitude n'avait pas étouffé, et de soulever en sa faveur l'admiration de toute l'Europe. Ainsi, les lettres se trouvaient engagées au service d'une cause où prenait part tout ce qu'il y avait de grand dans le monde, pour laquelle le Pape Pie VII ne cachait pas ses vœux, et que bientôt le canon de la France allait gagner. M. Fauriel n'avait pensé faire qu'une bonne action: il avait fait un livre qui le rangeait parmi les bons écrivains.

Il semble que ce fût beaucoup pour occuper une vie iue d'avoir approché de tout ce qui était glorieux, d'avoir connu tout ce qui était rare et nouveau, et de laisser un petit nombre d'écrits, mais de ceux qui ne périssent pas. Cependant, au milieu de tant d'études, je cherche encore l'unité où elles se rattachaient.

Il n'y a pas de belle vocation littéraire sans une idée maîtresse qui la décide, qui saisit l'esprit de bonne heure, qui l'enchaîne, mais la discipline, et l'attache à la glèbe, mais pour la féconder. Quand je vois les prodigieux travaux de M. Fauriel, ses recherches poussées sur tous les points à toutes les profondeurs, je ne puis guère douter qu'une pensée impérieuse ne le presse. Je me souviens, en effet, que M. Fauriel était né au Midi, qu'il y avait passé la première saison de l'adolescence, que la guerre l'avait poussé à la frontière des Pyrénées. Le jeune élève des Oratoriens avait séjourné longtemps dans les riches vallées du Roussillon, toutes couronnées d'une végétation méridionale, au pied de ces montagnes dont les forêts, les pâturages et les neiges se détachent sur un ciel ardent. En même temps qu'un beau pays, c'était un pays historique, où il voyait partout la trace des Romains, des Arabes, de la chevalerie: il habitait ces vieilles villes de Garcassonne, deBéziers, de Castelnaudary, pleines de ruines et de souvenirs. C'était le champ de bataille des guerres religieuses, le berceau des libertés municipales, la terre classique des troubadours. Il entendait encore leur mélodieux idiome; il vivait parmi des populations jalouses de leur ancienne gloire; tout le saisissait, dans un âge où les impressions sont ineffaçables. Lui qui, tout enfant, passait, dit-on, des jours entiers assis sur une pierre aux sources de la Loire, pour voir couler les eaux naissantes, préparé maintenant par une éducation savante, comment ne se fût-il pas attaché à ces grands spectacles, comment n'eût-il pas aimé ces lieux inspirés? et ne peut-on pas croire qu'il vit dès lors, qu'il admira, qu'il étudia dans la France méridionale la source de toute la civilisation moderne? C'était la pensée qui devait remplir sa vie, qui, une fois établie en lui, n'y devait plus souffrir ni repos, ni distraction, à laquelle il faisait tout servir. Il y ramenait d'abord les littératures de l'Espagne et de l'Italie à cause de leur étroit commerce avec la Provence. Mais, soupçonnant des communications semblables entre le Midi et le Nord, il en avait poursuivi les traces chez les Minnesinger de l'Allemagne, et, la plume à la main, il avait lu la volumineuse collection de leurs chants, marquant à chaque page les vers imités des troubadours. S'il remontait le cours de l'histoire, il trouvait au midi de la France les vestiges de l'invasion musulmane. 11 ne pouvait s'y attacher qu'en s'enfonçant dans les langues de l'Orient; de là ces innombrables extraits de textes arabes qui encombraient ses cartons. Derrière les Arabes il voyaitles établissements des Wisigoths, la conquête romaine, les colonies grecques. Il avait rassemblé sur ces trois points toutes les lumières de l'antiquité. Et, incapable de s'arrêter tant qu'un reste de lueur perçait les ténèbres, comme il apercevait dans la Gaule méridionale, avant les Grecs, des Ibères et des Celtes, il avait fallu qu'il cherchât dans la langue basque les débris de ce que fut la race ibérienne, et qu'il apprît à fond les idiomes gallo-celtiques, dont il a laissé en manuscrit une grammaire et plusieurs glossaires.

Ce sont les fatigues que s'imposait un homme, non du seizième siècle, non du siècle d'Erasme et de Scaliger, mais du nôtre, où nous trouvons le travail si difficile et le temps si disputé. M. Fauriel avait cette admirable curiosité que rien ne déconcerte, impatiente de connaître, souverainement patiente pour étudier, pressée de savoir, mais plus encore de bien savoir. Il! avait cette horreur de l'*à peu près,* qui marque les bons esprits: il était capable de tout, excepté de se satisfaire. Voilà pourquoi, sans jamais arriver à l'achèvement des grands desseins qu'il avait conçus, il excellait dans ces fragments qui ne se perdront jamais, l'*Histoire de la guerre de Souli,* la *Biographie de Dante,* celle de *Lope de Vega,* morceaux précieux dont il travaillait loutes les faces, ne laissant pas un endroit qu'il n'eût enrichi. Avec un savoir immense, il lui en coûtait plus pour une notice littéraire qu'à d'autres pour créer une religion nouvelle; il ne s'était jamais avisé que les improvisations d'un grand esprit eussent droit aux égards du public; il tenait que le métier d'écrire veut du temps, et, comme l'étude n'en veut pas moins, obligé de choisir, il ai-

ma mieux apprendre que paraître, il estima la vérité plus que la gloire. C'est ainsi qu'à une époque si féconde en rapides fortunes un homme de ce mérite, à cinquante-huit ans, n'avait encore de place ni dans l'enseignement public, ni dans les bibliothèques, ni à l'Institut. Ses amis cependant le connaissaient pour un maître admirable, dont il fallait forcer les scrupules et recueillir du moins la parole, à défaut de ses œuvres trop attendues; ils devinrent puissants, et. vers la fin de 1830, M. Fauriel se laissa nommer, non sans résistance, à la chaire de littérature étrangère fondée pour lui à la Faculté des Lettres de Paris.

II

L'enseignement des littératures étrangères était une nouveauté dans l'école: l'ancienne Université de Paris n'avait rien vu de pareil. Au moyen âge, l'Université était une école ecclésiastique latine, chargée de perpétuer la tradition savante de l'antiquité. Dans cette foule de Français et d'étrangers confondus au pied de ses chaires, elle ne voyait guère que des Barbares qu'il fallait civiliser ensemble. Elle ne s'inquiétait pas de ces idiomes naissants qu'on parlait avec les gens illettrés. Plus tard, quand Louis XIV, à Rysvick, eut imposé sa langue à la diplomatie et au monde chrétien, quand nos orateurs et nos poètes eurent toute l'Europe pour auditoire, il fut permis de penser que le français héritait du latin, et recevait à son tour la charge de conserver l'héritage littéraire de l'humanité. Dès lors les lettres françaises entrèrent dans l'enseignement classique, mais sans y introduire les muses étrangères, qui furent traitées en vaincues. Boileau avait assurément raison contre les imitateurs serviles des Castillans et des Italiens; cependant on ne pouvait oublier ce que devait Corneille aux maîtres du théâtre espagnol; et comment ne pas reconnaître chez l'harmonieux Racine l'accent de ces beaux vers de l'Arioste, qu'il aimait tant? Le dix-huitième siècle se détourna du Midi, et crut trouver la lumière au Nord: Montesquieu alla chercher en Angleterre le flambeau de l'*Esprit des Lois,* mais en même temps Voltaire en rapporta un tison

d'incendie; et la France connut les dangereux présents de ses voisins. Il ne restait plus au dix-neuvième siècle que de se tourner vers le Rhin, quand le livre de madame de Staël appela tous les esprits du côté de l'Allemagne. Dans ce commerce de nos écrivains avec l'école allemande il y avait d'heureux emprunts; il y avait aussi des périls philosophiques, de mauvais exemples littéraires; mais l'irruption violente des doctrines germaniques devait provoquer la résistance, réveiller le goût et armer la raison. Le vieux génie français n'a jamais péri dans ces luttes avec l'étranger, où il ne cède que pour vaincre. Après avoir fait en quelque sorte le tour des quatre peuples lettrés qui nous touchent, il n'y avait plus qu'à rassembler ce que nous avions appris chez eux; il était temps de s'emparer de cette étude abandonnée au caprice des écrivains, d'en faire une science, et d'envelopper enfin les littératures étrangères dans le cercle de l'enseignement public.

Mais une grande innovation voulait être couverte d'une grande autorité. Il ne convenait pas quel'avénement des lettres étrangères dans l'école y marquât le triomphe d'un parti et le renversement des traditions. Il fallait une main assez forte pour saisir ces productions innombrables qui ont fleuri par toute l'Europe, pour y mettre l'ordre et les juger par les lois inflexibles delà philosophie et de l'histoire. Si donc la chaire fut fondée pour M. Fauriel, c'est qu'il ne fallait pas moins que lui pour justifier la fondation. Cependant cet enseignement mémorable commença avec simplicité, comme tout ce qui doit grandir. Le professeur ne se hâta pas de le publier, les journaux ne se pressèrent point de l'ébruiter, aucune passion politique ne le popularisa: il ne touchait qu'aux intérêts pacifiques de l'art et de la science. C'est avec une difficulté extrême qu'on a pu retrouver l'ensemble de ces leçons où il y eut tant de savoir et tant de grâce; ce n'est pas sans tristesse qu'on en va recueillir ici l'aride souvenir: à peu près comme la pierre qu'on a rapportée d'un vieux monument qu'on ne devait plus revoir; il n'y a plus qu'un misérable débris, mais c'est assez pour rappeler les ruines où on la ramassa et le soleil qui les éclairait.

En cherchant à reproduire la suite des cours de M. Fauriel, on s'attachera à l'ordre des sujets et non pas à la succession des années. Il suffit de savoir" que l'enseignement du professeur remplit trois périodes: la première, de 1831 à 1834; la seconde, en 1836; la troisième s'étendit de 1858 à la fin de 1840 (1).

Nulle part les bases du savoir immense de M. Fauriel ne se découvrirent mieux que dans le cours de 1856, où il voulut éclairer par l'histoire générale des épopées l'étude des poëmes homériques. Il s'enfonçait sans hésiter jusqu'aux dernières profondeurs de l'Orient pour y considérer ces épopées prodigieuses, creusées, (1) Dans les pages qui vont suivre, on s'est attaché scrupuleusement à résumer le cours de M. Fauriel, sans se permettre de rien ajouter à sis vues ni à ses opinions. Cependant on ne peut se dissimuler les inconvénients d'une analyse resserrée dans des bornes si étroites, et qui souvent ne repose que sur des leçons détachées et sur des comptes rendus où la pensée du professeur n'est pas toujours reconnaissable. Voici les documents dont on a disposé: 1 Le cours sur l'épopée homérique avait été analysé dans le *Journal de l'Instruction publique de* 1856, par M. Egger, avec une étendue, une exactitude, une profondeur qui avaient satisfait tous les désirs de M. Fauriel. Cet excellent travail remplit douze articles.

2" Le cours sur les origines de la langue italienne a fait le sujet de dix articles dans le *Journal de l'Instruction publique de* 1854. Trois leçons fuient publiées par M. Fauriel dans la *Bibliothèque de l'École des Chartes* (t. III et IV). Il faut ajouter la *Vie de Dante,* donnée à la *Revue des Deux Mondes* (1854). M. Fauriel a reproduit ses opinions sur les origines de la langue latine en rendant compte d'un livre de M. Egger dans la *Revue indépendante.* Le même recueil (juin 1845) a publié deux fragments des leçons de M. Fauriel sur la *Divine Comédie.* 5" Le cours sur la littérature espagnole occupe vingt ar-

ticles du *Journal de l'Instruction publique* (1858 et 1859). Les articles, rédigés avec soin et fidélité, sont de M. E. Burette. Le dessein général du cours fut exposé dans un travail de M. Fauriel, publié par la *Revue française* de janvier 1858. La *Revue des Deux Mondes* (1859) donna la *Vie de Lope de Vega.* Plus tard M. Fauriel y publia de nouvelles recherches sur la *Dorothée.* 4" Cours sur la littérature provençale. M. Fauriel avait résumé ses leçons de 1852 contre l'hypothèse de M. Raynouard dans un article communiqué à la *Bibliothèque de l'École des Chartes* (t. II, p. 515). La *Revue des Deux Mondes* (1852) a publié douze leçons sur l'épopée chevaleresque. Mes souvenirs et quelques recherches dans les écrits du professeur m'ont permis de remplir un petit nombre de lacunes. pour ainsi dire, dans les traditions mythologiques de l'Inde, comme les pagodes souterraines dans les rochers d'Ellore et d'Elephanta. Un nuage de fables enveloppe leurs origines. Ce n'est pas trop de Brahma incarné sous une figure humaine pour composer le *Mahabharat.* C'est un génie du ciel qui propose au brahme Valmiki le sujet du *Ramayana;* mais ses pensées veulent se produire sous un rhythnic où elles se lient; le poëte poursuivi de ce désir s'égare dans une forêt; il y voit un jeune homme mis à mort; il s'émeut, et laisse tomber, comme deux larmes, deux plaintes égales qui sont deux vers. Cette mesure est restée celle,des quarante-huit mille vers du poëme et de tous les grands poëmes indiens. Ainsi l'épopée n'a pas d'auteur connu parmi les hommes; elle vient des dieux, c'est-à-dire qu'elle est sortie spontanément de la croyance traditionnelle des peuples. Les vers naissent comme les pleurs, c'est-àdire sans art. Le poëme, composé de mémoire, se renferme d'abord dans un cercle étroit de personnages et de fictions; il se transmet, non par écrit, mais par la récitation, soutenue de la mélodie, des instruments et du geste. Le dépôt des chants héroïques est remis à une caste de chanteurs, autrefois honorés, réduits aujourd'hui au rôle de jongleurs et de baladins; mais on reconnaît encore

quelque reste de leur ancien éclat dans les représentations dramatiques, où les scènes principales de l'épopée sont produites sur le théâtre aux applaudissements de la foule. Cependant on voit le chant vaincu par l'écriture; les copies de chaque récit se mulliplient, s'altèrent, donnent place à des interpolations innombrables, jusqu'à ce que, aux approches de l'ère chrétienne, un roi ami des lettres ordonne une révision complète du *Ratnayana,* qui prend alors cette forme savante où nous le voyons, surpassant en grandeur tous les monuments des littératures européennes. Ces destinées de la muse épique, étudiées chez la plus féconde nation de l'antiquité, M. Fauriel les suivait rapidement par toute la terre, à tous les degrés de civilisation, en commençant par les hymnes guerriers des sauvages de l'Amérique et de l'Océanie; passant ensuite aux chants héroïques des Espagnols, des Écossais, des Scandinaves, où l'unité d'intérêt perce déjà; puis, arrivant aux efforts de rédaction qu'on reconnaît dans les *Nibelungeii* et dans les romans chevaleresques, et retrouvant ainsi ces trois époques de la poésie: l'inspiration populaire; l'art naissant dans les récitations des chanteurs; récriture, enfin, qui saisit la tradition, mais qui finit par l'étouffer.

Il ne fallait pas moins que ces lumières réunies pour décider M. Fauriel à pénétrer dans l'obscurité des questions homériques. Il ouvrait la discussion en exposant les tentatives de la philologie allemande, les hardiesses de Wolf, les opinions de Thiersch, de Bodc, de Nitzsch, de Spohn; rien de considérable ne lui avait échappé, rien de faible ne le trompait. Au milieu de tant de conjectures, attentif à repousser ce qui prouvait trop, à mettre à l'écart ce qui ne prouvait point assez, il déblayait pour ainsi dire le terrain, et trouvait place pour la certitude. Il lui donnait pour fondement ces lois générales de l'épopée confirmées par toute l'histoire; l'antiquité grecque leur prêtait un nouvel appui. Les récits d'Homère attestent une poésie populaire plus ancienne qu'eux; on y aperçoit une classe de chanteurs nombreux, respectée, chargée de louer les héros et de conseiller les rois. Plus tard on voit fleurir dans l'île de Chios la famille des Homérides, qui se donne pour la postérité légitime du poëte et l'héritière de ses chants. Elle les conserve de mémoire, elle les popularise par des récitations publiques. Mais toute la Grèce veut les entendre: les rapsodes vont de ville en ville, la branche de laurier à la main, récitant, avec l'accompagnement du geste et de la musique, la *Querelle des rois,* le *Bouclier d'Achille,* ou la *Descente d'Ulysse aux enfers.* Ces beaux récits, morcelés, se dispersent et vont se perdre, quand Solon, et bientôt après Hipparque, ordonnent la récitation complète de. *l'Iliade* et de *l'Odyssée* sur le théâtre et au milieu des pompes religieuses. En même temps, par les soins de Pisistrate, paraît la première rédaction des deux poëmes. Leur désordre trahit l'infidélité des dépositaires, et dès lors les critiques, qui prennent le nom deDiaskévastes, s'appliquent à un travail de révision recommencé plus tard par les grammairiens d'Alexandrie. A travers tant de vicissitudes, que devient l'intégrité de l'œuvre homérique? On y voit l'interpolation, la corruption s'introduire; elles se manifestent par un grand nombre de variantes, de passages inconciliables et de lacunes. En même temps les témoignages des anciens se combattent sur la personne d'Homère; les villes se l'arrachent, les siècles se le disputent; son nom même, interprété, ne contient plus qu'un symbole derrière lequel la réalité historique s'évanouit. On voudrait suivre M. Fauriel dans ces ténèbres où il s'enfonce courageusement. Il en sort, non pas en révélateur, mais en sage, avec des conclusions que plusieurs trouveront timides. Premièrement il reconnaît l'existence du poëte, prouvée par la tradition des Homérides et de toute l'antiquité. Secondement il croit distinguer, dans chacun des deux poemes, plusieurs parties qui ne se prêtent pas à la supposition d'un dessein commun. En troisième lieu, il met, entre *l ' Iliade* et *l'Odyssée,* tout l'intervalle de temps qu'il a fallu pour conduire les Grecs d'un état violent, où la force est maîtresse, à une société pacifique gouvernée par l'intelligence. Quelle que fût la circonspection de ses conséquences, M. Fauriel ne s'y arrêtait pas sans crainte. Il se rapprocha plus tard de l'opinion qui reconnaît l'unité de dessein dans *l'Iliade.* Un homme de ce savoir donna l'excellent exemple d'hésiter sur un point où d'autres avaient tant osé (1).

Ce n'était pas assez pour M. Fauriel de savoir par où les littératures commencent; son esprit s'y attachait trop curieusement pour ne pas étudier comment elles finissent. Quand la poésie savante des Grecs, après (1) M. Fauriel avait fini par se rapprocher beaucoup des sages opinions que M. Guigniauta professées dans son travail sur Homi'i e. *(Encyclopédie des gens du monde.)*

MÉLANGES. II. 8 douze cents ans de gloire, semble expirer dans les tardives épopées de Tryphiodore, de Nonnus et de Quintus de Smyrne, on aperçoit une poésie populaire qui a vécu dans l'ombre jusque-là, qui reste seule maintenant, et qui ne doit pas mourir. Ce fut elle qui occupa quelques leçons du cours de 1832, où le professeur traita des chants modernes de la Grèce, en y joignant ceux des Serbes. Les siècles ont passé, la liberté a péri, la science s'est éteinte; mais la poésie n'a pas quitté ces vallées héroïques du Péloponèse et de l'Epire. Les rapsodes aveugles errent encore de village en village, la lyre à la main, répétant à la multitude les récits qu'elle préfère: les combats des klephtes, les derniers adieux du guerrier, le dialogue de l'aigle et de la tête du brave qu'il dévore. Ce peuple, dépouillé de tout, a gardé ses souvenirs. Les enfants n'ont pas oublié la chanson de l'hirondelle, chantée autrefois par les jeunes Rhodiens au retour du printemps; les pâtres de Morée croient voir encore les trois Grâces mener une danse éternelle au sommet du Taygète. C'est ainsi que les traditions se conservent avec les mœurs publiques. Si l'on pénètre plus profondément, on trouvera les sources toujours vives de l'inspiration dans la vie de famille, dans ses fêtes, dans ses douleurs, dans ces admirables Myriologues, prononcés par les femmes grecques aux funérailles.

Comme, au dernier chant de *l'Iliade,* les Troyennes viennent l'une après l'autre gémir sur les restes d'Hector, ainsi, dans les villages de la Grèce, quand un mort est exposé sur son lit funèbre, on voit sa mère, sa veuve, sa fille, sa sœur, s'approcher, chacune à son rang, et improviser le chanl des derniers adieux. Dans la première horreur du deuil, au milieu du trouble de la maison, quand tous les cœurs sont brisés, il faut qu'une paysanne timide, ignorante, qui ne sait point lire, plie les paroles de sa plainte sous les lois d'un rhythme qu'elle n'étudia jamais; il faut qu'elle parle en vers, qu'elle trouve des pensées, des images, des éclairs de génie que les poetes lettrés admireront, qu'ils chercheront dans l'étude, et que tous leurs livres ne leur donneront jamais. Le dernier adieu de la veuve grecque rappelle le premier chant du brame indien. La poésie se réfugie où elle est née, c'est-à-dire dans les larmes; les littératures retournent dans ce fonds populaire d'où elles viennent, et qui ne périra pas, parce que les peuples ne cesseront jamais de s'émouvoir, de pleurer et de chanter enfin, quand il faudra pleurer longtemps.

Des travaux si étendus n'étaient cependant que les premières assises du monument historique projeté par M. Fauriel. Les littératures de l'Asie et de la Grèce ne lui servaient qu'à soutenir par de solides rapprochements l'histoire des lettres latines. Ce dessein avait paru dans le cours de 1834, « sur les origines de la langue et de la poésie italiennes. » Le professeur y exposait d'abord les destinées générales des langues. Il les voyait commencer, non point par la pauvreté, comme on le croit, mais par une richesse comparable à celle des forêts vierges, par des formes exubérantes, compliquées, synthétiques, donnant à chaque mot des flexions nombreuses qui représentent l'objet avec toutes ses modifications, l'action avec toutes ses circonstances. C'est l'état des langues naissantes et de celles qui n'ont jamais grandi. Mais, si dans le nombre il s'en trouve une parlée par un peuple héroïque, et qui doive mettre la main aux affaires du monde, elle se développe avec lui, elle se prête à ses besoins, elle recueille ses souvenirs dans des chants poétiques où elle montre ce qu'elle a de force et d'éclat. C'est alors, et à la fin de cette belle saison de sa jeunesse, qu'on voudrait fixer la langue, qu'on voudrait l'assujettir par l'écriture et par la grammaire: elle passe dans les livres, elle devient littéraire et savante. Mais les règles ne peuvent rien contre l'effort naturel de l'esprit humain. On voit s'introduire dans l'usage une liberté qui tend à décomposer les discours, à multiplier les termes comme les idées, à remplacer la variété des désinences par les auxiliaires et les particules; à former enfin au-dessous de l'idiome savant un dialecte populaire. Mais qu'une révolution étouffe la science pour un moment: l'idiome qu'elle soutenait seule tombera; il ne restera que ce dialecte populaire, inculte et vivace, qui ne périt point par la ruine des écoles. Peut-être un jour, quand le génie national, réfugié sous ces formes grossières, les aura assouplies et corrigées, il en fera sortir une langue littéraire nouvelle, où reparaîtront les traits de l'ancienne; mais le travail des siècles s'y manifestera par un ordre nouveau, par une construction analytique, c'est-à-dire par un accroissement de clarté.

Ces lois générales trouvent leur application dans la grande famille des langues indo-européennes. La parenté des idiomes de l'Inde avec les nôtres, établie par la comparaison des mots et des formes grammaticales, se confirme encore par la ressemblance de leurs vicissitudes. Partout la langue ancienne, complexe, chargée de flexions, a fini par mourir ou par se réfugier dans la liturgie et dans l'école, comme le sanscrit, le grec, le latin, le gothique et le Scandinave. Partout se sont formés des dialectes populaires, où la décomposition domine, où cependant la culture littéraire pénètre, et d'où l'on voit naître enfin le bengali, le grec moderne, et toutes les langues romanes et germaniques. Mais de celte famille nombreuse, la plus forte branche, la plus digne d'étude, est assurément la branche latine, qui, transplantée en Italie, y a vécu près de trente siècles, qui a poussé des rejetons dans tout l'occident de l'Europe et jusqu'en Amérique, et qui semble faite pour couvrir un jour de ses ramifications l'univers civilisé.

Au milieu des incertitudes désespérantes où se perd l'histoire ancienne de l'Italie, M. Fauriel entreprenait d'en reconnaître les langues primitives. Ses recherches n'épargnaient rien: dans les inscriptions murales, dans les épigraphes des vases et des tombeaux, jusque dans les noms d'hommes et de lieux, il poursuivait les vestiges des idiomes que la conquête effaça. 11 en faisait pour ainsi dire trois groupes: d'abord ceux des Etrusques, des Liguriens et des Vénèdes, étrangers à la souche indo-européenne; d'autres qui s'y rattachaient de loin, comme les dialectes gallo-celtiques de la Cisalpine; les derniers, tels que le grec, l'ombrien, le sabin, l'osque, plus rapprochés du latin. Enfin parmi les peuplades des bords du Tibre paraît le dialecte inculte que Rome parlera. Les monuments du premier âge, les fragments des lois royales et des XII Tables, les hymnes des Arvales et des Saliens, montrent le latin plus voisin du sanscrit, avec une déclinaison plus riche et des flexions plus variées. Cependant les Romains commencent à connaître les Grecs, ils les écoutent dans l'école, ils les copient au théâtre, à la tribune; l'imitation s'empare de la langue, l'assujettit aux lois de la grammaire, du nombre et du rhythme, et finit par en faire un idiome savant. Mais la férule des grammairiens ne pouvait pas contenir les habitudes indisciplinées d'un grand peuple, recruté d'étrangers, d'affranchis, d'esclaves de toutes les nations. Le peuple est pauvre, il est pressé, il se soucie peu de charmer l'esprit et l'oreille: il prononce mal, il construit mal. La décomposition se fait jour dans le langage, rien n'en peut arrêter les progrès. Les écrivains classiques déplorent cette barbarie: ils attestent l'existence d'un idiome incorrect, rustique, populaire. La trace en paraît déjà dans les inscriptions des catacombes, sur les tombeaux des premiers chrétiens, de ces misérables, de ces ignorants, de ces Galiléens aussi odieux aux gens de lettres qu'aux hommes d'Etat.

Si le latin n'évite pas sa destinée dans Rome, que sera-ce quand il en sortira, quand il s'étendra vers le Midi ou vers le Nord? Il faudra tout l'appui des lois et des mœurs romaines pour le soutenir contre les vieilles langues grecque, étrusque, celtique, ligurienne, qui ne cèdent que pied à pied. D'une lutte si opiniâtre naissent de bonne heure les dialectes provinciaux de l'Italie, sans que l'invasion germanique ait fait autre chose que de hâter l'œuvre du temps. On en voit le progrès dans les documents en latin barbare du huitième siècle, où l'emploi des prépositions remédie à la confusion des désinences, tandis que les noms propres affectent déjà la forme italienne. Dès lors les témoignages historiques signalent la présence d'une langue vulgaire qui est dans toutes les bouches, mais qui hésite à se produire par des monuments, jusqu'à ce qu'enfin, au douzième siècle, elle hasarde quelques lignes sur les mosaïques et sur les portes de bronze des cathédrales. A partir de ce moment la langue italienne sait ce qu'elle peut, elle travaille pour l'éternité. Ainsi la fameuse controverse agitée entre Bembo, Muratori, Maffei et tant d'autres, se terminait par une solution sur laquelle on ne reviendra pas: l'italien n'était plus considéré ni comme un idiome primordial, antérieur au latin, ni comme l'ouvrage violent de la conquête lombarde; M. Fauriel y reconnaissait le travail régulier de la nature, qui propage les langues comme les peuples, et qui veut la décomposition pour en tirer la vie. Les littératures se succèdent selon la même loi, sans interruption, sans violence, de façon que l'une ne meurt point avant d'avoir vu naître celle qui lui succédera. Les lettres latines avaient trouvé asile dans l'Église, et par l'Église elles restaient maîtresses de la chaire, des écoles, des tribunaux. Pendant cette prétendue nuit du moyen âge, jusqu'à la lin du treizième siècle, on prêche en latin, les orateurs haranguent en latin, les conseils des villes délibèrent en latin. C'est en latin que les communes victorieuses rédigent leurs lois et font écrire leurs annales. Des vers latins sont chantés sur les théâtres: l'hexamètre antique sert à célébrer la comtesse Mathilde, la croisade des Pisans contre Majorque, la guerre de Côme et de Milan. Il y a donc une littérature savante qui prétend à la correction, à l'élégance, aux applaudissements des gens lettrés. Mais, en même temps, il y a des chants militaires, politiques, religieux, dont le langage incorrect ne s'adresse qu'à la foule: on voit des légendes, des chroniques, des contes en latin barbare, mais où éclatent déjà des traits qu'on retrouvera au milieu des visions de Dante, dans les récits de Villani et jusque dans les nouvelles de Boccace. On reconnaît une littérature latine populaire qui ne retient plus de l'antiquité que les mots dont la pensée est déjà moderne, comme le style et la syntaxe. Un seul effort reste à faire pour que ce génie nouveau s'exprime dans la langue nouvelle. Il faut l'exemple de la France méridionale et de ses troubadours, qui, dès le milieu du douzième siècle, passent en Italie, visitent les cours d'Este, de Montferrat, de t Vérone, de Lunigiane, accueillis par la faveur des grands et des peuples. Les Italiens les admirent et bientôt les imitent. Ils composent à leur tour des vers provençaux; ils se rendent maîtres de ces rhythmes harmonieux qu'ils transporteront dans leur idiome natal. M. Fauriel voulait que le souffle de la Provence eût décidé la première floraison de la poésie italienne. Cette conséquence lui sera contestée, mais il lui restera ce mérite qu'à une époque où les historiens ne connaissaient point de littérature en Italie, il en a trouvé trois, vivantes, fécondes, assez fortes pour abriter de leur ombre la littérature naissante qui les devait faire oublier.

Le professeur ne l'avait pas quittée avant d'avoir vu son plus beau fruit, la *Divine Comédie*. En 1832, il avait expliqué plusieurs chants de l'Enfer, nonseulement à la manière des grammairiens et des philologues, mais par une étude profonde des événements contemporains, par les institutions de Florence, par la vie même du poëte. Ceux qui assistèrent à ces attrayantes explications n'oublieront pas quel jour nouveau venait dissiper à leurs yeux les obscurités du texte. Mais il reste un souvenir plus durable des leçons de M. Fauriel dans la *Biographie de Dante,* qu'il publia bientôt après. Avec cet art admirable qu'il eut toujours de se borner et de se contenir, il écarte premièrement toutes les questions accessoires: il touche peu aux études de Dante, aux passions de sa jeunesse, à ce travail intérieur d'où le poëme sortit. Il se renferme dans l'histoire politique, mais c'est pour s'y établir en maître: on voit se débrouiller sous sa main ce chaos d'affaires et de factions qui partagent l'Italie à la fin du treizième siècle, la querelle expirante du sacerdoce et de l'empire, la guerre acharnée des nobles et des plébéiens, les rivalités des villes, l'intervention des étrangers. Ces devises contraires des Guelfes et des Gibelins, des Blancs et des Noirs, dont lefcens se perd au milieu de la complication des intérêts et des événements, se déchiffrent et font voir tout ce qu'elles exprimaient de violent et d'implacable. Les personnages mal connus de Boniface VIII et de Charles de Valois, les chefs des puissantes maisons florentines des Cercla et des Donati, se mettent en ordre, en lumière, en action. C'est au milieu de cette clarté et de ce mouvement que le rôle de Dante se déclare. On en suit le développement sur le champ de bataille de Certomondo, où il combattit à vingt-quatre ans; dans les périls de la magistrature suprême, dans les angoisses de l'exil, quand une sentence irrévocable le frappe de bannissement perpétuel, avec cette clause, « que, s'il venait à tomber au pouvoir de la commune, il serait livré aux flammes et brûlé vif. » On l'accompagne de refuge en refuge, éprouvant l'amertume du pain d'autrui jusqu'à la cour des seigneurs de Ravenne, où il trouvera enfin la paix du tombeau. Tant de vicissitudes servent à faire connaître la grande âme qui les subit: elle se montre par ses espérances, par ses colères, par ses regrets; elle éclate tout entière dans de courts fragments de lettres, dans un petit nombre de vers où sont jngés les institutions et les hommes, avec sévérité, avec hauteur, mais toujours avec un amour infini pour cette Florence, « cette belle et fameuse fille de Rome, qui a cru « devoir le rejeter de son doux sein, et chez laquelle « il désire de tout son cœur terminer le temps qui lui « reste à vivre, fatigué d'avoir erré en pèlerin, et pres« que en mendiant, par toutes les provinces où s'é « tend la langue italienne. » Il ne reste plus qu'à faire paraître ce noble caractère sous l'enveloppe mortelle qu'il anime, et c'est par où l'historien finit, en le représentant avec ces traits prononcés que nous connaissons, avec une démarche grave, un air bienveillant, et une belle voix dont il chantait volontiers, « aimant à «répandre ainsi ses émotions, surtout quand elles « étaient douces et heureuses. »

La littérature espagnole fut le sujet des cours de 1838 et 1859. M. Fauriel y retrouvait encore le génie latin sous d'autres formes, avec d'autres vicissitudes. Il remontait d'abord jusqu'aux temps primitifs. L'ancienne Espagne lui paraissait divisée en deux zones: le Midi, où l'on voit l'antique civilisation desTurditains, qui faisaient dater de six mille ans leurs lois et leurs poëmes; le Nord, où l'on n'aperçoit que les combats de deux races barbares, les Celtes et les Ibères. Les colonies des Phéniciens et des Grecs s'arrêtent sur les cotes: elles ne font que préparer la voie aux armes romaines qui pénètrent au cœur du pays, et qui réunissent les peuples sous l'empire de la même législation, de la même administration, de la même langue. Alors commence dans les écoles d'Espagne cette suite d'écrivains fameux: Sénèque, Lucain, Martial, accusés d'avoir précipité la décadence des lettres latines. Ils y mêlèrent du moins quelque gloire. Les muses de Rome furent naturalisées dans cette belle province; elles y survécurent à la ruine de leurs autels. Parmi les premiers poëtes latins du Christianisme, on trouve deux Espagnols: Juvencus et Prudence. L'inspiration religieuse s'emparait de bonne heure de cette littérature qu'elle ne devait plus quitter.

L'invasion des Wisigoths ne put rien contre la langue latine, devenue celle de l'Église et d'un peuple nombreux. Dès le commencement du septième siècle, les conquérants écrivent dans l'idiome des vaincus, ils le parlent, ils finissent par oublier celui de leurs pères. Cependant on voit se succéder dans la paix des monastères plusieurs générations de poètes et de chroniqueurs tout le savoir de l'antiquité se réfugie dans les compilations d'Isidore de Séville. Mais la monarchie des Wisigoths n'avait pas de longues destinées. Les vices de leur législation et le mécontentement de leurs sujets expliquent cette conquête facile qui ne coûta aux Musulmans qu'une victoire. Ici les historiens arabes prêtaient à M. Fauriel des lumières inattendues. Après la première invasion, dont il ne méconnaissait ni les violences ni les désastres, il voyait la prospérité renaître sous les lois des Ommiades, la science grecque refleurir aux écoles de Tolède et de Cordoue, des essaims de chanteurs porter de ville en ville les vers des poetes, et les livres se multiplier jusqu'à ce point, que le palais du calife Hachem était devenu une vaste bibliothèque dont le seul catalogue comptait quarante-quatre volumes. Les chrétiens cependant rivalisaient avec leurs maîtres: ils écrivaient dans la langue du Coran, ils y composaient des histoires estimées et des poëmes dont on vantait l'élégance et l'harmonie.

Toutefois ce n'est pas dans les villes savantes de l'Andalousie et sous les portiques des mosquées, ce n'est pas dans la servitude que doit naître le génie espagnol. Il y a aux pieds des Pyrénées une autre Espagne, pauvre, ignorante, qui n'a pas de livres, mais qui a des soldats, des martyrs, par conséquent des traditions héroïques. Elles sont recueillies, non plus dans le latin classique, dont le clergé seul a retenu l'usage, mais dans un idiome populaire, parlé dès le neuvième siècle, quoiqu'il attende jusqu'à la fin du douzième pour se fixer par l'écriture et s'immortaliser par des monuments. A mesure que la société chrétienne s'affermit à l'ombre de l'épée de saint Ferdinand et sous les lois d'Alphonse X, les lettres y reprennent leur place. l'inspiration se fait jour dans ce grand nombre de romances que les jongleurs chantent et que le peuple répète. A l'exemple des troubadours de Provence, on y célèbre les combats d'Alexandre et de Roland.

Mais la faveur s'attache de préférence aux aventures de Bernard del Carpio, du comte Fernand Gonzalès et du Cid. Le grand caractère de la nation espagnole s'est peint d'un seul Irait dans l'histoire du comte Fcrnand. Le sort de la guerre l'a livré aux mains de ses ennemis: les hommes de la Castille s'arment pour sa délivrance. Mais, comme ils ne savent pas se battre sans leur chef, ils prennent une grande pierre qu'ils taillent à son image; ils lui baisent la main en lui jurant fidélité jusqu'à la mort, et, la plaçant sur un char avec l'étendard déployé, ils marchent sous sa conduite aux combats. — Rien n'est plus célèbre que le Cid dans la tradition, rien n'est plus obscur dans l'histoire. C'est là qu'on voit le travail de l'imagination populaire: comment elle va chercher un héros négligé par les chroniqueurs, le tire de son obscurité pour le traiter avec respect, avec amour; lui prête les vertus qu'elle préfère, le met en scène dans une suite de beaux récits auxquels il ne manquera qu'une dernière rédaction pour les enchaîner, les fixer, et pour en faire une épopée nationale.

Les souvenirs héroïques de l'Espagne avaient une autre destination: ils devaient revivre sur le théâtre. M. Fauriel abordait cette curieuse étude du théâtre espagnol, à peine effleurée par les leçons de Guillaume Schlegel et par les recherches de Moratin et de Holland. Il montrait le drame commençant en Espagne avec les jeux scéniques du paganisme, si opiniâtrément conservés chez les populations chrétiennes. Le clergé, désespérant de détruire ces divertissements dangereux, s'en rend maître, les corrige et les fait servir à la pompe de ses fêtes. Dès le treizième siècle, le code des *Siete Partidas* atteste l'usage des représentations dramatiques; mais ces commencements sont obscurs. Le génie espagnol n'éclate sur le théâtre qu'au moment où il se montre dans les affaires de la chrétienté par la réunion de la Castille et de l'Aragon, par la conquête de Naples et la découverte du nouveau monde. Au milieu de tantde fortune et de gloire, les esprits s'émurent; les grandes choses voulaient de grands écrivains: telle devint l'émulation des

gens de lettres, qu'en 1620, la ville de Madrid ayant ouvert un concours pour la fête de saint Isidore, trois mille six cent quarante poètes se présentèrent. C'était une pieuse coutume de célébrer la solennité de Noël par des scènes pastorales où les bergers, visitant le Sauveur dans l étable, s'entretenaient en vers: le dialogue était entrecoupé de chants rustiques. Au commencement du seizième siècle, ces compositions avaient reçu une forme correcte et élégante sous la plume du prêtre Juan de la Encina. Dès lors, le drame religieux prit un essor qu'il n'eut chez aucun autre peuple, et qui devait s'élever jusqu'au sublime dans les *autos sacramentelles* de Calderón. En même temps paraissaient le drame profane, la comédie de cape et d'épée, poëme libre et hardi, qui tient peu de compte des trois unités, qui tempère volontiers la fable tragique par de joyeuses saillies, qui aime les intrigues compliquées, et les conduit de préférence à d'heureux dénoûments. Ce peuple espagnol, qu'on se représente toujours sombre, ne rêvant que des bûchers de l'Inquisition et des flammes de l'enfer, ce peuple ne veut sur son théâtre ni le malheur sans consolation, ni le désespoir, ni l'inflexible destin. Il y règne une sérénité inconnue des anciens: on y sent la sécurité de la vie chrétienne, où il n'y a pas d'orage qu'un rayon d'espérance n'illumine.

M. Fauriel suivait les progrès de la comédie de cape et d'épée depuis ses premiers succès, au temps de Lope de Rueda (1540). 11 l'accompagnait, non sans quelque partialité, dans sa lutte contre la tragédie classique, qui sembla l'emporter un moment. Il la voyait triompher enfin dans l'école de.Valence, où prévalurent en définitive les traditions nationales. Chemin faisant, on apprenait à connaître par d'attrayantes analyses le théâtre de Cervantes et celui de Guilhem de Castro, qui ne fut pas indigne d'inspirer Corneille. Le professeur arrivait de la sorte à Lope de Vega (1562-1635). Il recomposait la biographie du poëte, travail excellent qu'il publia depuis, et où le mérite d'une découverte est rehaussé par l'habileté de l'emploi qui en est fait.

Dans un drame en prose de Lope de Vcga, intitulé *Dorothée,* considéré depuis deux siècles comme un ouvrage de caprice, M. Fauriel retrouvait l'histoire des premières années de l'auteur. C'était de ce texte oublié et d'autres documents difficilement réunis qu'il tirait un récit lumineux. La scène s'ouvre par un trait qui présage bien le poëte. Resté orphelin à quatorze ans, Lope trouve un compagnon, achèle un cheval, et entreprend le tour du monde. Mais le monde est grand, l'enfant est pauvre, la justice le rejoint et le rend à sa famille, où il trouve peu d'appui pour achever ses études interrompues. Bientôt commence la saison des orages: le jeune Lope a rencontré cette personne incomparable qu'il appelle « lionne, tigresse, aspic, sirène, Circé, Médée, peine, « gloire, ciel, enfer, et, pour tout dire en un mot, Do« rothée. » C'est ici qu'il ne faut pas le suivre, si l'on ne veut assister une fois de plus au spectacle du génie qui se déshonore. On aime mieux le retrouver plus tard entre une épouse « décemment belle » et les riantes figures de quatre enfants. Ce calme domestique n'éteint pas l'ardeur de son esprit. Il se représente retiré au milieu de ses livres jusqu'à l'heure du repas, et ne quittant l'étude qu'au moment où son jeune fils, « tout perles et tout fleurs, venait l'enlever, etl'entraî« nait enchanté jusqu'au siége où il l'établissait à côté « de sa mère. » Un veuvage précoce renverse tout ce bonheur. Le poëte foudroyé se réfugie au pied du sanctuaire. Il devient prêtre; mais il ne renonce pas aux lettres, ces autres consolatrices. Il continue ses travaux prodigieux, qui auraient occupé dix autres vies, et dont il est resté vingt-quatre volumes d'oeuvres diverses, sans compter quatre cents *autos sacramentales* et dixhuit cents comédies profanes. Cependant ce grand homme, qui régnait sur la scène, qui ne pouvait sortir sans que le peuple s'attroupât sur son passage, on le voit retiré au fond d'un faubourg de Madrid, dans une humble maison, où il a sa chapelle domestique, où il vit en pénitent, pleurant ses péchés, se donnant la discipline chaque vendredi, et partageant son repos

MÉLANGES. 11. 9 entre l'éducation de ses enfants et la culture de son jardin, dans lequel il avait deux arbres, un peu d'eau et huit fleurs. C'est là que la mort vint le prendre; toute la ville accompagna ses obsèques. On raconte qu'une pauvre paysanne, voyant des funérailles solennelles, et ne sachant de qui elles étaient, s'écria: « Oh! ce doit « être l'enterrement de Lope! »

Ainsi les deux histoires littéraires d'Italie et d'Espagne, commencées aux dernières profondeurs de l'antiquité et conduites jusqu'aux temps modernes, s'interrompaient aux deux belles figures de Dante et de Lope de Vega. C'étaient comme deux colonnes couronnées de leurs statues; mais elles ne servaient qu'à former l'entrée de l'édifice auquel M. Fauriel avait voué sa vie. La littérature italienne et l'espagnole ne faisaient que l'introduire à l'étude de la poésie provençale, où il voyait l'effort décisif du génie latin pour se dégager de la barbarie et pour inaugurer la civilisation du moyen âge. Cette pensée impérieuse, qui de bonne heure l'avait saisi au fond de sa solitude, devait l'accompagner dans la chaire; elle avait rempli ses leçons de 1851 et de 1832.

Au moment de toucher à la Provence, M. Fauriel trouvait le terrain occupé, pour ainsi dire, par un système qui avait dela grandeur et de l'autorité. M. Raynouard venait de proposer l'hypothèse d'une langue romane, sortie de la fusion du latin avec les dialectes germaniques, commune pendant trois siècles à lousles peuples du Midi, et conservée fidèlement dans l'idiome des troubadours, tandis qu'elle s'altérait ailleurs pour former les langues nouvelles de l'Italie, de la France et de l'Espagne. C'était cette doctrine entourée de textes et de témoignages que M. Fauriel entreprenait de détruire; et il le fit en montrant, dans les plus vieux documents, un grand nombre de mots exclusivement italiens, français, espagnols, qui attestent l'antique diversité des idiomes. Ces différences s'expliquent par la variété des populations, italiques, gauloises, ibériennes, qui se fixèrent autour du bassin de la Méditerranée, étrangères l'une à l'autre, jusqu'à l'époque où le latin, pas-

sant les Alpes et la mer, se propagea avec les colonies romaines dans tout l'Occident. Alors chaque ville devint une école où la langue de l'empire, parlée par les magistrats, finissait par gagner le reste des habitants; de sorte qu'au quatrième siècle les évêques, prêchant dans un latin grammatical, chargé d'ornements oratoires, se faisaient entendre des ignorants et des pauvres. Mais chez les peuples des campagnes, qui tenaient de plus près à la terre, par conséquent aux traditions et aux coutumes, le latin rencontrait les vieilles langues nationales: il communiquait avec elles; il contractait leurs habitudes; il ne parvenait à les remplacer qu'en les imitant. Ainsi se formaient autant de dialectes latins, chargés de prononciations, de constructions, de racines étrangères. L'invasion des Barbares, en renversant l'administration romaine, en ruinant les villes, ne laissait plus de place à la langue officielle. Mais les conquérants n'étaient pas assez nombreux pour étouffer les idiomes populaires, qui restèrent seuls. Quand la pensée n'eut plus d'autres instruments, il fallut bien qu'elle les employât nonseulement au commerce de la vie, mais à contenter ce besoin du vrai et du beau qui ne l'abandonne jamais; il fallut qu'elle les pliât à ces formes savantes et littéraires qui la satisfont, et que, de ce long travail, sortissent enfin les langues néo-latines. C'était ainsi que M. Fauriel voyait naître le provençal, comme l'italien, comme l'espagnol, sous une même loi, mais avec une destinée plus rapide. Ce peuple de Provence se hâtait: il avait une grande tâche et peu de temps.

La chute de la puissance romaine n'avait pas entraîné d'un seul coup toute la civilisation de l'antiquité. Jusqu'à la fin du cinquième siècle, les villes de la Gaule méridionale conservèrent leurs écoles grecques: les études latines durèrent davantage; elles se perpétuèrent dans l'Église jusqu'au moment où Charlemagne les tira de ce refuge pour les honorer publiquement. Mais à l'ombre même de la littérature savante qui refleurit sous les Carlovingiens, on voit une poésie populaire germer et grandir. Déjà les canons d'un concile d'Agde, en proscrivant « les chants vo-luptueux, ré« pétés par les gens de la campagne, » attestaient l'opiniâtreté des instincts poétiques chez les hommes du Midi. Pour corriger ce génie grossier, pour l'ennoblir et l'inspirer dignement, il fallait de grands spectacles, des inté-rêts sacrés, des combats et des périls. Ils ne lui manquèrent pas. Avec la première invasion des Arabes en Aquitaine (715) commence une guerre de trois cents ans où s'annonce déjà tout l'héroïsme des croisades. Il y a autre chose que des morts sur ces champs de bataille: il y a la foi, l'honneur, la liberté. Les peuples le savent, ils s'en émeuvent, et dans le trouble des imaginations émues, la poé-sie éclate. Dès le neuvième siècle, les montagnards du Rouergue racontent les fabuleux combats de leurs pères contre les Sarrasins; un peu plus tard, les ex-ploits de Guillaume-au-Court-Nez sont chantés « dans les danses des « jeunes gens et dans les assemblées des hommes de « guerre.» En même temps l'inspiration religieuse anime et colore les légendes des saints. Les pèlerins qui visitent le monastère de Conques en rapportent des récits merveilleux; la re-présentation des mystères commence avec le drame sacré des *Vierges sages et des Vierges folles,* où les couplets pro-vençaux se mêlent aux strophes latines. Le onzième siècle vient de s'ouvrir, et l'on voit les jongleurs, errant de ville en ville, répétant des vers en langue pro-vençale et vivant de la générosité pu-blique. Le peuple s'attache à ces plaisirs d'esprit qui le polissent et l'éclairent. En même temps les institutions cheva-leresques s'emparent de la noblesse, ar-rachent les seigneurs de la solitude de leurs châteaux pour les discipliner, pour leur enseigner la loi de l'honneur, le droit des faibles, le respect des femmes. Ces hommes superbes sont touchés: ils ne se contiennent plus; il faut qu'ils trouvent à leur tour des chants qui sa-tisfassent toute la vivacité et toute la délicatesse de leurs passions. Ces *trou-veurs* de chants sont les troubadours. M. Fauriel décrivait curieusement l'organisation des deux milices poé-tiques des troubadours, qui composent,

et des jongleurs' qui récitent, qui assur-ent la publicité. Il faisait connaître ce nombre infini de chansons, de tensons, de sirventes, où l'on surprend toutes les faiblesses de la société féodale; et, dé-chirant enfin le voile des traditions fa-buleuses où la postérité a enseveli les poëtes qu'elle aimait, il établissait leur histoire; il nous rendait les vivantes images de Bertrand de Born, de Bernard de Ventadour, de Pierre Cardinal. Leur honneur n'y gagnait pas toujours. Ainsi, le célèbre Sordel, que la légende a re-présenté comme la fleur de toute che-valerie, le vainqueur de tous les défis et le pourfendeur de tous les félons, n'est plus qu'un modeste troubadour de Charles d'Anjou, s'excusant de suivre son maître à la croisade « parce que la mer lui « fait horreur. »

Les historiens de la littérature, en ad-mirant la verve des lyriques proven-çaux, s'étonnaient que des poetes si fé-conds n'eussent rien tenté dans l'épopée. M. Fauriel s'en étonna plus qu'eux, il finit par en douter, et, s'engageant dans une voie pleine de dé-couvertes, il chercha en Provence non-seulement des traces de poésie hé-roïque, mais l'origine des romans de chevalerie qui devinrent l'héritage com-mun de toutes les littératures euro-péennes.

Il fallait premièrement s'orienter au milieu d'un grand nombre de monu-ments épiques d'un accès difficile, sans noms, sans dates, qui tonr à tour se ré-pètent et se contredisent. Ces difficultés n'effrayaient point M. Fauriel, elles l'éclairaient au contraire: il y démêlait les mêmes complications, les mêmes développements, les mêmes lois qu'il avait observées en d'autres temps, chez d'autres peuples. Les vicissitudes de l'épopée chez les Indiens et les Grecs lui expliquaient l'épopée du moyen âge. Il y reconnaissait deux époques princi-pales qui partagent une durée d'environ trois cents ans, depuis le commence-ment du douzième jusqu'à la fin du qua-torzième siècle.

Le professeur commençait l'étude de la poésie chevaleresque par les romans carlovingiens. Autour de Charlemague se forme, pour ainsi dire, une couronne,

un cercle de récits poétiques qui em-brassent la destinée du héros, de ses compagnons et de toute la maison car-lovingienne jusqu'à sa décadence. Ces poëmes prennent leur texte, non dans l'histoire, mais dans la tradition qui en comble les lacunes, qui en déplace le théâtre, qui en défigure les acteurs. Si les chroniques taisent la jeunesse de Charlemagne, c'est le point où les ro-manciers ne tarissent pas. Ses trente-deux campagnes contre les Saxons sont transportées sur d'autres champs de ba-taille où les Sarrasins l'attendent. Toute sa vie n'est qu'une longue croisade à Jérusalem, en Italie, en Aquitaine, en Espagne, couronnée par le martyre des guerriers morts à Roncevaux. Tout est fable, mais tout rappelle la réalité, tout se ressent de la grande affaire qui occu-pa Charles-Martel et ses descendants: je veux dire la guerre sainte. On reconnaît déjà l'héroïsme religieux de la chevale-rie, mais rien n'annonce encore ce culte des femmes qui s'y mêla plus tard. Une rudesse antique règne dans les carac-tères et dans les mœurs. La simplicité des récits suppose un auditoire ignorant, passionné, qui aime mieux les grands coups d'épée que les longs discours. Dans le désordre même où ces compo-sitions nous sont parvenues, on retrouve des réminiscences fréquentes, des frag-ments entiers de chants populaires. Le poëte se représente environné de la foule qui l'écoute: il l'interpelle, il le flatte; ses vers se succèdent en tirades sur une seule rime qui indique un ré-citatif simple et monotone interrompu par de courtes ritournelles jouées sur la rote ou le rebec. On ne peut plus douter qu'on assiste aux premiers essais de l'épopée.

Mais le moyen âge eut une autre série de romans composés à la gloire du roi Arthur, des chevaliers de la Table-Ronde et des gardiens du Saint-Graal. Ces fictions semblent d'abord rappeler des temps plus anciens et remonter avec les traditions bretonnes jusqu'à cet Ar-thur qui arrêta un moment la conquête des Anglo-Saxons, et qui mourut en 542 les armes à la main. Toutefois, dans les compositions chevaleresques où il fi-gure, M. Fauriel n'apercevait rien d'historique, rien de traditionnel, rien de conforme aux souvenirs de l'antique Bretagne. Tout y indique un fonds idéal, un type de chevalerie, ou plutôt deux types toujours poursuivis, jamais réalisés. D'un côté, c'est la chevalerie religieuse fondée par le clergé pour la réforme des mœurs féodales, pour mettre la force au service de la vérité et de la justice. On en trouve l'image dans la belle fiction du Saint-Graal: les poëtes nomment ainsi le vase où le Sauveur célébra la Cène; ils le supposent légué, avec des prérogatives merveilleuses, à une famille de héros chargés d'étendre la foi chrétienne par l'épée: la relique sainte repose dans un temple magnifique, sous la garde d'une milice dont tous les membres sont chastes, et, à cette condition, invulnérables sur la terre, assurés du ciel. D'un autre côté, la chevalerie galante, qui met l'homme de guerre au service des sens et des passions, avait ses modèles dans l'histoire de Lancelot et de Tristan, les plus errants et les plus amoureux des chevaliers, dont les faiblesses troublent toutes les fêtes de la Table-Ronde. Les aventures où ces paladins s'engagent ne tendent qu'à justifier la doctrine du romancier, à mettre en lumière un point de morale théologique ou mondaine, pour l'usage d'une société déjà mûre et voisine de la corruption. Ce dessein se montre par la subtilité des pensées, par la richesse des descriptions, par le raffinement du style. A la tirade monorime ont succédé de petits vers de huit syllabes rimés par couple, qui semblent faits pour les délicatesses du point d'honneur et pour les soupirs du parfait amour. Toutes les traces de récitation publique ont disparu de ces ouvrages, qui voulaient un autre auditoire que la foule. On reconnaît une poésie écrite, tardive, née à l'ombre des cours, destinée à faire le passe-temps des châtelaines. C'est la décadence de l'épopée: longtemps encore ces poëmes seront remaniés, rajeunis, traduits en prose, jusqu'à ce qu'enfin les belles lectrices n'en veuillent plus, et qu'elles oublient sur leur pupitre le vieux Tristan, le Saint-Graal et le roi Arthur.

C'était beaucoup d'avoir rétabli la chronologie de l'épopée chevaleresque, mais il restait encore de fixer le lieu où elle commença. Ici M. Fauriel rappelait ce réveil précoce de la pensée en Provence, cet idiome qui devance toutes les langues néo-latines: cette poésie enfin où l'inspiration perce dès le temps de Louis le Débonnaire. Il prouvait l'antiquité des chants épiques chez les Provençaux par de nombreux exemples. Il citait une légende du onzième siècle, où paraît déjà toute la liberté des fictions romanesques: on y voit les aventures de Raymond du Bousquet, seigneur toulousain, battu par la tempête comme Ulysse, abreuvé comme lui d'un philtre magique qui lui fait oublier la patrie, reconnu comme lui au moment où il se présente en étranger sous le toit de ses pères. Ces réminiscences de l'Odyssée se lient aux descriptions d'une guerre contemporaine entre les Arabes et les chrétiens: l'intervention des saints, par des songes et des miracles, y ajoute un prestige surnaturel. L'épopée est déjà tout entière dans ce récit: elle n'a plus qu'à prendre l'essor, quand le cri de la première croisade vient soulever la France méridionale. Alors quelles traditions étaient plus faites pour animer les courages que les vieilles guerres des Carlovingiens contre les Arabes, dans ces mêmes provinces, au pied des Pyrénées, aux gorges de Roncevaux? Plus tard, quand les lois dela chevalerie ont dompté l'orgueil des seigneurs provençaux, ces mœurs nouvelles trouvent naturellement leur expression dans l'histoire du Saint-Graal: le nom même de ce vase sacré n'a de sens qu'en langue d'Oc; le temple où on le suppose caché s'élève sur le mont Salvat, dans la forêt de Sauveterre, sur les confins de l'Aragon; la milice qui le défend se recrute des chevaliers d'Aquitaine. Toutes ces fables ont leur scène en Provence; elles y sont nationales, elles y sont familières lorsque le reste du monde les ignore. M. Fauriel remarquait de fréquentes citations des romans chevaleresques chez les plus anciens troubadours et, poussant enfin ses découvertes jusqu'au bout, il retrouvait le texte provençal de trois poëmes de la Table-Ronde et de

quatre poëmes carlovingiens. Plus tard il voyait les compositions épiques des Méridionaux passer avec leurs chants lyriques dans les langues et dans les littératures de la France, du nord de l'Allemagne, de l'Italie et de la Castille: on en fit des livres populaires pour les paysans de la Norwége et de l'Islande; les Russes et les Géorgiens célébrèrent les combats d'Arthur et la mort de Roland. Avec les inspirations des troubadours, leurs lumières et leurs mœurs pénétraient chez des peuples grossiers. C'est ainsi que la Provence civilisait l'Europe. Il ne manquait à un si beau rôle qu'une grande catastrophe. Elle éclata dans cette terrible guerre albigeoise où la civilisation du midi de la France sembla périr. M. Fauriel terminait ses leçons en faisant connaître la Chronique inédite des Albigeois, poëme étrange où le concile de Lalran, la croisade qui le suit, le siége de Toulouse, sont décrits avec l'exactitude de l'histoire et avec l'accent de l'épopée. On reconnaît toute la force de ce génie méridional que rien n'étouffe, et qui, sur les ruines fumantes de son pays, trouve encore un cri éloquent pour maudire à la fois les excès de l'hérésie et les violences de Simon de Montfort.

Nous sommes arrivés jusqu'au fond de l'enseignement de M. Fauriel: c'est là qu'il mettait sa force; c'est aussi là qu'on a voulu trouver son faible: on lui a reproché de faire violence à l'histoire pour rattacher à la poésie provençale toutes les littératures modernes. Sans doute la publication prochaine de ses travaux inédits donnera à sa thèse favorite des preuves qu'on ne détruira guère facilement. D'un autre côté, les recherches de M. l'abbé de la Rue et les découvertes de M. de la Villemarqué ne permettent plus guère de contester l'origine bretonne des romans de la Table-Ronde. Il se peut qu'il faille renoncer à trouver dans une province l'école qui aurait instruit seule le reste du monde. Il se peut qu'il n'y ait qu'une grande école, l'Église, qui s'empara des esprits par une même éducation, par la culture des lettres latines dans le clergé, par l'établissement de la chevalerie chez les gens de guerre, par la prédication de l'Évangile aux peuples. Il se peut qu'un enseignement commun ayant fécondé les nations chrétiennes, on ait vu fleurir à la fois les mêmes mœurs, les mêmes arts, les mêmes productions poétiques en Normandie, en Provence, en Souabe, en Sicile, en Espagne, comme une semence qui donne la même récolte en plusieurs sillons. Mais du moins M. Fauriel reste inattaquable quand il met le siége principal de cette puissance civilisatrice a» bord du bassin de la Méditerranée, près duquel la Providence a placé Jérusalem, Athènes et Rome, et où se décident depuis trois mille ans toutes les affaires du genre humain.

Les leçons de M. Fauriel étaient écrites: ce maître excellent n'improvisait pas. Chargé d'introduire dans la chaire une science nouvelle, de l'y affermir, de l'y faire respecter, il ne laissait rien au hasard. Ses lectures attachaient par une simplicité relevée de beaucoup de grâce; on ne pouvait se lasser de ces biographies où renaissaient des poetes mal connus, de ces brillantes analyses où revivaient leurs ouvrages. Rien n'était plus aimable que d'entendre le professeur traduire les poëmes chevaleresques dont il avait si rigoureusement débattu les origines. Il ne se défendait pas d'une sorte de respect pour tant de figures héroïques; mais son admiration était tempérée d'une douce ironie dont on ne pouvait lui savoir mauvais gré, quand il contait comment les coups d'épée des paladins pourfendaient les montagnes, ou « comment la belle Luziane « fut prise d'amour rien que pour s'être penchée au « balcon lorsque passait le jeune Aïol. » — Mais M. Fauriel excellait surtout dans les discussions historiques. Il saisissait d'abord les auditeurs par une manière franche de poser la question, sans en dissimuler ni les obscurités ni les périls. On était curieux de le suivre, s'avançant avec circonspection, écartant les difficultés inutiles, resserrant le sujet jusqu'à ce qu'il l'eût réduit au seul point inévitable. En même temps on le voyait disposer de toute l'histoire, mettre à contribution tous les siècles, en tirer des preuves, les rassembler enfin,

et les ramener avec une puissance irrésistible sur le point qu'il fallait forcer. Dans cet heureux tour de la démonstration, dans cet ingénieux emploi des rapprochements, dans cette économie des preuves, il y avait assurément un savoir immense; il y avait aussi beaucoup d'art. On y éprouvait quelque chose du plaisir qu'on trouve à suivre du regard une barque bien conduite sur des eaux semées d'écueils: tout son effort est d'arriver, et cependant ses manœuvres ne semblent faites que pour charmer les yeux. — Mais l'intérêt souverain du cours de M. Fauriel était dans les conclusions où il menait les esprits. En remuant toutes les littératures jusqu'à leurs dernières profondeurs, il en faisait sortir deux lois qui les gouvernent. La première est une loi d'universalité; c'est le retour des mêmes destinées, des mêmes progrès, des mêmes décadences littéraires chez les peuples de tous les âges et de toutes les civilisations. L'autre est une loi de perpétuité, qui ne souffre pas d'interruption violente dans les œuvres de l'intelligence, de sorte que les langues, les poésies, par conséquent les sociétés, ne périssent qu'après avoir produit des langues, des poésies, des institutions nouvelles. Ces deux lois supposent l'unité, la solidarité de la famille humaine sous un gouvernement providentiel, dogme sacré où viennent aboutir, l'une après l'autre, toutes les recherches historiques du dix-neuvième siècle, toutes les vies laborieuses qui l'ont honoré.

III

Les doctrines de M. Fauriel avaient trouvé dans l'enseignement plus de publicité qu'il ne pensait. On ne sait pas tout ce que peut une parole qui s'adresse chaque semaine, pendant plusieurs mois, pendant plusieurs années, à un cercle d'auditeurs librement retenus: surtout si elle est recueillie par cette jeunesse des écoles, où une grande pensée ne pénètre jamais sans déterminer des vocations qui la servent, des travaux qui la popularisent en France et à l'étranger. M. Fauriel s'était formé plus qu'un auditoire, il avait fait des disciples; ses leçons inédites étaient citées dans les livres et dans les chaires; l'Italie l'avait

inscrit au nombre des académiciens de la Crusca; l'Allemagne lui montrait des égards dont ce savant pays n'est pas prodigue pour ses voisins. Il avait une autorité meilleure que cet éclat bruyant dont il ne voulut jamais, étendue, européenne, mais paisible, sans jaloux et sans ennemis. Cependant il ne pensait pas avoir assez fait pour le service de la vérité. Les fatigues du professorat n'interrompirent jamais pour lui le dessein d'un travail plus durable, d'un livre où se réaliserait enfin le rêve de toute sa vie: l'histoire du midi de la France depuis l'antiquité la plus reculée jusqu'à la fin du treizième siècle. Les matériaux innombrables que cinquante ans de recherches avaient mis sous sa main devaient se distribuer en trois ouvrages. Le premier traiterait des origines et des révolutions de la Gaule méridionale, en s'arrêtant à la ruine de la domination romaine. Le second embrassait la suite des événements jusqu'au démembrement de l'empire carlovingien. Le troisième aurait fait connaître la civilisation de la Provence et ses destinées pendant les grands siècles du moyen âge. Ce dernier sujet était le plus aimé: mais il devait arriver à ce beau travail comme à tant de beaux édifices du moyen âge auxquels le temps a manqué, et qui n'eurent jamais ni leur façade ni leur flèche: la solidité des piliers et l'élévation des voûtes attestent seules la grandeur du dessein. Des trois ouvrages, le second seulement parut en 1836, et encore M. Fauriel regrettait-il de n'y avoir pas toujours mis cette élégance qu'on n'exige que des œuvres d'art, et qu'il aimait dans les recherches d'érudition.

Le jugement d'autrui lui fut moins sévère que le sien. L'année 1836 ouvrit à M. Fauriel les portes de l'Académie des inscriptions et belles-lettres. Il était entré un peu auparavant à la Bibliothèque royale en qualité de conservateur adjoint des manuscrits. Ces bonneurs tardifs étaient comme autant de réparations: il n'y vit que de nouveaux devoirs. En 1837 il enrichit la collection des *Documents inédits pour l'histoire de France* en publiant la célèbre Chronique des Albigeois. Appelé, vers le même temps, à faire partie de la Commission chargée de continuer *l'Histoire littéraire* commencée par les Bénédictins de Saint-Maur, il y porta une nouveauté de savoir, un goût exquis dont l'empreinte marque toutes les notices sorties de sa main. Cet esprit infatigable ne vieillissait pas; il trompait ses amis par son activité; il se trompait lui-même par les distractions de la science, qui lui faisaient perdre de vue lesintérêts de la vie, le cours des années, et l'heure déjà sonnée du repos. Telle était encore la sûreté de sa mémoire, qu'après avoir interrompu vingt ans l'étude du sanscrit, lorsqu'il reçut le dernier volume du *Mahabharat*, publié à Calcutta, en ouvrant ce beau livre il eut le plaisir de le comprendre à la première lecture. Mais, s'il n'avait oublié ni ses études, ni ses devoirs, ni ses affections, s'occupant de tout, excepté de lui, il avait fini par ne plus savoir ni le lieu ni l'année de sa naissance (1).

(1) Voici, tel qu'on a pu lo relever, le tableau des publications de M. Fauriel: 1803. *La Fare et Chaulieu*, édition stéréotype, notices de M. Fauriel. 1 vol. in-18. 1810. La *Parthénéide* de Baggesen, traduite de l'allemand par M. Fauriel et précédée de réflexions sur l'idylle. 1 vol. in-18. 1825. *Carmagnola* et *Adelchi*, tragédies de Manzoni, traduites de l'italien, avec une préface et des notes par M. Fauriel. 1 vol. in-8. 1824-1829. *Chants populaires de la Grèce moderne.* 2 vol. in-8.
MÉLANGES. II. 10

Au commencement de 1844, le rapide déclin de sa santé avait ému la sollicitude de ses collègues et de ses amis: ils redoutaient pour lui les infirmités de la vieillesse; ils étaient bien loin de s'attendre à un coup plus terrible. M. Fauriel mourut d'une mort presque subite, le 15 juillet, à l'âge de soixante-douze ans. Il ne laissait point de famille pour conduire son deuil: l'amitié s'en chargea: il n'y manqua ni de douleur ni d'hommages. Des voix respectées exprimèrent élo 1830. *Histoire de la Gaule méridionale sous les conquérants germains.* 4 vol. in-8.
1837. La *Chronique des Albigeois*, publiée avec une introduction, pour la col-

lection nationale des documents, etc. 1 vol. in-4".
Il y faut ajouter la collaboration de M. Fauriel à plusieurs recueils. Sans parler des journaux de la République et de l'Empire, où il écrivit beaucoup, et de la *Revue encyclopédique,* à laquelle il donna plusieurs articles avant 1831, je trouve les publications suivantes: 1817-1818. *Archives philosophiques, politiques et littéraires.* Ce recueil, où travaillèrent MM. Benjamin Constant, Duvergier de Hauranne, Cousin, etc., donna plusieurs articles de littérature étrangère sans signature, mais qui paraissent être de la main de M. Fauriel. 11 est certainement l'auteur d'une excellente dissertation sur *Y Archéologie gulloise,* publiée au t. III, p. 88.
1832-1842. Quinze articles clans la *Revue des Deux Mondes.* 18.Ï8. Un article dans la *Revue française.* 1841-1844. Quatre articles dans la *Bibliothèque de l'École des Chartes.* 1843-1844. Deux articles dans la *Revue indépendante.*
Le timeXX de *l'Histoire littéraire de France* contient une excellente notice de M. Fauriel sur Bructto Latini. La partie bibliographique est de M. Leclerc, président de la commission.

M. Leclerc, avec cette obligeance que j'ai tant de fois éprouvée, a bien voulu nf indiquer les notices de M. Fauriel qui doivent paraître au tome XXI de *Y Histoire littéraire:* André le Chapelain; Sordel; Baudoin Butors; le Roman de Constans; le Roman du Renart; Lancelot du Lac, par Arnaud Daniel; Philomena; la Vie do saint Ilonorat; Gérard de Roussillon; Joffroi et Brunissende; Ferabras.

Le *Cours* de M. Fauriel *sur la littérature provençale* est sous presse. Il formera trois volumes qui paraîtront à la fin de l'été.
quemment les regrets de la science et de l'école. Quelques semaines plus tard, le journal athénien *l'Espérance* venait déposer le tribut de la Grèce sur le tombeau de l'écrivain qui avait servi sa liberté. On y rappelait « l'hospitalité dont il avait usé envers les Hellènes fugitifs; l'ardeur qui l'embrasait pour la sainte lutte. On louait la tentative hardie par laquelle il réveilla les esprits, non avec

de vaines déclamations, mais avec ces chants populaires où les Grecs modernes se montrent les successeurs légitimes de leurs ancêtres, les héritiers de leur patriotisme, de leur langue et de leur génie. On promettait d'environner son nom d'une auréole immortelle de respect et d'amour, de le bénir parmi les noms des libérateurs. » Il y avait dans l'accent passionné de cet adieu quelque chose de poétique et de pareil aux improvisations des femmes grecques devant le lit de leurs morts, comme si la Grèce eût voulu honorer son bienfaiteur en venant prononcer sur lui un de ces Myriologues qu'il avait tant aimés (1).
Après tant de témoignages, il ne nous reste rien à faire pour la mémoire de M. Fauriel que de recueillir de lui une dernière leçon. Nous avons assisté à une de ces belles vies de travail que nous admirons volontiers dans le passé, mais que, pour rassurer notre faiblesse, nous déclarons impossibles au temps présent. Nous (1) *L'Espérance,* Athènes, 28 août 1844. Je dois beaucoup aux deux discours prononcés aux obsèques par M. Guigniaut, président de l'Académie des Inscriptions et Belles-Lettres, et par M. Leclerc, doyen de la Faculté les Lettres. avons vu comment l'étude ne flétrit pas tant qu'on veut bien le dire ni l'imagination ni le cœur. Nous avons appris à honorer cette curiosité qui s'opiniâtre à vaincre l'obscurité des siècles, à leur arracher ce qu'ils cachent d'instructif et de profitable. Cependant un si grand esprit, et qui savait tant de choses, savait aussi se résoudre à ignorer. 11 avait trop mesuré les difficultés de la science pour tenter de les forcer par des affirmations présomptueuses. 11 souffrait le dissentiment et la contradiction non-seulement dans ses égaux, mais dans ses disciples. C'était sa maxime « que nous ne connaissons le commencement de rien. » Il savait s'humilier devant les bornes mystérieuses qu'il trouvait à l'entrée et à l'issue de toutes ses recherches. De là l'extrême hésitation, la réserve, et, pour mieux dire, la modestie qu'il portait dans ces entretiens où l'on trouvait quelquefois tant de lumière et toujours tant de bonté. Un jour, celui qui écrit ce-

ci le consultait sur un point d'histoire dont il cherchait à rendre compte par les lois ordinaires des affaires humaines: « Je vais peut-être « vous étonner, lui répondit M. Fauriel, mais je trouve « que vous ne faites pas assez de part à-la Providence. » LITTÉRATURE

ALLEMANDE

AU MOYEN AGE *iS4*

LITTÉRATURE

ALLEMANDE

AU MOYEN AGE

PREMIÈRE LEÇON

Du Cours De Littérature étrangère.

Messieurs,

Au moment de paraître pour la première fois dans l'antique Sorbonne, au milieu de tant de vieilles gloires rajeunies par de récentes illustrations, parmi tant de souvenirs rattachés depuis six cents ans à l'histoire générale de l'esprit humain, on ne saurait se défendre de ces émotions profondes dont l'âme est toujours pénétrée aux heures solennelles de la vie. Surtout si la place où l'on vient s'asseoir était occupée par une érudition qui fait autorité pour l'Europe savante, et qui a porté des lumières inespérées sur les points les plus difficiles de l'antiquité littéraire; alors la suppléance devient un périlleux honneur, et la gratitude n'exclut pas la timidité. Pour moi un concours de circonstances personnelles légitime et multiplie ces alarmes. Inopinément appelé aux fonctions de la parole universitaire, dont je comprends toute la responsabilité, à un âge où les études préparatoires seraient toujours insuffisantes, lors même qu'elles auraient été exclusives, j'ai dû vouer ces trop courtes années au noviciat d'une autre science, et je n'apporte ici qu'une voix exercée à de plus modestes ministères. Ces considérations me conseillaient le choix d'un sujet aisé: elles ont cédé aux intérêts du service. Après trois ans d'un enseignement mémorable consacré aux lettres néo-latines, il a paru nécessaire de faire place aux langues du Nord. Déjà un cours dont le résultat fut de donner au Collège de France un grand talent de plus, avait initié l'attention publique aux mystères' de la poésie Scandinave. Plus tard les origines germaniques devinrent l'objet

d'intéressantes leçons. Les drames de Hrosvita, interrogés par une critique ingénieuse, ont fait connaître la première culture intellectuelle de l'Allemagne chrétienne (1). Je tenterai de continuer ces explorations en continuant de descendre le cours des temps: je traiterai de la littérature allemande au moyen âge. On me tiendra compte des difficultés d'un travail où je m'engage seul, sur les traces encore peu familières de la philologie d'outre-Rhin. En même temps, le nom de (1) On reconnaîtra facilement à ces allusions les cours de M. Fauriel, professeur, et de MM. Ampère, Eichhoff et Magnin, successivement appelés à l'honneur de le suppléer.

celui que je supplée, s'il m'impose de grands devoirs, me couvrira d'un bienveillant patronage. Et retrouvant ainsi des espérances dans toutes mes craintes, j'ose croire que je devrai aussi de nouvelles sympathies à cet âge même qui me rapproche mieux de la majorité de mon auditoire. Peut-être y a-t-il quelque bonheur à monter dans cette chaire, accompagné des souvenirs et des amitiés qu'on recueillit sur les bancs. J'ai besoin d'une pareille confiance, et je m'y livre dès à présent sans réserve, en remplaçant le cérémonial ordinaire d'un discours d'ouverture par la familiarité d'une première leçon.

Le plan que nous tenterons d'ébaucher aujourd'hui et de remplir cette année se composera de deux parties: premièrement, l'histoire générale de la littérature allemande du douzième au quinzième siècle; secondement, l'étude spéciale des principaux ouvrages qu'elle a laissés.

Les annales littéraires des nations se divisent en époques alternatives dont il est facile de reconnaître la différence et le périodique retour. Quelquefois un petit nombre d'esprits éminents, parvenus aux dernières sommités de l'art, règnent sur la génération dont ils sont issus; c'est la gloire des siècles classiques de Périclès, d'Auguste, de Léon X, de Louis XIV. D'autres fois, chaque force particulière se perd au milieu de l'entraînement universel, et la littérature devient nonseulement l'expression, mais l'œuvre collective de la société

(1). Il en est ainsi au moyen âge: alors l'orthodoxie des croyances, la communauté des doctrines, l'analogie des instincts, dominent toutes les inspirations. Devant le génie des temps s'atténue et s'efface le caractère individuel des intelligences. Si quelques figures d'élite ressortent de la masse, elles ne s'en détachent pas; elles font partie de l'édifice politique où elles eurent leur place, et lui empruntent une valeur pour ainsi dire monumentale: pareilles à ces statues de nos basiliques, qu'on admirerait'peu, isolées sur un piédestal au milieu du parvis, et qui pourtant nous semblent belles, rangées en longues galeries, à l'ombre des niches curieusement ciselées et sous la douteuse clarté des vitraux.

Ainsi la scène où s'accomplissent les destinées intellectuelles de la vieille Allemagne devra s'ouvrir par son histoire: il deviendra nécessaire d'embrasser d'un rapide regard les institutions, les révolutions, les transformations qui remplirent pour elle une durée de trois cents ans. D'abord, et pour ainsi dire sur le seuil, apparaîtra la grande image du saint-empire romain, fondé sous les auspices de la papauté, pour réunir en une monarchie toute-puissante l'universalité des peuples chrétiens. Au-dessous de ce pouvoir suprême, incomplétement réalisé sur le sol germanique, se montreront, inégalement développés, mais toujours re (1) Voyez Schlegel, *Hist. de la littérature,* chap. vi.

connaissables, les trois éléments constitutifs de la civilisation européenne: l'Église, la féodalité, les communes. On assistera à l'avénement de la maison.de Souabc (*Hohemtaufen*), portée au trône, par une fortune singulière, en la personne de Conrad III. La lutte du sacerdoce et de l'Empire, un moment suspendue, bientôt reprise, sera dignement représentée par les deux caractères héroïques de. Frédéric II et d'Innocent IV: ce drame terrible, où est engagé le destin du moyen âge, atteindra sa péripétie au premier concile de Lyon pour se dénouer par l'anathème. Enfin, on verra la chute de la dynastie prévaricatrice, et cette fatalité vengeresse, comme celle des Atrides, qui plane sur les Hohenstaufen, jusqu'à ce qu'elle aille s'éteindre dans le sang innocent de Conradin. Vainement Rodolphe de Habsbourg tentera de restaurer les ruines de l'autorité souveraine, qui, déshonorée par le malheur, la faiblesse et le crime, ira de honte en honte s'abîmer dans le règne ignominieux de Wenceslas. Alors, et en considérant les changements accomplis, on trouvera évanoui pour toujours le majestueux fantôme de la monarchie universelle: le saint-empire romain, renié désormais par les royautés étrangères autrefois ses vassales, n'est plus que l'empire d'Allemagne. A la faveur de l'anarchie, la féodalité sort de ses bornes et se dénature en s'agrandissant. L'Église se maintient. Les villes s'affranchissent, leur union donne naissance à la ligue anséatique et à la confédération du Rhin: sous le nom de bourgeoisie existe une classe nouvelle à qui appartient l'avenir.

Les phases de la littérature reproduiront celles de l'état social au sein duquel elle vécut; elle aura comme lui son point de départ, ses développements et ses résultats.

Le point de départ du génie allemand, c'était le double héritage de la barbarie et de l'antiquité. C'étaient, d'un côté, les chants de la poésie populaire, derniers échos des hymnes guerriers qui, du fond de la forêt Hercynienne avaient effrayé les Romains; c'étaient les récits de l'invasion et de la conquête, et ces traditions fabuleuses de Théodoric qui se répétaient encore cinq cents ans après sous le toit de chaume du paysan bavarois ou saxon: rapsodies destinées à former un jour l'épopée nationale. D'une autre part, se conservaient les lettres latines, relevées par les tentatives civilisatrices de Charlemagne et des Othon, recueillies dans les écoles monastiques de Fulde, d'Osnabruck et de Saint-Gall. On leur devait des traductions de l'Écriture et des Docteurs en langue vulgaire, d'innombrables légendes, les poëmes gracieux de la religieuse de Gandersheim, et l'éloquente chronique de Lambert d'Aschaffenbourg. La vieille latinité de Térence et de Tite-Live s'étonnait de reverdir et de produire en-

core des fleurs d'hiver, sous les arcades glacées d'un cloître gothique (1). — A cette culture artificielle, à cette (1) La première révélation de cette culture classique à une époque ordinairement considérée comme barbare est due aux leçons de M. Villemain *Littérature au moyen âge,* tom. H, p. 260 et suiv.), dont les traces poésie de réminiscence et d'imitation, une autre succédera: nous en décrirons les commencements, l'apogée et la décadence.

L'ère nouvelle s'ouvre vers le milieu du douzième siècle, après le couronnement du premier Hohenstaufen, à l'époque de la première Croisade allemande (1147). Là, comme ailleurs, les Croisades ont marqué l'heure de la renaissance. Du rapprochement des peuples alliés, du choc des deux civilisations ennemies, devait résulter une explosion, une rapide diffusion de lumières. On dit qu'à Jérusalem, au milieu des solennités de la Semaine-Sainte, il est un moment où l'évêque grec, entrant au tomheau du Christ, y allume un feu bénit, et qu'alors les pèlerins accourus en foule se pressent pour approcher leurs flambeaux, qu'ils rapporteront, symbole d'espérance, dans leurs foyers. Ainsi les Croisés emportèrent du Saint-Sépulcre le feu sacré de l'art, qui, bientôt passé de main en main, illumina l'Europe. En même temps l'héroïsme militaire, jusque-là compromis par des instincts farouches, s'épurait et se sanctifiait par la consécration de ses armes. Bientôt il allait recevoir une discipline toute religieuse et rigoureusement canonique en prenant le nom de Chevalerie. Dès ce moment une poésie chevaleresque fut possible: Elle dut revêtir la forme de l'unité, qui «tait dans le monde spirituel par la foi, dans le monde temporel par la monarchie. L'unité, en groupant les sont toujours colles qu'on rencontre d'abord dans l'histoire philosophique des littératures modernes.

conceptions poétiques, en coordonnant les récits épars, constitua l'Épopée. — Or, les imaginations avaient besoin de souvenirs: il fallait un passé qui servît à éclairer, à justifier, à idéaliser les choses du présent: il faHait trouver aux guerres

saintes un type digne d'elles, et créer à la puissance impériale des antécédents glorieux. Ces traits étaient heureusement réunis dans la personne de Charlemagne, fondateur de l'empire, vainqueur des infidèles, et dont les hauts faits, transformés dans la mémoire de douze générations, composèrent cet ensemble de fictions brillantes, connu sous le titre de Cycle Carlovingien. Les premières prédilections de la muse épique se tournèrent de ce côté: plus tard, les aventures merveilleuses d'Arthur et des paladins de la Table-Ronde se développèrent dans le Cycle Breton. Les héros de l'antiquité reparurent à leur tour; des Iliades nouvelles se rimèrent dans le silence des monastères, se récitèrent au coin de l'âtre des châteaux: Il y eut un Cycle Classique. Un quatrième, qu'on pourrait appeler Légendaire, se forma des évangiles apocryphes, des vies miraculeuses dont la croyance populaire aimait à s'entretenir, des visions où se dévoilaient les secrets de l'éternité. —Ces quatres sources d'inspiration furent la propriété commune de la littérature européenne: les œuvres qui en sortirent passèrent dans toutes les langues. L'Allemagne les reçut d'abord de la France. Le *Boncevaux* de Conrad, *l'Alexandre* de Lamprecht, peut-être *l'Énéide* de Veldecke, ne sont guère que de longues et fidèles versions: elles se recommandent pourtant par la pureté progressive du langage et parla précision récente du rhythme. De ces trois poëtes, les deux premiers sont prêtres, et projettent sur l'époque nouvelle comme une dernière ombre de la période ecclésiastique; le troisième, par la teinte élégiaque et sentimentale qui déjà colore son style, semble appartenir à l'école de l'âge suivant. — A ce moment de transition, au milieu de ces gloires controversables et de ces richesses d'emprunt, s'élève sans rival et sans modèle, sur une base incontestable, le monument national des Nibelungen. Nous aurons lieu d'y revenir.

Bientôt, et dès la première moitié du treizième siècle, se rencontre ce point suprême où l'art ne s'arrête jamais longtemps: celui de l'apogée. La face du monde a changé; l'empire s'ébranle par les luttes du dehors et du dedans; à sa passagère splendeur succède l'ascendant aristocratique des maisons princières: les cours de Thuringe, d'Autriche, de Carinthie, brillent de tout l'éclat des mœurs féodales. La poésie y prend son rang: elle a pour champions de puissants seigneurs, des chevaliers valeureux, à qui la plume est aussi légère que l'épée. Entre eux s'échangent des défis, des tournois littéraires, dont le tableau défiguré sans doute, mais encore vivant, s'est conservé dans le récit de la *Guerre de Warlbourg.* Au château du landgrave Hermann se seraient donné rendez-vous les six plus savants maîtres du siècle: une palme était promise au vainqueur, la hache du bourreau attendait le vaincu: cette menace aurait eu son accomplissement sans l'intervention bienfaisante du magicien Klingsor. Cette fable rappelle le combat prétendu d'Hésiode et d'Homère: l'une et l'autre ont leur origine dans ce caprice de l'esprit humain qui aime à rapprocher les grandes renommées et à les faire se mesurer entre elles. — En effet, déjà une originalité plus distincte sauve quelques hommes de la foule, et leur mémoire de l'oubli. Ce sont Hartmann Von der Aue, qui raconte avec une si pathétique simplicité *l'Histoire du Pauvre-Henri;* et le prêtre Wernher, auteur d'une admirable *Légende de la sainte Vierge.* Ce sont surtout Wolfram d'Eschenbach et Gottfried de Strasbourg, génies plus heureux et destinés à laisser, non-seulement deux noms, mais aussi deux écoles. Wolfram, poursuivant dans ses poemes de *Titurel* et de *Parcival,* dont nous reparlerons ailleurs, l'idéal de l'héroïsme chrétien; dominé par la pensée; admirable par la rectitude de l'intention morale. Gottfried, reproduisant dans le sujet célèbre de *Tristan,* l'image souvent trop fidèle de la vie réelle, avec ses faiblesses et ses turpitudes; préoccupé surtout du soin de la forme et pénétré du sentiment de l'art. — En même temps que le genre épique atteint de la sorte le terme de sa perfection, la verve lyrique s'épanche avec une inépuisable fécondité. Des rives du Rhin à celles du Danube, des voix harmonieuses s'élèvent sans nombre et se

répondent sans fin. L'Allemagne les appela chantres d'amour *(Minne-singer).* L'admiration de la postérité en distingua douze qu'elle entoura d'un culte spécial, comme les douze patriarches du peuple chanteur, comme les douze prophètes de la poésie. Il serait long de les nommer tous, il serait injuste de taire Reinmar l'ancien, Walther von der Vogelweide, Henri de Morungen. — Enfin la poésie didactique se produit dans *l'Hôtc-Ilalien* de Thomasin et dans la *Winsbeckin* et le *Winsbecke,* touchants dialogues qui nous font asseoir au foyer des familles allemandes et assister à leurs pieux entretiens. Déjà le *Roman du Renard,* emprunté peut-être à la Flandre, avait donné à la satire une libre et quelquefois trop audacieuse expression.

Les cent cinquante années qui vont suivre jusqu'au quinzième siècle formeront la période de décadence, triste saison, et toujours aussi la plus longue dans l'histoire de toutes les littératures. Les institutions naguère ébranlées ne sont plus que des ruines. La dissolution passe des lois dans les mœurs: elle descendra jusqu'aux arts. L'anarchie a brisé les liens de l'empire: elle envahit le domaine capricieux de la fiction. L'épopée a perdu l'unité qui faisait son essence. Le héros principal s'efface, et les monotones aventures de ses compagnons composent d'interminables épisodes, qui détachés à leur tour, deviendront autant de poëmes accessoires. Roland et ses grands coups d'épée, et son religieux prosélytisme, et sa mort de martyr au champ de bataille de Roncevaux; ces chants qui longtemps firent couler tant de larmes et battre tant de cœurs, demeurent désormais oubliés: les exploits de Renaud et les ruses du MÉLANGES. II. U magicien Maugis se déroulent en des milliers de vers. Les cycles se rompent, finissent comme ils ont commencé, par des fragments qui ne se lient plus, par des rapsodies et des chants fugitifs. Ou bien encore ils changent de forme, et, rédigés en prose, ils conservent sous le titre de romans un reste de popularité. En retour, et par une nouvelle aberration, les chroniques se versifient: il y a des chroniques ri-

mées, d'Autriche, de Brunswick, de Cologne; des chroniques du Monde *(Welt Chronik).* Les vies saintes, les récits édifiants, n'ont pas encore tari: sainte Elisabeth de Hongrie, l'une des plus pures étoiles qui se soient levées sur le ciel chrétien de l'Allemagne, est saluée par de longs et unanimes concerts. — D'un autre côté, l'égoïsme des ambitions et le sensualisme des voluptés dégradent l'héréditaire dignité des maisons seigneuriales: leurs portes se ferment aux jouissances intellectuelles. La poésie lyrique, exilée de ce patronage à l'ombre duquel elle prospéra, impuissante à ramener le règne des maximes chevaleresques dont elle était l'interprète inspirée, se retire lentement. Les efforts réunis de quelques esprits meilleurs se soutiennent mal contre la honteuse concurrence des Muscs libertines. Ulrich de Lichtenstein, en écrivant sa propre histoire, y reproduit tous les délires de cette galanterie dégénérée qui remplace l'ancien et noble culte des femmes *(Frauendienst).* — C'en était fait du génie germanique, si les traditions de l'honnêteté publique, si les inspirations sacrées de la nature, si la dignité humaine n'avaient trouvé asile dans la classe nouvelle dont commençait l'avénement. Le sens moral de la bourgeoisie s'affermissait en même temps que son indépendance; ses austères habitudes se retrempaient volontiers dans de graves leçons. Les compositions didactiques se multiplièrent: une faveur durable accueillit la *Modestie* de Freydank, les *Apologues* de Boner, le *Rentier* deTrimberg; la *Fille de Sion,* œuvre mystique d'un auteur inconnu. — Mais, dans cette condition plus obscure, la poésie avait perdu la vivacité de ses premiers enthousiasmes: organe d'une raison droite, mais souvent triviale, elle se réduisit à une sorte de mécanisme entre les mains des maîtres chanteurs *(Meisler-sænger).* De nombreuses associations recrutées surtout parmi les ouvriers et les marchands des grandes cités, académies par leur but, corps de métier par leurs formes, rassemblaient ces experts en fait de chant. Elles avaient leurs règles qu'on appelait *Tablatures,* leurs mesures prescrites, leurs coupes obligatoires, et leurs chef-sd'œuvre enfin appréciés à l'équerre et au compas, admis à dire d'arbitre en cas de contestation. C'était comme ces derniers poètes d'Alexandrie et de Constantinople, dont l'art consistait à grouper des vers d'inégale longueur, de manière à figurer sur le parchemin une forme architecturale; et qui employaient les rhythmes d'Homère, de Simonide et de Sapho à dessiner les lignes d'un tombeau ou d'un autel.

Si la poésie est la langue des dieux, et par conséquent celle des âges héroïques, la prose est l'idiome des époques vulgaires, celui de la roture et de la plèbe *sermo pedestris)*. Nous en avons signalé déjà la présence dans ces romans qui descendront du pupitre doré des nobles châtelaines aux étalages des foires et au foyer des artisans. Elle prêta aussi son expression précise et sévère aux lois nationales publiées sous le nom de *Miroir de Saxe* et de *Miroir de Souabe*. Les sermons du franciscain Berchthold, après avoir agité les populations sous une parole de feu, furent recueillis pour consoler encore la piété des temps futurs. Il y faut ajouter plusieurs chroniques, des traités ascétiques nombreux au-dessus desquels s'élèvent enfin les gigantesques encyclopédies de la philosophie contemporaine.

Ainsi se succèdent trois périodes, caractérisées par la prédominance alternative de trois genres principaux: la poésie épique d'abord; puis le genre lyrique dans tout son éclat, entre l'épopée qui finit et le didactisme qui commence; enfin la poésie didactique restée seule (1). — La littérature retourne aux deux classes d'où elle est sortie: le clergé et le peuple devenu tiers état. Elle n'y périra point; et, si elle semble évanouie, un jour est marqué pour son réveil. A la vue de ces merveilleuses conceptions du génie chevaleresque fatalement interrompues, la pensée s'afflige, l'admiration n'est plus qu'un regret; et ce regret serait inconsola (1) L'auteur manquerait aux devoirs de la justice et de la vérité s'il ne reconnaissait avoir emprunté les traits de cette rapide ébauche au savant ouvrage de Gervinus, *Geschichte der poetischen National-Lit-teratur,* dont il ne saurait du reste partager en aucune façon-les opinions philosophiques.

ble si l'instinct poétique ne se conservait dans la multitude pour préparer une renaissance lointaine mais assurée. — Alors on se souvient d'un autre exemple. Le chef-d'œuvre architectural du moyen âge allemand a partagé le sort de ses monuments littéraires: la cathédrale de Cologne demeure inachevée. L'impuissance de la postérité a délaissé le plan tracé par la pieuse hardiesse des ancêtres. Aux flancs du portail, dont les constructions suspendues indiquent assez la future grandeur, une tour seule est debout. Mais au sommet de la tour une espérance traditionnelle a conservé la machine qui élevait les pierres destinées au couronnement de l'édifice. La vieille grue de bois, humble symbole du travail, y est érigée, elle est là comme une protestation contre l'abandon du présent, comme un engagement pour l'avenir. Ainsi se conserve le sentiment qui fait les grandes choses: ainsi la cause de l'art, comme celle de la liberté, n'est jamais désespérée quand elle se réfugie dans ces deux sanctuaires que nulle force humaine ne violera jamais: l'Église et la conscience des peuples.

Après avoir suivi de loin les phases que parcourut l'esprit humain dans la vieille Allemagne, il reste à étudier de plus près les créations principales qu'il laissa sur son passage. Nous en distinguerons quatre: le poëme des *Nibelungen,* le *Parzival* de Wolfram d'Eschenbach, les poésies lyriques de Walther von der Vogelweide, et les œuvres philosophiques d'Albert le Grand.

L'étude des Nibelungen commencera par l'exposition historique de leurs origines et de leurs développements. On y reconnaîtra l'épisode détaché d'une tradition qui fut l'héritage commun de toutes les nations germaniques, et qui reparaît avec elles sur tous les points où les jeta leur fortune, depuis les bords glacés de l'Islande et des îles Feroë, jusqu'au pied des Pyrénées et jusqu'aux rives de l'Adige. On en découvre la première trace au sixième siècle dans *l'Histoire des Goths* de Jornandès, c'est

l'aventure sinistre du roi Hermanrich, vouant au supplice la belle Svanibilde, victime de sa fidélité conjugale, vengée plus tard par ses deux frères Sarus et Ammius. Trois cents ans plus tard, se rencontre un admirable fragment, débris peut-être de ces chants nationaux, recueillis par les soins de Charlemagne. L'auteur ignoré y célèbre le combat de Hildebrand et de Hadebrand, d'un père et d'un fils mis aux prises par le hasard de leurs errantes destinées: et déjà s'aperçoivent sur l'arrière-scène les redoutables ombres d'Attila, d'Odoacre et de Théodoric. Vers le même temps un poëme latin *(Deprima expeditione Altilæ regis in Gallias),* écrit sur les bords de la Loire, ouvre, pour ainsi dire, le théâtre épique; y fait apparaître la cour des Huns et celle des Francs dans leur pompe farouche, et met en présence les personnages célèbres de Walther d'Aquitaine, de Hagen et de Gunther. Plus loin, et dans les chants islandais rassemblés sous le titre d'Edda, on voit se dessiner le rôle brillant de Sigour, sa lutte avec le Dragon, le trésor enchanté remis dans ses mains, l'amour fatal qui lui captive le cœur de Brunhilde la Déesse, et sa mort enfin, suivie d'implacables expiations. A la suite de ces longs préludes, vient enfin l'épopée des *Nibelungen.* Là le Sigour des Scandinaves reparaît avec le nom de Siegfrid; deux passions mystérieuses y forment la double trame de son tragique destin; et la vengeance qui poursuit ses meurtriers s'accomplit sous les pavillons d'Attila, dans une sanglante mêlée où se retrouvent rapprochées et confondues toutes les grandes figures du monde barbare: Gunther et Hagen, Théodoric et Uildebrand. De nombreuses légendes gothiques, franques et lombardes accompagnent et complètent cette fiction. Traduites en prose suédoise, sous le titre de *Wilkina Saga,* remaniées sous des formes diverses par la poésie allemande du treizième et du quatorzième siècle, elles allèrent enfin vers le milieu du quinzième, mutilées et flétries, se perdre dans la compilation du *Livre des Héros (HeU denbuch).* Ainsi, à la veille du jour où la voix de Luther devait si puissamment ébranler la nation, celle-ci se berçait encore des songes merveilleux de son enfance. — Une courte analyse fera connaître le poëme, et la lecture des plus beaux passages justifiera l'attention que plusieurs fois on sollicita pour lui dans cette chaire (1). — Alors il y aura lieu d'en essayer l'appréciation critique. On se placera d'abord au point de vue de la science. On se demandera si, au milieu de ces (1) Conférences de M. Saint-Marc Girardin en 1833.

combats fabuleux et de ces magiques hyménées, parmi ces fées, ces nains, ces géants, ne se trahiraient pas quelques souvenirs des religions anciennes que l'on croyait ensevelies pour jamais dans les forêts incendiées de la Germanie. On recherchera si la course lointaine des princes Burgondes à travers les plaines de la Bavière, de l'Autriche et de la Hongrie, si leur querelle avec leurs hôtes, et la lutte exterminatrice où tous ensemble disparaissent, ne reproduiraient pas quelques vestiges des grandes invasions et l'image des mœurs belliqueuses des conquérants. En sorte que leurs traits se seraient conservés ailleurs que dans les chroniques de leurs ennemis, et que les lions à leur tour auraient su peindre. Enfin, et au point de vue de l'art, les INibelungen présenteront une application intéressante des lois de l'esprit humain qui président à la formation de l'Épopée. Ils soutiendront avec l'œuvre d'Homère un parallèle, dont ils ne seront pas toujours indignes: les adieux de Siegfrid et de Ghriemhild pourront se comparer à ceux d'Andromaque et d'Hector. Et pourtant, sous ces caractères antiques, parmi les réminiscences d'un paganisme mal éteint, déjà la présence de la pensée chrétienne se révèle et laisse placer le poëme barbare à côté des plus brillantes fictions chevaleresques. Les analogies et les différences se dessineront d'une façon plus instructive et plus frappante par le rapprochement de quatre scènes pareilles, la mort des quatre héros populaires du moyen âge: Siegfrid, Arthur, Roland, le Cid. Les rapports se multiplieront: la multiplicité des aventures et la singulière complication de l'intrigue dans la *Wilkina Saga* rappelleront la

souplesse infatigable de l'imagination d'Arioste. Il y a plus, en s'élevant à des considérations supérieures, en reconnaissant la communauté d'inspiration au milieu de l'infinie variété des formes, on verra le cercle s'agrandir. A la fable germanique, on verra s'ajouter le cycle carlovingien et le cycle breton; à côté d'eux se fera une place pour le *Romancero* espagnol, pour la *Jérusalem délivrée,* pour les *Lusiadés* de Camoëns; et tous ensemble ne paraîtront plus faire qu'une immense épopée dont le sujet sera la destruction de la société antique, la lutte du christianisme contre la barbarie et l'infidélité, et l'inauguration définitive du monde moderne.

Le *Parzival* de Wolfram d'Eschenbach est l'ouvrage le plus achevé du plus beau génie dont puisse s'enorgueillir la vieille Allemagne. Il se recommande premièrement par son mérite littéraire; par des conceptions hardies jusqu'à la témérité, par un langage où l'on retrouve quelque chose de la magnificence orientale. Il a aussi pour lui le prestige du mystère: les difficultés de son interprétation sont environnées de cette ombre favorable qui sollicite et ne décourage pas les recherches. Ainsi on devrait remonter à l'origine des pompes de la Table Ronde. C'est d'abord l'histoire héroïque d'Arthur, chef des tribus galloises, qui disputèrent le sol de leur patrie aux envahissements des Anglo-Saxons; la fable de l'enchanteur Merlin, souvenir du druidisme celtique, vient s'y mêler ensuite. Puis l'une et l'autre se rattachent par une alliance inattendue à la légende du Saint-Graal. Le Saint-Graal, vase sacré de la cène, déposé entre les mains de Joseph d'Arimalhie, puis transmis d'âge en âge dans une famille de vaillants et pieux guerriers, objet des poursuites et des pèlerinages sans fin de la chevalerie errante. Il faudrait dire comment de ces traditions capricieusement rassemblées résultèrent deux sortes d'épisodes, représentant les deux faces de la vie guerrière: l'une profane, galante et sensuelle comme dans *Lancelot* et *Tristan;* l'autre religieuse, ascétique et presque sacerdotale, comme dans *Parzival, Titurel* et *Lohengrin.* — Peut-être y aurait-il lieu

d'examiner si le type normal de l'architecture chrétienne ne serait pas recelé dans la description de la basilique idéale où le vase miraculeux repose, et si dans l'organisation théocratique et la vie tour à tour contemplative et militante des chevaliers préposés à sa garde, ne se cacherait pas une poétique apothéose de l'ordre des Templiers. Quelle que soit la valeur de ces conjectures émises par les savants d'outre-Rhin, le livre de Wolfram se rapprochera plus heureusement d'un monument élevé dans le siècle suivant et sur une terre voisine: la Divine Comédie. Des deux côtés, c'est la même donnée morale: c'est le drame intérieur de la conscience rendu sensible: c'est une série d'aberrations, d'expiations, d'initiations, que le héros traverse, engagé d'abord dans un labyrinthe d'égarements, d'où il sort par l'énergie d'une discipline austère, pour arriver enfin au radieux séjour de la vérité, de la vertu et de la gloire.

Dans les compositions lyriques de Walther von der Vogelweide se révélera cette poésie sentimentale où se complut la muse allemande. — Un des plus grands faits sociaux accomplis par le christianisme, et dont se firent le plus profondément sentir les bienfaisantes conséquences pour la dignité et la félicité des nations, ce fut la réhabilitation des femmes. Tandis que, dans les mœurs antiques, toutes les grandes émotions de la vie, toutes les inspirations de l'art étaient en dehors, au *Forum,* ou dans les camps, le sentiment chrétien aimait à se recueillir, à se créer un asile intérieur, à y transporter ses affections et ses rêves. Il y eut dans toutes les familles un sanctuaire, dans le cœur de tous les hommes un autel, et sur cet autel une douce image: son culte corrigeait l'âpre énergie des habitudes guerrières. La force, qui déjà s'était ennoblie en se vouant à la défense de la vérité au temps des croisades, acheva de s'adoucir encore en se mettant au service de la beauté. On s'honora de cet empire qu'on faisait à la faiblesse: les esprits acceptèrent la loi que les volontés subissaient, et le génie fit comme la force et se mit au service de l'amour.

Cette tendance, commune à toutes les littératures du moyen âge européen, se modifia selon la différence des caractères nationaux. Ainsi chez les Provençaux, l'imagination domine, une fantaisie vive et légère se joue dans leurs écrits; pour eux l'existence se colore d'un rayon plus riant: leur poésie, c'est le Gai Savoir. Ordinairement tempérée par une parfaite délicatesse dans la forme, leur pensée quelquefois s'abandonne au délire des sens; leur luth emprunte plus d'une corde d'Anacréon, et le caractère érotique de leurs chants peut, comme dans les vers de Guillaume de Poitou, se dégrader jusqu'au cynisme. Les Italiens font la part plus large à l'intelligence, la science d'aimer devient grave et sérieuse. La *canzone* de Guido Cavalcanti sur l'amour est commentée par les docteurs; et la vierge florentine, qui inspira Dante, finit par s'idéaliser, se transfigurer, se perdre dans l'allégorie. C'est le caractère platonique, dont le type le plus parfait sera Pétrarque. Mais, pour les Allemands, la source poétique est dans cette dernière et plus secrète profondeur de la nature humaine qu'on nomme le cœur. Là, au milieu d'une continuelle alternative de joie et de souffrance *(Freude und Leid)* éclôt la mélancolie, qui est aussi l'aspiration vers le beau, le désir *(Sehnsucht)*. L'expression du désir c'est le chant *(Minnegesang)*. Il lui faut plus de réalité qu'aux savants poëmes de l'Italie, plus de chasteté qu'aux chansons joyeuses de Provence: il se distingue par un caractère plus spécialement élégiaque. — Un voile mystérieux dérobe la belle inconnue qu'il n'est permis de célébrer que par des soupirs: jamais le vers respectueux ne proférera son nom. Le scrupule de la timidité dégénérera peut-être en raffinement puéril. Mais souvent aussi la simplicité s'élèvera jusqu'au sublime. Un Minnesinger raconte que le jeune Titurel, nourri dans de sévères enseigneroents, abhorrait l'idée de l'amour et se signait avec crainte si le mot seul se prononçait devant lui. Interrogé par un sage vieillard, il avoue qu'entre ses mains sont tombés un jour les livres d'Ovide, et que son innocence est demeurée frap-

pée d'horreur devant ces lubriques peintures. Le grave interlocuteur loue son disciple, mais lui apprend à discerner l'amour impur des siècles païens *(amor)* d'avec la sainte effusion de la tendresse chrétienne *(Minne)* qui embrase la créature sous l'œil du Créateur. La *Minne* n'a rien de vulgaire, rien de périssable: selon Gottfried, de Strasbourg, « elle trône au ciel, elle enveloppe les anges; sur la « terre, elle règne; elle n'est absente que de l'enfer. » C'est une religion qui entoure d'un triple hommage la sainte Vierge, les femmes et la nature, car les poetes se plaisent à les rapprocher ainsi et à confondre dans leurs hymnes ces trois virginités dont la dernière seule est restée sans tache: la terre au sortir des mains de Dieu, Ève au réveil de. son époux, et Marie venue pour les purifier l'une et l'autre après leur souillure. — Les conceptions de la poésie lyrique allemande échappent de la sorte à la monotonie, qui est le péril ordinaire du genre. Celles de Walther doivent une variété plus grande aux brillantes destinées de leur auteur: elles réfléchissent l'éclat des guerres saintes et la splendeur des cours, elles répètent le bruit des armes et le tumulte des discordes civiles: à la pudeur craintive des affections intimes se mêlent les accents plus mâles du patriotisme et de la foi. Elles ne sont pas moins remarquables par le soin de l'expression, par l'harmonie du rhythme et de la langue. L'art de surprendre et de captiver l'oreille, cultivé dès lors avec une habileté infinie, trahit déjà l'instinct musical des populations germaniques. Pourquoi faut-il que la plupart de ces merveilles demeurent invisibles au regard de l'étranger? En même temps que la finesse des sentiments se soustrait à la grossièreté de notre analyse, la perfection du langage s'évanouit en passant dans un idiome différent. — Ainsi, le vieux poëte Lamprecht rapporte qu'aux extrémités de l'Asie il est une magnifique forêt où des arbres gigantesques se chargent de fleurs qui, s'ouvrant aux premiers jours de l'été, laissent s'échapper de leurs calices de gracieuses jeunes filles. Elles mènent des danses éternelles à l'abri des paternels

ombrages. Le voyageur conduit par le hasard dans ces lieux y trouve une douce hospitalité. Mais si, pensant au retour, il veut entraîner avec lui quelqu'une des jeunes compagnes, à peine a-t-elle touché la lisière des bois et rencontré les rayons du soleil, qu'il l'a voit entre ses mains se décolorer et mourir. De même les charmantes créations des Minnesinger, si belles dans leur ombre native, et sous le demi-jour qu'elles aiment, se fanent et s'évanouissent à la clarté meurtrière de la traduction.

Il restera, pour achever le contraste, et pour compléter le tableau intellectuel de la vieille Allemagne, à faire connaître les écrits philosophiques d'Albert le Grand. Une contrée appelée à tenir un jour tant de place dans les annales de la science ne devait pas avoir sa page vide au moyen âge. Aussi, et sans remonter jusqu'aux temps obscurs de Rabanus Maurus, dès l'avénement de la maison de Souabe, un membre de cette illustre famille, Othon, évèque de Freysingen, sorti de l'école parisienne, encore ému des retentissantes leçons d'Abailard, rapporte et naturalise dans sa patrie les études péripatéticiennes. Plus tard, par les ordres de Frédéric II, se publie une version nouvelle d'Aristote.

. Enfin Albert le Grand (né en 1195, mort en 1280) vient encore à l'Université de Paris chercher les premières initiations de la science et payer le premier tribut du professorat. Bientôt il transporte sa chaire à Cologne, et, s'il la quitte à regret pour le siége épiscopal de Ratisbonne, il dépouille, trois ans après, les honneurs pontificaux afin de revoir s'agiter autour de lui les flots de cette jeunesse saxonne, rhénane, bavaroise, empressée aux révélations de la parole et aux luttes de la pensée. Ses œuvres colossales, parcourues d'une main rapide, laisseront reconnaître l'assemblage d'une érudition sans mesure, d'une puissance métaphysique que nulles ténèbres n'effrayaient, et d'une observation infa , tigable qui ne reculait pas devant les plus téméraires problèmes de la nature. Il eut aussi sa légende et resta populaire dans les souvenirs de la postérité comme un être plus qu'humain. A sa suite se pressent de nombreux disciples. On a de l'un d'entre eux un fragment en langue vulgaire *(sur la raison active et la raison passive),* exemple unique à cette époque et digne du pays où devait naître Kant. D'illustres étrangers, Duns Scott et Occam, chefs des deux écoles rivales des réalistes et des nominaux, viennent, l'un mourir dans le cloître des Franciscains de Cologne, l'autre vivre à la cour de Louis de Bavière. Tandis que les querelles dogmatiques se renouvellent, une admirable école mystique fleurit entre sainte Hildegarde et le pieux Tanlère. Peut-être en fouillant de la sorte le sol dur et laborieux de la scolastique, n'y rencontrera-t-on pas sans étonnement les racines des plus puissantes idées à l'ombre desquelles s'agite encore la civilisation de nos jours.

Tel sera le plan du cours dont nous venons faire aujourd'hui la craintive inauguration. Sans négliger les curieux détails de la philologie, sans nous perdre dans de vagues et inféconds généralités, nous avancerons néanmoins appuyé sur l'histoire et sur la philosophie, qui seules peuvent maintenir aux études littéraires leur dignité scientifique. Ainsi, en pénétrant dans la littérature allemande, nous n'irons pas, comme Varus, nous égarer parmi les bois, les marais et les brouillards. Nous y trouverons des routes frayées et des traces connues: les sentiers qu'ouvrit d'abord le prosélytisme de l'Église, puis les voies militaires de Charlemagne, les vestiges que laissa le passage de la chevalerie, et le sillon creusé par la science. L'intérêt ne manquera donc pas, si l'intérêt n'est autre chose que le sentiment des rapports; et si de toutes parts d'innombrables rapports rattachent les productions de l'Allemagne aux travaux des autres contrées ses sœurs. Surtout la littérature française y aura sa part: peut-être plus d'une fois elle reconnaîtra des titres perdus entre des mains amies. L'élément germanique, qui entra dans la formation de notre nationalité, ne peut être sans influence sur notre génie. La race des Francs a nommé la France; c'est à elle qu'appartient par privilége la tradition épique des Nibelungen: Sieg-

fried y est désigné comme un héros franc; nous avons sur ce grand souvenir un droit de communauté primitive. D'un autre côté, nos épopées chevaleresques ont passé le Rhin: les poëtes de la Souabe riment les chants populaires de la langue d'Oil et de la langue d'Oc. Adenez rapporte que les seigneurs allemands de son siècle attiraient dans leurs manoirs des serviteurs français, pour enseigner à leurs enfants cette langue déjà devenue celle de toutes les cours (1). Dans le même temps, Brunelto Latini, secrétaire de la république de Florence, écrivait son *Trésor* en français, « parce que la parleur en était plus délittable à ouïr et « plus commune à toutes gens. » A l'Université de Paris, aux écoles de la rue du Fouarre, sur ces bottes de foin, siéges rustiques, où venaient s'entasser tour à tour quarante mille étudiants rassemblés des plus lointaines provinces; Albert le Grand se rencontre avec saint Thomas, saint Bonaventure, Roger Bacon, c'est-à-dire l'A1 (I) Tout droit à celui temps que je ci vos devis

Avoit une coustume ens el tiois pays,
Que tout li grau seignor li comte et U marchis
Avoyent entour aus gent françoise tous dis,
Pour aprendre françois leurs filles et leurs fils.

MÉLANGES. 11. 12 lemagne, l'Angleterre et l'Italie, en la personne de leurs représentants les plus illustres. Ainsi, en cet âge de jeunesse et de féconde effervescence, sous les auspices d'une même foi, se faisait en commun l'éducation de la famille européenne; et nul d'entre ceux qui la composaient ne se prévalait encore ni d'un droit d'aînesse contestable, ni d'une ambitieuse supériorité. On ne se créait pas une solitude jalouse sous prétexte d'indépendance. L'orgueil national n'établissait pas ses douanes académiques à l'entrée du pays pour rejeter avec dédain les productions des littératures voisines.— C'est donc par une étrange aberration qu'un patriotisme teutonique mal entendu a cru naguère pouvoir retremper ses haines contre nous dans l'étude du moyen âge. Il n'y

trouvera que le sentiment de cette fraternité universelle où convergent toutes les tendances de l'avenir. Vainement du haut des chaires prussiennes on nous insultera du nom de Welches. D'impuissants efforts ne sépareront pas ce que Dieu a uni. Car si, dans les conseils des hommes, les frontières doivent être des barrières et des lignes de séparation entre les peuples, dans les desseins providentiels ce sont des points de contact et des lieux de rendez-vous.

DES NIBELUNGEN
ET DE
LA POÉSIE ÉPIQUE

DES NIBELUNGEN
ET DE
LA POÉSIE ÉPIQUE

L'étude des *Nibelungen* touche à l'une des questions les plus agitées de nos jours: l'origine des épopées. Si l'épopée est l'œuvre excellente de la poésie, qui est ellemême une des plus belles formes de l'esprit humain; la question, philologique, par ses détails, touche par ses généralités aux plus grandes controverses de la philosophie. Elle a partagé des écoles célèbres: elle s'est longtemps débattue dans le cercle des littératures classiques, elle se renouvelle en présence des monuments du moyen âge.

I

La première école, et longtemps la seule, est celle d'Aristote, d'Horace et de Boileau, autorités souvent compromises par les exagérations de leurs interprètes. Ces esprits éminents sont doués surtout du sens esthétique. Ce qui les frappe en toutes choses, c'est la heauté, c'est-à-dire l'ordre et l'harmonie. En étudiant les poëmes d'Homère, ils y reconnaissent l'économie, l'unité, par consequent l'ouvrage de l'art. L'art se réduit en règles, les règles s'appliquent; elles s'imposent aux œuvres de l'avenir. A ces conditions, le poëte est tenu pour maître de son sujet comme de son style; on lui attribue l'invention, comme la disposition et l'élocution. Par cette triple puissance, il peut créer des choses immortelles. C'est la gloire de Virgile, du Tasse, du Camoëns et de Milton. C'est ainsi encore que les Nibelungen à leur apparition furent considérés comme la création libre et savante d'un écrivain du treizième siècle, conçue à loisir dans quelque manoir obscur ou dans le coin d'un monastère ignoré, mais soumise aux lois de l'art poétique et justiciable de ses jugements.— Ce système a cessé d'être périlleux en cessant d'être populaire. Il s'est évanoui devant ces nombreuses traditions qui précèdent partout la poésie épique. D'abord vagues et incertaines, en se perpétuant elles s'épurent et s'autorisent. Chaque génération les reçoit et les transmet. Comme les coutumes anciennes obtiennent force de loi, de même ces récits répétés règnent sur les esprits; ils acquièrent, pour ainsi dire, un droit, le droit d'être représentés, reproduits dans le poëme national. Il faut qu'il s'y trouve une place pour tous les héros dont la mémoire est sacrée, un épisode pour chaque légende qu'on aime. Le poëte n'est pas maître d'exclure; il ne l'est pas toujours de choisir. Ce prestige du passé est précisément ce qui fait l'attrait des *Lusiades* et de la *Jérusalem délivrée*. Hors de là, il n'y a plus que des épopées de cabinet, la *Pucelle* de Chapelain et la *Henriade*. En effet, il n'appartient pas au génie, quelque grand qu'il soit, de disposer à son gré de l'imagination publique. Il n'y a point tant de distance entre le poëte et la foule. Si elle a besoin de lui pour exprimer ce qu'elle sent, il a besoin d'elle pour sentir ce qu'il exprime. On ne se passe point, comme on veut, de la société, de ses enseignements, de ses croyances. C'est une orgueilleuse opinion de prétendre que l'homme isolé puisse créer de toutes pièces une poésie; c'est comme la statue imaginaire de Condillac, qui, seule et sans secours, crée le monde de sa pensée. Ce sont deux conséquences pareilles d'une même doctrine, le sensualisme, quelque temps dominant, répudié par la raison de nos jours.

II

L'autre école compte aussi des noms respectables, ceux de Vico, de Wolf, de M. Lachmann, dont il ne faut confondre les opinions, ni entre elles, ni avec celles de leurs devanciers et de leurs disciples. Ceux-là ont surtout l'instinct des recherches historiques. Ce qui les frappe d'abord dans une œuvre d'art, c'est, comme dans une médaille, sa valeur de représentation. Derrière chaque monument ils aperçoivent la société qu'il rappelle. Des études plus profondes leur ontfait reconnaître dans les épopées anciennes l'image des civilisations, le produit des traditions nationales, par conséquent l'œuvre, non plus d'un homme, mais d'un peuple. — Ainsi l'unité des poëmes homériques, déjà contestée par d'Aubignac, Perrault, Bentley, a semblé disparaître sous le scalpel grammatical de Wolf. En même temps qu'on y retrouvait la trace des fables héroïques répétées par les chanteurs *(àoiôol)* à la table des rois ou dans l'assemblée des guerriers, on voyait ces admirables poemes, par leurs variantes et par leurs interpolations, accuser l'infidélité des rapsodes qui les transmirent et des diaskevastes qui les remanièrent. D'ailleurs, entre l'*lliade* et l'*Odyssée,* une différence profonde de caractère et de style; dans chacune, à son tour, inconsistance de l'ensemble, inutilité des épisodes: par exemple, les funérailles d'Hector et la descente des prétendants aux enfers; enfin, des contradictions nombreuses, et, pour ne citer que les plus célèbres, la disgrâce de Vulcain, deux fois diversement rapportée, et le Paphlagonien Pylœmène, déjà compté parmi les morts (1), reparaissant à huit chants de distance comme l'acteur vivant d'un nouveau combat. L'existence d'Homère s'obscurcissait au milieu de ces doutes; sa biographie, faussement attribuée à Hérodote, avait perdu son crédit; les hardiesses de la philologie allaient (1) *Iliade, i* et xvm; v et un. Voyez aussi Wolf, *Prolegomena,* et Jes ouvrages de Welker, de Thiersch et de Hermann sur les questions homériques.
se résoudre dans cette conclusion déjà tirée par Vico: « Qu'Homère est une idée, un symbole, une image de « la Grèce, chantant les premiers souvenirs de son his« loire. » De complaisantes étymologies sont venues en aide; le nom propre s'est réduit à désigner une profession commune: fyu?poç, *l'assembleur,* n'a plus été que le collecteur inconnu d'une série de chants anonymes. La même critique s'est appliquée aux Nibelungen. Elle y a d'abord signalé sans peine les vestiges des récits qui perpètuèrent chez les Germains la gloire de leurs invasions et de leurs conquêtes. On y trouvait aussi de fréquentes lacunes, des altérations considérables, la preuve d'un morcellement successif par le caprice des rédacteurs et par la distraction des copistes. La fable se divise en deux parties, en deux actions distinctes: le meurtre de Siegfried et le châtiment des meurtriers. Le cercle déjà trop large de la fiction s'ouvre encore pour recueillir les réminiscences d'un autre temps. A côté d'Attila paraissent le margrave Rudiger et Pilgrim, évêque de Passau, personnage du dixième siècle; et sur le chemin des Burgondes se rencontre Vienne, dont la fondation est de 1162. Les inconséquences ne manquent point: le poëte, en multipliant les années, oublie de faire marcher avec elles l'âge de ses guerriers et de ses héroïnes (1). De nombreuses répétitions semblent trahir la glose et la paraphrase. Sous le titre de *Klage,* une (1) Dankwart, associé dès le début aux exploits de Siegfried, se défend ensuite d'avoir pu, enfant en bas âge, se rendre complice de sa mort, arrivée dix ans plus tard. autre version de la même légende atteste l'inépuisable variété de ses formes. L'épopée allemande, au milieu de l'instabilité de son texte, ne semble plus qu'une suite de rapsodies, dont M. Lachmann a cru reconnaître l'âge, la différence, l'enchaînement, les interruptions, sous l'apparente uniformité d'une compilation maladroite (1).
Cette hypothèse, entourée de tout l'attrait d'une nouveauté paradoxale, a passé le Rhin, non sans bruit ni sans éclat; elle est venue avec l'imposante érudition de nos voisins encourager parmi nous l'audace naturelle des esprits: elle mérite discussion.

Assurément, nul ne songe à contester les résultats obtenus par la science. On ne pense pas à canoniser les textes homériques dans leur condition actuelle. Seulement les interprétations, dont on peut d'ailleurs réduire le nombrej prouvent que ces poëmes demeurèrent longtemps confiés aux lèvres peu sûres qui les récitèrent.

(1) Lachmann. *Ueber die Ursprunyliche geslalt des gedichts von der Wibelungen noth.* Berlin, 1816. — Idem, *Anmerkungen zu der Nibelungen;* Berlin, 1836. Au milieu des preuves d'une érudition qu'on ne peut s'empêcher do respecter, on regrette l'àpreté d'une polémique qui remplace souvent la réfutation par le dédain. Ce procédé est le plus facile. On en jugera par la citation suivante: « Je n'ai pu trouver dans tout le poëme les traces d'une individualité permanente, et je m'arrête à cette opinion plus simple, que l'ouvrage est une collection de chants populaires. Les considérations générales sur l'unité de l'ensemble, sur le changement de ton, motivé par la variété du sujet, sur les distractions permises aux plus grands poetes, ces arguments reposent, soit sur une méconnaissance complète de la poésie épique, soit sur l'insuffisance du sentiment littéraire, soit sur la paresse qui s'égare parmi de vagues possibilités plutôt que de se fixer à l'étude et à la comparaison des détails. »

Les contradictions prouvent qu'ils furent composés sans le secours de l'écriture. Les contradictions entre *l'Iliade* et *l'Odyssée* prouvent enfin qu'elles furent conçues à deux époques distinctes. Or, ces conséquences s'accordent précisément avec la tradition, nationale aussi, et par là même digne de quelques égards, selon laquelle le poëte aveugle est représenté errant dans les villes d'Ionie, recueillant la mémoire des combats d'Ilion, les célébrant à son tour dans des chants meilleurs, que répétait la multitude charmée. L'image de ce vieillard sacré ouvre dignement les premiers temps de la Grèce; il n'offense point la chronologie; la philosophie même l'a couronné de fleurs. Cependant, après tant de siècles, on l'a cité aux tribunaux scolastiques de l'Allemagne, devant les petits-fils de ces Hyperboréens et de ces Cimmériens qu'il connut à peine. Ils lui ont demandé compte de son langage harmonieux; ils l'ont harcelé d'objections de rhéteurs; ils l'ont banni de l'histoire: on

était las de l'entendre appeler divin!... Son existence se défend comme celle de la Divinité, par ses œuvres (1). Comme le concours fortuit des atomes n'explique point l'ordre de l'univers, ainsi le hasard d'une formation successive n'explique pas l'origine de *l'Iliade;* tout y annonce l'unité du dessein. Un seul intérêt la remplit, une seule passion, un seul mouvement dramatique: la colère d'Achille. Elle éclate dans le conseil (1) Cicéron, *de Natura Deorum,* argumente de l'existence d'un poète pour *Ylliade* à celle d'un Dieu pour la création. On peut retourner l'argument. des rois, se renouvelle par une admirable péripétie dans le deuil de Patrocle, et ne s'éteint qu'avec les flammes du bûcher d'Hector. Elle triomphe, premièrement, des Grecs fuyant auprès de leurs vaisseaux incendiés, puis des Troyens vaincus sous les murs de la ville tremblante; enfin d'elle-même, quand elle rend à Priam agenouillé le corps de son fils. A cette seule action se rattachent les souvenirs glorieux des tribus achéennes, les doux contrastes de famille, et tous les aspects enfin de la nature dans ces innombrables comparaisons qui la rappellent sans cesse, et qui montrent au fond de la scène le calme des mœurs champêtres, les forêts du mont Ida, le ciel d'Asie et la mer retentissante. Autour d'un point de l'espace et du temps, on sent graviter toutes choses, et l'on ne peut plus méconnaître la pensée unique, ordonnatrice, toute-puissante, qui les entraîne. *Mens agitât molem.*

Les difficultés proposées au sujet des Nibelungen se résoudraient peut-être par des considérations du même genre. Nous aurons lieu d'y revenir. Mais le péril de la critique nouvelle est surtout dans la généralité, et, pour ainsi dire, dans l'extrême complaisance de ses applications. Il n'y a pas d'étude à laquelle elle ne se prête, pas de monument qui puisse tenir contre ses procédés subversifs. Supposons quelques mille ans de plus et quelques témoignages de moins, *l'Enéide* échappée seule au naufrage du siècle d'Auguste. Il reste les douze chants de l'épopée romaine, douze, nombre sacré, symbolique, révélant dé-

jà une intervention sacerdotale. Les six premiers livres, Odyssée guerrière, laissent entrevoir les radieux souvenirs du monde grec; les six derniers, Iliade pâlissante, reproduisent les annales obscures de l'Étrurie et du Latium. Ce sont les lambeaux déchirés de deux traditions contraires, rattachant la fondation de Rome, l'une aux colonies helléniques, l'autre aux populations autochthones. Ce sont deux actions et deux scènes distinctes, et deux inspirations inégales. Partout le rapprochement et la confusion des doctrines et des faits, la cosmogonie de Pythagore et la grossière théologie des prêtres saliens, l'inexplicable disparition de Creuse et le célèbre anachronisme de Didon; d'inutiles épisodes aussi et des distractions étran-' ges, l'Aquilon, par exemple, chassant la flotte troyenne vers te nord. Que dire de tant de passages ébauchés et de vers interrompus? S'il faut recourir à la biographie du poëte, que penser de ces récits légendaires, des songes qui précédèrent sa naissance, du laurier qui ombragea son berceau, de l'auréole magique enfin qui environna sa mémoire, et qui le fit paraître, au moyen âge et jusque dans le commentaire de Bernard de Chartres, comme le représentant de la sagesse de l'antiquité? Son nom même est, si l'on veut, une allégorie *(Virgilius de virga,* comme p«««a£ôç de paêoç), et si Homère signifie assembleur, Virgile veut dire rapsode... Sans doute les conditions ne sont point semblables: ici, le voisinage du temps et le grand jour d'une littérature contemporaine; là, l'obscurité d'une époque inaccessible à nos recherches; mais l'argumentation reste la même, et si elle ne prouve pas toujours, elle ne prouve jamais.

D'ailleurs, il n'est pas sûr que les autorités les mieux affermies n'aient rien à craindre. Le sens personnel du philosophe, établi juge absolu de l'authenticité ou de la supposition, ne s'arrêtera pas aux préjugés publics. L'énergie et la délicatesse de son organisation intellectuelle lui permettent d'apprécier des nuances qui échappent au vulgaire des esprits. S'il s'appuie de preuves, ce sont des variantes, des textes, des renvois; sans aucun de ces adminicules dont s'entourait la bonne science du dix-septième siècle, sans tables et sans lexiques: il s'agit d'accabler plutôt que de convaincre. Il dédaigne cette foule éclairée dont l'opinion forme le sens commun; il se renferme dans le cercle de ses adeptes, comme les philosophes grecs dans l'orgueil de leurs écoles: ses décisions s'imposent avec la tyrannie des oracles. Ainsi, dans les chaires de Gœttingue et de Leipzig, on a réprouvé la latinité de cinq harangues de Cicéron et l'oraison pour Marcellus, comme un oiseux discours, digne tout au plus de l'empereur Claude. On a contesté la moitié des écrits d'Aristote; on a nié vingt-cinq dialogues de Platon, par le seul motif de la diversité des opinions et de l'infériorité du style. A ce compte, que deviendront pour la postérité le théâtre de Corneille entre le *Cid* et *Perfharite,* ou les écrits de Montesquieu entre le *Temple de Guide* et *l'Esprit des Lois?* Il n'est pas aujourd'hui de lauréat dans les universités allemandes qui, au lendemain de ses thèses, se réveillant docteur, ne songe à se faire place dans le monde lettré par la témérité d'un nouveau doute. Il cherche quelqu'une de ces figures devant lesquelles se soit longtemps inclinée l'admiration des hommes: il n'aura pas de paix qu'il n'ait brisé l'idole, à peu près comme ces enfants dont les bandes malfaisantes errent autour de nos cathédrales, et qui à coups de pierres s'exercent à mutiler les statues des pontifes et des rois. — C'est un triste jeu que de démolir les vieilles gloires.

Le scepticisme introduit dans les études littéraires ne s'y contient pas. Les existences historiques s'évanouissent à leur tour dans la nébuleuse clarté du mythe et du symbole. Les annales des peuples s'effacent sous la main d'une inflexible exégèse; et qui sait si les paradoxes de Niebuhr n'ont pas préparé le scandale de Strauss? Peut-être aussi, au milieu du découragement général des intelligences, y a-t-il quelque danger dans un système qui méconnaît la puissance de l'art. L'art, c'est le travail, c'est la liberté. Quand on

nie la personnalité du poète dans la poésie, on est bien près denier la personnalité humaine dans l'histoire et d'aboutir à ce fatalisme qui, ne voyant que des nécessités pour le passé, ne peut donner que la servitude pour l'avenir. Et ces déductions, remontant plus haut, conduisent jusqu'à la négation de la personnalité divine en métaphysique, c'est-à-dire jusqu'au panthéisme... Que la science allemande y prenne garde! En arrivant à ne plus admettre d'autre poésie légitime que celle qui se chantait sous la hutte des ancêtres, d'autre loi constitutive que les instincts passagers qui rassemblaient en confédérations les tribus teutoniques, d'autre divinité que la sombre horreur dont frémissait le vieux Germain dans ses bois, elle pourrait bien finir par se trouver seule en pleine barbarie.

L'Europe savante ne l'y suivra pas. L'esprit latin qui la pénètre est ami de la clarté, de la précision, de la rectitude. Il ne s'associera pas à un mouvement intellectuel qui nous ramènerait aux songes de l'Inde et aux délires d'Alexandrie. Déjà l'Angleterre s'en est séparée par une forte et sévère critique; l'Italie s'est réservé son indépendance par une érudition de bon aloi. Sans sortir de la question homérique, il suffit de citer Cesarolti et Payne Knight, dont les travaux, assurément peu timides, ont soutenu la thèse de l'unité. Si les habitudes hospitalières de la France ont d'abord ouvert la voie aux influences étrangères, le bon sens national s'est gardé de l'excès. L'enseignement public a conservé ce qu'il y avait de vérité dans les leçons de l'ancienne école, en présence des révélations de la nouvelle. De même que la grande philosophie chrétienne du dix-septième siècle a répudié le délire de Spinosa; ainsi, en reconnaissant le mérite des recherches de Wolf, on n'a pas voulu retourner aux rêves du père Hardouin. C'est l'honneur de nos chaires d'avoir maintenu, au milieu des libertés souvent heureuses de la philologie moderne, l'autorité légitime de l'antiquité. m

Entre les deux systèmes contraires, il reste à exposer notre opinion, en revenant à l'épopée germanique, laissée à

l'écart dans la discussion générale.

Dans les monuments de la poésie épique, il y a deux choses: la matière et la forme, l'œuvre des siècles et l'œuvre de l'homme; la tradition et l'art. Ce n'est pas trop de ces deux conditions d'existence. Tout ce qui est grand coûte cher.

1U faut premièrement qu'un âge héroïque se soit rencontré où la nation agitée par une inquiétude féconde, et comme appelée par une vocation d'en haut, soit sortie de la foule des peuples obscurs, pour prendre un rôle dans les destinées générales de l'humanité: il faut par conséquent que la Providence y ait mis la main. Alors il y a des forces» qui dépassent la mesure commune, de» combats de géants, des morts glorieuses ensevelies dans la victoire. De semblables moments ne s'oublient pas. Il en reste d'impérissables souvenirs recueillis par la piété des générations suivantes; ils se conservent, s'anoblissent, se transfigurent. Ils errent longtemps sur les lèvres de tous, dans les récits des vieillards, dans les chants des aveugles et des mendiants. La poésie circule ainsi parmi les plus humbles rangs dela multitude: elle y tient lieu de la science, elle fait la dignité et la consolation de la société dans ses jours mauvais.

MÉLANGES. II. 13

Or, entre les époques providentielles marquées d'un caractère merveilleux et par là même poétique, entre les luttes de la Grèce et de l'Asie, Rome fondée, l'empire de Charlemagne et l'Espagne du Cid, se place la période de l'invasion des barbares. Alors la race germanique, ébranlée par une mystérieuse et toute-puissante impulsion, précédée par le fléau de Dieu, entre en scène dans l'histoire, avec toute la majesté des ruines et des conquêtes, avec tout l'héroïsme d'une nature sauvage, vierge et destinée à devenir chrétienne. C'est le temps d'Attila, d'Odoacre et de Théodoric. Ces rois dévastateurs, derrière lesquels l'herbe ne croissait plus; ces peuplades précipitées les unes sur les autres, des rivages de la Baltique aux gorges des Alpes, et ce grand bruit du monde croulant, avaient dû laisser une longue trace dans l'imagination des hommes. Les preuves en ont été longuement reconnues. C'est d'abord et dès le septième siècle, dans la chronique de Jornandès, le récit de la vengeance d'Hermanric. Au huitième siècle c'est, dans un chant théotisque, le combat singulier de Hildebrand etHadebrand. Au neuvième siècle, le poëme latin de Walther d'Aquitaine. Au dixième siècle, l'Edda Scandinave et la mort de Sigurd. Au douzième siècle, les légendes danoises recueillies par Saxo Grammaticus. Au treizième enfin, la Wilkina Saga, où autour de Théodoric et de Siegfried se groupent tous les noms célèbres et toutes les réminiscences fabuleuses de la barbarie, pour se disperser ensuite dans les rapsodies publiées, au quinzième siècle, sous le titre de *Livre des Héros* (Heldenbuch). On les retrouve encore parmi les chansons du Danemark et des îles Feroë. Nous avons suivi à travers leurs vicissitudes ces traditions de la vieille Allemagne. Nous les avons retrouvées sous la tente des Goths, aux frontières de l'empire romain, au milieu des cours naissantes des princes Francs et Burgondes, dans les assemblées solennelles des skaldes d'Islande, au foyer des seigneurs suédois pour qui elles charmaient les ennuis de la paix, sous le toit des paysans saxons dont elles abrégent les veillées. Elles restent au milieu de ces tribus souvent ennemies, comme pour leur rappeler l'unité de la famille; fidèles transfuges, elles passent d'un camp à l'autre, se retrouvent, se donnent la main, et dans leurs entrelacements mobiles, elles semblent mener au son de la harpe germanique une danse éternelle. Mais bientôt le chœur se désunit, et, séparées, flétries, elles vont se perdre dans l'obscurité des fictions triviales; elles n'jont plus qu'une place honteuse sur les bancs des foires et à la suite des baladins.

2 C'est que la tradition seule est insuffisante; c'est la voix du peuple qui raconte ses anciennes gloires; mais cette voix n'est point satisfaite d'elle-même, elle sent qu'elle peut mourir, elle cherche un écho qui, en la répétant, la rende impérissable, elle ne se tait que s'il a répondu. C'est un appel au génie. Le génie a sa raison d'être, sa nécessité

dans la tradition; mais il a son action souveraine et sa liberté dans l'art. La matière qui lui est livrée sollicite une forme, et la forme se dégage par le travail. La statue est dans le bloc, mais il faut la trouver.

Au milieu donc de la masse confuse des fables allemandes, se dessine peu à peu par des ébauches successives et se détache enfin l'admirable épisode des Nibelungen. Personne ne nie l'authenticité de la fiction qui en fait le sujet, et la multiplicité de ses métamorphoses. Mais dans la rédaction présente, on ne peut nier non plus l'identité de la langue et du rhythme. Or, parmi les phases que traversa la langue allemande au moyen âge les périodes stationnaires sont courtes; et celle que représente le poëme est renfermée entre la fin du douzième et le commencement du quatorzième siècle. De plus, le système de versification selon lequel il est composé ne saurait être antérieur à la réforme de Henri de Veldegke, qui fit succéder la sévérité de la rime au caprice de l'assonance. Cette date, célèbre dans l'histoire littéraire, ne remonte pas au delà de H90. D'un autre côté, des allusions précises rappellent déjà les Nibelungen dans l'Iwain de Hartmann et dans le Parzival de Wolfram d'Eschenbach, c'est-à-dire de 1210 à 1215. Il ne reste donc qu'un intervalle de vingtcinq ans. C'est bien peu pour l'hypothèse d'une formation spontanée; pour que des chants populaires naissent, vieillissent, laissent oublier leurs auteurs, s'enchaînent et finissent par composer un cycle. Au contraire, c'est le temps que peut couter un grand ouvrage: la moitié d'une vie. — Si le poëme a un âge, il a aussi une patrie. Les contrées qu'il décrit avec intelligence, avec amour, sont les bords pittoresques du Danube, depuis l'embouchure tumultueuse de l'Inn jusqu'aux lieux où il prend une course plus paisible à travers les plaines de la Hongrie: ce sont les cités de Passau, de Vienne, de Heimburg: c'est l'Autriche. Le patriotisme provincial se trahit par l'intervention du margrave Rudiger, héros préféré des légendes autrichiennes; et plus encore par de rancuneuses in-

sinuations contre les Bavarois. Au contraire, la géographie des rives du Rhin y est tracée avec incertitude, et les régions Scandinaves se perdent dans un lointain brumeux. — Enfin, la personnalité du poëte semble s'annoncer par l'habileté de la mise en œuvre et le progrès soutenu du style, signes d'une expérience croissante et d'une pensée toujours plus maîtresse. Sa manière-même, c'est-à-dire l'empreinte plus familière de son caractère et de son humeur, se montre dans la naïveté des récits et la complaisance des descriptions, dans des remarques scrupuleuses et de sentieux avertissements, enfin dans le retour fréquent de ces expressions favorites, de ces consonnances aimées, habitudes de l'esprit et de l'oreille qui ne se communiquent et ne se contrefont pas.

Les indications de la critique se rencontrent avec celles de l'histoire. L'époque est celle où les guerres du sacerdoce et de l'empire, détachant l'Allemagne des intérêts communs de la Chrétienté, devaient lui faire retremper ses jalousies et ses colères dans le souvenir des vieilles gloires nationales. La politique des empereurs n'avait pas dédaigné cette puissance auxiliaire de la poésie, et à la diète de Mayence, où Frédéric I voulut étonner l'Europe par le spectacle de sa pompe souveraine, les chanteurs, rassemblés autour du trône, récitèrent les hymnes héroïques des ancêtres. Ces chants devaient obtenir une popularité plus grande à la cour d'Autriche, dont le bienfaisant patronage est célébré par les Minnesinger, et dont le dévouement à la dynastie des Hohenstauffen ne se démentit pas jusqu'à Frédéric, mort sur l'échafaud avec Conradin. Là aussi, le rapprochement des lieux rendait peut-être plus vivante et plus prochaine la mémoire de Théodoric et d'Attila. Mais, dans cette cour même et au temps marqué, se rencontre un homme loué des contemporains, Henri d'Ofterdingen. Il est rangé entre les plus belles illustrations d'alors, à côté de Wolfram d'Eschenbach et de Walther von der Vogelweide. Seul il entre en lutte contre eux tous au combat poétique de la Wartbourg. Il ne reste rien de lui: aucun vestige de ses écrits dans les collections des lyriques du treizième siècle. Pourtant la renommée n'est jamais sans motifs, et rarement tous ses titres se perdent au milieu du cours des ans. Ne serait-il pas permis de trouver dans une vie sans œuvre une place pour une œuvre sans nom, et de soupçonner dans la personne de Henri d'Ofterdingen l'Homère incertain de l'Iliade allemande? Quoi qu'il en soit (1), le silence du poëme ne prouve pas contre (1) La conjecture a été proposée par Schlegel, dont l'opinion mérite bien aussi quelque respect, et qui n'hésite pas à reconnaître dans les Nil'existence de son auteur. Les Nibelungen ressembleraient par là à tous les monuments du moyen âge, où l'artiste n'a point usé pour lui-même de l'immortalité qu'il dispensait: sculptures au piédestal desquelles l'humble tailleur de pierres n'inscrivit pas son nom, cathédrales dont le plan ne fut jamais signé, et le plus grand de ces glorieux anonymes, le livre de l'Imitation. On aime ces génies qui se sont voilés de leurs ailes, leur présence invisible se fait sentir d'une façon plus auguste, ils ne perdent rien au mystère; on ne doute pas d'eux, et volontiers on leur élèverait aussi des autels: « Aux dieux inconnus. »

La révélation du génie dans les Nibelungen, c'est surtout l'unité du sujet. Il y avait deux groupes de traditions populaires. Les unes célébraient Siegfried, le prince des Francs, vainqueur du dragon, possesseur du trésor fatal, et condamné comme Achille à périr par un coup perfide dans tout l'éclat de la beauté, de la jeunesse et du triomphe. Les autres se rattachaient à Théodoric, roi des Visigoths, déplacé de son rang chronologique, mêlé à d'imaginaires aventures, et, après l'extermination mutuelle des Huns et des Burgondes, revenant, comme Ulysse, seul d'une génération éteinte, régner encore sur son trône reconquis. Les premières, surtout répandues vers le Nord, plus fabuleuses, plus empreintes de l'esprit des religions anciennes; les se belungen Uouvrage d'un grand poëte. Elle est développée avec érudition dans une dissertation récente: *Reinrich von Ofterdingen und dus Nibelungenlied von Anton Ritter von Spaun.*

condes plus historiques et mieux connues au Midi. Le poëme rassemble les deux groupes. Il en élimine un grand nombre de faits qu'il rejette au commencement sur l'avant-scène, ou à la fin sur le dernier plan; et, s'emparant des autres, il les réunit dans un seul drame divisé en deux parties: le Meurtre du Guerrier franc et la Vengeance accomplie sur le Monde barbare. Entre ces deux choses il y a un lien logique et moral, l'idée de l'expiation, le prix du sang. Mais, entre Siegfried qui meurt et Théodoric qui venge, il faut un troisième rôle qui traverse l'exposition, le nœud et le dénoûment, et dans lequel réside la simplicité de l'action. — Or le rôle destiné à dominer tout le reste, c'est celui d'une femme; c'est elle qui la première entre sur le théâtre, n'en disparaît jamais, du moins par la pensée, et n'en sort qu'en le fermant. C'est un caractère héroïque dont le développement remplit toute la fable, grandissant avec une effrayante vérité depuis l'innocence du premier âge jusqu'à l'atrocité d'une agonie sanglante; c'est la pudeur de la vierge, la tendresse de l'épouse, le ressentiment de la veuve: mais toujours c'est l'amour.

Au pays de Bourgogne et dans le demi-jour du sanctuaire domestique, paraît la vierge, fille des rois: Ghriemhild est son nom. Elle a rêvé d'un faucon apprivoisé que deux aigles tuaient sous ses yeux. Sa mère lui explique le songe. Le faucon est un noble seigneur qui lui sera donné et peut-être bientôt ravi. « Que me dites-vous d'un seigneur? répond la jeune fille; je veux vivre doucement sans être en souci d'aucun homme. Je sais trop qu'à la suite de l'amour vient la peine. » Pourtant, lorsque Siegfried, conduit par un magique attrait, vient à la cour de Worms et se mêle aux joutes des princes, Chriemhild ne peut se détacher des vitraux de la fenêtre d'où elle contemple ces jeux. Plus lard, au récit des exploits du guerrier, elle rougit comme une jeune rose. Elle ne lui donne pas sans émotion le salut du retour. Et cependant, quand sa main fut le prix d'une dernière victoire, quand elle fut! conduite dans le cercle des fiançailles, et qu'on lui demanda si elle voulait pour époux

manda si elle voulait pour époux l'homme charmant, dans sa modestie virginale elle resta sans parole. Néanmoins, et ce fut le bonheur de Siegfried, elle ne le refusa pas, et le héros fit serment de la prendre pour épouse.— Alors, avec sa dignité nouvelle, elle semble avoir revêtu quelque chose de la fierté du héros dont elle est la compagne. Elle réclame de ses frères sa part de l'héritage paternel. Sa pieuse jalousie éclate dans la querelle où elle dispute à Brunhild, sa belle-sœur, les droits de la préséance; et, tandis qu'elle revendique l'honneur de Siegfried, s'échappe l'injure qui sera punie sur lui. Alors reviennent les tendres faiblesses de la sollicitude conjugale. Ses alarmes révèlent le seul point où son époux soit vulnérable. Ainsi, par une pathétique fatalité, elle devient doublement complice de sa mort. Après qu'il est tombé frappé par derrière de la main du farouche Hagen, et qu'il a été rapporté sans vie au seuil de sa demeure, le désespoir de Chriemhild est sans mesure. Elle voulut accompagner jusqu'au bout le funèbre cortège, alors elle parla: « Guerriers, ne me refusez pas après tant de douleurs une dernière grâce...; laissez que je revoie une fois encore la belle tête de Siegfried! » Elle pria si longtemps qu'il fallut bien briser le cercueil. « La reine souleva de sa main la tête si belle de Siegfried, elle le couvrit de baisers et de pleurs... Ce fut un prodige qu'elle ne mourût point... » — Là commence une existence nouvelle, celle de la veuve, et d'abord de la veuve chrétienne, de toutes ces nobles reines du moyen âge au temps de leur deuil: la prière, l'aumône, la retraite au monastère. Mais le dernier instinct de la barbarie n'est pas étouffé. Elle pardonne à tous ceux qui l'affligèrent, elle n'en excepte qu'un; c'est assez pour la vengeance. Cette suprême pensée la possède désormais tout entière; elle lui fait accepter la main d'Attila. L'odieuse alliance d'un second époux n'est qu'un sacrifice magnanime aux mânes du premier. A la cour du roi des Huns, entouré de guerriers invincibles, Théodoric, Hildebrand, Bleda, Rudiger, Chriemhild est redevenue puissante, elle se dit: « Que je puisse seulement attirer Hagen le meurtrier sur mes terres, et je me vengerai. » Durant sept ans elle médite son dessein, et rien ne lui coûte pour l'accomplir. Elle convie à des fêtes d'armes ses frères, les rois de Bourgogne avec leurs vassaux, afin que le coupable se trouve dans la foule. Ils viennent, et dès lors en présence de son ennemi, elle lui cherche des ennemis, elle les sollicite, elle les mendie. « Celui qui tuera Hagen et qui m'apportera sa tête recevra de moi un bouclier couvert d'or, j'y joindrai de belles cités et de riches provinces. » Au milieu des tournois et des festins éclate la dispute; Chriemhild y préside comme le démon des combats. Pour la mort d'un seul, elle ne recule pas devant la perte des bataillons, la destruction des tribus, l'incendie de son palais, la chute des empires. Contre les Burgondes elle précipite successivement les Huns, les Danois, les Saxons, les Visigoths; elle suscite Rudiger qui va mourir, et Théodoric qui finit par vaincre. Puis, quand elle reçoit de lui Gunther, son frère, et Hagen prisonniers:« Voici, dit-elle, l'heure des dernières vengeances. Dans ce jour les meurtriers de mon bien-aimé Siegfried recevront la mort. » Elle fait tomber les deux têtes. Alors, couverte du sang du fratricide, à ce comble d'horreur, il ne lui reste plus qu'à disparaître: elle meurt, et ne laisse après elle que des peuples décimés, pleurant sur un monde en ruines.

Et maintenant, si cette femme, tendre comme Andromaque, fidèle comme Pénélope, funeste comme Hélène, efface toutes ces figures de l'épopée antique; si elle fait pâlir même les plus redoutables acteurs, les Achille et les Ulysse de l'épopée allemande; si le sexe le plus faible est choisi pour réaliser le type de l'héroïsme, n'est-ce pas une pensée hardie, neuve, digne seulement d'un beau génie, possible seulement aux temps chevaleresques? Alors la fille d'Eve, relevée de sa longue déchéance, fut réhabilitée dans les lois, glorifiée dans les arts. Un culte commun réunit sous des cieux différents les minnesinger et les troubadours; et l'image de deux femmes, Ghriemhild et Béatrix, couronnent les deux plus grands poëmcs de

la barbarie et du Christianisme, les Nibelungen et la Divine Comédie.

Nous terminerons par unedernière considération. Toutes les sociétés ont eu leurs chants épiques. Les romans de chevalerie avaient aussi leurs rapsodes et leurs diaskevastcs: les jongleurs qui les récitaient en s'accompagnant de la viole et du rebec; les copistes qui les transcrivaient, non sans interpolations, dans ces énormes volumes attachés d'une chaîne d'acier sur le pupitre des châtelaines. Mais le plus grand nombre de ces données poétiques n'ont pas obtenu l'honneur d'une élaboration définitive. Elles sont allées se transformant toujours, et toujours mécontentes de leur forme nouvelle. Les épisodes détachés du cyele.lroyen, mille fois reproduits par les auteurs grecs, défrayaient encore la muse oisive des derniers grammairiens d'Alexandrie: Coluthus et Tryphiodore chantaient encore l'enlèvement d'Hélène et la prise d'Ilion. Plus tard, les romans carlovingiens et ceux du Saint-Graal, conçus à une époque où, comme on l'a dit (1), tout le monde était poëte et personne grand poëte, devenus la propriété commune de l'imagination publique, furent livrés comme une vaine pâture à tous les caprices de la fantaisie errante. Les exploits île Roland et les aventures d'Amadis ne cessent de se reproduire, passant par (1) M. Villemain, *Tableau de la littérature au moyen âge.* d'innombrables rédactions, sans jamais trouver celle qui devait les immortaliser. Ils descendent ainsi de siècle en siècle, de chute en chute, jusqu'à ces récits des *Quatre fils Aymon* et de la *Belle Maguelonne,* qu'on trouve encore, imprimés sur papier gris, dans les humbles demeures de nos villageois. Une partie du cycle germanique a subi le même sort: dans les hameaux des bords du Rhin, on lit encore l'histoire admirable de la jeunesse de *Siegfried l'Encorné* (1). Assurément on peut donner quelque pitié à cette indigente littérature, reine détrônée, réfugiée sous le chaume. Il en reste pourtant cette conclusion sévère: tout ce qui n'est que populaire finit par devenir trivial. — Au contraire, comme on ne refit jamais l'Énéide, la Jérusa-

lem, les *Lusiades*, le *Paradis perdu*, jamais non plus on ne tenta de refaire *Y Iliade, V Odyssée,* les *Nibelungen.* Quand le génie a touché à quelque chose, nul n'y retouche après lui. La tradition est une argile; il n'appartient qu'à l'art de lui donner une forme qu'on n'essayera pas de' briser pour la repétrir. Le sceau de l'unité est aussi celui de la beauté véritable; et, quand l'esprit humain qui la cherchait la trouve dans un ouvrage, il y reconnaît l'idéal que longtemps il poursuivit, et alors enfin il se contente et il dit: C'est assez.

On n'a pas prétendu, dans de si étroites limites, ex (I) *Eine wunderschœne historie von dem gehœrn len Siegfried.* Ce titre fait allusion au sang du dragon, qui communiqua à la peau du guerrier la dureté de la corne, et le rendit invulnérable, excepté entre les deux épaules, où une feuille de tilleul tombée par hasard empêcha l'efficacité du bain salutaire. C'est Li que plus tard frappa l'épée de Hagen.

poser une théorie complète de l'épopée. Seulement, comme les plus modestes études ont leur intérêt dans les rapports qui les agrandissent, une simple question de critique allemande s'est trouvée rattachée aux généralités de l'histoire de la littérature, et par là même aux doctrines rationnelles qui la dominent et l'éclairent. Nous croyons, avec les anciens, que les opinions littéraires ont une valeur inorale, et que les lettres sont des disciplines. Dès lors nous n'y connaissons pas de détail qui demeure inutile, ni de point qu'il soit permis de dédaigner. Et il nous semblerait l'avoir prouvé en quelque manière, si de nos vues sur la poésie épique il résultait que les ouvrages durables s'accomplissent par le concours du travail personnel de l'homme et de l'action providentielle de la société; et qu'ainsi l'intelligence n'a pas à s'enorgueillir en oubliant ce qu'elle doit, ni à se décourager en méconnaissant ce qu'elle peut.

SUR LE BOUDDHISME , 1842
SUR
LE BOUDDHISME

Il y a dans le monde une religion qui règne sur cent soixante et dix millions d'hommes, et qui n'est pas le Catholicisme; qui est professée dans cinq empires, quatre royaumes, de nombreuses provinces, et qui s'étend des bords du Volga jusqu'à la mer du Sud, retranchée, pour ainsi dire, aux dernières extrémités de l'Orient. L'idolâtrie, chassée successivement de l'Europe, de l'Asie occidentale, du nord de l'Afrique, du littoral américain, réduite partout ailleurs à se réfugier parmi des tribus barbares et des peuples sans nom, semble avoir ramassé là ses dernières forces pour ses derniers combats. Elle y a conservé un sacerdoce, des écoles, une civilisation faite à son image; elle s'appuie sur la puissance publique de plusieurs grandes nations. — Depuis plus de trois cents ans cette religion résiste à tous les efforts de l'apostolat. Les prodiges de saint François Xavier, le sang des martyrs de

MÉLANGES. H. IV

Yedo, la science des missionnaires de Péking, la voix de plusieurs milliers de prédicateurs, les vœux de l'Église universelle, n'ont fait qu'ébranler sa tyrannie séculaire. Elle se défend avec l'énergie du désespoir par la terreur et les supplices. C'est elle qui, à l'entrée des ports du Japon, place le crucifix sous le pied des marchands, qui publie ses édits de persécution dans les villes du Tonquin et de la Chine, qui, en trois ans, a fait périr trois évêques et plus de vingt prêtres sortis du milieu de nous, et qui chaque jour conduit à la mort les néophytes enchaînés dans des cages de fer. — Cette religion se nomme le bouddhisme (1).

On a jugé convenable d'en parler ici pour l'accroissement du zèle des missions étrangères parmi les classes lettrées. Le prosélytisme chrétien s'est toujours rendu compte de ses œuvres. Les propagateurs de l'Évangile n'ont point,' comme ceux de l'Alcoran, envahi la terre, tête baissée, et sans souci des croyances qu'ils rencontreraient sur leur chemin. Les conquêtes pacifiques de la parole se sont faites par la réfutation, et conséquemment par la connaissance, de l'erreur. Saint Paul, devant l'Aréopage, rappelle les (1) Les tables comparatives des populations donnent les évaluations suivantes:

Malte-brus. Hassel. Balbi.
Population totale du globe. 653,000,000 938,00O,CO0 737,000,0(0
Bouddhistes 150,000,000 315,000,000 170,000,000
Autres religions païennes.. 160,000,000 245,000,000 207,000,000

Le bouddhisme est répandu dans les empires de Russie, de Chine, du Japon, d'Annam et l'empire birman, les royaumes de Siam, de Nepaul, de Corée, de Lieou-Kieou, dans File de Ceylan, le Dékan, le Thibet, etc.

vers d'Aralus et l'autel du Dieu inconnu; les Pères ne dédaignaient pas de descendre dans les ténèbres de la théosophie grecque pour en éclairer les impostures; les missions des derniers siècles nous ont rapporté les livres de Confucitis. Aujourd'hui que la propagation de la foi s'accomplit par les prières et les aumônes de toute la chrétienté, il faut que tous connaissent l'intérêt, le but, l'obstacle. C'est seulement des impies et des pervers qu'il est écrit: « Ils ne savent ce qu'ils font. » Appelés à prendre parti dans la lutte, il nous importe d'apprendre de quoi il y va pour la gloire de Dieu et pour le salut de l'humanité.

L'exposition complète du bouddhisme, comme celle de toutes les fausses doctrines, peut n'être pas sans inconvénient. Il peut se faire que ses fables, entourées de tous les enchantements de la poésie, sous un beau ciel, parmi des spectacles riants, ne soient pas toujours dépourvues de grâces. Ses dogmes, coordonnés par une philosophie trompeuse, en auront reçu une apparence de grandeur qui leur ferait pardonner par les esprits faibles. Mais l'idolâtrie antique eut aussi ses poètes cl ses sages. Leurs prestiges ne scandalisèrent pas la raison droite et ferme des premiers chrétiens. Ils savaient, et nous n'ignorons point, que l'art et le raisonnement sont des voiles d'emprunt à l'usage de tous les mensonges qui veulent se cacher. D'ailleurs, il est mieux de ne point méconnaître la puissance du mal; la foi n'a pas besoin de déprécier ses ennemis: elle ne les craint pas. — Peut-être aussi quelques analo-

gies extérieures entre le culte de Bouddha et le culte véritable étonneront d'abord la piété des lecteurs. Cependant, si elles existent, mieux vaut les expliquer que de les dissimuler, surtout si l'explication est glorieuse. Le christianisme n'a pas peur des faits, quels qu'ils soient: il sait bien que, tôt ou tard, les conséquences reviendront à lui. Ici comme ailleurs, par les travaux de la science, l'objection s'est changée en apologie. Souvent la nature et l'histoire, superficiellement cousultées, donnèrent des réponses douteuses; mais, interrogées une seconde fois et de plus près, elles rendirent toujours un oracle conforme aux oracles éternels.

Rien n'est plus illustre que l'antique civilisation de l'Inde.

Dans ces vastes et belles contrées régnait depuis de longs siècles la religion de Brahma. Des livres vénérés, sous le nom de Védas, en conservaient le dépôt. La caste sacerdotale des brahmes en faisait observer les lois et les rites; mais, entre les adorateurs des divinités diverses et souvent rivales de l'Olympe indien, des querelles s'élevèrent; de l'interprétation des écritures, des controverses naquirent: il en résulta plusieurs sectes. L'une d'elles entraîna les esprits par l'ascendant d'une réforme hardie: ce fut le bouddhisme. Il retint cependant de son origine beaucoup de traditions. C'est par là, par sa mythologie, que nous commencerons; nous traiterons ensuite de ses préceptes et de sa hiérarchie, et nos recherches finiront par les doctrines philosophiques dans lesquelles se résument ses enseignements.

I. Voici ce que rapportent les vieux récits des bouddhistes répétés dans les poèmes sacrés: — « Au commencement tout était vide. Seul existait celui qu'on nomme Adi-Bouddha, c'est-à-dire la première intelligence. Il voulut, d'un qu'il était, devenir plusieurs: cette volonté personnifiée fut Dharma, et de leur union naquit Sanggha, troisième personne de la triade suprême. Au-dessous d'elle paraissent deux générations de dieux (les cinq Dhjani-Bouddhas (1) et les cinq Bodhi-Satvas); ensuite vient la triade inférieure (Trimourti): Brahma, Vichnou etSiva, représentant le triple pouvoir de créer, de conserver, de détruire (2). Du sein du chaos, figuré comme un œuf immense, s'échappe la création. Vingt-sept cieux hiérarchiquement superposés, habités par quatre classes de divinités inégales, dominent le système du monde. Le mont Mérou en est le pivot; le sommet touche au ciel et devient le sé (1) Voici les noms des cinq Dhjani-Bouddhas: Vairotchana, Akchohhya, Ratnasambhava, Amitabha, Amogha-Sidilha. — Les cinq Bodhi-Satvas sont: Samantabhadra, Vadchra pani, Batna puni, Padma pani, Visva pani.

(2) Voici les documents qui ont servi de base à ce travail: 1 *The Catechism of the Shamans, iranslalcd by Neumann;* 2 *Hogdson, Sketch of Buddhism, Transactions of the London royal Asiatic Society,* t. II; 5 Colebrooke, *Essai sur la philosophie des Hindous,* 5 essai; 4 Schmidt, *Ueber einige Grundlehren des Buddhaîsmus;* deux mémoires dans la 6" série des Mémoires de l'Académie royale de Saint-Pétersbourg, t. I; 5 *Conférences* de Monseigneur Wiseman, n conférence; 6 *Une lettre* de Monseigneur Cao, vicaire apostolique d'Ava; 7 *Lettres* de M. Gabet, lazariste, sur la conversion d'un jeune Lama. jour destiné aux âmes des justes. Les quatre laces verticales du rocher gigantesque sont formées de cristal, de rubis, de saphir et d'émeraude. A la moitié de la hauteur, et aux deux côtés opposés, le soleil et la lune (Sourya et Tchandra) tournent sans cesse, distribuant le jour et la nuit. Autour des racines de la montagne rayonnent sept promontoires et quelques îles, demeures terrestres du genre humain, qu'enveloppe l'Océan. Plus bas, entin, les enfers (Patalas), dont les cercles brûlants s'enfoncent à d'incommensurables profondeurs. Des essaims de génies et de démons peuplent ces espaces: il y en a pour l'air et les vents, pour l'eau et le feu. Les astres ont leur culte, la terre se fait adorer comme la mère commune (Prithvi); toutes choses s'animent, et toutes se divinisent.

« Or la terre resta longtemps déserte; seulement les génies des régions supérieures la visitaient dans leurs jeux. Un jour, il arriva qu'ils y eurent faim; ils s'approchèrent d'un arbre et en cueillirent les fruits dont la saveur, pareille à celle de l'amande, enivra leur sens. Mais, quand ils voulurent retourner au ciel, ils avaient perdu leurs ailes. Alors leur nature s'appesantit. La race prisonnière, en se propageant, se dégrada, et l'existence du genre humain ne fut qu'une longue décadence. Elle se divise en quatre périodes (Yougas). Durant la première période, le terme normal de la vie est de quatre-vingt mille ans, de dix mille pendant la seconde, de mille pour la troisième, de cent pour la quatrième, qui la verra diminuer jusqu'à sept. Ainsi se précipite toujours plus rapide l'heure de la mort. Mais les destinées humaines se continuent au delà. Le corps (Sarira), tiré des quatre éléments, y retourne pour rentrer dans le jeu sans fin de leurs combinaisons. L'âme (Prana), particule détachée de l'âme universelle, épurée ou souillée par les vertus et les crimes d'ici-bas, est introduite selon ses œuvres dans les demeures célestes qu'Indra gouverne, ou dans le séjour de supplices que Yama prépare aux méchants. Mais, au bout d'un nombre de siècles déterminés, elle recommencera une autre existence sous des formes nouvelles, montant ou redescendant à travers les degrés de la création, jusqu'à ce qu'arrivée en haut, dégagée de l'alliage matériel, elle rentre dans la substance incréée dont elle fut l'émanation passagère.

« Cependant, pour guider les hommes dans ce passage, la divinité s'y manifeste d'une façon visible; c'est pourquoi cinq grandes incarnations s'accomplissent successivement. Ces mystérieux personnages portent tous le nom de Bouddha (1). Le quatrième est celui qu'adore l'Asie. L'époque incertaine de sa naissance flotte entre le quatorzième et le septième siècle avant l'ère chrétienne. L'Inde fut sa patrie: sa famille régnait dans la cité de Magadha. Des prodiges entourèrent (1) Les cinq Bouddhas humains (Manuchi Buddha) portent les noms suivants: Kurkutchanda, Kantcbana, Kasiapa, Sakiamouni, Maïtreya. Chacun d'eux correspond à l'un des Bouddhas du ciel et au Bodhi-Satva du même rang. C'est pourquoi le culte de Sakiamouni se partage avec Padma pani et Amitabha; le premier, honoré surtout chez les Tartares, et le deuxième, au Japon.

son berceau; les génies du ciel le reçurent venant au monde; de nobles vierges prirent soin de son enfance. Quand il se promenait seul à l'ombre des arbres, la multitude se rassemblait pour contempler ses trentedeux beautés. En vain une épouse douée de trente-deux perfections lui fut choisie, il s'enfuit au désert pour méditer sur les quatre grandes douleurs d'ici-bas: naissance, vieillesse, maladie et mort. Là, durant six ans, il vécut dépouillé des pompes royales, repoussant les tentations impudiques. Sa vertu étonna les bêtes de la solitude l'éléphant furieux venait se coucher à ses pieds; le roi des singes lui apportait des figues et du miel sauvage, et se tua un jour en sautant de plaisir (1). Des disciples plus graves environnèrent l'anachorète divin. Il reçut le lître de Sage de la maison deSakia: Sakia-Mouni. Les temps étaient venus: sollicité par les dieux et les peuples, il prit la route de Bénarès, la ville sainte, pour s'y mettre en possession du trône primitif des docteurs. Alors commence son enseignement public. Devant une foule immense, il proclamait des lois qui n'étaient plus l'ancienne loi; ses disciples, assis autour de lui, écrivaient ses leçons. Après avoir vaincu dans une solennelle dispute les adorateurs du feu, et publié les dix préceptes de sa morale, il vit sa parole portée au delà des montagnes et des mers. Arrivé à sa quatre-vingtième année, il s'éloigna des siens, (1) Une autre fable rapporte que Sakiamouni ayant recueilli l'un des insectes qui habitaient sa longue barbe, l'enveloppa d'un lambeau de soie, le déposa dans un creux d'arbre, et le nourrit tout un hiver. et, prenant tout à coup des proportions colossales, posant un pied sur l'île de Ceylan, l'autre sur la presqu'île de Malacca, il disparut. Les hommages des nations le suivirent: l'Inde le célèbre sous le nom de Gôtama; les habitants de Siam l'appellent Somono-Kodom; c'est le dieu Fo des Chinois; et jusqu'aux frontières de la

Russie européenne les hordes mongoles promènent les images de Bourkan-Bakchi. Il serait trop long de les décrire. Quelquefois Bouddha est représenté avec sept têtes. Cette multiplicité n'étonnera point, si l'on considère qu'il a déjà parcouru par la métempsycose plusieurs vies antérieures; que, selon sa parole, « si l'on « amoncèle les ossements de ces corps morts dans le « péché, ils dépasseraient le volume des planètes, et « que les ruisseaux de sang répandus par ses décapita« tions successives formeraient une mer (1). »

« Le règne du dieu durera cinq mille ans jusqu'au jour où Maïtreya, le cinquième révélateur, viendra fermer le dernier âge du monde. Cette destruction (Pralaya) sera le prélude d'une création nouvelle. Soixante et onze alternatives de créations et de destructions forment la grande période où l'esprit humain se perd dans des siècles sans nombre, et qui n'est qu'un jour pour la divinité. Mais, si la divinité a des jours, ils se succèdent, se multiplient, et lui font une existence finie (1) La couleur noire et les cheveux frisés qu'on donne communément à Bouddha ne témoignent point d'une origine africaine. La couleur est symbolique; elle est attribuée comme emblème à plusieurs divinités de l'Inde. La frisure est une des trente-deux conditions de la beauté.
elle-même, qui semble devoir s'évanouir dans les ténèbres éternelles (1). »

Il est temps de nous arrêter, on demandant pardon d'avoir laissé ces fables prendre place dans des pages catholiques destinées à des usages plus saints. Toutefois, au milieu du chaos de la fiction, la lumière se laisse apercevoir, ne fût-ce que par éclairs. La triade indienne se répète dans les religions diverses des Germains, des Slaves, de l'Egypte et de la Grèce. Dans ces traits retenus par la mémoire des hommes, ne serait-il pas permis de reconnaître comme un souvenir défiguré du Père céleste, dont ils ne voyaient plus la face, comme un vestige de l'auguste mystère de la sainte Trinité, entrevu peut-être dans les révélations du Paradis terrestre? Le récit de la chute originelle rappelle les fruits empoisonnés par lesquels, selon les livres persans, périt le couple primordial; il reproduit aussi l'histoire de la boîte de Pandore, et les traces partout vivantes d'un âge d'or perdu. Enfin la nécessité d'une incarnation divine, douloureux aveu de notre impuissance et de notre culpabilité, qu'est-elle autre chose que le dogme fondamental de toutes les croyances? Toute l'antiquité crut à des dieux sauveurs: Osiris, Apollon, furent adorés sous ce titre. Les peuples, dans leur impatience, ne savaient pas attendre Celui qui (1) L'exposition qui précède est surtout empruntée aux traditions du Nepaul. Les autres sectes ne connaissent point Adi-Bouddha, et leurs récits offrent de notables différences. Mais partout la même histoire du premier péché. Le voyageur Bergmann l'a retrouvée chez les Kalmonks. devait venir. Au milieu de la confusion des dogmes professés aux qualre coins du monde, ce qu'il y a d'universel et de permanent, c'est la tradition légitime de l'humanité, telle qu'elle fut consignée dans la Genèse pour ne s'effacer jamais.— Mais, si les religions païennes conservent quelques restes de la vérité primitive, elles se l'approprient pour la déshonorer. Ainsi, tandis que la doctrine bouddhiste semble supposer l'unité d'un Dieu suprême, elle consacre toutes les puissances de la nature, tous les atomes de la matière par un grossier fétichisme. Pendant qu'on proclame là trinité de Brahma, Yichnou et Siva, le dernier de ces trois est un pouvoir destructeur et corrupteur, déification de la mort et de la volupté. Celui qui se fit adorer avec les attributs de Siva est le même qui prend la figure de Bouddha. Sa fabuleuse existence semble une parodie du Messie futur; mais il se trahit par l'absurdité et l'infamie. On le reconnaît dans ces idoles monstrueuses à plusieurs têtes, à plusieurs bras, aux gestes menaçants, aux luxurieuses attitudes. Il se révèle encore par l'odieux emblème (Lingam) inscrit au frontispice de ses pagodes et suspendu sur la poitrine de ses adorateurs. C'est lui qui fut le serpent au jardin des délices, lui qui sema l'ivraie parmi le bon grain; l'esprit de ténèbres qui se couvre du vêtement lumineux des anges. La science des mythologies démontre ce qu'enseignent les premiers éléments de la foi: que le paganisme, c'est le démon prenant la place de Dieu. II. Si le bouddhisme, par ses fables, se rattachait à la religion de Brahma, il s'en éloignait, au contraire, par ses institutions. D'une part, en prescrivant les offrandes non sanglantes, il supprimait les holocaustes; il renversait les autels de l'antique liturgie, où avait coulé le sang humain. 11 considérait le sacerdoce comme une vocation personnelle, non plus comme un privilége héréditaire: il ruinait ainsi le système des castes, et confondait ensemble les quatre familles des prêtres, des guerriers et des esclaves. Ces deux bienfaits n'étaient peut-être que le résultat de l'indignation tardive de l'esprit humain contre une tyrannie trop longtemps supportée, quelque chose de pareil à ce que fit Socrate à Athènes, Zoroaslre en Perse, Confucius en Chine. C'est aussi à ces lueurs ranimées de la conscience mourante que s'expliquent les dix préceptes de la morale de Bouddha. « Tu ne tueras pas une créature vivante. « — Tu ne déroberas pas. — Tu ne seras pas dissolu. « — Tu ne mentiras point. — Tu ne boiras point de « liqueurs fortes. — Tu ne te parfumeras pas les che« veux du sommet de la tête. — Tu n'écouteras pas « des chants immondes. — Tu ne l'assoiras sur aucun « lit large et élevé. — Tu ne mangeras pas après le « temps du repas. — Tu n'auras pas en ta possession « des ligures de métal précieux. » Assurément il y avait peu de moralité sérieuse dans des maximes qui entremêlaient.ainsi sous une égale consécration des devoirs éternels et des observances arbitraires. A l'ombre de ces apparentes rigueurs, on verra bientôt quelles réalités pouvaient trouver place.

D'abord la doctrine réformatrice fut accueillie avec un transport unanime: le cri d'affranchissement se répéta des cimes neigeuses du Caïlasa jusqu'au cap Comorin, et la statue de Bouddha fut inaugurée dans les sanctuaires souterrains d'Ellore, parmi celles des anciennes divinités. Mais la caste sacerdotale, menacée dans son existence, souleva les intérêts des princes et le fanatisme des populations. Après de longues guerres civiles, le bouddhisme, refoulé sur tous les points de l'Hindostan, déborda sur les contrées environnantes, où déjà ses émissaires s'étaient répandus. Ceylan l'avait reçu dès son avénement; la péninsule Indo-chinoise l'accueillit ensuite: la Chine et le Japon envoyèrent au-devant de lui de solennelles ambassades. Dans ces deux empires, il s'allia par une transaction facile avec les superstitions locales et le culte officiel. Au nord et à l'ouest, il envahit les pays de Rachmir et de Kaboul: les Pères de l'Église connaissaient des Samanéens à Bactres (1). Dans l'ardeur de leur prosélytisme naissant, les disciples de la religion nouvelle la portèrent jusque chez les singes, ces anciens amis de leur dieu. Les traditions affirment que la mission réussit. — Mais, au milieu des vicissitudes inégales que la secte parcourut, il lui restait un point fixe autour duquel tournaient ses destinées. Bouddha semblait avoir quitté la terre. Cependant il ne cesse point d'y être présent, non par voie d'inspiration et d'assistance, mais par une (i) Samanécn, de Sama, qui signifie indifférence, pour désigner l'apathie absolue, vertu idéale des disciples de Bouddha.

incarnation perpétuellement visible et perpétuellement renouvelée. Jusque vers le septième siècle de notre ère, elle s'accomplit en la personne des *patriarches illustres* de l'Inde. Après la proscription et l'exil, elle se continua chez les *maîtres de la doctrine,* qui résidèrent à la cour des souverains de la Chine et de la Tartarie. Au troisième siècle, elle se transmit aux grands Lamas du Thibet. Avec cette dernière phase commence une organisation nouvelle. Le pontife en qui le dieu réside règne dans la ville sacrée de Lassa. Un conseil de Lamas supérieurs l'entoure, au-dessous duquel se rangent les patriarches préposés au gouvernement des provinces, et la foule des prêtres, divisée en plusieurs ordres. Des monastères rassemblent ceux qui se vouent au célibat," connus, selon la diversités des lieux, sous les dénominations diverses de Lamas, de Bonzes et de Talapoins.

La forme régulière de leurs temples est celle d'un hémisphère, que surmonte une pyramide à treize degrés, terminée en flèche: l'autel s'élève au fond; des lampes brûlent alentour; et, plusieurs fois Je jour, le chant à deux chœurs retentit dans l'enceinte sacrée (1). (1) Le Dalaï-Lama réside au monastère de Botala, non loin de la capitale du Thibet. Le temple a trois cent douze pieds de hauteur: les bâtiments qui l'entourent contiennent plus de dix mille cellules. Les tours et les obélisques revêtus d'or et d'argent, les statues de métaux précieux, y sont sans nombre. Dans le voisinage se trouvent quatre grandes écoles avec autant de temples célèbres; l'un d'eux est desservi par cinq mille Lamas. (Balbi, *Géographie.*)

En écrivant ces descriptions, nous sommes contraints d'employer les mots de la langue ecclésiastique chrétienne, les seuls qui puissent traduire approximativement les termes occidentaux. Nous le faisons avec peine et douleur; mais nous protestons au nom de la science, comme au

Ces ressemblances inattendues, poussées jusqu'aux derniers détails, jusqu'à la confession auriculaire, le baisement des pieds et l'usage du chapelet, ne pouvaient manquer d'étonner les premiers observateurs. Leurs rapports émurent les esprits; l'impiété s'en prévalut; elle en fit une sorte de scandale scientifique. Elle publia qu'elle avait trouvé le berceau du Christianisme sous la robe des grands Lamas. Mais une érudition plus grave a répondu à ces allégations et résolu tous les doutes. Dès les premiers siècles, le Thibet semble évangélisé par les missions des Nestoriens, dont le patriarche, du fond de la Perse, envoyait des évêques au Malabar et aux frontières de la Chine. L'inscription chrétienne trouvée dans l'une de ses villes en rend témoignage. Cette première culture put laisser des traces en des contrées où le bouddhisme n'avait pas encore fixé son siége principal. Jusqu'à l'année 1260. le Maître de la doctrine n'avait cessé de résider auprès des princes chinois, avec le titre de précepteur de l'empire, mais sans autre privilége que d'ajouter une sorte d'éclat re-

ligieux à la cour impériale, à peu près comme les derniers califes de Bagdad dans la servitude honorée où s'éteignit leur gloire. Mais, quand se fut élevée la puissance des Mongols, elle comprit aussi que toute autorité vient d'en haut, et chercha une consé nora de la foi, que, sous l'identité de l'expression reste la différence infinie des choses, et que le monastère, le prêtre, le sacrilice, ces choses saintes du cafholicisme, n'ont rien de commun avec les rites puérils, les imposteurs et lés attroupements sacrilèges des bouddhistes.

cration de plus dans l'alliance d'un pontificat universellement reconnu. Khoubilaï, petit-fils de DjenguizKhan, appela le sage en qui reposait alors l'esprit de Bouddha; il lui donna la souveraineté temporelle du Thibet; il lui conféra aussi l'investiture spirituelle avec le sceau d'or et de jaspe, et les titres, jusqu'alors inouïs, de Dalaï-Lama, de prince de la grande loi, de chef universel de la religion jaune. — Or, vers le même temps (1245), les hordes mongoles, précipitées sur l'Europe, après avoir dévasté la Russie et la Pologne, s'étaient trouvées arrêtées aux frontières de l'Allemagne par les armes chrétiennes. Le génie des papes avait organisé la résistance, il conçut la pensée de faire plus, et d'aller chercher ces barbares jusque dans leurs déserts pour les convertir. D'humbles religieux de SaintFrançois, la besace sur l'épaule et un bâton à la main, allèrent visiter la cour guerrière des Khans. Des ambassadeurs tatares parurent à Rome et au deuxième concile de Lyon. Un archevêque établit son siége dans la ville de Kara-Koroum. Les cérémonies sacrées se célébrèrent sous la tente des nomades. Beaucoup embrassèrent l'Évangile. Un plus grand nombre en confondirent les pratiques avec leurs coutumes nationales. Entourés du spectacle imposant de nos cérémonies, mis en rapport avec la hiérarchie de l'Eglise, témoins de l'ascendant que ces institutions exerçaient autour d'elles, les prêtres bouddhistes y recoururent pour couvrir l'indigence de leur doctrine, appelée tout à coup à des destinées inattendues. Ils reproduisirent les formes extérieures, les dignités, le costume, ce qui pouvait tromper les yeux des peuples enfants. En sorte que désormais argumenter des analogies du culte Jamaïque contre la divine origine du Christianisme, c'est à peu près comme si, des souvenirs de la Bible épars dans le Coran, on voulait conclure que Moïse fut le plagiaire de Mahomet (1).

Mais il y a trois choses qui ne se contrefont pas: ce sont la foi, l'espérance et la charité. Là où elles manquent, l'illusion des ressemblances n'est pas longue. L'unité rêvée par le bouddhisme ne se réalisa jamais: quatre-vingt-seize sectes divisent ses nombreux millions d'adeptes. Ces rites si vantés, qui n'ensanglantent jamais le sanctuaire, dégénèrent en une grossière mécanique. Dans la plupart des temples, des cylindres tournent sans cesse, mis en mouvement par un courant d'eau. Us renferment quelques pages, et quelquefois les tomes entiers des livres saints. Aux jours plus solennels, un guéridon, chargé de cent huit lampes pour représenter les cent huit volumes des leçons de Bouddha, tourne dans le même sens. La prière, en se présentant ainsi sous les regards des dieux complaisants, décharge les hommes du soin onéreux de la parole et de la pensée. En effet, l'anéantissement des volontés et des intelligences résultait de cette impitoyable interprétation de la faute originelle, qui suppose une décadence mathé ', (1) Ces explicatifs données par M. Abel Rémusat, développées dans la onzième conférence de Monseigneur Wiseman, ont ruiné les hypothèses impies de Volney, qu'on n'a pas osé reproduire depuis.

MÉLANGES. II. 15 matiquement progressive, et qui fait peser une loi de fer sur le monde désespéré. Devant ce fatalisme impie, toute morale s'évanouit. D'un autre côté, la présence perpétuelle de la divinité dans le corps du prêtre conduit à l'idolâtrie personnelle, avec une rigueur de conséquences qui dépasse tous les délires de Néron, de Commode et d'Héliogabale. Les immondes reliques du grand Lama vont parer le cou des rois; et à côté de lui règne une autre idole vivante. C'est la prêtresse souveraine qu'on appelle Djordjipamo (la *sainte mère de la truie*),

incarnation de Bhavani, la plus voluptueuse déesse du Panthéon indien. Au fond du palais qu'elle habite, dans une île du lac Yamtthso, elle reçoit les honneurs suprêmes; elle ne sort pas sans que tous les fronts s'inclinent devant elle, et de nombreux couvents d'hommes se trouvent sous sa direction. Cette apothéose est l'expression des mœurs thibctaines, qui consacrent la polyandrie, le plus honteux désordre des sociétés terrestres, parce qu'il suppose l'absence complète du dernier sentiment qui s'éteint dans le dernier asile moral de l'humanité, la pudeur dans le cœur des femmes. D'autres âges et d'autres cieux ont connu des vices devant lesquels la science chrétienne se voile la face. Le bouddhisme seul a consacré cette ignominie sous la protection des lois. Ainsi se manifeste en lui le second caractère des religions païennes: la dégradation systématique de la créature raisonnable, la ruine de toute liberté, la sinistre jalousie d'un esprit qui aime à fouler aux pieds l'image divine ; en un mot, l'empire de Satan et l'esclavage du genre humain (1).

III. Mais l'Asie contemplative et rêveuse se plaît toujours aux spéculations philosophiques. Nulle religion n'y parut sans qu'une métaphysique en sortit. La raison subit sans peine l'esclavage de tous les dogmes, pourvu qu'on lui laisse l'orgueilleuse liberté des commentaires. Aussi les cent huit volumes des paroles recueillies de la bouche de Bouddha, livrées à la méditation des docteurs et à la discussion des écoles, se sont multipliés jusqu'au nombre de six mille. Des sanctuaires entiers sont destinés à leur garde; et l'immense collection forme la charge de plusieurs chameaux. Pourtant, ces écrits développent une seule maxime, qui seule aussi résume l'ensemble des croyances populaires et du gouvernement sacerdotal: c'est *l'identité de la substance sous la variété des phénomènes*. Ils l'expriment ainsi, quand, loin du vulgaire, dans la solitude des pagodes, ils initient les jeunes Lamas au secret de leurs obscures doctrines.

(1) La discussion ne saurait mieux se conclure que par l'énergique jugement de M. Frédéric Schlegel. « La ressem-

blance qu'on veut bien trouver entre les deux religions n'est pas réelle; elle est comme celle de l'homme au singe, quoique le singe, n'ait aucune afinité, aucune sympathie organique avec l'homme, et quoiqu'il en approche seulement comme une parodie imaginée en haine du chef-d'œuvre de la création. On peut, au contraire, poser en principe que plus une religion essentiellement fausse a de rapports extérieurs avec la vraie, alors que sa tendance intérieure et spirituelle en diffère totalement, plus aussi cette religion est contraire à la vérité... La confusion et la complication de leurs récits mythologiques, la fatigante obscurité de leur métaphysique consignée dans une foule de livres, montrent assez la direction perverse de la philosophie des bouddhistes, qui, par une trompeuse dialectique et par une série d'abstractions insensées, n'aboutissent qu'au néant. C'est pourquoi les critiques judicieux les déclarent athées. » (*Philosophie de l'histoire,* troisième leçon.)

« Au-dessus des génies et des démons que la foule « adore, il n'existe, disent-ils, qu'un seul Bouddha vé« ritable. En lui, il y a unité; car l'intelligence su« prême renferme tout ce qui est invisible, immuable, « perpétuel. Il y a pluralité; car elle s'individualise « temporairement dans les divinités inférieures. Ses « premières émanations sont les cinq Bouddhas céles« tes (Dhjani), types radieux des cinq Bouddhas de la « terre (Manuchi). Chacun de ces derniers, après avoir « rempli sa terrestre mission, va s'évanouir dans Je « sein de l'immensité. Mais sa vertu (Bodhi-Satva) lui « survit, et demeure comme une puissance distincte « dans une région plus basse du ciel, jusqu'à l'accom« plissement des temps prescrits. — Le pontificat, image « de la suprême intelligence, obéit au même sort. Un « même esprit s'y perpétue sous la figure passagère des « patriarches. En présence du Dieu s'anéantissent la dit« férence et la succession des personnes. La condition « du reste des mortels est semblable. La loi n'a que des « préceptes négatifs. Elle interdit le meurtre d'un incc secte; elle n'ordonne rien, elle ne permet rien, pas

« même d'aimer. Le parfait Samanéen est celui qui arcc rive au calme absolu. Il faut qu'il se fasse pareil à un « homme privé des quatre membres, qu'il pense sans « qu'il paraisse penser, qu'il agisse sans qu'il paraisse « agir, et qu'il s'identifie à la doctrine de l'anéantisse« ment. A vrai dire, la prière, les cérémonies, les de« voirs, appartiennent à un état imparfait, celui de « l'action (Pravritti). C'est par l'inaction (Nirvritti) que « l'âme brise ses liens, échappe à la fatalité de la mé« tempsycose, et qu'elle parvient au souverain bien, « qui est l'inertie éternelle par la cessation de la per« sonnalité. Tout homme est un Bouddha captif qui «cherche à rentrer dans l'infini. — Enfin le monde « extérieur parcourt aussi de longues vicissitudes: mort « et renaissance, créations et ruines, ombres qui pas« sent, magie (Maïa) qui trompe. L'univers est un prin« cipe unique, un Bouddha voilé sous les apparences « de la matière qui est illusion. Mais, tôt ou tard, le « voile se déchire, les choses sensibles disparaissent, « les existences passagères, même celles qui semblaient « divines, prennent fin. Alors, après la destruction sucée cessive de tous les attributs, de tous les actes, de « toutes les formes, il ne reste plus dans l'espace vide « qu'une seule chose, le repos (Nirvana). Or, comme ce « qui n'a point d'attributs ne saurait se définir, on peut « dire que le repos c'est le néant; et les sages, cher« chant à se rendre compte de ce dernier terme où se « perdent leurs pensées, se divisent entre eux, et disce tinguent quatre manières d'entendre le néant et dix« huit espèces de vide (1). Bouddha lui-même conclut ces enseignements par cet axiome solennel: Ma reliée gion consiste à concevoir l'inconcevable conception; « ma religion consiste à marcher par l'inaccessible (1) Ce n'est pas ici le lieu de discuter quel sens réel attachent les bouddhistes aux mots de néant et de vide. Il semble impossible que l'intelligence, dans son dernier aveuglement, aille chercher dans ce qui n'est pas la cause de ce qui est. L'explication la moins insensée est celle qui traduit le néant par l'inconnu, ce qui devient synonyme dans la pratique. « chemin; ma religion consiste à proférer l'ineffable « parole; ma religion consiste à pratiquer l'imprati« cable pratique. »

Arrivé à ces conclusions, le système se caractérise. à ce degré de généralité, il est bien connu dans les annales de la philosophie. On le nomme le panthéisme (1), et on le réprouve comme détruisant la connaissance de Dieu, de l'humanité, de la nature. De la nature d'abord, dont il nie la réalité, et qui est pour lui comme un rêve sans réveil. De l'humanité ensuite, car, d'une part, il l'exalte par une mensongère apothéose, il légitime ses vices en les représentant comme des instincts sacrés; et d'autre part, il la rabaisse en la soumettant à un inflexible destin, en lui refusant la liberté, laconscience, par conséquent la distinction du bien et du mal; par conséquent aussi, l'immortalité rémunératrice ou vengeresse. Mais surtout il efface la notion de Dieu. Car si Dieu est tout, s'il est à la fois lumière et ténèbres, vie et mort, incapable de produire hors de lui, il cesse d'être Puissance. S'il se joue dans l'illusion et dans l'erreur, s'il n'a pas fixé l'ordre de l'univers, s'il inspire le délire des insensés, comme la sagesse (1) On a voulu, par d'habiles distinctions, contester ce résultat. Cependant Schmidt lui-même est obligé de citer comme le premier axiome du bouddhisme celui qui se rend ainsi: « Les trois mondes sont vides; le Sansâra et le Nirvana ne diffèrent point. » Or, le Sansara, c'est le cercle de la vie terrestre, l'empire de l'illusion, la nature, le relatif, le contingent, le périssable. Au contraire, le Nirvana, c'est le calme souverain, l'apathie éternelle, ce qui n'a ni accidents, ni différences, le nécessaire, l'absolu Si l'on représente ces deux termes comme identiques, il est impossible de formuler plus audacieusement l'équation, la confusion de l'univers et de Dieu.
des savants, il cesse d'être Intelligence. S'il anime toutes les volontés et qu'il se manifeste tour à tour par la vertu et par le crime, s'il trouve son repos dans l'indifférence absolue, il cesse d'être Amour. Enfin, s'il est la substance commune de tous les phénomènes contraires, le sujet unique de toutes les qualités incompatibles, en sorte qu'on n'en puisse affirmer aucune, il s'ensuit cette conséquence, blasphématoire que Dieu n'est rien.

Le bouddhisme n'a fait que la pousser jusqu'au bout, mais toutes les écoles panthéistes la cachèrent dans leur sein. Les réformateurs du Thibet ne font que répéter les leçons des Brahmes. Ce sont les enseignements mystérieux des prêtres de Thèbes et de Memphis. La philosophie grecque les recueillit, l'école païenne d'Alexandrie en hérita. Les mêmes opinions tentèrent de s'introduire dans la théologie chrétienne par les gnostiques, par Scot Érigène, David de Dinant, Amaury de Chartres; et, contraintes de reculer sous l'anathème de l'Église, elles se réfugièrent dans les écrits de Giordano Bruno et de Spinosa. Elles ont reparu à la faveur des systèmes métaphysiques de l'Allemagne; elles ont menacé quelque temps d'envahir la science, les arts, les mœurs. Elles sont arrêtées encore par ce qui reste de bon sens et de moralité dans la société européenne. Mais des voix éloquentes les ont signalées comme le plus grand péril religieux de nos jours.

Or, cette doctrine, toujours présente sous des formes diverses, est vraiment l'âme du paganisme de tous les temps et de tous les lieux. Le culte des astres et des fleuves, des bêtes et des plantes, l'adoration de la matière, acceptée, expliquée par les sophistes, aboutit au panthéisme. Réciproquement la déification de toutes choses, prise au mot par le peuple qui ne s'accommode point de subtilités, qui n'adore pas des idées abstraites, se résout dans le fétichisme. Ce sont deux façons de comprendre le même dogme, avec une même morale d'orgueil et de volupté. C'est toujours l'idolâtrie. — Il y a donc une tradition de l'erreur comme une tradition de la vérité. Il y a un dessein soutenu qui, depuis le commencement, s'oppose aux conseils divins. 11 y a plusieurs assauts, mais une seule guerre, et l'ancien ennemi n'a pas changé: les moyens sont les mêmes. Le bouddhisme a recommencé les persécutions des Césars. Devant les proconsuls du Tonquin et de la Chine, on a vu dresser, d'une part? les idoles et les autels avec l'appareil des sacrifices; de l'autre, les chevalets, les verges, les charbons ardents et les haches des licteurs. L'apostolat catholique a reparu sous des noms nouveaux dans les prétoires, dont il sait le chemin. Les actes des martyrs se sont rouverts pour les Pothin, les Maurice, les Cécile de l'Orient. Ou plutôt, ces actes ne furent pas interrompus. La scène sanglante ne se ferme jamais, elle se déplace. — En même temps, les prêtres de Bouddha, pour étayer l'édifice de l'imposture, recourent aux théories par lesquelles Julien l'Apostat cherchait à soutenir les superstitions croulantes de l'empire romain; et ces théories sont les mêmes que reproduit l'impiété moderne: ce qui suffit pour nous donner la mesure des progrès et de la civilisation qu'elles nous préparent. Le missionnaire aux prises avec eux s'étonne de retrouver, sous d'autres termes, dans leur discussion subtile, les arguments agités autour de nous. La controverse n'a pas changé de terrain. Ainsi ces luttes héroïques, dont nous sommes les spectateurs lointains, s'agrandissent par une admirable solidarité avec celles de tous les siècles. Elles nous instruisent et nous sollicitent par la communauté d'intérêt. Peutêtre, en nous voyant ainsi engagés dans un même danger, aux deux extrémités du monde, nous qui prions, et eux qui meurent, nous nous appuierons les uns sur les autres avec plus d'espérance, plus de charité, et, par un dernier effort, nous ferons se déclarer le ciel. Qui sait alors si la chute du dernier boulevard du paganisme ne se ferait pas heureusement ressentir dans l'univers entier? si une ère plus glorieuse ne commencerait pas pour le Christianisme? et si la lumière de la foi, en remontant vers les derniers rivages de l'Asie, n'achèverait pas le tour du monde, pour nous revenir plus brillante par l'Occident?

Il est vrai que le monde bouddhiste, ébranlé dans son antique sécurité, se voit aujourd'hui menacé de deux côtés, par les armes de la Grande-Bretagne, par les frontières toujours grandissantes de l'empire de Russie. Mais les ministres anglicans qui suivent dans les bagages, et à distance respectueuse, les baïonnettes de l'Angleterre, opéreront peu de résultats parmi des peuples dont l'imagination et la sensibilité veulent autre chose que les arides liturgies du protestantisme. Des tentatives plus sérieuses s'essayent vers le nord. A Peking, auprès de la cour impériale, sous le titre d'ambassade russe et sous prétexte de bon voisinage, réside une mission schismatique, présidée par un archimandrite, et qui semble avoir succédé aux honneurs officiels qui entourèrent jadis les missionnaires de la Compagnie de Jésus. C'est là une des espérances de cette Église grecque, forte de sa fidélité au plus grand nombre des dogmes, de l'antiquité de sa hiérarchie, de la majesté traditionnelle de ses pompes, et qui rêve une chimérique universalité par les armes de ses Izars. Mais Dieu ne bénit pas l'apostolat du glaive. Le Catholicisme a compris ses droits avec d'autres moyens. Si la propriété s'acquiert par la sueur, la royauté appartient au sang. L'Église a pris possession, par les six pieds de terre qu'il a bien fallu donner à chacun de ses morts. Le schisme et l'hérésie pourront s'emparer des grandes cités de la Chine, mais ils ne pourront pas y creuser les fondations de leurs temples sans rencontrer les corps de nos martyrs.

1

DU PROTESTANTISME DANS SES RAPPORTS AVEC LA LIBERTÉ
1858

DU PROTESTANTISME DANS SES RAPPORTS AVEC LA LIBERTÉ

L'atmosphère intellectuelle où nous respirons se compose d'un certain nombre de vérités que la Providence maintient dans une proportion nécessaire à la conservation de notre existence, et d'un certain nombre d'erreurs, miasmes impurs, capables d'étouffer en nous la vie, si quelquefois, pressés par un sentiment de malaise, nous n'en venions à renouveler l'air, pour ainsi dire, dans le séjour habituel de nos pensées. Entre ces fausses opinions, une des plus répandues est celle qui croit découvrir un lien logique, une corrélation de vicissitudes historiques, une communauté d'intérêts entre le protestantisme et la liberté. Les détracteurs de celle-ci, comme les sectateurs de celui-là, se sont fait sur ce point un merveilleux accord, et il n'est pas de maxime qui ait mieux obtenu les tristes honneurs de la banalité. Aujourd'hui toutefois les extrêmes défiances des uns et les admirations passionnées des autres commencent à se dissiper en présence des événements qui les démentent. L'enlèvement d'un vieillard, qu'on pensait arracher sans effort et sans bruit du siége archiépiscopal de Cologne, a ébranlé non-seulement les villes et les populations des rives du Rhin, mais encore par toute l'Europe bien des opinions religieuses et politiques. Dans cette agitation des esprits, il suffirait d'une impulsion opportune pour décider la ruine des préjugés qui chancellent. Il faudrait rétablir à la fois les principes méconnus et les faits défigurés; dire ce que le catholicisme avait dû faire, ce qu'il avait fait pour la liberté depuis le coucher du soleil du Calvaire jusqu'à l'aurore de la réforme; ce que le protestantisme devait faire, ce qu'il fit contre elle, d'abord par son influence générale sur les destinées communes de la chrétienté, ensuite par son intervention immédiate et sous ses trois formes principales, en Allemagne, dans la Péninsule Scandinave, en Angleterre et en France; enfin de la situation comparée de ces deux grandes puissances religieuses dans l'âge présent, quelles conséquences résultent pour les temps qui vont venir. Cette œuvre qui dépasse les bornes de nos loisirs et de nos forces, nous essayerons de l'ébaucher, indiquant rapidement les choses par leurs côtés les plus saillants et les plus durs. On nous reprochera peutêtre de rappeler des actes dignes d'un éternel oubli; mais la mémoire des dangers échappés devient prévoyance à la veille des périls nouveaux. Et, pour reprendre l'image que nous avions hasardée en commençant, aux approches de l'épidémie ne brûle-t-on pas des herbes amères et d'acres liqueurs afin de neutraliser les exhalaisons corrompues qui menacent d'engendrer le mal?

I

DE LA LIBERTÉ DURANT LES SIÈCLES CATHOLIQUES

Il suffit d'une première initiation aux enseignements de la métaphysique pour reconnaître que le fini suppose l'infini; le nombre, l'unité; le mouvement, quelque chose d'immuable; et la liberté, des lois. Dieu même, en qui réside la souveraine liberté, a sa loi souveraine dans la nécessité de sa propre nature: ce qui le fait libre, c'est que sa loi est en lui-même, c'est qu'elle ne lui vient point du dehors, c'est son absolue indépendance (1). La liberté de l'homme est un des traits par lesquels il réfléchit l'image divine: elle résulte de ce pouvoir d'agir en vertu de sa propre détermination, que nous appelons spontanéité. Mais l'activité n'est autre chose que la vie, et la vie a ses lois qu'on ne peut enfreindre sans la détruire, sans encourir l'éternel esclavage de la mort! — Or, la loi de la vie intellectuelle, c'est le besoin de la parole pour la fécondation de la pensée, le besoin de la foi pour le développement de la science. La loi de la vie morale est la nécessité d'un mobile pour diriger la volonté, et (1) Bossuet, *Oraison funèbre de la reine d'Angleterre.* d'un système de préceptes obligatoires pour régler le progrès de la vertu. La liberté ne se rencontre donc point dans l'absence de toutes lois, mais dans l'accomplissement spontané des lois hors desquelles l'intelligence et la volonté ne sauraient se développer complétement. Elle suppose une foi, des obligations qui dérivent des exigences mêmes de la nature, ou qui viennent plutôt de l'éternel auteur de la nature, Dieu.

En poursuivant l'application de ces vérités générales aux questions politiques vers lesquelles se tournent de préférence les préoccupations contemporaines, il faut conclure que la liberté n'y subsiste qu'à certaines conditions qui sont aussi des lois issues des besoins de la société. Les lois tracent aux volontés des limites dans lesquelles elles doivent s'exercer, hors desquelles il y aurait froissement mutuel, obstacle, guerre, oppression. Ces limites, en tant qu'elles marquent l'espace où chaque volonté peut se mouvoir, s'appellent droits. En tant qu'elles marquent le point où il faut s'arrêter, elles s'appellent devoirs. De là deux manières qui semblent s'offrir d'abord d'assurer la liberté en consacrant les limites qui la garantissent, selon qu'on arrêtera chaque volonté dans la considération jalouse de son propre droit et du devoir d'autrui, ou dans le respect du droit d'autrui et de son propre devoir. Mais de ces deux manières, la seconde est assurément préférable: au lieu d'invoquer à son aide le sentiment de l'intérêt, elle en appelle aux affections généreuses de l'amour; au lieu deplacer les hommes dans un état réciproque de légitime défense, elle les confond dans une disposition commune de sacrifice; au lieu de mettre chacun en garde contre tous, elle confie à tous la garde de chacun, sauvant ainsi l'individu de l'effrayante menace des multitudes. Lequel était le plus sage pour conserver le grain de sable au bord de la mer, de le pousser au-devant des flots en lui disant: « *Va jusque-là,* » ou bien d'arrêter les flots devant lui en leur disant: « *Vous n'irez pas plus loin?* »

Les âges qui précédèrent le Christianisme avaient vraiment vu, selon toute la rigueur d'une expression qui n'a rien de métaphorique, la servitude générale de l'humanité sous le règne de l'enfer. — Cette servitude s'exerçait dans l'ordre intellectuel par l'erreur et par le doute, par les fausses religions et par les fausses philosophies. Les fausses religions avec la magie de leurs fables envahissaient les basses régions de l'esprit humain, les sens et l'imagination; leurs charmes allaient saisir et paralyser, jusque sur les hauteurs qu'elle habite, la raison pure. En même temps qu'elles portaient le trouble dans le siège de la pensée, elles rendaient impossibles ses explorations au dehors, en lui dérobant le monde entier sous un voile de superstition qu'on ne pouvait soulever sous peine de sacrilége. Pour assurer leur pouvoir ténébreux, ces religions, dont on a bien osé vanter la tolérance, désolaient par d'horribles guerres la vieille Asie, faisaient dans Athènes proscrire Anaxagore et présenter à Socrate la ci-

guë, exilaient de Rome, à plusieurs reprises, ceux qui

MÉLANGES. II. Q enseignaient les mathématiques. Elles devaient un jour jeter des millions de chrétiens aux amphithéâtres et aux bûchers. Les fausses philosophies substituaient aux traditions perdues les conceptions des maîtres, et le *Magister dixit* retenait une foule d'esprits captifs dans le cercle tracé par un seul. Ou bien, si la critique finissait par briser ce cercle de crédulité, aussitôt revenaient les questions fondamentales de Dieu, de l'humanité, de la nature, qui ne laissaient ni intérêt ni loisir aux recherches secondaires et à l'observation des faits. — Le Christianisme vint briser cette double usurpation de l'erreur et du doute en rétablissant l'empire de la foi. 11 exerça la raison par de fortes méditations, et lui livra le monde comme son domaine. 11 remplaça par la parole divine les discours trompeurs des sages, et, répondant par une solution définitive à ces grands problèmes religieux qui sollicitaient sans cesse les intelligences, il les renvoya libres et rassurées aux travaux scientifiques. Mais il fallait perpétuer ces bienfaits; il fallait affirmer les dogmes sur lesquels devait reposer toute l'économie des connaissances de l'avenir; il fallait prévenir le retour de cette toute-puissance des sens que le paganisme avait établie avec son culte, de cette omnipotence du talent qui avait dominé dans ses écoles, et de cette anarchie du scepticisme qui leur avait si tristement succédé. 11 fallait donc, si insolite que la conclusion puisse paraître, que du maintien de l'orthodoxie résultât la sécurité, et par conséquent la liberté de la pensée.

En effet, au temps même où la communauté chrétienne scellait son symbole orthodoxe du sceau du martyre, elle s'employait déjà selon ses forces, à l'émancipation de la science. En face des échafauds d'Alexandrie, Pan ténus et Origène avaient dressé leur chaire; et lorsque Julien voulut essayer d'une persécution plus cruelle que celle du fer et du feu, il défendit aux Chrétiens d'apprendre et d'enseigner. Les efforts du clergé pour conserver les lumières mourantes au milieu des ombres de la barbarie, les écoles fondées auprès des cathédrales et des monastères, les lettres accueillies dans l'hospitalité des cloîtres, les prescriptions des conciles pour la culture des langues savantes (1), sont des faits assez illustrés. Telle fut, du onzième au quinzième siècle, l'activité des études rationnelles, que les sectes de la scolastique dépassèrent en nombre les sectes de la Grèce et de l'Orient (2). Les mêmes siècles assistèrent à la création de toutes les universités de l'Europe. Ils se terminèrent par les découvertes qui ouvrirent l'espace immense où se meuvent les idées modernes: celle de l'imprimerie, celle de l'autre moitié du globe, et celle du véritable système planétaire. — Et maintenant, si l'on considère les grands génies orthodoxes auxquels appartient l'honneur de toutes ces œuvres, il est facile de comprendre que la fidélité de leur sou *( )* Le concile de Vienne (1511) ordonna l'établissement de quatre chaires de grec, d'hébreu, d'arabe et de chaldéen, dans les quatre grandes universités de Paris, de Bologne, d'Oxford et de Salamanque.

(2) Cousin, *Cours d'histoire de la philosophie,* tome . mission aux révélations divines est la cause de leur indépendance à l'égard des doctrines humaines, et par là même de leur originalité; c'est leur assurance qui fait leur hardiesse. Et quels génies plus hardis trouvera-t-on dans l'histoire entière que ceux qui remplissent les annales du catholicisme? Irénée et Clément d'Alexandrie à l'époque des Pères, saint Thomas d'Aquin, Roger Bacon et Dante, au moyen âge (1); plus tard Copernic, Michel-Ange et Christophe Colomb, enfin Descartes et Bossuet?

Dans l'ordre moral la servitude du paganisme avait été plus dure et plus ignominieuse encore. Les passions, ces tyrans du cœur, étaient montées sur les autels. On avait adoré les furies avant de diviniser Tibère et Néron, Commode et Héliogabale. Dans tous les cultes idolâtriques, même dans ceux de la Grèce et de Borne, entraient comme éléments nécessaires le sang et la volupté, les sacrifices humains et la prostitution publique (2). Si un enseignement meilleur trou-

vait place dnns le secret des initiations et dans les leçons des philosophes, réservé à un petit nombre, il ne s'adressait pas au vulgaire; et des lieux où il se professait, l'immense majorité des hommes étaient écartés sous le (1) Cousin, *Cours d'histoire de la philosophie,* tome I: « Scot Érigène, S. Thomas, étaient des esprits originaux *téméraires.* » (2) On sait les fêtes de Venus à Chypre, et les jeux de Flore à Rome. Mais on n'a pas assez remarqué que dans cette capitale du monde, au temps de J. César, on immolait encore des Gaulois et des Grecs aux dieux infernaux, à la veille d'une déclaration de guerre; et que, au rapport de Suétone, Octave *sacrifia* trois cents prisonniers, après le siège de Modène, sur un autel érigé aux mânes de César.

nom de profanes. D'ailleurs, il participait inévitablement à l'incertitude des doctrines religieuses. La vertu est une ligne droite qui marque le chemin de la vie, en supposant un Dieu créateur au commencement, et l'immortalité rémunératrice à la fin. Quand ces deux points vacillent, comment tracer la ligne qui les doit réunir? Si quelques natures plus heureusement douées échappaient à la corruption générale, c'était ordinairement par l'énergie d'une passion dominante qui étouffait les autres. Ainsi, l'orgueil cynique triomphait de la sensualité, et cet égoïsme collectif, qu'on nommait amour de la patrie, suscitait de célèbres dévouements. Toutefois la plupart de ces vertus antiques qu'environne une admiration traditionnelle se désenchantent d'une singulière façon aux yeux de qui les considère de près. La biographie fait descendre de leur piédestal les Socrate et les Épaminondas, les Scipion et les Caton; et sur le front de ces demi-dieux elle trouve empreintes, comme le caractère de la bête, d'inénarrables faiblesses. — Le Christianisme, d'une part, détruisit cet assemblage d'adorations, de représentations, de cérémonies et de poésie immondes qui formaient une conjuration permanente et publique contre la dignité humaine. D'une autre part, il mit à la place des ressorts impuissants avec lesquels on s'était efforcé de produire une moralité factice, la force vivante et im-

périssable de l'obligation morale. Or l'obligation est le rapport qui existe entre la volonté du Créateur et la volonté de la créature; et l'union qui résulte de ce rapport est charité: rien n'est libre comme la charité; et c'est précisément dans son libre exercice qu'elle réalise tout ce qui se peut concevoir sous le nom de vertu. Mais, pour conserver dans sa pureté la notion de l'obligation morale contre les dangers d'une complaisance facile ou d'un superbe rigorisme, pour assurer l'inviolabilité de la conscience, en développant en elle cette énergie plus forte que la nature et le monde, plus forte que la tentation et la mort, il est besoin d'un enseignement indéfectible, général et populaire pour la foule, spécial et critique pour les individus; il est besoin d'un ensemble de moyens par lesquels s'accomplisse l'éducation des âmes. Cet enseignement et celte éducation ne sauraient exister sans un ministère qui s'y consacre, et qui s'en rende, qui s'en conserve digne, en observant une discipline sévère. Ainsi, tout audacieuse qu'une telle affirmation doit sembler, de l'établissement de la hiérarchie dépend la véritable liberté de conscience.

Le passé tout entier en rend témoignage. Jamais la vertu ne se réalisa plus complètement avec sa signification primitive de puissance et de virilité *(oirtus — vir —vires);* jamais on n'échappa plus audacieusement aux faiblesses et aux nécessités mêmes de la condition mortelle, que parmi les générations qui vécurent à l'ombre de la hiérarchie ecclésiastique. Ici, il faudrait évoquer toutes les glorieuses mémoires que nous célébrons dans nos fêtes, tous ceux dont les images peuplent nos temples, à commencer par ceux qui défiaient les supplices ou affrontaient les déserts, comme Etienne, Félicité, Perpétue, Antoine, Hilarion, pour finir par ceux qui remuèrent la poussière et la boue de nos sociétés récentes, pour en faire sortir des entreprises gigantesques, comme Thérèse, Ignace de Loyola, Charles Borromée et Vincent de Paul. — A l'aspect des actions et des institutions par lesquelles ils s'illustrèrent, il semble que les lois de la nature qui emprisonnaient l'humanité cèdent sous l'effort d'un affranchissement universel. Tous les miracles qui accompagnèrent la mission du Christ se généralisent et se perpétuent en quelque sorte dans le monde chrétien. La piété transporte des montagnes de pierre et de marbre, qu'elle fait s'élever en coupoles majestueuses et en flèches légères vers les cieux. La continence apaise les orages des sens, et sur la mer agitée que nous portons en nous-mêmes il se fait un grand calme. La charité surtout va au-devant de toutes les misères pour les soulager et les guérir: elle multiplie les pains de l'aumône; ses soins font descendre la santé sur le lit des malades; n'est-ce pas son génie qui, au moyen d'une patiente instruction, a su rendre la vue aux aveugles, l'ouïe et la parole aux sourds et aux muets, tandis qu'un intrépide prosélytisme, n'épargnant ni la sueur ni le sang va jusqu'aux extrémités de la terre appeler à la vie des peuples ensevelis dans le tombeau de l'ignorance et de l'abrutissement?.

C'était peut-être dans l'ordre social que la servitude antique se présentait sous ses formes les plus visibles. Entre ces formes, plusieurs étaient surtout remarquables: l'esclavage proprement dit, la distinction des castes, la tyrannie monarchique ou populaire. L'esclavage pesait quelquefois sur des nations entières, comme les Pénestcs de la Thessalie et les Ilotes de Lacédémone. Il s'exerçait ordinairement sur une réunion d'individus différents d'origine, de mœurs et de langues, élevés dans les maisons, achetés sur les marchés, pris à la guerre, enlevés par les pirates, mais toujours plus nombreux que les hommes libres; l'Attique seule comptait quatre cent mille esclaves. Condamnés aux travaux les plus rudes et les plus méprisés, considérés par les lois comme des choses, non comme des personnes, à Rome on les faisait combattre dans les cirques pour le plaisir du peuple: et ceux qui étaient réservés à des services plus paisibles et plus doux, pouvaient d'une heure à l'autre être jetés aux lamproies sur le signal d'un maître mécontent. La distinction des castes, originaire de l'Inde et de l'Egypte, se retrouvait

dans les tribus de plusieurs cités grecques, dans l'opposition du patriciat romain et de la plèbe, dans les classes sacerdotale, guerrière et agricole de la Gaule, et jusque dans l'organisation intérieure des hordes germaniques. L'histoire est pleine du récit de ces étranges alternatives qui remettaient tour à tour la toute puissance politique entre les mains d'une multitude ou d'un seul, et le poëte laisse assez comprendre quel usage s'en faisait alors, quand il représente, comme les deux suprêmes épreuves de la constance du juste, les colères de la foule qui veut le mal, et les menaces du lyran qui commande l'iniquité:

Non civium ardor prava jubentium,
Non vultus instantis tyranni (1).

Le Christianisme attaqua la servitude sous ces trois formes en opposant à la société civile une société spirituelle, où l'égalité primordiale était posée en principe, où la vocation individuelle appelait aux offices, où le pouvoir sans sceptre et sans glaive ne s'exerçait que par la parole. De la constitution même de l'Église devait émaner un jour, comme conséquence éloignée, sans doute, mais inévitable, la liberté politique.

Toutefois l'Église devait procéder à la délivrance du genre humain, comme on l'a déjà dit, par voie de sacrifice, et non par voie de révolte; par un long et quelquefois insensible travail, et non par une éclatante catastrophe. Elle ne tenta pas de faire briser les chaînes par les mains des esclaves; elle entreprit de les délivrer par les mains des maîtres. Au lieu d'armer quelques nouveaux Spartacus d'un poignard inutile, elle alla chercher Onésime dans les fers pour le faire asseoir évêque sur un siége célèbre. Tandis que, s'insinuant dans les maisons opulentes, elle multipliait les affranchissements, elle faisait pénétrer jusque dans les conseils des empereurs ses disciples secrets. Elle exerçait par eux une mystérieuse influence sur la législation; elle y introduisait une mansuétude autrefois inconnue, (1) Horace, lib. III, ode 5.
détruisant le droit de vie et de mort, réprimant lés cruautés domestiques. Puis,

quand il lui fut permis de se montrer publiquement, elle renversait les barrières élevées par une prudence jalouse pour interdire aux affranchis l'accès de la vie civile; elle lit de la manumission une sorte de solennité religieuse qui s'accomplissait dans le temple au milieu de la joie des anges et des hommes. Elle encouragea la transformation de la servitude en servage, qui assurait au serf sur la glèbe cultivée par lui une demeure stable, un foyer, une famille, c'est-à-dire ce qui fait la dignité et le bonheur de l'existence. Enfin le jour vint où, par l'organe d'Alexandre III, elle déclara que dans le monde catholique il n'y avait plus d'esclaves. — De même, sans soulever les pauvres et les petits contre les droits prétendus de la richesse et de la naissance, au risque d'une lutte sanglante et inefficace, l'Église apprit à la naissance et à la richesse à s'abdiquer elles-mêmes. Elle entoura de tant d'honneurs et d'espérances le fumier de l'indigent, que les grands, pour y avoir part, descendirent de leurs chaises curules. Elle appela les pêcheurs et les artisans au ministère sacré, et mit la tiare sur la tête des fils des pâtres, et, ruinant ainsi le système des castes, où le privilége héréditaire attribuait les fonctions, elle ne laissa subsister pour un temps à sa place qu'une noblesse dont la principale prérogative devait être de *servir*. — Enfin ces peuples et ces princes, accoutumés à ne compter et à n'opérer que sur des masses, elle leur apprit à tenir compte de la dignité individuelle, non par la perspective de l'insurrection, mais par le spectacle journalier du martyre. Les fureurs de la multitude et de ses chefs étaient contraintes d'avouer quelque chose de plus puissant qu'elles, en venant expirer devant le sanctuaire inviolable de la personnalité chrétienne. La puissance temporelle finit par se retirer d'un champ de bataille où elle n'avait jamais vaincu, et laissa libre le domaine religieux. Les empereurs, en demandant le baptême, se dépouillèrent du souverain pontificat dont le paganisme les avait revêtus. Ils ne s'étaient pas défaits de l'orgueil de la couronne: il fallut que la liberté religieuse défendît plusieurs fois ses conquêtes. Athanase,

Ambroise, Basile, Chrysoslome, veillèrent aux portes du temple. D'âge en âge se relevèrent ces glorieuses sentinelles: à Grégoire le Grand, à Léon III, succédèrent Grégoire VII et Innocent IV; à saint Bernard, saint Thomas de Cantorbéry. Sous leur garde, il y eut toujours à l'ombre des autels un asile pour accueillir les opprimés, des oracles incorruptibles pour faire trembler les oppresseurs. Le droit reconnu porte en soi une force logique qui contraint tôt ou tard à la reconnaissance des droits encore contestés. Les immunités ecclésiastiques opposèrent à l'aristocratie féodale un obstacle protecteur derrière lequel s'abritèrent et grandirent les franchises plébéiennes.

Mais déjà l'Église prenant en main la tutelle des nations intervenait plus directement dans leurs vicissitudes. Ses docteurs ne dédaignaient pas de quitter les sommités de la théologie pour venir poser les fondements de la science politique et en même temps la première, pierre des constitutions de l'Europe. Au fond du cloître se méditaient des conceptions dont la vigueur étonnerait les publicistes de nos jours. Écoutez saint Thomas d'Aquin: « La loi est une disposition ration« nelle, publiée par celui qui a soin de la communauté, « dans le but de procurer le bien commun. De là ré« sultent trois conditions sans lesquelles les lois ne « sauraient être justes: en ce qui concerne leur fin, il « faut qu'elles tendent à l'utilité générale; en ce qui « touche leur auteur, il faut qu'elles ne sortent pas des « limites de sa puissance; considérées dans leur forme, « il faut que les charges y soient réparties selon une « égalité proportionnelle. A ces conditions seulement, « les lois astreignent la conscience. Les lois injustes ne « sont que des violences sans valeur obligatoire. Elles « se peuvent souffrir pour éviter le scandale. Mais le « renversement d'un gouvernement lyrannique ne « pourrait être qualifié *sédition*. Celui qui abuse de « la puissance mérite de la perdre. Or, entre toutes « les formes gouvernementales, la monarchie serait « préférable si elle ne dégénérait aisément en tyrannie. « Les lois les plus parfaites seront donc celles à

l'étaie blissement desquelles concourront les anciens et le « peuple (1). »

En même temps que ces maximes, retentissant dans (1) *Summa*, Sancti Thomœ. P. l 2 q.q. 90,4; 95,4; 96,4; 105, c. — P. 2» 2 q.q. 42,2; 65,5.

les chaires des Universités, allaient se répéter par mille échos jusqu'aux extrémités de l'Europe chrétienne, les souverains pontifes en poursuivaient l'application, contenant du regard et du geste les barbares couronnés qui prétendaient ne relever que de leur épée, dénonçant au monde entier les fureurs sanguinaires de Frédéric II ou la rapacité de Philippe le Bel. — D'un autre côté, le sentiment de la fragilité humaine et de l'immense responsabilité attachée au pouvoir se faisait jour dans les cœurs qui battaient sous la pourpre: les rois s'entouraient du conseil de leurs sujets. Nos vieux capitulaires l'avaient prononcé: « La loi se fait par le « consentement du peuple et par la constitution du « prince (1). » Les conciles de Tolède avaient doté le royaume des Visigoths des plus sages institutions. Alfred, le grand législateur des Anglo-Saxons, avait voulu « qu'ils fussent aussi libres que leurs pensées. » Aux douzième, treizième et quatorzième siècles, quand l'organisation politique de la chrétienté s'opère, le système représentatif devient un fait universel: diètes en Allemagne, en Hongrie, en Pologne, parlements en Angleterre, cortès en Espagne, états en France; ce sont toujours des assemblées où le clergé, la noblesse et le tiers état comparaissent par leurs députés, représentant lés intérêts moraux, guerriers, civils, et décidant souverainement des destinées publiques. L'autorité de ces assemblées va s'agrandissant toujours. (1) *Lex fit consentit, populi et constitutione régis.*

Ainsi les états généraux de France, qui en 1316 avaient fixé l'ordre de la succession au trône par l'interprétation de la loi salique, en 1484 statuèrent sur la régence, réclamèrent la convocation biennale, se posèrent juges de la magistrature elle-même en déclarant «que «justice ne peut être exercée que par des justes; » et ne craignirent pas de proclamer, par la voix d'un de leurs orateurs,

« que la souveraineté repose dans le « peuple, composé non de la populace, mais de la « totalité des citoyens (1). » Plus tard, lorsque l'énergie des vieilles traditions commençait à se perdre, en 1560, l'Hospital rappelait à Charles IX « qu'il n'y a « pas d'action plus digne d'un roi que de tenir les « états, de donner audience générale à ses sujets, et de « rendre justice à chacun d'eux; car les rois n'ont d'a« bord été créés que pour cela. » Enfin, les états de Blois (1563), dans lesquels l'esprit catholique sembla se ranimer en présence des menaces du protestantisme en armes, les mêmes qui demandèrent la publication et l'exécution des décrets du concile de Trente, arrêtèrent que la puissance législative résiderait en eux. — Le tiers état, formé d'abord par l'affranchissement des serfs, que la religion encouragea comme celui des esclaves, par 1 émancipation collective des communes et de certaines classes de laboureurs et d'artisans, se fortifia par ses associations pieuses, se groupa sous des bannières où brillaient les images des saints; et, sous (1) On cite ces paroles non pour les approirrer absolument, mais comme expression des idées de l'époque.

ces auspices, il alla prendre dans les affaires publiques cette large pari que nous avons vue. Saint Louis, salué du nom de second père des communes, avait le premier appelé les députés des villes à la réunion des notables. Aux assemblées nationales, le tiers état trouva en grand nombre sur les bancs de l'ordre ecclésiastique ses lils et ses frères, qui devinrent ses auxiliaires naturels contre les entreprises de la noblesse; il rallia dans ses intérêts le clergé, presque tout entier issu de ses rangs. Cette majorité artificielle fut remplacée par lui par une majorité réelle qui lui assurait l'omnipotence, lorsqu'il obtint de nommer un nombre double de députés, et de balancer par ses seules voix celles des deux autres ordres réunis. Si de la brillante scène des états généraux, il redescendait dans l'obscurité de la vie ordinaire, là, plus que jamais, le tiers état se comportait en maître. Les cités s'imposaient, se jugeaient, se gardaient elles-mêmes; elles avaient leurs magistratures, leurs milices, et jusqu'à leurs coutumes locales, dans la rédaction desquelles elles étaient intervenues, dont elles ne souffraient pas qu'une lettre fût effacée sans leur intervention. — C'était donc avec raison qu'un grand politique, contemporain de LouisXII, professait: « qu'il y a des monarehies qui ne sont que « des républiques avec un roi, comme Lacédémone a dans les temps anciens, et la France dans les temps « modernes (1). » Or la France, c'est la terre bien *(i)* Machiavel, *Art de la çuerre.* aimée de l'Église, le royaume fondé par les évêques. Mais elle-même n'avait fait qu'emprunter et donner l'exemple aux contrées voisines. Déjà les prélats anglais avaient présenté à Jean-sans-Terre les articles de la grnnde charte. Les nobles d'Espagne se tenaient pour les égaux de leurs rois, et le peuple entier était noble. Les villes allemandes formaient une ligue redoutable. La moitié de l'Italie n'obéissait qu'à des institutions démocratiques. Le saint empire romain était électif. El dans les solennités du sacre de tous les princes, telles que l'Eglise les avait primitivement établies, le prince prêtait serment de fidélité à ses sujets, avant de recevoir le leur.

Ainsi vivaient nos pères; générations fières et intelligentes, dont le sens était droit, le cœur intrépide et les bras forts; dont on a calomnié les mœurs pour discréditer leur foi, et qu'on a représentés comme des esclaves parce qu'ils étaient chrétiens. Telle était la constitution de la société européenne durant ce bel âge catholique qui commence aux croisades. De longues prospérités lui étaient promises. Il semblait surtout que le quinzième siècle, en scellant la clôture du grand schisme, en donnant à la France Jeanne d'Arc, à l'Allemagne Guttemberg, à l'Italie les maîtres de Raphaël, en ouvrant à l'orient et à l'occident les portes des deux Indes, conviait l'humanité tout entière à de nouvelles et merveilleuses destinées. Nous dirons quels événements l'arrêtèrent au moment où elle allait prendre possession des promesses de l'avenir. — Mais déjà il nous est permis de conclure que les plus chères libertés des peuples sont écloses sous la féconcante influence du catholicisme. Nous ne prétendons pas sans doute, à l'exemple de quelques auteurs, réduire les fonctions divines de l'Église à une sorte de tribunal protecteur des intérêts plébéiens, ni borner le grand fait mystique de la rédemption à l'affranchissement matériel du genre humain. Ce point de vue judaïque n'est point le nôtre. Seulement, sans oublier la mission céleste de la religion dont nous sommes les disciples, il nous est consolant de rappeler ses bienfaits d'ici-bas. Après avoir reconnu la place immobile que le soleil occupe dans l'espace, et les lois de l'attraction qu'il exerce sur les grands corps suspendus autour de lui, on aime encore à observer les douces influences de ses rayons, quand ils visitent l'insecte sous la mousse et font éclore dans le gazon des fleurs qui vivent un jour.

II

INFLUENCE GÉNÉRALE DU PROTESTANTISME SUR LES DESTINÉES DE L'EUROPE.

Avant de considérer le protestantisme à l'heure où il entre en action, il n'est pas inutile de signaler les causes plus anciennes qui concourent aux mêmes effets et dont il accepta la solidarité.

L'hérésie est l'antithèse inévitable de l'orthodoxie. Elle la suit à travers tous les temps, comme l'ombre suit la lumière. Dans tous les temps aussi elle est recon

MÉLAXCES. II. 17 naissable à deux caractères qu'elle réunit. Le premier est que, depuis les jours des apôtres, depuis les Nicolaïtes, les Ariens, les Donatistes, les Nestoriens, jusqu'aux Vaudois et aux Hussites, toutes les grandes doctrines hérétiques ont été marquées, comme d'un stigmate, du nom propre d'un homme. Ce nom est une date qui accuse leur nouveauté: c'est celui d'un mortel, et il porte avec soi leur arrêt de mort. Mais c'est surtout le signe de l'autorité humaine, substituée en elles à l'autorité d'en haut. Par là elles s'assimilent à ces écoles philosophiques de l'antiquité, qui subirent aussi l'humiliation des noms propres. Départ et d'autre, absolutisme d'une intelligence supérieure qui s'arroge les honneurs du magistère, abdication de la liberté de ceux qui se résignent à la condition de disciples. Le second caractère de ces doctrines est la négation d'un ou plusieurs dogmes du symbole orthodoxe. Or la négation, venant à se heurter contre l'affirmation, ne peut manquer, dans le commun des esprits, de produire l'incertitude. L'incertitude sollicite, sur le point où elle se porte, le concours de toutes les forces de la pensée: elle les retire par conséquent des diverses régions du domaine de la science qu'elles parcouraient; elle les soumet à un asservissement auquel il est difficile de se soustraire Peut-être si la scolastique du moyen âge captiva tant de talents perdus pour l'avancement des connaissances humaines, c'est qu'elle fut le champ clos où la vérité dut soutenir les assauts non interrompus de Bérenger, d'Abailard, d'Arnaud de Brescia, des Fraticelles et des Lollards, Ainsi l'hérésie menaçait de ramener le monde à la servitude intellectuelle.

Elle devait oser plus. Passant de la spéculation à la pratique, elle devait se faire schisme, et s'attaquer à la hiérarchie. Elle reniait cette sainte fraternité, cette communion d'amour, cette unanimité des consciences chrétiennes, dont le souvenir soutient si puissamment la conscience individuelle contre les violences des passions. Elle laissait s'altérer, à défaut de contrôle, la notion de l'obligation morale; soumise à d'impurs alliages, cette notion devenait une sorte de fausse monnaie dont se payaient volontiers les vertus indulgentes, et qui finissait par avoir cours forcé pour les plus austères. Aussi, dès l'époque des gnostiques, la plupart des sectes ne semblent avoir fait brèche à l'enceinte sacrée de la foi que pour y faire entrer quelque vice réhabilité par elles. Et plus tard, lorsque aux lueurs de la critique on descend dans les ténébreux mystères de ces Albigeois qui se décernaient à eux-mêmes le titre de *cathares,* c'est-à-dire *purs,* on y retrouve des obscénités qui révoltent la nature. En présence de semblables faits, il n'est pas téméraire de dire que l'hérésie était un retour, par des chemins détournés, à la servitude morale.

Mais parce qu'il y a dans le pouvoir une sorte de magie qui attire et semble fasciner les hommes: l'hérésie, qui se dérobait au pouvoir spirituel de l'Église, était entraînée vers le pouvoir temporel. Elle s'en fit un rempart, il fallut donc qu'elle travaillât à l'élever. Or, comme ce tyran qui aurait souhaité au genre humain une seule tête pour l'abattre d'un coup, les erreurs, empressées de se répandre, durent souhaiter aux peuples un seul chef qu'une seule parole pût gagner. Quand elles trouvèrent les monarques inaccessibles, elles s'adressèrent aux grands dont ils étaient entourés. Elles ne s'abaissèrent guère qu'avec lenteur jusqu'aux pauvres et aux petits, et si elles se recrutèrent parmi eux quelquefois, ce fut dans l'espoir de se donner la force matérielle et de vaincre par le nombre. Sous ces différentes formes, monarchiques, oligarchiques, démagogiques, c'était toujours le despotisme. A peine Constantin s'était-il assis, chrétien déclaré, sur le trône de Constantinople, que déjà Arius y rampait à ses pieds. Durant mille ans, la cour byzantine fut le rendez-vous de tous les hérésiarques et de tous les schismatiques qui ne reculent pas devant l'ignominie d'un asile souillé par tant de crimes. C'étaient encore des sectaires avides qui remplissaient les palais des rois ostrogoths, visigoths, bourguignons et vandales. Les doctrines albigeoises avaient reçu l'hospitalité dans les voluptueux châteaux de la noblesse languedocienne. Celles des Flagellants et des Pastoureaux, véritablement populaires, ne se propagèrent que par des bandes fanatiques, armées du meurtre et de l'incendie, passant comme l'orage et dissipées comme lui. Mais les principaux représentants de l'hétérodoxie, au moyen âge comme en tous les temps, se rencontraient dans l'entourage des princes. C'étaient ceux-là surtout que Frédéric II conviait à ses orgies impériales. Occam vendait sa plume aux rancunes de Philippe le Bel, et publiait l'apologie du roi faussaire. Quelque temps après, on le voyait au service de l'empereur Louis de Bavière, alors que

celui-ci créait un antipape, et condamnait par contumace à la peine du feu le pontife légitime. Wiclef couvrit longtemps ses desseins perfides des bonnes grâces d'Edouard HL Ces mauvais génies étaient ceux qui entretenaient dans les conseils une secrète antipathie contre l'action bienfaisante de l'Eglise, qui dirigeaient contre la cour romaine d'incessantes hostilités. Ils apprenaient aux souverains à dépouiller cette crainte filiale du saint-siége, qui les avait longtemps contenus, et à ne plus relever que de Dieu, c'està-dire à mépriser les hommes. L'histoire de l'hérésie trahit donc une irrécusable tendance à la servitude politique.

Ces éléments de désordre se développèrent encore sous l'influence d'un événement célèbre, mais, selon nous, souvent mal jugé; c'est-à-dire la Bennissance. Il y avait eu, à l'époque des croisades, une renaissance véritable de la philosophie, de la poésie, des sciences et des arts, qui font l'ornement et la puissance de la civilisation. Dans cette résurrection de beaucoup de connaissances, qui semblaient éteintes avec l'ancien monde, il s'était trouvé quelques réminiscences impures. L'érotisme païen s'était mêlé aux chants des troubadours. Aristote régnait en maître absolu dans l'enseignement. L'étude du droit romain, à laquelle l'Église opposa d'abord de sages barrières, avait bientôt rallié une école de légistes qui formulaient des théories oppressives à l'usage des souverains (1). Mais après la chute de Constantinople, d'illustres proscrits apportèrent tout ensemble aux nations de l'Occident l'érudition et la corruption byzantines. L'Italie, la première, oublieuse des avis de son vieux poëte, reçut sans défiance les présents des Grecs. Dès lors ce ne fut plus seulement un retour aux philosophies antiques: Platon fut à Florence l'objet d'un culte superstitieux, tandis qu'à Paris les doctrines péripatéciennes se plaçaient sous la protection des arrêts du Parlement. Ce fut un délire immense qui, s'emparant des esprits, les reportait à l'idolâtrie, quelque chose de pareil aux tentatives de Julien l'Apostat et des Alexandrins pour la restauration

de la mythologie déchue. On vit, dans des villes chrétiennes, des savants se réunir pour célébrer ensemble les rites décrits par Homère, en chantant des hymnes de Callimaque. Le nom de Dieu ne put désormais se produire autrement qu'au pluriel dans les écrits qui aspiraient à quelque renommée littéraire. L'art brisa ses types sacrés, et s'attacha exclusivement aux modèles de la sculpture et de l'architecture gréco-latines: la peinture elle-même commençait à oublier ses primitives inspirations dans l'étude de la matière, pour se perdre ensuite dans les infamies de Jules Romain. Les monarques, salués du titre de protecteurs des lettres, se croyaient ramenés au siècle d'Auguste, et en adoptèrent sans restriction toutes (1) Décrétale d'Honorius Ht.

les traditions gouvernementales. Surtout les Médicis, dont la fortune a plus d'un rapport avec celle de ce premier des empereurs romains, s'essayèrent en Toscane, et portèrent ensuite sur plusieurs trônes, par leurs alliances, avec une réputation d'orthodoxie équivoque et de moralité suspecte, des habitudes de déloyauté politique inconnues jusqu'alors.

L'hérésie d'une part, la Renaissance de l'autre; le rationalisme orgueilleux de Jean Huss et de Wiclef, le matérialisme de l'Arétin et de Machiavel: voilà les causes qui, remuant profondément la chrétienté au commencement du seizième siècle, annonçaient une grande et prochaine révolution. La corruption gagnant le clergé et montant jusque dans la chaire de saint Pierre avec Alexandre VI, fournissait le prétexte hautement proclamé de la réformation des mœurs, en même temps qu'elle faisait souhaiter en silence le relâchement de la discipline, trouvée désormais trop sévère. La séduction des opnions nouvelles affaiblissait l'empire tutélaire du dogme. Dans les cabinets, dans les académies, jusque dans les monastères, régnaient la haine des entreprises ecclésiastiques, le mépris de la simplicité populaire, l'impatience de la règle. Il se formait des factions inquiètes, dont l'opposition systématique entravait le progrès normal des institutions et troublait la prospérité des peuples. Si cette opposition n'était point encore passée à l'état de révolte, le danger de l'initiative l'avait seule contenue. Un temps vint où trois hommes se rencontrèrent, que cette initiative n'effraya point: l'un moine à Vittenberg, l'autre étudiant à Noyon, le troisième roi d'Angleterre: Luther, Calvin et Henri VIII; et le protestantisme fut.

Le protestantisme, à son tour, ne pouvait pas renier ses origines. D'ailleurs, il avait compris combien c'est peu de chose que le présent, moment indivisible, point d'intersection entre le passé et l'avenir. Pour se créer un avenir, il manquait du don de prophétie, et rien ne fut plus malheureux que ses essais en ce genre (1). Il lui restait donc à se donner un passé, à reconstruire la généalogie par laquelle il prétendait remonter jusqu'au temps de la révélation, et par là même jusqu'au ciel: Il alla donc, ouvrant les sépulcres des générations qui n'étaient plus, disant à la pourriture: « Vous êtes mon « père et ma mère; » et aux vers: « Vous êtes mes « frères et mes sœurs; » et il se fit une famille des Hussites, des Lollards, des Vaudois, des Albigeois, des Bérengériens, des Iconoclastes, qui devait plus tard se continuer jusqu'aux Ariens. Et, bien qu'il trouvât peu d'accord et de sympathie dans cette famille d'erreurs, il eut raison de s'en avouer l'héritier, car toutes avaient un trait de ressemblance, toutes avaient protesté comme lui. Or il n'est pas permis de choisir entre des traditions auxquelles on attribue un caractère commun de sainteté; on ne peut pas recueillir une succession religieuse sous bénéfice d'inventaire. Il faut donc que le (1) En 1520, Luther prophétisa que dans deux ans la papauté aurait cesse d'exister.
protestantisme, descendant légitime de toutes les hérésies, accepte l'héritage des anathèmes que la raison, la conscience et la société opprimées ont prononcés sur elles. — De même qu'il avait eu besoin d'un passé religieux, le protestantisme dut chercher à se procurer un passé scientifique et litléraire. Et comme il avait répudié celui du catholicisme, comme il dédaignait la littérature

légendaire et chevaleresque, la statuaire et l'architecture gothiques, la politique, la morale et la théologie du moyen âge, il fit dans l'histoire de la civilisation, telle qu'il la concevait, une lacune de quinze siècles, et par-dessus l'abîme il tendit la main à l'antiquité. De là ces superbes insultes prodiguées aux devanciers et aux contemporains, cette affectation des langues classiques, ces palais et ces jardins peuplés de statues des divinités grecques, tandis qu'on renversait dans les temples celles des saints, le fanatisme de l'archéologie uni avec le vandalisme de l'impiété; de là ces habitudes pédantesques qui distinguèrent les adeptes de la secte et qui rendirent proverbiales la roideur allemande et la morgue genevoise: enfin ce déguisement ridicule où les premiers réformateurs échangèrent leurs vieux noms français ou germaniques pour s'appeler Mélanchton, Flaecuslllyricus, Osiander, Œcolampade, Capiton et Calvin. En sorte que si la postérité venait quelque jour à oublier leur époque, elle les prendrait probablement pour des disciples de Pythagore, de joyeux compagnons d'Épicure ou de Lucullus, ou des familiers de Tibère et de Denys le tyran. — Nous verrons qu'à certains égards la postérité ne se tromperait guère.

S'il y a une métaphysique propre au catholicisme, où l'idée de la liberté (rouve sa place et laisse pressentir les conséquences pratiques qu'elle engendrera, le protestantisme s'est fait aussi sa métaphysique, dans les maximes de laquelle il est permis d'avance d'apercevoir ses œuvres. Voici comment il s'en exprime par la voix de son premier apôtre, Luther: « Il est impossible « qu'un autre que Dieu soit libre. Sa Prescience et sa « Providence font que toutes choses arrivent par une « immuable, éternelle et inévitable volonté qui foudroie « et met en pièces tout le libre arbitre. Le nom même « du libre arbitre ne convient qu'à Dieu, et ne peut ap« partenir ni à l'homme, ni à l'ange, ni à aucune créa« ture... La perfection est donc de croire que Dieu est « juste, soit qu'il couronne les indignes, soit qu'il « damne les innocents, bien qu'il nous rende neces« sairement damnables

par sa volonté, en sorte qu'il « semble se plaire aux supplices des malheureux (1).» Et, pour qu'on ne pense pas que ces paroles sont échappées à la fougue de l'un des chefs de la réforme, un autre plus calme et plus habile, Théodore de Bèze, les confirme en des termes encore plus odieux. « Dieu, « dit-il, fait toutes choses de son conseil défini, même « celles qui sont méchantes et exécrables (2). » En présence de cette notion de la toute-puissance de Dieu, (1) Luther, *de Servo Arbitrio.* (2) Bèze, *Exposition de la foi.*

Ja personnalité humaine s'anéantit; l'intelligence et la volonté ne sont plus que des ressorts passifs sous la main de Celui qui les créa; toute coopération, toute résistance leur devient impossible; et ces conséquences, quelque dures qu'elles soient, sont ratifiées par deux synodes luthériens, qui condamnent comme téméraire cette proposition d'un de leurs docteurs: « La « volonté n'est pas oisive ni sans action (1). » Mais si la personne est anéantie, l'individu demeure; s'il n'est plus qu'un instrument divin, en lui et par lui s'exerce l'omnipotence divine; si donc il a cessé d'être libre, il est devenu souverain, souverain comme le vent dans les airs ou les eaux dans l'Océan, comme toutes les grandes forces de la nature dont l'action est à la fois aveugle et irrésistible, parce qu'elle est nécessaire. Or, dès que l'individu se trouve immédiatement sous l'impulsion de la divinité, l'intervention de la société devient inutile: elle a cessé d'être l'organe des communications d'en haut; elle perd l'initiative que l'éducation lui donnait dans le développement des esprits et des cœurs; ses besoins ne sont plus la source, la mesure et le but suprême du pouvoir. Ainsi l'Individualisme protestant entraîne la ruine des libertés intellectuelles, morales et politiques, avec la ruine de l'orthodoxie, de la hiérarchie et de la constitution tout entière de l'Église.

Dans l'ordre de l'intelligence, l'individualisme peut (1) *Concordia.* revêtir deux formes selon que la souveraineté est attribuée à l'inspiration ou à la raison. L'inspiration individuelle, qui suppose une action plus directe de la part de Dieu, une plus complète inaction de la part de l'homme, devait être la forme préférée du protestantisme. À l'infaillibilité collective de la société catholique succéda l'infaillibilité de chaque théologien dans les méditations solitaires de sa cellule, ou dans l'entraînement de ses prédications publiques. L'Esprit-Saint plana sur la tête de chacun des chefs de la réforme; il fit en eux sa demeure. Ce fut l'apothéose de Luther, de Calvin et de Henri VIII. L'apothéose appelle le culte, et jamais divinités païennes n'en exigèrent un plus absolu que ces idoles des temps modernes. Luther, « par la « grâce de Dieu, ecclésiaste de Wittenberg, revêtu d'un « ministère reçu non des hommes, mais par révélation « de Jésus Christ (1), » régnait, rival de Charles-Quint, sur la moitié de l'Allemagne. Une puissance d'admiration et de terreur captivait autour de lui, comme dans un cercle magique, les esprits les plus heureusement doués. Mélanchton subjugué, mais non convaincu, gémissait vainement sous cette oppression prodigieuse. « Je suis en servitude, disait-il, comme dans l'antre du « Cyclope. Je pense souvent à m'enfuir... Je suis parmi « ceux qui dominent comme Daniel parmi les lions. » Et de l'autre côté du Rhin, Calvin répondait au nom de tous les adeptes des opinions nouvelles: « Nous don (1) Luther, *Epist.* v

« nons un étrange exemple à la postérité, pendant que « nous aimons mieux abandonner notre liberté que « d'irriter un seul homme, Luther, pour la moindre « offense (1). » Calvin, à son tour, ordonnait à son consistoire de Genève « de déférer au magistrat civil les « incorrigibles et ceux qui prêchaient de nouveaux « dogmes. »Il faisait brûler Servet, tandis que ses amis dressaient à Berne le bûcher de Valentin Gentilis. Plus tard ses doctrines se formulèrent dans le synode de Dordrecht, qui eut des tribunaux pour exécuteurs de ses décrets, qui jeta Grotius dans un cachot, et fit tomber la tête de Barneveldt. Mais les tendances les plus intimes de la réforme devaient se montrer sans crainte et sans réserve, lorsqu'elle se trouva portée à sa plus haute puissance en la personne du troisième de ses maîtres, de celui qui l'était dans toute la force du mot, c'est-à-dire de Henri VIII. Le Défenseur de la Foi, c'était le titre dont il était fier, disputait, en présence de sa cour, contre d'obscurs sectaires, et, ne pouvant les convaincre, les envoyait à la mort. Il écrivait son *Institution* et son *Érudition du chrétien;* et faisait traîner sur la claie les catholiques et les luthériens liés ensemble. Il réglait aussi la manière de prononcer le grec, et punissait des plus sévères châtiments quiconque adoptait une autre prononciation. Ses *Six Articles,* symbole officiel de la croyance imposée à ses peuples, furent scellés du sang de soixante-douze mille Anglais.

(1) Calvin, *Epist.*

Aucune hérésie ne porta plus visiblement le caractère du despotisme, la marque de l'autorité humaine. En vain s'est-elle débattue sous le fer chaud de l'histoire, elle garde au front comme une ineffaçable flétrissure, la trace du nom de ses auteurs, et toutes les générations qui l'ont vue passer l'ont appelée: Luthéranisme, Calvinisme, Anglicanisme.

Cependant l'inspiration individuelle ne pouvait manquer de se discréditer par ses contradictions et par son prosélytisme persécuteur. Alors seulement, et comme par une réaction inévitable, devait se produire une nouvelle forme du protestantisme, et la Raison individuelle devenir souveraine à son tour sous le titre de Libre Examen. Or l'examen c'est le doute, c'est une arène où les pensées captives luttent sans fin, d'où elles ne peuvent sortir que par une issue honteuse, l'indifférence. Et, en effet, combien d'heures laborieuses, combien de savantes recherches, combien d'érudition, d'imagination, d'habileté, d'énergie, ne sont pas allées se perdre dans les querelles protestantes, et qui peut dire quel retard s'est fait dans le progrès des sciences pendant le siècle qui sépare Galilée de Newton! Que si, dans la suite, l'activité des esprits s'est reportée avec empressement vers l'étude de la nature, c'était en abandonnant avec dépit les études religieuses où tant de travaux étaient demeurés stériles. Dans le champ délaissé ont germé successivement le déisme, le panthéisme, l'athéisme, toutes les mauvaises herbes de la philosophie, auxquelles ont succédé, de nos jours, les doctrines utilitaires des économistes et les rêveries de cette école qui s'intitule humanitaire. Or les frontières des nations catholiques, qui avaient arrêté les conquêtes des prophètes de la Réforme, ne résistèrent pas à l'influence de ses penseurs. Socin, Spinosa, Bolimbroke, Colins, Hume, avaient infecté l'Allemagne et la Suisse, la Hollande et l'Angleterre, avant que la contagion vînt ravager la France. Les deux mauvais génies du dernier siècle, Voltaire et Rousseau, apparaissent assis aux portes de la Rome du calvinisme, Genève, tandis que dans la capitale du luthéranisme, à Berlin, Frédéric H conspire la ruine de la foi chrétienne. Les maîtres de l'école écossaise, et ceux des universités transrhénanes, Reid et Steward, Kant et Hegel, ont compté parmi leurs disciples les hommes qui nous ont appris à ne reconnaître que des Faits et des Lois dans la nature et dans l'histoire, à ignorer la Cause première, à la perdre de vue dans les nuages de l'abstraction, à repousser surtout son intervention surnaturelle, à nier la possibilité du miracle, à dire enfin comment les révélations se préparent dans les laboratoires des philosophes, et de quelle manière *les dogmes finissent.* — Voilà comment la réforme, traversant de nombreuses transformations, devait arriver à ce rationalisme moderne qui a énervé le fort tempérament des esprits européens, qui, ébranlant les axiomes fondamentaux des sciences morales, interrompt des travaux déjà voisins de leur couronnement, qui condamne les générations au labeur de Pénélope, détruit chaque nuit l'ouvrage de chaque jour, et qui, n'admettant plus que des vérités relatives, décourage quiconque n'est pas assez insensé pour se dévouer aujourd'hui à des veilles dont le résultat demain sera mensonge. Le rationalisme, soit qu'il demeure à l'état de doute, soit qu'il dégénère en indifférence, par cela seul qu'il exclut l'autorité, n'est autre chose que l'anarchie dans l'entendement humain. Et l'anarchie n'est pas moins que le despotisme funeste à toutes les libertés, par conséquent aussi à la liberté intellectuelle.

Transporté dans le domaine de la volonté, l'individualisme s'y trouvait d'abord obligé de prononcer la consécration de la chair comme organe matériel d'une des intentions du Créateur. Il fut proclamé par Luther « qu'il est aussi impossible de se contenir que de se « dépouiller de son sexe. » Et cette maxime, l'une de celles dont les réformateurs parurent le plus jaloux de presser les conséquences, suscita ces innombrables mariages de moines apostats et de religieuses parjures, qui faisaient dire à Erasme « que cette grande pièce « tragique avait le dénoûment d'une comédie. » Mais Érasme laisse entrevoir d'autres et plus tristes pensées, en présence du même spectacle, quand il s'écrie: « On « ne vit jamais rien de plus licencieux:1e luxe, ladébau« che et l'hypocrisie se multiplient au delà des bornes « accoutumées. Il n'y a plus ni règle ni discipline (1). » C'est en ce temps-là qu'un sermon sur le mariage fut (1) Érasme, *Epist.* prêché dans la chaire de Wittemberg. « Si les femmes « sont opiniâtres, il est à propos que leurs maris leur « disent: Si vous ne voulez pas, une autre voudra; si « la maîtresse ne veut pas venir, que la servante ap« proche... Il faut pourtant que le mari amène sa « femme devant l'église, et qu'il l'admoneste deux ou « trois fois: après, répudiez-la et prenez Esther au lieu « de Vasthi (1). » Ainsi reparaissait en 1522, bannie depuis dix siècles des mœurs et des lois de l'Europe, l'antique institution du divorce, accommodée, ainsi que la polygamie, à la faiblesse de l'homme dans les temps qui précédèrent le Christianisme. Car le divorce n'est qu'une polygamie successive, et touche de près à la polygamie simultanée. Cette fatale analogie se montra d'une manière irrécusable dans l'affaire du landgrave de-Hesse, autorisé, par une consultation de Luther et de Melanchthon, à épouser, en gardant la landgravine. une autre femme, « pour certaines nécessités de

corps et « d'esprit (2). » C'était donc peu d'avoir flétri la virginité, la plus belle des fleurs qui s'épanouissent sur la tige des vertus angéliques; c'était peu d'avoir abjuré, avec la continence, les droits les plus glorieux que la liberté chrétienne eût acquis sur la nature corrompue: il fallait prononcer l'esclavage de la volonté et faire passer en force de loi la nécessité de l'infamie.

Sans doute la conscience publique a résisté: le sou (1) Luther, *Sermo de Matrim.on.* (2) Voyez les pièces à la fin du premier volume de *l'Histoire des Variations.*

HÉLAHGES. 11. 18 venir de traditions meilleures et la crainte d'attirer la réprobation du monde n'onlpoinl permis d'user dans toute leur latitude de ces disciplines nouvelles. Mais si la volupté, avec ses inénarrables excès, est rentrée sous terre, l'orgueil scientifique n'a-t-il pas grandi jusqu'aux cieux dans les universités etles académies allemandes, et leurs Babels n'ont-elles pas déjà attiré la confusion des langues parmi leurs constructeurs? La cupidité mercantile des Hollandais d'abord, et des Anglais ensuite, n'a-t-elle pas entrepris l'exploitation des deux mondes? Bien plus, ces vices nationaux ont eu des théoriciens pour les formuler en principes, et des prédicateurs pour leur acquérir un droit de cité général parmi des nations civilisées. Fichte, en exagérant l'idée du moi jusqu'à lui faire contenir et engendrer l'idée du monde et celle de Dieu, établissait les prémisses sur lesquelles s'appuie aujourd'hui cette école qui, parmi nous, réclame la suppression de l'humilité du catalogue des vertus (1). Malthus et Bentham nous ont enseigné ces ignominieuses doctrines qui réduisent toute l'économie de la vie humaine aux calculs de l'intérêt, qui étouffent la famille du pauvre pour n'avoir pas à nourrir ses enfants, ferment les asiles de l'indigent et de l'orphelin, tarissent les sources de l'aumône, et jettent un superbe mépris sur les institutions magnifiques de la charité, où elles ne découvrent plus qu'une sensibilité imprévoyante. De là cet égoïsme qui (1) Voir, dans la *Revue des Deux-Mondes* du *ih* février 1838,

l'article de M. Lerminier.

envahit chaque jour les peuples autrefois heureux de se nommer catholiques; l'égoïsme qui ne se cache pas moins sous les spéculations de la cupidité et sous les pompes de l'orgueil que sous les jouissances de la volupté: l'égoïsme, l'éternel oppresseur de la liberté morale.

Au point de vue politique, l'individualisme grandit et ses conséquences s'étendent. Le vouloir de l'individu se confondant avec le vouloir divin, qui est le droit par excellence, il s'ensuit que le droit de chacun n'a d'autres limites que son bon plaisir. Dans ce débordement de l'idée du droit, l'idée du devoir ne peut manquer de se perdre. Et maintenant, si un tel débordement se fait dans l'esprit des princes, et si la notion qu'ils ont de leur droit peut se réaliser au dehors par l'emploi dela force, l'absolutisme envahira les sociétés. — La Réforme, dans la faiblesse de son premier âge, n'était pas insensible à l'attrait du pouvoir. Luther, qui se souvenait de Jean Huss, s'était présenté à la diète de Worms au milieu d'un cortége de gentilshommes bardés de fer; le château de la Wartbourg était son île de Pathmos; il aimait à sentir sur sa tête le bras robuste de l'électeur de Saxe, et lorsqu'il écrivait pour le landgrave de Hesse la consultation dont on a parlé dus haut: « Notre Église, lui disait-il, pauvre, petite et « abandonnée, a besoin de princes vertueux *qui la ré« cjisscnt.* » Aussi professait-il que le souverain, relevant immédiatement de Dieu, ne reconnaît ni juge ni supérieur en terre, et que son sceptre, alors même qu'il se change en verge, ne doit renconlrer aucune résistance. Il répétait, en présence des armements gigantesques de Soliman, « qu'il n'est pas permis de « combattre le Turc dont le ciel se sert pour nous pu« nir. » Les paysans de la Souabe, entraînés par l'agitation des opinions nouvelles, s'étaient soulevés: il écrivit un livre pour démontrer qu'il était illicite de pardonner à des sujets rebelles. Ces enseignements étaient accueillis avec faveur dans les petites cours tyranniques sous le joug desquelles coulaient le Rhin, l'Elbe ou l'Oder; elles allaient séduire des archevêques de Cologne sur leur siège, et un marquis de Brandebourg, à la tête de l'ordre Teutonique. Celui ci, doublement apostat de la foi de ses aïeux, fondait la monarchie prussienne, qui devait un jour représenter en Allemagne le gouvernement despotique, élevé tout à la fois au rang de science philosophique et de puissance militaire. Plus loin, et dans ces royaumes du Nord où le trône jusqu'ici n'était qu'un pavois soutenu par des bras qui pouvaient le laisser tomber à toute heure, le luthéranisme sut dompter l'indépendance et la fierté des habitudes Scandinaves. A la fin du dix-septième siècle, les états de Danemark et de Suède abdiquèrent la part qui leur appartenait dans les affaires publiques, et remirent aux mains de leurs rois un pouvoir illimité.

Si l'Angleterre ne vit pas sa Grande Charte déchirée et les portes de son parlement fermées par Henri VIII, ce fut sans doute pour qu'elle offrît un plus solennel encore et plus miraculeux exemple du degré de servilisme où une grande nation peut descendre sous la conduite de l'erreur. Ce fut pour donner en spectacle non pas une seule assemblée abandonnant par un vote de confiance les destinées du pays à la sagesse du monarque, mais plusieurs assemblées successives pendant un long règne, venant sanctionner par un vote délibéré chacune des volontés voluptueuses ou sanguinaires du plus odieux tyran dont le pied ait foulé une terre chrétienne; décrétant tour à tour la validité, la nullité des mariages; le maintien et le changement des symboles; les spoliations, les supplices, la suprématie, l'infaillibilité, la mission divine de celui qui les ordonnait. Et comme si ce n'était point assez d'ignominie, cet avilissement devait se prolonger sous le règne d'un enfant, Edouard VI, et d'une femme, Elisabeth. D'un autre côté, le calvinisme préparait dans les Pays-Bas l'élévation de la maison d'Orange, qui, sous le nom de stathoudérat, sut exercer une autorité plus que royale. Dans les cantons suisses, dont l'organisation républicaine lui parut inattaquable, il sut au moins atténuer les éléments démocratiques, et assurer la prépondérance

de l'aristocratie. Enfin l'un de ses plus célèbres ministres, Jurieu, proposant la réunion des diverses communions réformées, concluait par cet aveu mémorable: « Le pieux ouvrage dont nous parlons ne se « peut faire sans le secours des puissants de l'un et « l'autre parti, parce que *toute la réforme s'est faite « par leur autorité.* »

Mais les idées protestantes étaient douées d'une force de propagation qui les faisait se répandre par des voies inaperçues dans les contrées mêmes dont l'accès public leur semblait d'abord interdit. Le calvinisme naissant avait trouvé asile à la cour de France. Marguerite, sœur de François 1", et Renée, fille de 3ouis XII, bientôt après le roi de Navarre, la maison de Condé, et beaucoup d'autres noms illustres dans la noblesse du royaume, comptèrent parmi les protecteurs de la secte. François I" avait lu, dit-on, avec intérêt *l ' Institution chrétienne;* et si toutefois il exerça de sévères persécutions, ce fut pour céder aux représentations du parlement, qu'avaient effrayé les excès des anabaptistes; ce fut surtout pour donner quelque satisfaction au murmure général qu'excitaient parmi son peuple sa tolérance, ses débauches et sa fiscalité. Au lieu de sacrifier ses plaisirs ou son trésor, il aima mieux jeter au bûcher quelques victimes, malgré les conseils miséricordieux de plusieurs prélats, "entre lesquels il faut citer le savant Sadolet, et dont la conduite ne permit pas de justifier par la complicité de l'Eglise la cruauté du prince. D'ailleurs, en même temps qu'il brûlait ses réformés à Paris, il soudoyait leurs entreprises en Allemagne; demandait à Mélanchthon un mémoire conciliateur, et cherchait à l'attirer par des offres brillantes. Dans ses entrevues avec Henri VIII, il avait reçu des inspirations et exprimé à son tour des désirs qui auraient pu le conduire à un schisme déclaré, s'il n'avait obtenu de Rome sa confirmation, et du clergé de France l'exécution du concordat qui lui donnait des pouvoirs égaux à ses ambitions. Telles étaient les affinités secrètes de François I et du protestantisme: les inclinations politiques de l'un et les théories de

l'autre s'accordaient merveilleusement ensemble et s'encourageaient mutuellement. En effet, la décadence de nos vieilles franchises date de ce règne de trente ans, où jamais ne furent convoqués les états généraux, où les impôts furent triplés, les remontrances du parlement réprimées par des menaces brutales, les dangers de la patrie oubliés dans les fêtes d'une cour de femmes et de favoris, le monarque déclaré au-dessus des lois, et, pour la première fois, inscrite au bas des ordonnances qui décidaient des intérêts les plus graves, cette insolente formule: « Car tel est notre plaisir. »

Charles V ne detait guère demeurer en arrière de son rival. Ses lenteurs, si souvent acccusées par le Saint-Siége, à une époque où l'erreur naissante pouvait être étouffée au berceau, ses efforls pour concilier les prétentions de la Réforme avec les droits de l'Église, les bizarres doctrines de son *Interim,* les soupçons qui, après sa mort, firent lomber sur son confesseur, l'archevêque de Tolède, l'ignominie d'une dégradation publique: c'est bien assez pour trahir l'influence que les opinions nouvelles exerçaient sur lui. Et l'on trouva à la fois la raison et les effets de ses sympathies dans ces tendances autocratiques qu'il porta sur les deux trônes Gù il s'assit. Il avait pris le titre de roi d'Espagne sans attendre l'aveu des Corlès; il noya dans le sang des *Comuneroa* insurgés les antiques priviléges des villes. Il sut faire bannir le clergé et la noblesse, pour écraser ensuite le tiers état, de ces Cortès d'Aragon, les plus anciennes et les plus libres de toutes les assemblées représentatives: il laissa le reste à faire à Philippe II. En Allemagne, les divisions religieuses lui offrirent une application facile de cet apophthegme fameux: *Divide et impera;* il renversa, sinon en droit, du moins en fait, la constitution élective du Saint-Empire, et le rendit héréditaire dans la maison d'Autriche. L'Empire, l'Espagne, la France, entraînèrent le reste de l'Europe, et le siècle du protestantisme fut celui de l'établissement universel de la monarchie absolue. — Il est vrai que, plus tard, les mêmes enseignements, pénétrant parmi les masses, y produisirent d'autres résultats. La préoccupation du droit, avec l'oubli du devoir, descendait dans les esprits de la foule; elle y constituait autant de souverainetés qu'il se pouvait compter de têtes, et ne pouvait échapper au danger d'une collision de tous contre tous qu'en se réduisant à la doctrine de la souveraineté de la majorité, c'est-à-dire au radicalisme. Lcradicalisme, qui avait fait sa première apparition avec les anabaptistes, se montra plus savant et plus fort dans la révolution presbytérienne qui précipita les Stuarts; il s'introduisit en France, pour égarer les généreuses intentions de l'Assemblée nationale, et pour inaugurer, dans les massacres de septembre et dans la grande immolation du 21 janvier, la démagogie révolutionnaire. — Or le radicalisme qui consacre la puissance matérielle du nombre, et l'absolutisme qui divinise l'unité, parce qu'il la trouve forte, ne sont que les formes d'un même matérialisme, destructeur nécessaire de la liberté publique. DROIT

On ne connaîtrait pas Ozanam tout entier si on ne le connaissait comme juriste. En effet, sa première pensée de jeune homme avait été de consacrer sa vie au barreau d'abord, puis à l'enseignement de la science des Lois. Il donna donc à l'étude du Droit une part notable, j'ai presque dit les meilleures années de sa jeunesse.

Mais le Droit, pour lui, ce n'était pas seulement ce qui fait au Palais le praticien, ce n'était pas seulement l'application des textes juridiques aux affaires de chaque jour. Le Droit, c'était, avant tout, une branche de la Philosophie; c'était une portion de l'Histoire; c'était même un côté de la Littérature.

Oui, de la Littérature, et à bon droit; car, dans les plaidoyers de Démosthènes et de Cicéron, comment séparer l'orateur du jurisconsulte? Est-ce que Papinien n'appartient pas, comme écrivain, à l'histoire de la langue latine? Est-ce qu'au seizième siècle les premiers humanistes du temps, Budée, Thomas Morus, Scaliger; au dix-septième, Saumaise et Leibniz, n'étaient

pas des jurisconsultes de profession? Est-ce que, d'autre part, ces princes de la Jurisprudence, Alciat, Cujas, le président Favre, étaient inférieurs à personne en tant qu'humanistes? Est-ce enfin que Domat et d'Aguesseau ne sont pas à la fois des jurisconsultes et des écrivains?

Il en sera ainsi partout où l'on ne tronquera pas les hommes en les parquant dans l'étude du Droit comme dans un métier. Je parlais à l'instant de littérature: mais n'oublions point que ni Domat, ni d'Aguesseau, ni, de nos jours, Portalis l'ancien, n'ont méprisé la philosophie du Droit; n'oublions pas non plus ce que l'exégèse des textes juridiques a d'obligations profondes à la connaissance de l'histoire.

Ozanam le savait; et, lorsqu'en 1839 une chaire municipale de Droit commercial fut créée en sa faveur dans sa ville natale, il monta dans cette chaire, à vingt-six ans, armé de toutes pièces sur la philosophie comme sur l'histoire et sur la théorie positive de la portion de la science qu'il était chargé d'enseigner.

Profondément pénétré de la vraie mission du Professeur, il ne s'était point efforcé d'accumuler dans son cours des problèmes juridiques. 11 ne s'y perdit point en d'intarissables discussions d'espèces controversées. 11 aimait mieux enseigner des principes que des doutes, inculquer les règles du Droit et en faire comme toucher du doigt la sagesse que d'initier ses auditeurs (ce sont ses termes) « au double scandale de l'obscurité des lois et de la contrariété des jugements. »

Mais il était prêt sur la jurisprudence des arrêts comme sur tout le reste. On peut en juger par les noies qu'il avait préparées pour la première moitié de ce Cours trop tôt interrompu.

Nous les publions avec confiance. Ce ne sont que des notes, sauf de courts et rares fragments, qui s'en détachent, a dit si bien M. Ampère, comme des figures terminées avant le reste dans l'esquisse d'un maître. Ce ne sont que des notes: et pourtant quelle étendue! quelle élévation! quelle lumière! Il n'y a là que les grandes lignes du sujet; mais elles y sont toutes. El plus elles sont nues,

mieux elles découvrent l'ensemble et les principales divisions du vaste horizon qu'elles embrassent. Ainsi dégagées de tout accessoire, elles en dessinent, elles en font ressortir les contours avec une pureté de trait pleine de relief et de vigueur.

Quel dommage qu'un travail semblable eût été perdu! Certes, parmi les notes extraites des papiers deKlimrath, on en a publié (et je ne m'en plains pas) qui sont bien au-dessous de la valeur de celles-ci. J'ose dire qu'on y retrouvera tout Ozanam: son érudition si sûre, son esprit si largement ouvert et si pénétrant, son cœur si droit, et même quelques éclairs de son éloquence. Tout y est, comme le fruit est dans la fleur.

Pour être juste envers ces notes, il faut en effet se reporter à 1839, se souvenir de l'âge de celui qui les a écrites.

Il en est de même de deux articles de journaux qui témoignent aussi de l'étendue et de la vigueur des études juridiques d'Ozanam, et qu'on a cru devoir réimprimer ici, eu égard à l'intérêt ou à l'importance des questions qu'il y a traitées.

L'une de ces questions est celle de la symbolique du Droit, si cetle expression peut m'être permise. C'est une critique impartiale et forte de l'ouvrage de M. Michelet sur les *Origines du Droit français.* M. Michelet était déjà dès lors un écrivain plein d'assertions hasardeuses; mais il n'était pas encore l'homme que nous voyons à l'œuvre et dont je ne veux point parler. Cela explique l'hommage alors rendu par Ozanam aux premiers travaux de l'auteur, hommage qui atteste la bienveillance du juge au moment même où il fait justice.

L'autre question est celle de la propriété des biens consacrés à Dieu sous la garde et l'administration de l'Église. Il n'est pas de question plus actuelle; il n'en est pas de plus superficiellement étudiée. La force l'a tranchée sans doute bien des fois, depuis la Réforme, sur presque tous les points de l'Europe. Mais, en Droit, la raison du plus fort n'est pas toujours la meilleure, et je ne vois point, pour ma part, ce qu'on peut opposer au Socialisme, quand il applique aux *oisifs de la bourgeoisie,* soit les arguments connus contre les oisifs des monastères, soit la théorie de l'omnipotence de l'État pour une meilleure répartition des biens de ce monde en faveur de l'égalité des citoyens. Quel n'est pas l'intérêt d'une telle question sous une plume qui savait agrandir et renouveler tout ce qu'elle touchait!

FOISSET.
DROIT PUBLIC
DES BIENS DE L'ÉGLISE 1857
CHAPITRE PREMIER
DES RAISONS PROVIDENTIELLES QUI ONT PRÉSIDÉ A LA CONSTITUTION DES BIENS ECCLÉSIASTIQUES.

Au seuil des études jurisprudentielles que nous nous proposons d'aborder, une prévention toute philosophique se rencontre, puissante, et qui trouve crédit parmi les esprits les plus religieux. Il semble que, dans l'intérêt de la paix générale, dans l'intérêt de son honneur, de sa liberté, de sa conservation même, l'Église ferait sagement peut-être de renoncer à des droits contestés. A cette prévention il importe de répondre: il importe d'examiner préjudiciellement si la possession des biens temporels n'aurait pas sa place et sa fonction déterminées d'avance dans les destinées que la Providence a préparées à l'Église, et, par l'Église, à l'humanité tout entière.

I. — L'Église est une société d'âmes qui, par la foi, l'espérance et l'amour, s'unissent entre elles et cherchent à s'unir à Dieu: jusque-là son existence est au nombre des choses invisibles. Mais ces âmes sont encore dans les conditions de la vie d'ici-bas. la foi, l'espérance, l'amour, qui sont en elle, ont besoin de s'entretenir et de se communiquer par des symboles; leur mutuelle harmonie se fait connaître par des signes; l'effort de leurs pensées vers Dieu reçoit son expression dans un culte extérieur: l'Église a donc nécessairement une existence visible. Aux jours des persécutions, elle se voile, elle donne rendez-vous à ses disciples en des sanctuaires obscurs: cependant sa présence, si secrète qu'elle soit, attire ceux qui aspirent à devenir ses catéchumènes, et ses bienfaits la trahissent à ses bourreaux. Mais ces jours mêmes sont passagers: il ne faut pas que les mystères du vrai Dieu ressemblent aux initiations jalouses des divinités antiques; il faut que gloire soit rendue à celui qui est auxcieux, et que paix soit faite sur la terre aux hommes de bonne volonté; c'est-à-dire que l'Église, comme dépositaire des révélations et des miséricordes célestes, soit reconnue par l'élite des peuples, et qu'elle soit reconnaissable à tous ceux qui cherchent le bien et le vrai dans les régions les plus ténébreuses et parmi les mœurs les plus barbares. Son existence doit donc devenir publique.

Ainsi l'annoncèrent les prophéties, alors que parla l'Évangéliste de l'avenir: « Je placerai un signe au « milieu d'eux, et du nombre de ceux qui auront été « sauvés, j'en enverrai plusieurs aux nations, au delà « des mers, aux peuples de l'Afrique et de la Lydie, « dont toute la science est de tendre des arcs, à ceux « de l'Italie et de la Grèce, aux îles lointaines, à ceux

« qui n'ont point entendu parler de moi Et ils

« amèneront tous vos frères, de toutes les nations, à la « maison du Seigneur, sur des chevaux, sur des qua« driges, en des litières, sur des mules et dans des

« chariots (1) et ceux qui les verront reconnaîtront

« que ceux-là sont la race que le Seigneur a bénie (2)... « Agrandis le lieu où tu dresses ta tente; étends sans « mesure les peaux qui forment tes pavillons, choisis « des cordes plus longues, et affermis les pieux qui les « retiennent. Ta race multipliée aura les nations pour « héritage... Tu étais pauvre, ébranlée par la tempête, « inconsolée: voici que moimême je reconstruirai ta « demeure, je la fonderai sur des saphirs, je (aillerai le « jaspe pour t'en faire des remparts, je choisirai pour « tes portes des pierres sculptées, et les bornes qui « marqueront tes vastes domaines seront des pierres « précieuses (3). »

Or, pour réaliser ces magnifiques promesses, pour fréter ces immenses vaisseaux qui iront chercher les prosélytes au delà des mers, pour préparer à ceux qui viendront un digne accueil, pour élever le marbre en voûtes pieuses, le sculpter en autels, le faire vivre en statues; afin que jamais le pain et le vin né manquent au sacrifice, ni l'huile à la lampe qui brûle devant le tabernacle; afin que l'encens fume sous la main des prêtres, et qu'eux-mêmes, revêtus de vêtements sacrés, leur empruntent un aspect moins humain; afin qu'ils consacrent au soin des âmes, à la prière, à la méditation, ces heures longues et exemptes de toute préoccupation; enfin pour cette existence publique de l'Église dont nous venons de constater la providentielle nécessité, il faut des moyens matériels, de ces choses qui se prêtent au désir de l'homme, et que pour cette raison on appelle des Biens. Ces biens, l'Église les trouvera ou dans les aumônes précaires des fidèles, ou dans une rétribution fixe assignée par une autorité politique, ou dans des acquisitions durables dont elle-même sera gardienne et dispensatrice.

H. — L'Église est libre par sa vocation même: car elle a reçu toute puissance dans ce monde pour faire le bien, et la puissance de bien faire, c'est la liberté véritable. Mais, si l'Église se manifeste au dehors, si elle agit publiquement, il doit arriver qu'elle se trouve en présence des faits politiques qui s'accomplissent parmi les hommes, et du pouvoir temporel qui y préside. De là des points de contact, des rapports tour à tour bienveillants ou hostiles, presque toujours des obstacles, toujours péril pour l'exercice de la liberté.

Le péril augmente quand c'est du pouvoir même, et de lui seul, que l'Église attend ses ressources matérielles. Le pouvoir qui lui assigne un revenu périodique le considère toujours comme un salaire, c'est-àdire comme un acte de supériorité, et quelquefois comme un bienfait; car la faculté de donner moins se présente flatteuse à l'esprit de celui qui seul peut donner dignement. L'Église est réduite à la condition d'une classe d'ouvriers dont un seul maître sans concurrent pourrait employer les services; on lui pèse son pain au poids de ses chaînes: elle est réduite à opter entre l'abdication de sa liberté ou l'abdication de sa publicité.

Ira-t-elle donc frapper à la porte des fidèles et puiser dans leurs trésors? Mais les trésors sont dans les maisons des riches, et les passions y sont aussi faisant une, garde impitoyable autour de cet or avare. Elles ne l'accorderont pas sans échange: mais elles le prodigueront pour payer un esclavage de tous les jours qui s'ignorera lui-même sous le nom de tolérance, et qui ne sera ni moins ignominieux ni moins dur que l'esclavage des rois. 11 faudra donc descendre sur la place publique et faire appel aux générosités capricieuses de la multitude, qui, elle aussi, aime à se voir obéie alors qu'elle est sollicitée. Ou bien il faudra se montrer, apparition importune, sous chaque toit, à chaque foyer, partager l'épargne du vieillard et l'héritage de l'orphelin, se retirer peut-être chargé de leurs malédictions, et aller dévorer dans l'ombre et dans les larmes l'aumône insuffisante, tandis que les ornements des pompes sacerdotales tomberont en lambeaux, et que les arceaux des basiliques croulantes de vétusté menaceront la tête des rares chrétiens demeurés fidèles à ce culte déchu. Non: mieux vaudrait mille fois accepter franchement l'indigence, et, renonçant à des magnificences extérieures qui ne pourraient plus se soutenir, reporter à l'ombre de la crèche les mystères du Dieu qui y est né.

Au contraire, si des donations multipliées, si des défrichements laborieux, ont assuré à l'Église des possessions territoriales, la terre, cette source intarissable de toutes les matières utiles, c'est-à-dire de tous les biens, ce débiteur qui paye toujours avec usure le créancier patient, assurera à la société religieuse une ressource périodique et à peu près égale comme ses besoins. De la sécurité procède l'indépendance. Les existences enracinées dans le sol aident quelquefois aux secousses politiques qui le bouleversent, mais non pas aux orages éphémères qui l'effleurent. Elles sont d'ailleurs d'autant plus fortes qu'elles ne sauraient être isolées: elles rassemblent autour d'elles et retiennent dans une sorte de solidarité les intérêts de beaucoup d'employés et de travailleurs subalternes. Et les pouvoirs politiques, qui savent le danger moral d'une mauvaise réussite, se gardent par avance de toute entreprise de ce côté, et se dirent dans leur sagesse: « Nous n'irons pas plus loin. »

III. — Mais le plus beau titre de l'Église aux droits qu'elle réclame, c'est le ministère de charité qu'elle remplit. Tandis que la multitude des hommes est dominée par la préoccupation du bien-être exclusif, par le souci de la nourriture ou du plaisir du lendemain, elle seule est chargée des soins désintéressés, elle veille à la satisfaction des nécessités individuelles qui ne sauraient se soulager d'elles-mêmes, à la conservation des intérêts généraux négligés par l'égoïsme de chacun. L'antiquité semblait, de toutes les œuvres de bienfaisance, n'avoir connu qu'une seule: l'hospitalité; et encore l'hospitalité païenne n'était qu'un échange de droits et de devoirs, un acte véritable de commerce. L'Église exercera l'hospitalité sous une forme nouvelle, sans esprit de retour; elle s'estimera heureuse de l'offrir à tous les genres de misères, de souffrances; elle leur élevera des palais superbes, qu'elle nommera d'un nom qui rendait noblement sa pensée: Hôtels-Dieu. Aux temps du règne absolu de la force, l'Église accueillera la science exilée, et non-seulement elle lui donnera dans ses monastères un lieu de repos, mais elle lui préparera des écoles et des universités, comme des théâtres, pour reparaître glorieuse au milieu de ceux qui l'avaient méconnue. Elle saura étendre sur les arts un patronage plus complaisant encore, et leur faire dans ses temples une place qu'ils n'eussent jamais trouvée dans les cours des princes; elle leur captivera l'admiration non de quelques hommes envieux et corrompus, mais de la foule croyante et enthousiaste; et en même temps elle aura assuré à la foule croyante, au pauvre peuple accablé de fatigues et de hontes journalières, des joies dont rien ne pourrait égaler la grandeur et la pureté. Ainsi l'Église, s'il est permis de le dire, est la grande aumônière du genre humain, c'est l'économe immortelle des pauvres, des sciences et des arts. Elle accomplit cette mission avec une persévérance, une largeur de vues, une harmonie qui ne sont possibles ni aux hommes ni aux sociétés humaines, pressés par le temps, restreints par l'espace, égarés par le mauvais vouloir et l'erreur. Mais elle ne saurait l'accomplir, elle ne saurait faire ainsi les frais généraux de l'humanité, qu'en devenant dépositaire de la part de richesses qui doit être consacrée à cette fin, et que Dieu luimême y consacra dans sa pensée, alors que, créant les choses, il imprima sur toutes le noble sceau de leur origine et de leur destination.

IV. — Ainsi nous nous trouvons conduits à un ordre supérieur de considérations: c'est à l'origine de ces biens qui, sous tant de transformations diverses, sont parvenus jusqu'à nous, qu'il faut remonter, et découvrir s'il se peut, au milieu des âges, la loi de leur dévolution.

Celui-là seul était maître de la terre qui venait de l'appeler du néant, et qui pouvait l'y faire rentrer aussitôt. Cependant, en s'en réservant le domaine, il en voulut répartir la jouissance aux créatures excellentes qu'il avait faites semblables à lui: « Voici que je vous « ai donné toutes les herbes qui se reproduisent par « leur semence sur la terre, et tous les arbres qui ont « en eux la semence nécessaire pour perpétuer leur « race, — afin de servira voire nourriture (1). » Il leur donna donc une jouissance commune, et à raison de leurs communs besoins.

Mais, après le péché, une autre sentence fut prononcée: « La terre est maudite, et tes labeurs pèse« ront sur elle comme une malédiction. Tu mangeras « ton pain à la sueur de ton front (2). » Et ailleurs il fut dit: « Il a livré le monde à leurs disputes. » Alors donc il sembla que le Créateur eût répudié son héritage, et ses droits furent méconnus. Alors toute jouissance dut être acquise par le travail, et devenir personnelle comme lui, perpétuelle comme lui: et la propriété se forma. Et d'autres propriétés semblables se formèrent par la conquête. Et quiconque ne fut pas propriétaire par le travail ou par la conquête, par le droit de la sueur et du sang, devint esclave. 11 en fut ainsi dans les cités des hommes (5).

Or l'Église est la cité de Dieu, son œuvre est la reconstruction nécessairement imparfaite ici-bas de l'ordre primitif. A mesure donc qu'en sa faveur des biens se détachent du domaine privé, ces biens rentrent dans le domaine de Dieu, dans la jouissance commune de l'humanité chrétienne, dont tous les membres y ont (t) Genèse, i, 29.

(2) Genèse, m, 17. (3) Decrelum; causa m, q. 1, 2. Communis enim usus omnium quasunt in hoc mundo omnibus esse hominibus debuit... Ibid. disi. vin, 1. Jure naturali, communia omnia sunt omnibus... Jure crgo consuetudinis vel Constitutionis, hoc meum est, illud vero alterius. Unde Augustiuus: Jure divino, Domini est terra et omnis plenitudo ejus... Jure ergo humano dicitur: Hsec villa est mca, hic servus est meus. un véritable droit, à raison de leurs besoins religieux, intellectuels, matériels même (1). Mais, comme la loi du travail, ainsi que toutes les peines temporelles du péché, continue d'exercer son empire, ceux qui remplissent les fonctions laborieuses du ministère ecclésiastique ont un droit spécial, à raison des sueurs qu'ils ont versées (2), le droit de pourvoir d'abord à leurs propres nécessités, de diriger ensuite l'administration du superflu, sous le double contrôle de leur conscience et des règles établies (5). Ainsi, dans cette cité sacrée, en même temps que les bommes reprennent les titres de leur fraternité, les choses retournent à leur destination originelle: et la terre, bénie de nouveau, se retrouve dans les mêmes conditions qu'au jour où, vierge, elle parcourait pour la première fois l'orbite de ses révolutions.

Ces idées sont celles qui ont présidé à l'origine et à la législation des biens de l'Église. Peut-être ne les trouverait-on point dénuées de gravité. Au moins il est permis de ne plus croire à ce divorce supposé par les écrivains protestants entre la philosophie religieuse et la jurisprudence canonique, et de penser que les doo (1) Decretum; causa xn, q. 1, 26, etc.

(2) Luc, x, 7. Dignus est enim operarius mercede sua. I Corinlh.,ix, 7. Quis suis stipcndiis militavit unquam? Quis plantat vineam et de fructu ejus non manducat? 11. Si nos vobis spiritualia seminavimus, magnum est si nos carnalia vestra metamus? (5) Timoth., I, vi, 8. Summa sancti Thomse, 2, 2", q. 87, art. 3. Decretum, causa nu, q. 1, 25. Res Ecclesise, non quasi propriæ, sed ut communes et Doo oljlatrc, cum summo timore non in alios quam pra?fatos usus sunt fideliter dispensanda?. trines de la première ne furent pas étrangères aux dispositions de la seconde.

CHAPITRE II.
DE LA LÉGISLATION PRIMITIVE DES VIENS ECCLÉSIASTIQUES.

Le droit divin est l'ensemble des lois providentielles qui régissent les êtres moraux: il se laisse reconnaître logiquement par la philosophie religieuse. Le droit positif est l'ensemble des formules dans lesquelles les législateurs humains se sont efforcés de traduire ces lois providentielles selon qu'ils les ont conçues: il se prouve par l'histoire. Or, entre les témoignages de l'histoire et les inductions de la philosophie religieuse, entre les formules et les choses formulées, entre le droit positif et le droit divin, il y a une inévitable discordance, inévitable, hormis dans l'Église. Assistée d'une révélation indéfectible où elle découvre à toute heure les volontés éternelles qui déterminent sa destinée, l'Église trace sans effort une législation en laquelle ce qui doit être est toujours. De sorte que les institutions catholiques ont une double légitimité et se justifient également de deux manières, l'une rationnelle, qui démontre qu'elles durent exister, l'autre traditionnelle, qui montre que dès le principe elles existèrent.

Ainsi, après avoir reconnu philosophiquement l'origine et la destination nécessaires des biens ecclésiastiques, nous rechercherons historiquement leur origine et leur destination légales. Nous assisterons à la formation du droit sur ce point. Nous le verrons d'abord s'établir comme usage dès les premiers temps, recevoir ensuite une expression plus rigoureuse dans les canons des conciles et les décisions de l'autorité spirituelle; enfin obtenir la confirmation des lois séculières, alors que sur les ruines du paganisme s'assoient les premiers princes chrétiens.

I. — L'ancienne constitution du peuple israélite avait magnifiquement pourvu aux besoins temporels du sacerdoce, en attribuant aux fils de Lévi quarantehuit villes pour leur habitation au milieu de leurs frères (1); des possessions immobilières nombreuses, et dont l'inaliénabilité était garantie par des règles sans exception (2); enfin des oblations et des dîmes (3). Elle avait assuré l'emploi charitable de ces richesses, en imposant à ceux qui les possédaient des vertus austères, en leur faisant ouvrir l'enceinte de plusieurs d'entre leurs villes comme un asile aux meurtriers involontaires poursuivis par la vengeance, et partager la dîme triennale avec la veuve, l'orphelin, le pauvre et l'étranger (4).

Le Sauveur parut: autour de lui douze disciples se (1) Nombres, xxxv.
(2) Lévitique, xxv. (5) Nombres, xvm. (4) Nombres, xxxv; Deutcronome, xiv et xvm. rassemblèrent, et la société catholique commença d'exister. — Le Fils de l'homme n'avait pas de toit pour abriter sa tête: il enseignait à attendre le pain de chaque jour de celui qui nourrit les oiseaux du ciel. Et pourtant il acceptait les conditions nécessaires de la vie terrestre; il voulait que l'aumône abondante de la veille fût ménagée pour les exigences du lendemain: un disciple était chargé de ce trésor indigent qui suffisait à tous (1). — Il envoyait les siens dans le monde comme des agneaux au sacrifice, et cependant il voulait qu'entrant sur leur chemin dans les maisons hospitalières, ils y prissent leur repos et leur nourriture, non comme un secours gratuit, mais comme le prix de leurs travaux (2). — Selon sa parole la main gauche devait ignorer les largesses pieuses que la main droite aurait répandues, mais ceux qu'il revêtait de son pouvoir devaient le rendre vénérable par la publicité de leurs bienfaits, afin que l'admiration des hommes rendît gloire au Père qui est aux cieux (3). Ces principes se développèrent lorsque l'Église, devenue trop nombreuse pour se contenir clans le cénacle, se propagea dans Jérusalem étonnée. — Alors parmi

la multitude de croyants il n'y avait qu'un cœur et (1) S. Aug. cité dans le *Decretum, causa* xu, q. 2. Habebat Dominus Ioculos, a fidelibus oblata cr. nservans, et suorum necessitatibus et aliis indigentibus tribuebat. Tune primum ecclesiasticae pecuniae forma est instituta.

(2) Luc, x, 7. In eadem autem domo raanete, edentes et bibentes quae apud illos sunt: dignus est enim operarius mercede sua. (3) Videant opera vestra bona et glorificent Deum patrera vestrum qui in cœlis est. qu'une âme, et toutes choses leur étaient communes. Car tous ceux qui possédaient des maisons ou des champs les vendaient, et en apportaient le prix, et le déposaient aux pieds des apôtres (1). Des Églises nouvelles naissaient à la voix de Paul et de Barnabe, et déjà des offrandes (2), des rétributions périodiques (3), s'y recueillaient pour l'Église de la cité sainte, pour être remises entre les mains de ces douze pêcheurs dont Rome ellemême devenait aınsı tributaire (4). — Ces tributs étaient libres dans leur mode de perception, mais dès lors ils étaient considérés comme obligatoires de leur nature: « Qui donc, disait l'Apôtre, a jamais combattu sans re« cevoir le prix du sang? El refusera t-on le fruit de la « vigne à celui qui l'a plantée?... Si le laboureur tra« vaille, c'est l'espérance qui conduit sa charrue, et, « s'il foule aux pieds le blé de ses moissons, c'est dans « l'espoir d'en recueillir le grain. Si donc nous avons « semé parmi vous les biens spirituels, est-il étonnant « que nous moissonnions sur vos biens terrestres?... « Ignorez-vous que ceux qui vivent dans les labeurs du « sanctuaire se nourrissent des choses du sanctuaire, « et que ceux qui servent à l'autel participent aux of« frandes de l'autel? C'est pourquoi le Seigneur a or« donné que ceux-là qui évangélisent vivent de l'É« vangile (5). » Or celui qui parlait de la sorte écrivait (t) *Act.,* iv, 32.

(S) *Act.,* n, 29.

(5) *Corinth.,* I, xvi, .

(4) Rom., xv, 26. (5) *Corinth., I,* ix, 4. ailleurs: « Contentons-nous de la nourriture et du « vêtement (1). » Ces aumônes réclamées avec tant d'énergie

avaient donc quelque autre emploi. Dès les premiers jours la société chrétienne était allée au-devant des pauvres. Leur service fut considéré comme une fonction si sacrée, que sept hommes furent choisis pour y donner des soins exclusifs, et qu'ils reçurent l'imposition des mains. Et chacun des croyants fut secouru selon ses besoins, il n'y eut plus d'indigents au milieu d'eux; et les plus humbles veuves des étrangers, des affranchis, ne furent pas oubliées (2).

II. — L'Église grandit durant l'ère des persécutions, et les libéralités se multiplient. Les catacombes se parent d'un luxe religieux. Les dépouilles des martyrs sont enveloppées dans de riches draperies; des vases d'or et d'argent chargent les autels; les chrétiens se consolent de l'ignominie que les hommes leur prodiguent en prodiguant les honneurs à leur Dieu; des pompes touchantes se célèbrent dans le secret des nuits. Les magistrats idolâtres ont entendu parler de ces trésors, et leur avarice s'éveille, et saint Laurent meurt pour ne pas trahir la foi du dépôt. Les possessions immobilières, moins faciles à dérober aux investigations des tyrans, se constituent plus tard, et se rencontrent déjà au temps de l'empereur Aurélien, alors que Paul de Samosate est expulsé de la maison patriarcale de (1) *Timoth.,* I, Ti, 8.

(2) *Act.,* vi, I, iv, 34.

MÉLANGES. II. 20 l'Église d'Ântioche (1). Mais voici que les Césars sont descendus dans l'urne baptismale; ils en sortent renouvelés, et leur faveur sera sans mesure, comme sans mesure fut leur colère. La seule basilique de La Iran possède dès la fin du quatrième siècle cent vingt mille livres de revenu, et sept autres basiliques de Rome comptent ensemble un revenu de cent cinquante mille livres. L'Église romaine reçoit l'huile de ses lampes et le parfum de ses encensoirs, des vastes domaines qui lui sont donnés au bord de l'Euphrate (2). Les autres églises sont dotées des biens autrefois confisqués sur les martyrs et les confesseurs; des donations et des legs de leurs évêques, qui se dépouillent pour elles comme saint Ambroise en montant sur son

siège, comme saint Grégoire de Nazianze en descendant au tombeau; des héritages immenses que les princes leur laissent, ainsi que le fit en mourant l'impératrice Pulchérie (3). Et toutefois ces munificences, loin d'être provoquées, semblent ne se faire accepter qu'avec peine; la multitude des oblations effraye le prêtre; saint Augustin raconte les nobles scrupules d'Aurélius, évêque de Carthage, qui rendit à Un homme opulent devenu père les biens qu'il en avait reçus: lui-même a dit quelque part: « Quiconque veut déshériter son fils pour enrichir le « clergé, qu'il cherche un autre qu'Augustin pour ac« cepter une hérédité pareille (4). » Plusieurs fois il (1) Thomassin, *de la Discipline de l'Église.* (2) Fleury, *Mœurs des chrétiens.* (3) Thomassin, *Mœurs des chrétiens.* (4) Thomassin, *Mœurs des chrétiens.* voulut rendre au peuple d'Hippone les possessions de son évêché; mais le peuple lutta de générosité et refusa de reprendre ses présents (1). Des motifs semblables de discrétion et de sagesse firent interdire aux simples clercs de recevoir de leur autorité privée aucune offrande (2). Au reste, l'Église considéra son droit d'acquérir comme tellement incontestable, qu'elle ne jugea pas nécessaire de le consacrer par une disposition législative.

Les biens acquis de la sorte étaient empreints d'un caractère nouveau, ils devenaient sacrés, ils étaient « les vœux des fidèles, le prix des péchés, le patrimoine « du Christ, le domaine de Dieu (3). » On ne saurait leur appliquer aucune de ces expressions jalouses que l'homme a inventées pour exclure ses frères et pour jouir seul. Ils n'avaient pas de propriétaires, ils n'avaient pas même d'usufruitiers, mais seulement des titulaires, administrateurs et gardiens (4). Les administrateurs et gardiens étaient les évêques, car il était juste de confier sans crainte le soin des choses aux mêmes mains entre lesquelles était remis le soin des âmes (5).

Considérés au point de vue de leur emploi, ces biens étaient communs. L'évêque recevait ou faisait recevoir (1) Fleury, *Mœurs des chrétiens.* (2)

Constit. apost., 4, 5. Concile deLangres,
7 8.
(ô) Fleury, *Institutions au droit ecclésiastique,* partie II, chap. uni. *Deeretum,
causa* m, q. 2. *(4) Deeretum, causa* xn,
q. 2. (5) *Deeretum, causa* Xii, q. 2. par
ses économes les revenus affectés à son
église; il prélevait les sommes nécessaires à ses besoins et à ceux de ses
clercs, qui, ordinairement réunis auprès
de lui, vivaient de la vie cénobitique;
il déterminait les dépenses qu'exigeait
la splendeur du culte, et distribuait le
reste aux pauvres par les mains de ses
prêtres et de ses diacres (1). Ainsi, vers
l'an 250 et sous le pontificat de saint
Corneille, l'Église romaine nourrissait
cent cinquante clercs et quinze cents
pauvres. En même temps elle soutenait
jusqu'au fond de l'Arabie et de la Syrie
les églises persécutées. Les oboles
réunies de la communauté croyante allaient ébranler la cupidité du proconsul
païen, ouvraient les portes des prisons,
arrêtaient les glaives des bourreaux. Les
enfants exposés, les esclaves abandonnés dans leur vieillesse, toutes les misères que la société païenne repoussait
d'elle, étaient accueillies par ces
hommes héroïques qui ne savaient pas
rendre le mal. A Rome, dans chaque
quartier de la ville, un diacre était établi
pour recevoir et consoler toutes les de-
mandes et toutes les plaintes (2). Des
hôpitaux s'ouvrirent et se multiplièrent
avec toutes les destinations diverses que
le génie de la charité sut concevoir.
C'étaient les Xenodochia pour les étrangers, les Nosocomia pour les malades,
les Orphanotrophia pour (1) *Decretum,
causa* xn, q. 2. Pracipimus ut in potestate suâ res Eo clesiœ episcopus habeat.
.. Ut potestate ejus indigentibus omnia
dispensentur per presbyteros et diaco-
nos, et cum timore et omni sollicitudine
ministrentur. Ex his autem quibus episcopus indiget, si tamen indiget, in suas
nécessitates ac fratrum usus et ipse per-
cipiat. (2) Fleury, *Mœurs des chrétiens.*
les orphelins, les Gerontocomia pour les
vieillards, les Plochotrophia pour les in-
fortunes qui n'ont pas de nom spécial
(1). Le concile de Nicée voulut faire
de ces admirables institutions une loi
de l'Église universelle; et il prononça le

décret qui suit et qu'il faut enregistrer
avec respect comme la pensée génératrice de tous les bienfaits qui pendant
quinze siècles ont adouci les souffrances de l'humanité: « Que dans
toutes les villes des « maisons soient
choisies afin de servir d'hospices pour
« les étrangers, les pauvres et les malades, et que Fé« vôque désigne quelqu'un des moines qui habitent les « déserts, un moine qui puisse faire rendre
de soi un « bon témoignage, qui soit venu de loin, et dont la « famille ne se
trouve point en des lieux voisins; et «
que le soin lui soit donné de préparer
les lits et les « nattes, et tout ce que
peuvent exiger les nécessités « des malades et des pauvres. Que si les biens
de l'É« glise ne suffisent pas à ces dépenses, que l'évêque « fasse recueillir
par les diacres de continuelles aumô«
nes, que les fidèles donneront selon leur
pouvoir. Et « ainsi qu'il soutienne nos
frères étrangers, pauvres et « malades;
car il est leur mandataire et leur économe... « Cette œuvre obtient la rémis-
sion de beaucoup de pé« chés; et de
toutes, c'est celle qui le plus rapproche
c l'homme de la Divinité (2). » Cette décision du concile de Nicée ne demeura
pas solitaire: de nombreuses décisions
semblables assurèrent son exécution.
Lorsque (1) Cod. *de Sacrosam t. Ecoles.
,* eic, 1, *'12* (2) Conci'e de Nicée, *canon*
75. l'extrême multiplication des sièges
épiscopaux sollicita une discipline plus
sévère, il fut ordonné que des revenus
de leurs églises les évêques seraient tenus de faire quatre parts, dont ils re-
tiendraient une seulement pour les besoins de leur personne et de leurs maisons, dont la seconde appartiendrait au
clergé; la troisième serait destinée aux
réparations des édifices et à l'entretien
des domaines, la quatrième se distribue-
rait aux pauvres: l'évêque n'avait aucun
compte à rendre devant les hommes de
la fidélité de ce partage; infidèle, on
l'assignait au jugement de Dieu (1).
Mais si la destination des biens ecclésiastiques était déterminée par les intérêts communs de la société chrétienne
qui ne change pas, cette destination devait être invariable. Là où nul ne se pouvait dire propriétaire, nul ne pouvait

transmettre la propriété. Ces biens, en
devenant sacrés, devenaient nécessairement inaliénables. Ils furent déclarés
tels. Le sixième concile général, interprète des traditions anciennes,
s'exprime en ces termes: « Le saint et
vénérable synode, renouvelant « les décisions des apôtres et celles de nos
pères, définit « que nul évêque ne doit
aliéner, en quelque façon que « ce soit,
les possessions ni les vases sacrés de
son c église (hormis pour les causes pré-
vues par les anciens « canons, comme
pour la rédemption des captifs); qu'il «
n'est même pas permis de donner à bail
emphythéo (1) Nicolaus PP. *clero et or-
dini Brundusii,* PP. Gelasius, PP. (Jre-
gorius M. Un concile de Tolède, cité
dans le *Decretum,* n'assigne qu'une part
au clergé et à l'évêque conjointement, et
deux parts aux pauvres et aux étrangers.

« tique les fermes de l'Église, ni de
vendre les autres « domaines ruraux, ni
de diminuer aucunement des « revenus
que nous déclarons consacrés aux nécessités « personnelles des prêtres, à la
nourriture des pauvres, « au soulagement des étrangers... Si quelqu'un,
après « cette détermination du saint synode universel, y at« tente en quelque
manière, qu'il soit déposé comme « pré-
varicateur des lois divines; et que la
vente, l'em« phytéose, la tradition,
l'aliénation, quelle qu'elle soit, « faite
avec ou sans écrit, soit et demeure an-
nulée (1). » Cette règle eut ses exceptions. Une sage économie fit les unes:
l'évêque, de l'avis de son clergé, et dans
l'intérêt incontestable de son église, put
consommer des ventes et des échanges
(2); il put même, sans requérir un
consentement préalable, aliéner des
terres de peu de valeur. La charité dicta
les autres et les fit nombreuses. Le
concile cité plus haut en faisait sa réserve. Saint Ambroise les avait élo-
quemment énumérées: « Si l'Église a de
l'or, ce n'est pas pour le garder muee
tile, mais pour le prodiguer en bonnes
œuvres. Un « jour le Seigneur vous demandera: Pourquoi avez« vous souffert
que tant de malheureux mourussent de «
faim? Vous aviez de l'or pour les nourrir. Pourquoi « tant de captifs que vous
n'avez point rachetés sont-ils « tombés

sous le fer de l'ennemi, désespérant de leur « rançon? Mieux valait sauver des vases vivants que des « vases de métal. — A ces questions que répondrez (1) *Deeretum, causa* Xh, q. 2.

(2) *Deeretum, causa* xn, q. 2.

« vous? — J'ai craint que le temple de Dieu ne manc quât d'ornements. — 11 vous sera dit: Mes mystères « n'ont pas besoin d'or, et les ornements de mes tem« ples ce sont les captifs rachetés: les vrais trésors du « Seigneur sont ceux qui se répandent comme le sang « du Seigneur pour le salut des âmes... Au contraire, « on ne pourra vous demander pourquoi les pauvres « vivent, nul ne se plaindra de voir racheter des capci tifs; personne ne vous accusera d'avoir rebâti les tem« ples de Dieu; et qui pourrait trouver mauvais qu'à « prix d'argent vous ayez reculé les bornes du champ « où reposent les restes des fidèles?... Pour ces causes, « il est permis de briser, de fondre, de vendre les vases « de l'autel, alors même qu'ils sont consacrés (1). » Et saint Grégoire le Grand permet une dernière et touchante dérogation, l'affranchissement des esclaves de l'Église, et lui-même en donne à la fois l'exemple et le motif: « Comme notre Rédempteur, auteur de toute « créature, a voulu revêtir la chair et l'humanité, afin « de briser par sa toute-puissance les chaînes de notre « servitude, et nous rendre à la liberté primitive, ainsi « c'est une action salutaire que de rendre à la liberté « civile, par le bienfait de la manumission, ceux que le « droit des gens avait réduits à la condition servile, « mais que la nature avait faits libres d'abord (2). »

En empêchant ses prélats de porter sur ses biens une main téméraire, l'Église dut prévoir que plus d'une 11) S. Ambros., *de Officiis.* (2) *Epistol. Gregorii M.*

fois ses ennemis y porteraient une main rapace; et comme elle avait interdit les aliénations sous des peines sévères, elle dut décourager les usurpations par de sévères censures. Voici le langage que tiennent les saints canons: « Il est des hommes qui s'emparent, « pour des usages profanes, des possessions affectées à des usages sacrés, et qui les dé-

robent au service de « notre Dieu, dont elles sont le domaine. De sembla« bles injures doivent être repoussées, de peur que les « choses consacrées au besoin des saints mystères ne « deviennent la proie de la violence. Si donc quel« qu'un ose y attenter désormais, qu'il soit traité « comme coupable de sacrilège (1). » Ce langage était aussi celui de ces évêques illustres que l'abandon de leurs biens proprés et l'austérité de leurs mœurs protégeaient contre tout soupçon d'intérêt personnel, et qui, armés de la houlette pastorale, maintenaient avec une infatigable énergie l'intégrité des biens ecclésiastiques confiés à leur garde, contre les usurpateurs, quels qu'ils fussent, Grecs ou barbares, soit qu'ils portassent la couronne impériale, soit que, élevés sur le pavois, ils brandissent la hache ou la framée. Ainsi, saint Jean Chrysostome, au milieu de ses veilles laborieuses et de ses jeûnes rigoureux, défendait le patrimoine de l'Église de Constantinople contre les entreprises de l'eunuque Eutrope et de l'impératrice Eudoxie. Ainsi, saint Paulin de Nole et saint Hilaire (1) *Decretum, causa* m, q. 2. d'Arles, après avoir distribué aux malheureux leurs nombreuses richesses, étendaient sur celles de leurs églises une scrupuleuse vigilance (1). Et nous, qui ne savons plus l'histoire de nos pères dans la foi, notre faiblesse inintelligente s'étonne de ces soins temporels, de ces trésors accumulés, de ces héritages conservés et étendus; et peut-être ces trésors, ces héritages, soustraits aux confiscations et aux conquêtes des puissants, ont-ils seuls servi à nourrir quelques pauvres, à délivrer quelques prisonniers qui furent nos obscurs ancêtres, et dont nous sommes les descendants ingrats.

III. — La société chrétienne avait déterminé avec une admirable sagesse les lois qui devaient régir ses biens. Elle leur avait donné une triple sanction, celle de la conscience, celle des peines canoniques, celle des jugements divins. Mais, lorsque la société chrétienne, en se développant, embrassa dans ses vastes limites des sociétés civiles, de vieux empires et des peuples nouveaux, les lois de ces empires et de ces peuples

durent reconnaître la légitimité supérieure des institutions ecclésiastiques, et leur donner la sanction de la force; car la force est le ministre nécessaire des lois humaines.

Constantin vient de confesser la loi nouvelle, Licinius est encore agenouillé au pied des idoles, et un édit de ces deux empereurs ordonne de rendre aux églises les (1) *Decretum, causa* ni, q. 2. biens que la persécution leur avait ravis (1). Un édit postérieur de Constantin permet de tester en leur faveur (2); et ces dispositions testamentaires prennent dans la législation de Justinien un caractère si grave, que le refus de les acquitter est puni de la condamnation au double (3). — Les biens de l'Église ne sont point considérés comme ceux d'une corporation ordinaire. Consacrés à Dieu avec les cérémonies requises, et par le ministère des évêques *(pontifices),* nul ne saurait s'en dire propriétaire *(res nullius)* (4). — L'administration appartient aux évèques, qui s'en reposent sur des économes responsables (5). C'est leur fonction, c'est leur prérogative de pourvoir au soulagement de l'indigence (6), c'est le devoir des clercs de vouer au servive des pauvres les fruits de leurs travaux et de leurs épargnes (7). C'est pourquoi la surveillance générale de tous les hôpitaux est déférée à l'autorité religieuse (8). — Mais cette autorité ne s'étend pas jusqu'à la faculté d'aliéner les possessions de l'Église: l'Égl îe, more impérissable de la religion et de la foi, doit conserver un patrimoine impérissable comme elle (9). La vente, l'emphytéose, l'hypothèque, le simple gage, sont inter (1) Euseb. (2) L. i, au Code *de Sucrosanclis Ecclesiis.* (3) Institut, *de Obligationibus quasi ex contracta,* § 7. (4) Institut, *de Rerum divisione,* g C, 7, 8. (5) L. xiv, C. *de Sacros. Eccles.* L. Xli, C. *de Ep.* (6) L. xn, C. *de Sacros. Eccles.* (7) L. H, C. *de Episc.* et Cler. (8) L. Xlvi, § 5. , *ibid.* (9) L. xiv, C. *de Sacros. Eccles.* dits, sous peine de nullité; deux exceptions cependant sont faites en faveur de la rédemption des captifs, et des populations désolées par la famine: les objets mobiliers, en nombre superflu, peuvent aussi être aliénés pour le payement des dettes (1). — Enfin, des immunités multipliées mettent ces biens à l'abri des exactions, et des peines rigoureuses préviennent toute tentative injurieuse. La déportation perpétuelle est prononcée contre le sacrilége qui porterait atteinte à l'inviolabilité du domaine divin (2).

A cette législation savante de l'empire d'Orient, qui plus tard fut reçue par l'Europe entière comme raison écrite, il ne serait pas sans intérêt d'opposer les lois simples, mais énergiques, des jeunes peuples d'Occident. Leur accord en la matière qui nous occupe serait un témoignage de plus en faveur des règles du droit canonique qu'elles adoptent. Le temps et l'espace nous échappent. Cependant nous indiquerons les lois des Lombards qui punissent comme un sacrilége les concessions de domaines ecclésiastiques à des personnes privées (3); celle des Allemands dont les premiers titres assurent à l'Église la liberté d'acquérir, et frappent les usurpateurs de sévères condamnations (4); enfin les Capitulaires, dont les dispositions nombreuses déterminent la nature des biens de l'Église (5), en (1) L. xxi, C. *de Sacros. — Novelle* 120.

(2) L. v, *de Sacros. Eccles.* (5) Lex Longobardorum, I, tit. xxxiv, 1. 2

(A) Lex AUamannorum, 1-5.

(5) Capit. vi, tit. 235.

remettent la garde aux évêques, avec la faculté d'y prélever leur nécessaire, et avec le devoir d'en distribuer les revenus aux indigents (1), en prohibent l'aliénation (2), et en assurent l'intégrité par les menaces qu'elles suspendent sur la tête des envahisseurs (3).

CHAPITRE HI

DES BIENS ECCLÉSIASTIQUES EN FRANCE PENDANT LES DERNIERS SIÈCLES.

L'Église a reçu de Dieu un patrimoine de vérités qu'elle conserve intact sous l'immuable loi du dogme. Elle a reçu des hommes un patrimoine de biens terrestres qu'elle gouverne par les règles d'une discipline variable selon les temps. Nous avons assisté à la première formation de cette discipline, alors qu'elle réunissait dans les mêmes observances la chrétienté tout entière.

Nous allons suivre les modifications qu'elle subit en traversant de longs siècles sur cette terre si agitée, si souvent boulversée à sa surface, mais si chrétienne dans ses profondeurs, qu'on appelle la France. Nous reconnaîtrons d'abord les dispositions qui demeurèrent communes et constantes: ensuite celles qu'in (1) Capit. vu, tit. 58 (2) Capit. Ii, 29, 134; vi, 133, 285.

(3) Capit. vi, 161. troduisit l'intervention progressive du pouvoir temporel. Après ces recherches, il sera plus facile d'apprécier dans une seconde partie quels étaient, en présence de ce nouveau système de jurisprudence et de législation, les droits des évêques, quels étaient ceux des fabriques.

I. — Les possessions immobilières du clergé continuèrent longtemps de s'accroître sans limite légale. Mais elles rencontraient une limite matérielle dans les invasions et les usurpations de la barbarie et de la féodalité. « Si les rois, la noblesse et le peuple, trouvèrent le moyen de donner tous leurs biens, ils ne trouvaient pas moins celui de les reprendre. La piété fit fonder les églises dans la première race; mais l'esprit militaire les fit donner aux gens de guerre, qui les partagèrent à leurs enfants. Les rois dela seconde race ouvrirent leurs mains et firent encore d'immenses libéralités; les Normands arrivent, pillent et ravagent, cherchent les abbayes, regardent où ils trouveront quelques lieux religieux. Dans cet état de choses combien le clergé perdit-il de biens! A peine y avait-il des ecclésiastiques pour les redemander (1). » L'Église de France s'effraya de sa position précaire, dès le synode de Mâcon, tenu vers la fin du sixième siècle; elle chercha une existence plus assurée, en rendant obligatoire le payement de la dîme et des prémices, spontané jusqu'alors. Cet exemple fut suivi. Enfin, un concile de Latran laissa s'ou vnr une nouvelle source de richesses pour les minisires de l'autel en leur permettant de recevoir les offrandes volontaires des fidèles qui auraient usé de leurs pieux services (1).

Mais ces richesses multipliées par tant de modes d'acquisition n'avaient pas changé de nature: ces dons apportés avec tant de prodigalité au pied des représentants mortels du Dieu vivant, étaient reçus au nom de ce Dieu seul; ils appartenaient à lui seul, à l'ornement de ses temples, à la perpétuité de son culte, au soulagement de ses créatures souffrantes, au bien général de la société catholique. Si quelqu'un avait droit de se dire le titulaire de ces biens et d'en emprunter le nom, nul ne pouvait leur donner le sien, exercer sur eux une puissance héréditaire, s'en faire appeler le maître. Cette doctrine est celle qu'enseignent encore les modernes synodes de Rouen (1581), d'Aix (1585) et de Bordeaux (1583 et 1624), échos des vieux conciles de Nicée et de Carthage.

Une réunion solennelle du clergé des Gaules, tenue dans la ville d'Agde en l'année 506, avait autorisé les évêques à donner en usufruit, à des clercs de leur choix, des terres de peu de valeur (2). Cet usage, légalement consacré, se propagea. Les évêques furent heureux de se décharger d'une administration qui reposait si pesante dans leurs mains. La dispersion des pasteurs dans les campagnes, où les oratoires se multipliaient à (1) Fleury, *Institutions au droit ecclésiastique,* deuxième partie.

(2) Fleury, *Inst. au droit ecclés.* mesure que croulaient les idoles, ne permettait plus cette vie commune que les prêtres menaient aulrefois à l'ombre de la chaire épiscopale. Il fut naturel que chacun recueillît le pain de la vie matérielle aux mêmes lieux où il semait la parole évangélique. Ce fut l'origine des bénéfices. Leur dénomination rappelle, par une heureuse analogie, les concessions de terrains que faisait l'ancienne Rome aux vétérans de ses armées, et qui, affectant le sol des provinces, ne pouvaient constituer qu'un usufruit, une possession précaire (1). Le troisième concile d'Orléans, et le deuxième (le Lyon (1274) voulurent que les bénéfices conférés ne pussent être repris hors le cas de faute grave et de châtiment mérité. Les bénéficiaires d'alors devinrent donc, comme les évêques des premiers temps, des administrateurs irresponsables, obligés néanmoins à l'entretien de leurs églises, à des redevances fixes pour les besoins généraux

du diocèse, à des aumônes abondantes dont ils rendaient compte à Dieu toujours, et aux hommes quelquefois (2). D'ailleurs, une barrière continuait de rester debout, qui empêchait les biens ecclésiastiques, quel que pût être le danger de leur division, de retomber jamais dans le domaine privé: ils demeuraient inaliénables. Ce principe avait ses exceptions, qui se trouveront ailleurs. Mais, en général, tous ceux qui étaient appelés à l'ad (1) Tertullien, *Adv. Nerv.* : Tribus modis adquiritur: jure, precario, vi: precario, scilicet beneficiis. (2) Durand de Maillane, *Dictionnaire de droit canonique.* ministration et à la jouissance de ces biens étaient frappés d'une sorte de paralysie civile; et, de peur que leurs mains imprudentes ou téméraires n'égarassent l'héritage du Christ et de ses pauvres, notre vieille législation, dans son énergique langage, les déclarait gens de *mainmorte.*

IL — Aussi longtemps que la papauté conserva la tutelle des nations catholiques, elle les maintint dans une communauté d'intérêts, d'usages et d'institutions, qui les fit souvenir qu'elles étaient sœurs. Mais, lorsque la jalousie des puissances séculières refoula dans le domaine des consciences individuelles l'action du souverain pontificat, et que les sociétés politiques échappèrent à son influence, l'esprit national se développa dans chacune d'elles, se manifesta au dehors par des luttes sanglantes, au dedans par la diversité des mœurs, des lois, des institutions religieuses elles-mêmes. Ces tendances se montrèrent en France dès le treizième siècle.

La royauté commençait à se dégager du système féodal dont elle n'avait été longtemps que le complément nécessaire, et dont il lui avait fallu subir les onéreuses conditions. A l'aristocratie menaçante elle opposait le tiers état émancipé. Elle n'avait contre le clergé nul sujet de haine, mais elle ne pouvait voir sans envie les trésors dont il était le gardien, et l'obéissance qu'il rendait à un pontife étranger. Elle entreprit donc d'opposer entre elles, s'il est permis,de le dire, l'Église da

MÉLANGES. II. 21 dehors et celle du dedans, afin de ravir à la première un peu de pouvoir, beaucoup d'or à la seconde. De là cette double et infatigable politique, qui toujours, depuis Philippe le Bel jusqu'à Louis XV, sollicita à Rome des indults pour prélever des taxes sur le clergé français, à Paris des déclarations gallicanes pour humilier l'Église romaine.

Ce fut ce génie, à la fois ambitieux et fiscal, qui inspira les mesures prises contre la multiplication des gens et des biens de mainmorte (1). Aucune communauté religieuse ou séculière ne put désormais s'établir en France sans la permission du Roi: après examen dans le conseil de l'approbation de l'évêque diocésain, des avis des maires, échevins, capitouls, des curés de paroisses et des supérieurs des maisons religieuses déjà existantes au même lieu, la permission était accordée par lettres patentes; ces lettres elles-mêmes devaient recevoir un triple enregistrement: au parlement, à la justice royale, à l'hôtel commun (édit du mois de décembre 1666). Les communautés qui avaient rempli ces conditions étaient reconnues capables d'ester en jugement et d'acquérir; mais, comme les biens acquis, en devenant inaliénables, privaient le fisc des droits de mutation qu'ils auraient pu produire en demeurant dans le commerce, nulle acquisition ne pouvait se faire (1) Montesquieu *(Esprit des lois,* l. XXV, ch. m) présente, au sujet des dangers de la mainmorte étendue sans mesure, des considérations dont nous ne nions pas la gravité, mais qui ne paraissent aucunement avoir présidé aux ordonnances que nous analysons, toutes conçues dans un intérêt exclusivement pécuniaire. sans obtenir du Roi des lettres d'amortissement, en payant une somme proportionnelle qui, après avoir longtemps varié, fut fixée au tiers du prix principal. Que si un laps de temps s'écoulait entre la vente ou la donation et l'impélration des lettres d'amortissement, une autre somme proportionnée à la jouissance intermédiaire se payait sous le nom de *droit de nouvel acquêt.* (Ordonnance de Philippe le Hardi, 1275.)

Les terres des églises, longtemps exemptes des impôts établis dans l'intérêt des princes, versaient ordinairement la dixième partie de leur revenu dans le trésor du souverain pontife. A l'époque des croisades, les princes obtinrent aisément des pontifes romains l'abandon de ces décimes pour couvrir les frais exorbitants des armements d'outre-mer. Plus tard, ils les demandèrent pour subvenir aux préparatifs de nouveaux armements qui ne se réalisèrent jamais. Ils réclamèrent encore pour l'Église gallicane la liberté des dons gratuits, et cette liberté se changea en servitude, lorsque les dons du clergé, renouvelés tous les dix ans, furent d'avance comptés comme un des éléments de la fortune de l'État, et contribuèrent à fixer les limites possibles de ses dépenses (1).

L'autorité royale intervenait aussi dans l'aliénation des biens ecclésiastiques: elle était arbitre suprême des exceptions que les circonstances pouvaient imposer au droit commun. La communauté qui prétendait aliéner (1) Fleury, *Instit. au droit ecclés.;* de Hcricourt, *Lois ecclésiastiques de France.* présentait une requête contenant ses conclusions, et soumise à l'approbation de l'évêque. Le Roi rendait des lettres patentes. Le parlement faisait informer *de commodo et incommodo* par le juge royal des lieux où le bien était situé: il homologuait alors les lettres obtenues. La vente s'accomplissait enfin aux enchères et après des publications solennelles (1).

Mais de tous les droits qui se pouvaient prétendre sur les bénéfices, celui que les rois convoitèrent avec le plus d'envie et poursuivirent avec le plus de persévérance, ce fut celui dont l'exercice touchait de plus près à l'empire des consciences, et pouvait donner à la couronne un prestige religieux. Les premières traces du droit de régale, en vertu duquel le Roi pourvoyait aux bénéfices autres que les cures, pendant la vacance des évêchés, se rencontrent dès le temps de Philippe-Auguste (2). De semblables provisions se faisaient encore à titre de joyeux avénement, et lorsque les évêques prêtaient entre les mains royales leur serment de fidélité (3). El les priviléges obtenus de Rome par nos princes furent si nombreux, que quelques-uns mêmes s'étaient étendus jusque sur les officiers du parlement de Paris (4). Toutefois le pouvoir temporel était loin encore du terme de ses ambitions, lorsqu'au milieu des menaces du protestantisme naissant, après de longues (1) Flenry, *Instit. au droit ecclés.;* de Héricourt, *Lois ecclés. de France.* (2) De Ilcricourt. (5) *Ibid.* (4) *Ibid.* disputes où toujours avait été ménagée la perspective d'un schisme possible, il obtint de la condescendance de Léon X le concordat qui supprima l'antique usage des élections capitulaires, et attribua au Roi la nomination des évêques et des abbés, sous la réserve de l'acceptation du souverain pontife (1).

Cependant une considération absolvait l'Église de tout reproche en présence des concessions successives faites à nos rois. Le roi de France était le défenseur de l'Église, le gardien des canons, l'évêque du dehors: sur sa tête avait coulé l'huile sainte: le sceptre avec lequel il donnait les investitures, c'était sur l'autel qu'il l'avait pris. Et si jamais il avait oublié l'origine de ses prérogatives, elles avaient des limites qui servaient à la lui rappeler. Telles étaient les vacances en cour de Rome, qui donnaient au pape la faculté de pourvoir au bénéfice vacant, telles étaient les règles particulières qui gouvernaient la Provence et la Rretagne comme pays d'obédience (2). Telles étaient enfin ces nombreuses immunités considérées comme lois constitutives du royaume, et cette inviolabilité suprême des choses saintes, qui ne permettaient jamais la violence ouverte. La tyrannie d'alors était grande quelquefois, mais elle aurait reculé devant le sacrilège.

Après avoir signalé l'intervention progressive de la puissance royale dans l'acquisition, l'administration (1) Concord. *de Reg. ad prxl. rom.* (2) Fleury, *Instit. au droit ecclés.* et la collation des biens ecclésiastiques et les limites où elle s'arrêtait; après avoir reconnu les dernières traces de la puissance féodale déchue dans l'indemnité qui devait se payer au seigneur d'une terre tombant en mainmorte (1), dans les dîmes inféodées et les priviléges de patronage que les laïques exerçaient sur un grand nombre de communautés (2), il est temps de considérer les droits que l'Église conservait sur ses possessions, et particulièrement les pérogatives des évêques, le gouvernement des fabriques.

III. — Les évêques, dépositaires de la plénitude du sacerdoce, placés au premier rang de la hiérarchie chrétienne, sont chargés de deux sortes de fonctions: les unes intérieures, comme la prière, la prédication, les sacrements; les autres extérieures, comme la juridiction sur les personnes, et le soin des choses temporelles. Parmi ces dernières, il faut encore distinguer entre les choses qui appartiennent aux diverses églises du diocèse et celles qui reviennent à la mense épiscopale.

1. L'antique loi qui attribuait à l'autorité épiscopale la disposition de tous les biens ecclésiastiques dans son ressort ne fut jamais entièrement effacée. Les siècles en purent altérer quelques lettres, l'esprit demeura. A l'ouverture des temps modernes, le concile de Trente sembla la renouveler, en ordonnant que les évêques (1) *Coutume de Valois,* art. 24, Chàlons, 208, etc. (2) Fleiiry, *Instit. au droit ecclésiastique.* pourvoiraient aux besoins des paroisses indigentes, soit par des attributions de dîmes et de prémices, soit par des aumônes et des collectes; qu'il était de leur office de juger et de faire, selon les décrets des saints canons, tout ce qui tendrait à l'honneur de Dieu, au salut des âmes, au soulagement des pauvres; qu'ils étaient les exécuteurs naturels de toutes les libéralités pieuses, soit par acte entre vifs, soit par acte de dernières volontés (1). Les ordonnances synodales de plusieurs diocèses de France, plusieurs conciles provinciaux, entre lesquels il faut citer celui de Rouen (1581), professaient la même doctrine, et la législation séculière la reconnaissait, du moins implicitement. — Ainsi nulle communauté ne pouvait s'élever sans l'approbation de l'évêque diocésain (2). Nulle fondation d'église nouvelle n'avait lieu sans être autorisée par son décret spécial et formel (3). C'était à lui que toutes les fabriques de son ressort devaient rendre compte à l'époque de sa visite pastorale (4). La direction suprême des hôpitaux et des associations charitables lui était réservée (5). Son consentement était requis pour les aliénations (6). Et si les priviléges des papes, des rois, des seigneurs temporels, des officiers de justice, des gradués, lui enlevaient souvent la collation des bénéfices, (1) Sess. 24, c. Xiii. Sess. 22, c. vin, ix. (2) Édit de décembre 166fi. (5) Fleury, *Instit. au dr. eccl.,* première partie, ch. un. (4) Édit d'avril 1695. (5) Fleury, *Instit. au dr. eccl.* (6) *Mémoires du clergé,* 5. il restait pourtant considéré comme le collateur ordinaire (1). 2. Les canons qui assignaient le quart des biens de l'Église à l'évêque, pour ses besoins, n'étaient point non plus tombés dans une complète désuétude. Au moyen âge, et lorsque déjà les constitutions de bénéfices avaient assuré aux clercs une existence indépendante, plusieurs prélats voulurent du moins retenir autour d'eux, dans une vie commune et régulière, leurs prêtres les plus pieux et les plus éclairés: ce fut l'origine des chapitres. Et pour donner à ces institutions nouvelles plus de sécurité et de faveur, les prélats partagèrent avec elles les revenus des biens qu'ils s'étaient réservés. Et parce que ces revenus ne représentaient que le strict nécessaire de leurs possesseurs, on les appelle menses *(mensa);* et l'on distingua entre la mense capitulaire et la mense épiscopale (2). Or, l'évêque administrait sa mense par lui-même ou par ses économes; il recevait les donations spéciales qui lui étaient faites, sans doute en se conformant toujours aux lois qui régissaient les gens de mainmorte. D'un autre côté, en abandonnant les dîmes aux bénéficiers ordinaires, les prélats avaient retenuun droit qui était aussi la quatrième partie et qu'on appelait *droit synodatique.* Ils avaient réclamé pour l'époque de leurs visites pastorales une honorable hospitalité, et plusieurs avaient préféré changer les frais arbitraires de leur (1) De Héricourt, *Lois ecclésiastiques de France.* (2) Thomassin,

de la Discipline de l'Église, t. III. séjour en une redevance fixe et annuelle, qu'on nommait *droit de visite.* Dans de rares circonstances, ils étaient autorisés à demander des subsides extraordinaires, qu'on désignait sous le titre de *droit caritatif.* 11 y avait enfin un droit de *déport* sur les fruits des bénéfices vacants. Tous ces droits s'exerçaient dans l'intérêt de la mense épiscopale, mais l'enrichissaient peu, surtout dans les derniers temps (1).

IV. —Le nom de *Fabrique* exprime plusieurs idées. Dans son sens primitif, la fabrique *(fabrica)* est l'ensemble des dépenses de construction et de réparation que les bâtiments d'une église peuvent exiger. C'est par analogie la somme des biens affectés à cette dépense et aux autres que le service du culte rend nécessaires. Enfin c'est le corps des administrateurs chargés de régir ces biens (2). Longtemps l'administration demeura tout entière et sans contrôle dans les mains du clergé. Mais une époque vint où les fidèles voulurent avoir part à l'emploi des richesses qu'ils avaient prodiguées avec tant de munificence. Leurs désirs furent accomplis. Dès le commencement du treizième siècle, des laïques furent choisis pour gérer la comptabilité des paroisses; et, comme les regislres remis à leur garde furent le signe de leurs nouvelles fonctions, on leur donna le nom de *matricularii* (marguilliers) (3).

(1) Fleury, *Inst. au dr. eccl.* (2) *Encyclopédie,* au mot *Fabrique.* (3) *Encyclopédie,* M. Affre. *Traité de Vadministration temporelle des .» paroisses.* Introduction.

Désignés d'abord par le curé (1), ils furent plus tard élus par l'assemblée des notables de la paroisse (2). Entre les marguillieis et l'assemblée des notables, il y avait quelquefois un bureau de fabrique composé des premiers et de quelques-uns des seconds, et formant avec eux, en quelque sorte, trois degrés de juridicion administrative (5). Dans la Provence et le Languedoc le soin de la fabrique appartenait exclusivement à l'autorité municipale (4). Un édit du mois d'avril 1695 avait fixé sur ce point le droit commun de la France, en res-

pectant toutefois la liberté des usages locaux.

Les biens des fabriques consistaient en immeubles, coupes de bois, loyers de bancs, de chapelles, etc., produit des quêtes, droits de sonnerie et autres analogues, meubles et ornements. Ces biens étaient déclarés ecclésiastiques, et jouissaient des priviléges, subissaient les charges attachées à ce titre (5).

Aucun immeuble, aucune rente constituée sur des particuliers, ne pouvaient s'acquérir sans lettres patentes du Roi, et sans payer les droits d'amortissement et d'indemnité (6). On admettait néanmoins une exception pour les maisons et les écoles de charité. Il n'était pas non plus permis de procéder à de nouvelles constructions sans être pourvu de l'autorisation royale (7). (1) Concile de Lavaur, 1568. (2) Concile de Mayence, 1549. (3) Jousse, *Traité du gouvernement des paroisses,* ch. H, art. 5. (4) M. Affre, *Traité de l'administration temporelle des paroisses.* (5) Arrêt de la cour des aides du mois de novembre 1756. (6) Édit du mois d'août 1749. (7) Déclaration du 51 janvier 1690.

Les marguilliers n'avaient pas qualité suffisante pour accepter des fondations sans le consentement du curé (1). Et si ces fondations étaient accompagnées de conditions onéreuses, il fallait qu'elles fussent acceptées dans l'assemblée de la paroisse (2).

Les dépenses des fabriques étaient l'acquit des services pieux auxquels elles étaient obligées, le payement des renies passives, les rétributions dues au curé et aux serviteurs de l'église, l'entretien du culte, les acquisitions et les réparations, hormis celles auxquelles les décimateurs étaient tenus. — Les adjudications de travaux ne pouvaient se faire qu'aux enchères et après plusieurs publications: il en était de même pour les baux des immeubles (3). En cas d'insuffisance des revenus pour couvrir les frais reconnus nécessaires, les marguilliers ne pouvaient conclure un emprunt qu'après avoir provoqué une délibération de l'assemblée de la paroisse, et cette délibération devait être homologuée en justice (4). Pour intenter un

procès, ils avaient besoin de consulter encore l'assemblée et d'obtenir l'autorisation de l'intendant de la généralité dans le ressort de laquelle la paroisse était comprise (5).

Enfin les aliénations de biens immobiliers, interdites en principe, n'avaient lieu que de l'avis des notables (1) Ordonnance de Blois, art. 55.
(2) Ordonnance du mois de février 1731, art. 8. (3) Règlement du 2 avril 1737. *(A)* Jousse, *Traité du gouvervient des paroisses,* ch. H, art. 5. (5) Déclaration du 2 octobre 170?. paroissiens, cl par la permission du Roi, qui délivrait des lettres patentes, enregistrées au parlement après une enquête *de commodo et incommodo (i).* Les objets offerts par la dévotion des fidèles pour rester affectés à des autels particuliers ne devaient être vendus que sur un ordre émané de l'évêque.

Tel était le système général de l'ancienne législation française sur les biens de l'Eglise. Il est permis d'y reconnaître beaucoup de sagesse et beaucoup d'erreurs. On peut louer cette politique, encore étrangère aux idées modernes de centralisation, qui admettait la communauté chrétienne à la discussion des intérêts du culte. On peut déplorer les misérables ambitions du pouvoir, qui cherchait à s'interposer, soit comme moyen, soit comme obstacle, en des questions naturellement indépendantes de son domaine. On peut regretter que les prélats de ces anciens jours n'aient pas eu moins de trésors dans leurs mains, plus d'autorité sur leurs sièges. Mais au moins les traditions primitives n'étaient pas oubliées, les avares convoitises du fisc se cachaient sous des formes respectueuses. Le temple et la terre qu'il couvrait de son ombre étaient des choses saintes. Des peines sévères les protégeaient contre les usurpations des particuliers (2). La vénération des peuples les mettaient à l'abri des mauvaises passions des rois. Mais il se trouva qu'un jour les peuples, en s'éveillant, avaient perdu la mémoire du passé, qu'ils ne (1) Joussc, *Traité du gouvernement des paroisses.* (2) Montesquieu, *Esprit des lois,* se plaint de la sévérité de ces peines. reconnaissaient plus leurs autels d'hier, leurs monuments d'autrefois, et s'étonnaient d'avoir si longtemps respecté les bornes des héritages sacrés. Les acquisitions de territoires, les fondations de monastères, les constructions de basiliques, avaient été autant de conquêtes de l'Église sur la barbarie; et, comme la mesure de la civilisation croissante, un jour vint où la civilisa' tion sembla s'anéantir, où la barbarie reflua comme une mer orageuse, et reprit en une heure le terrain que dans quatorze siècles elle avait abandonné.

CHAPITRE IV.

DE LA DESTRUCTION DU DOMAINE DE L'ÉGLISE EN FRANCE, PAR L'ASSEMBLÉE NATIONALE.

Comment ne pas s'arrêter en suspens au seuil de l'époque solennelle où nous entrons? Alors les idées s'ébranlèrent avec tant de puissance, que le mouvement traversa toutes les résistances que les faits établis ont coutume d'opposer, et parvint jusqu'à changer la surface extérieure des choses, qui seule est visible pour le commun des hommes; en sorte que ceux-ci mêmes comprirent ce qui s'était fait, et le nommèrent d'un nom redoutable: Révolution. Alors se transformèrent non-seulement les dispositions morales et les institutions politiques, mais encore la constitution matérielle du pays. Le sol même eut ses limites reculées, les anciennes divisions de ses provinces remplacées par un partage nouveau; et les sillons qui séparaient les propriétés reconnues furent foulés sous les pas de l'invasion populaire. Le bouleversement devait être général. Mais, avant que les héritages de la bourgeoisie fussent fractionnés, multipliés, mobilisés sans mesure par l'introduction d'un système de succession et d'un régime hypothécaire inconnus jusque-là, avant que l'émigration proscrite eût laissé au pillage les vieilles possessions de la noblesse féodale, le patrimoine de l'Église, le plus antique et le plus respecté de tous, fut envahi, non par une multitude séditieuse, mais par une grande assemblée, non dans un moment de délire, mais après de longues délibérations. Nous nous proposons de redire comment s'accomplit cet acte

d'expropriation parlementaire; nous nous proposons aussi de le juger.

I. — Parmi les quatorze siècles que l'histoire de France a comptés, il s'est peu rencontré d'année aussi mémorable que celle où la monarchie, repoussant les doctrines absolutistes inaugurées par toute l'Europe au temps de Luther, rappela autour d'elle, trop tard peut-être, les libertés des anciens jours, et confia noblement sa fortune à la nation légalement représentée. Et parmi les nombreuses séances de l'assemblée nationale, nulle peut-être ne fut plus digne de mémoire que celle du 4 août 1789, où les députés des trois ordres, confondus dans une généreuse égalité, renoncèrent pour eux et leurs commettants à leurs priviléges acquis au prix du sang et de l'or, conservés avec une séculaire jalousie. C'était comme un sacrifice que des frères offraient ensemble pour le salut de la famille commune. Le clergé n'y devait point prendre la dernière place. Sans y être convié, il présenta son offrande entre les premières. 11 abdiqua en faveur du bien public ses riches immunités et ses dîmes, c'est-à-dire un revenu de quatre-vingts millions. Cet abandon fut l'oeuvre libre et réfléchie, non pas de quelques prêtres, mais de toute l'Église de France, qui, d'avance, avait place sur leurs lèvres des paroles d'abnégation et de charité. Ainsi s'en était exprimé le clergé de Lyon, de la métropole primatiale des Gaules, dans le cahier remis à ses mandataires. « Il est digne d'un ordre qui « dans tous les siècles s'est distingué par son patrio« tisme et sa bienfaisance, de donner l'exemple de l'a« bandon de ses priviléges pécuniaires. Il a dû les « défendre contre l'usurpation du fisc, il a dû conser« ver avec soin le droit de consentir lui-même ses im« pots, puisqu'il importait de perpétuer les vestiges « d'un droit jadis commun aux trois ordres de l'État. « Aujourd'hui, les prérogatives du clergé devenant inu« tiles aux deux autres ordres, il ne peut lui convenir « de se séparer du corps de la nation (1). » Toutefois (1) *Mémoire statistique pour servir à l'histoire du christianisme,* à Lyon, p. 189. l'Église de France crut pouvoir se mé-

nager une existence indépendante et honorée en conservant ses possessions immobilières, dont le revenu, moindre de soixante et dix millions, répar ti entre cent mille individus, n'assurait à chacun qu'une somme annuelle de sept cents livres, à peine suffisante pour entretenir une humble aisance sous le toit du presbytère, inférieure de beaucoup aux besoins des hautes dignités sacerdotales.

Mais, lorsque la multitude irritée aux 5 et 6 octobre eut ramené de Versailles à Paris la royauté prisonnière, entraînant avec elle l'Assemblée nationale complice ou contrainte, lorsqu'au milieu de la capitale se tinrent les séances législatives, et qu'on vit la faveur populaire s'asseoir, auxiliaire menaçant, sur les bancs de l'opposition, et la crainte se glisser dans les rangs découragés des conservateurs, dès lors l'Assemblée cessa de représenter la nation, pour servir les colères de la population parisienne; elle abandonna sa belle tâche de restauration politique pour commencer une œuvre de ruines; et les noms de Nationale et de Constituante, qu'elle s'était donnés avec orgueil, devinrent deux illustres mensonges. Ce fut au commencement de cette nouvelle période de son existence, le 10 et le 12 octobre, que, pour la première fois, l'Assemblée vit se produire une proposition tendant à faire déclarer la nation propriétaire des biens de l'Église. Cette proposition ne sortit point d'une bouche plébéienne; le tiers état ne prit point l'ignominieuse initiative d'une mesure ingrate, attentatoire à la piété de ses ancêtres. Elle vint de deux transfuges dont l'un avait à exercer des vengeances, l'autre à se faire un jour pardonner sa fortune, et sur qui la postérité a sévèrement prononcé, n'accordant à l'un que la moitié de la gloire du génie, refusant à l'autre les honneurs de la vieillesse: Riquetti, comte de Mirabeau, Talleyrand-Périgord, évêque d'Autun.

La discussion soulevée, interrompue, reprise et poursuivie pendant six séances, fit descendre dans l'arène les plus célèbres athlètes politiques d'alors. Elle leur fit rassembler toutes les forces de l'éloquence, du raisonnement et de la passion.

Autour de Mirabeau, qui jamais peut-être ne déploya plus de puissance oratoire, se groupaient Barnave, Thouret, Pétion, Garât, Treilhard, Dupont de Nemours. Leur argumentation fut savamment conduite: c'étaient des théories philosophiques et jurisprudentielles longuement développées pour embarrasser leurs adversaires; des faits dénaturés pour surprendre l'ignorance du grand nombre de leurs auditeurs; des récriminations et des insinuations assez habiles pour rallier les préjugés, les intérêts et les haines de leurs partisans. « La nation, d'après eux, souveraine, c'est-à-dire « source de tous les pouvoirs et de tous les droits, était « capable de créer et d'anéantir les corporations for« mées dans son sein, comme les corporations existant « sur son territoire. Entre les mains de la nation étaient « donc les destinées tout entières du clergé, à plus

MÉUNGIS. II. 22

« forte raison ses domaines (1). D'ailleurs les biens « ecclésiastiques venus des libéralités des citoyens, af« feclés au service du culte, c'est-à-dire à un service « public, étaient nationaux à la fois par leur origine et « leur destination (2). Ainsi les avaient considérés les « rois des derniers siècles qui s'étaient ingérés dans « leur administration, dans leur collation, et quelque« fois même y avaient cherché un remède extrême au « malaise financier de l'État. Ce que le bon plaisir « royal avait fait sans contradiction, la sagesse natio« nale saurait le faire sans scrupule (3). Les immenses c richesses du clergé français n'étaient irréprochables « ni dans leur principe, ni dans leur emploi: l'aumône « opulente, surprise par la cupidité, avait sou« vent « nourri le libertinage à l'ombre du sanctuaire (4). « Qui pouvait nier les inconvénients de la main-morte? « Le commerce paralysé par l'inaliénabilité de tant « d'immeubles, la petite propriété étreinte sans espé« rance entre leurs invariables limites, la population « découragée et nécessairement stationnaire en pré« sence des avantages du célibat religieux (5). Puis ap« paraissait la sombre image des finances publiques « épuisées, discréditées, et l'abîme du déficit s'ouvrant « déjà, et si facile à com-

bler avec quelques millions « inutiles dans la caisse du clergé (6). Enfin (et là (1) Barnave et Thouret.
(2) Trcilhard et Mirabeau. (3) Barnave, Garat, Mirabeau. (4) Pétion. (5) Thouret. (6) Barnave.

« peut-être était la pensée dominante du projet), l'au« torité de l'Église était représentée rivale ambitieuse « du pouvoir politique; et le clergé, corporation ja« louse et bientôt maîtresse, si on ne la rendait esclave « en la rendant mercenaire; les ecclésiastiques réduits « à la condition de fonctionnaires publics ne devaient « être payés que par l'Etat: propriétaires, ils devien« draient indépendants; cette indépendance, ils sau« raient l'attacher à leurs fonctions, et l'Eglise échap« perait au joug de la démocratie, comme autrefois « elle avait refusé de courber la tête sous le sceptre de « la royauté (1). »

Entre ceux qui soutinrent cet assaut on distinguait l'archevêque d'Aix, les évêques d'Uzès et de Nîmes, Montesquiou, Custines, Larochefoucauld, et Malouet, Camus et de Baumetz, députés du tiers état. Au-dessus de toutes ces voix retentissait la grande voix de l'abbé Maury. Cependant, si la discussion fut énergique, elle resta peut-être incomplète. Elle abandonna le terrain philosophique et religieux pour se réfugier et quelquefois s'égarer dans la jurisprudence et dans l'histoire. La question, qui touchait aux intérêts généraux de l'Eglise universelle, fut acceptée comme une affaire particulière non pas même à l'Église gallicane, mais au clergé français: les députés de cet ordre semblèrent plaider leur propre cause, tandis que cent trente millions de catholiques, et Rome et le Pontife suprême, (t) Garat et Dupont de Nemours.
et la terre et le ciel, attendaient avec inquiétude l'issue de ces débats. « L'existence, la constitution, le domaine « du clergé, étaient, disait-on, antérieurs à la fonda« tion même de la monarchie (1). Le clergé était proprié« taire à titre de donations, de successions, d'achats, « de prescription (2). Jamais, sans son consentement, « ses biens n'avaient été légalement aliénés. Les droits « de la souveraineté royale ou populaire ne

s'éten« daient pas jusqu'à l'expropriation forcée sans juge« ment ni indemnité préalable. Le jour où pré« vau« draient ces exorbitantes doctrines, ce jour serait la « veille de la loi agraire (3). D'ailleurs la prospérité « des domaines ecclésiastiques déposait de la sagesse « de leur administration: c'était là que souvent l'État, « dans sa détresse, avait trouvé des secours inespérés; « c'était là qu'il en trouverait encore dans ses nécessi« lés présentes: la charité sacerdotale serait inépuisa« ble, mais elle voulait rester arbitre de ses propres « libéralités (4). Au contraire, la spoliation proposée « tarirait tout d'un coup les ressources de l'avenir, ef« frayerait la propriété, découragerait la bienfaisance, « troublerait les consciences chrétiennes. Rien ne sau« rait être utile que ce qui est juste (5). Précisément, « parce qu'on entendait dire d'un ton menaçant: Il « faut prendre les biens du clergé, l'assemblée devait (1) Montesquiou. (2) Maury et l'évêque de Germent. (3) Montesquiou et Maury. (4) llaury et l'archevêque d'Aix. (5; L'archevêque d'Aix et l'évêque d'Uzès.

« être plus disposée à les couvrir de sa protection (1). « 11 n'y a pas de plus terrible despotisme, s'écriait-on « prophétiquement, que celui qui porte le masque de « la liberté (2). »

La lutte se prolongeait avec des résultats douteux Plusieurs dépulés, au nombre desquels il faut remarquer l'abbé Grégoire, avaient paru à la tribune pour y proclamer leur incertitude, partagée probablement par la majorité de l'assemblée. Enfin, le 2 novembre, Mirabeau avait fait gronder une dernière fois son imposante parole sur la foule agitée, comme la foudre sur les flots d'une mer orageuse. 11 semblait avoir épuisé toute sa puissance pour se rendre maître de ses auditeurs: il fit plus, il sut comprendre qu'il ne l'était pas. Il fut assez fort pour ne pas craindre de céder en reculant sur son propre terrain, il modifia sa proposition primitive, et, à la faveur d'une concession verbale, sa pensée victorieuse s'empara des convictions indécises. Le décret fut adopté en ces termes: « Tous les biens « ecclésiastiques sont *à la disposition* de la nation, à la « charge de pourvoir, d'une manière convenable, aux « frais du culte, à l'entretien de ses ministres et au « soulagement des pauvres, sous la surveillance et selon « les instructions des provinces (3). »

Le lendemain de cette séance, il n'y eut pas de prêtre obscur qui, en s'éveillant à l'ombre de son clocher, (1) Malouet.
(2) Maury. (3) Pour tout ce qui précède, voir le *Moniteur,* séances des 10, 12, 15, 23, 24, 30, 31 octobre et 2 novembre. pût se promettre d'y avoir un jour sa pierre tumulaire et son repos; il n'y eut pas de noble abbaye qui se tînt sûre de léguer à l'admiration de la postérité ses cloîtres et ses forêts centenaires. Les vieillards, les infirmes et tous ceux que la société ne nourrit pas parce qu'ils ne sauraient travailler pour elle, ne durent plus attendre au seuil des monastères leur pain journalier: et au fond des basiliques où le vandalisme et le sacrilège allaient entrer, on dut entendre des voix mystérieuses s'écrier: Les dieux s'en vont. Car le domaine de l'Église était devenu le gage des créanciers de l'État; l'héritage de la France chrétienne était désormais l'enjeu des agioteurs publics; la robe du Christ avait été jetée au sort. Le décret du 2 novembre 1789, accueilli par les acclamations bruyantes des mauvais citoyens, ne rencontra, dans la majorité de la nation, qu'une silencieuse défiance. Les assignats, signes monétaires de ces richesses coupables, subirent la même défaveur. Et la spoliation en laquelle on avait mis tant d'espérance, ne sauva pas à la France la honte d'une banqueroute nationale.
— Mais notre but n'est point de reconnaître, en fait, les résultats d'un acte irrévocablement accompli. Nous essayerons, en le considérant comme un titre invoqué aujourd'hui dans de nouvelles disputes, d'en apprécier la valeur en droit.
II. — Dieu, qui du fond de l'éternité a conçu les créatures morales destinées à peupler un jour les déserts du néant, a conçu en même temps les rapports qui devraient exister entre elles: il les a voulus. Or ces volontés de Dieu, soutenues de sa toute-puissance, sont des

lois; elles s'accomplissent infailliblement, sinon par voie de contrainte comme dans le monde physique, au moins par voie de répression ultérieure; emprisonnant dans une pénalité fatale les êtres libres qui échappent à leurs injonctions: elles ne peuvent être *nécessaires,* elles sont *obligatoires.* L'ensemble des lois divinement obligatoires constitue le droit, le seul droit véritable, absolu, sacré.

Ceux qui, dans la succession des temps, gouvernent ici-bas les sociétés politiques, ont aussi des volontés qu'ils appellent des lois, et qui forment, dans leur réunion, le droit positif régulateur des actions individuelles. Mais ces législations humaines ne sont que des traductions, des imitations plus ou moins imparfaites de la législation divine, c'est d'elle qu'elles empruntent leur nom et leur valeur. A quel titre un ou plusieurs hommes, ou même un grand nombre, agissant dans leur intérêt personnel, pourraient-ils restreindre la liberté, réclamer l'obéissance d'un seul de leurs semblables, disposer des "biens, abréger la vie? La soumission de la volonté à la loi est un sacrifice: un sacrifice ne se peut demander qu'au nom du ciel.

Ainsi, de même que les actes des individus sont des faits qui s'apprécient d'après leur conformité au vouloir des législateurs; les lois sont des faits sociaux qui doivent se juger d'après leur conformité au vouloir de Dieu: selon cette parole du poète lyrique:

Regum timendorum in proprios greges

Reges in ipsos imperium est Jovis (1).

Cette critique suprême peut être exercée de deux manières, parce que de deux manières le vouloir divin se fait connaître: l'une naturelle par la conscience, l'autre surnaturelle par la révélation. Quand la révélation et la conscience, juges unanimes, ont réprouvé une loi, elle est déchue de son autorité, elle n'est plus qu'une œuvre vulgaire, une œuvre mauvaise.

Alors même qu'on accepterait sans appel le droit positif d'une société quelconque, si l'on ne veut y laisser introduire la tyrannie, il faut y laisser une

place à la critique. Cette critique s'exercera de deux manières encore. Premièrement, elle veillera à contenir l'empire ou l'application des lois dans les limites qu'ellesmêmes se sont tracées; elle aura soin que leurs paroles soient vraiment des *termes* immuables, infranchissables, environnés d'une mystérieuse religion. Secondement, elle confrontera chaque disposition spéciale avec le système général des lois établies, surtout avec celles sur qui repose la constitution du pouvoir législatif et dela société tout entière; et s'il se rencontre que cette disposition soit contraire au droit constitutionnel, de qui seul elle pouvait tirer sa force, il faudra bien qu'elle succombe, convaincue de nullité.

Nous soumettrons à ces deux sortes de critiques l'acte du 2 novembre 1789; et nous chercherons à reconnaître d'abord sa valeur légale sans sortir des règles (t) llorace. *Odes* 3, 1.
de la jurisprudence ordinaire, puis sa valeur morale en nous élevant à des pensées qui peut-être devraient dominer plus souvent les méditations des jurisconsultes, s'ils aspiraient à conserver cette dignité presque sacerdotale d'interprètes de la justice dont s'enorgueillissait jadis Ulpien: *a Merito quis nos mcerdotes appellet: justitiam namque colimus* (1). »
I. Nous avons vu par quel détour l'assemblée nationale se laissa conduire au terme qu'elle n'avait pas osé aborder en face. 11 y a quelque chose de honteux dans cette faiblesse, mais aussi quelque chose d'honnête: la volonté qui se prête, la conscience qui se retire; des concessions réciproques, un compromis obscur, un acte sans nom, inqualifiable; la *disposition* des biens du clergé attribuée à la nation, mais non la propriété. Ce mot n'est pas oublié, il est exclu avec une superstitieuse sollicitude. En sorte que, si jamais l'État pouvait invoquer l'acte et s'en faire un titre, ce serait jamais un titre de propriétaire: bien plus, le titre même protesterait contre toute prétention ultérieure, il empêcherait la prescription. Il est vrai que deux ans plus tard la Convention déclara biens nationaux les églises et les presby-

tères. Mais avant de produire cette décision comme pièce aux débats, qu'on y prenne garde: Au revers est écrite la condamnation de Louis XVI, et plus bas la sentence de mort de neuf cent mille Français.

Mais encore que, par une large et trop complaisante (1) D. L. I. g i.*De Justilia elJure.* interprétation, on voulût qualifier de propriété le droit accordé à la nation sur les biens de l'Église, on ne saurait nier les charges auxquelles ce droit était soumis.

— Il devait être pourvu d'une manière convenable aux frais du culte. Et bientôt l'or et l'argent des vases sacrés, et le bronze qui conviait les chrétiens à leurs fêtes, et le plomb qui couvrait les vieux arceaux des cathédrales, étaient jetés dans le creuset sacrilége. Les ornements sacerdotaux étaient promenés sur des animaux immondes. L'orgie allait s'asseoir sur les pierres des autels. Si le sacrifice éternel continua de s'offrir, ce fut dans l'angle obscur de quelque pauvre chaumière, dans la profondeur des forêts, sur une barque au milieu des flols; et si le pouvoir d'alors contribua à 1a solennité de ces saints mystères, ce fut en les entourant de menaces et de périls: ses présents furent des palmes et des couronnes de martyrs. — L'entretien des ministres de la religion devait être assuré. Et quelques mois plus tard on mettait sur leurs lèvres un serment que réprouvait leur conscience. Exilés de l'ombre des tabernacles qu'ils aimaient, privés du pain et du repos promis à leurs pieuses fatigues, chargés d'opprobre, ils allaient attendre dans les prisons les massacres de septembre, les noyades de Nantes, les supplices dp l'échafaud, les tortures inénarrables de la déportation.

— Les pauvres devaient être soulagés. Et dans peu de temps les maisons hospitalières, qui jadis accueillaient toutes les douleurs humaines, virent leurs portes fermées par des mains avares. Il fut dit que la France ètait trop peuplée, et on jeta à la gueule des canons un million d'hommes jeunes et forts, dont les bras assuraient seuls la culture des campagnes et l'industrie des cités. Le pain manqua. On battit monnaie avec la hache sur les places publiques, pour soudoyer des artisans de meurtres et de dévastations. — Ces charges devaient être acquittées sous la surveillance et d'après les instructions des provinces. Demandez aux quatorze départements de l'Ouest, à la Gironde, à Lyon, comment furent écoulées leurs plaintes et leurs protestations? Les ossements de nos pères se lèveront pour vous dire l'accueil qu'ils trouvèrent devant la Convention et ses proconsuls: ils se lèveront pour maudire les tyrans qui appelaient la parole libre, et commandaient le silence au nom de la mort: ils se lèveront pour crier anathème sur un pouvoir perfide qui se jouait de ses promesses, et se servait des lois, non comme d'un lien réciproque *el* sûr, mais comme d'une épée dont il tenait la garde, et au tranchant de laquelle on ne pouvait s'attacher sans se blesser les mains. — L'État n'a donc point accompli les conditions essentielles de l'acte qu'il invoque, il ne saurait donc en recueillir le bénéfice.

Il y a plus, et, sans se prévaloir des termes dans lesquels fut conçu le décret de spoliation, on peut le repousser préjudiciellement tout entier, comme nul, comme inconstitutionnel. La loi constitutionnelle de l'Assemblée nationale, c'était la déclaration des droits de l'homme qu'elle-même formula, c'étaient les volontés de la majorité des Français qu'elle devait représenter: c'était le mandat qu'elle en avait reçu, les instructions déposées dans les cahiers des électeurs. — Et d'abord la déclaration des droits de l'homme compte la propriété au nombre des droits naturels, imprescriptibles (art. 2). Elle prononçait solennellement que, la propriété étant un droit inviolable et sacré, nul n'en pouvait être dépouillé, si ce n'est lorsque la nécessité publique légalement constatée l'exigerait, et sous la condition d'une juste et préalable indemnité (art. 17). Or, si les biens ecclésiastiques n'étaient plus aux yeux de l'assemblée, infidèle aux croyances de ses pères, le patrimoine de l'Eglise, le domaine de Dieu, une chose sans propriétaire humain (m *nullius),* ils devaient nécessairement être considérés comme la propriété du clergé qui en était possesseur (res universitalis) au moins comme un usufruit perpétuel attribué aux bénéficiers par les institutions de l'Etat. Ainsi l'avaient pensé le ministre Turgot (1), et le plus grand politique de la démocratie, l'abbé Sieyès, qui, traitant la même question, laissa tomber de sa plume amère cette parole devenue célèbre: « Vous voulez être libres, et vous ne savez pas être justes (2). » Le décret, ne déterminant aucune indemnité préalable en faveur des propriétaires, possesseurs ou usufruitiers déchus, était donc inconciliable avec la déclaration des droits de l'homme; il ne pouvait subsister en sa présence, elle le condamnait au néanl.

(1) Cité par M. de la Rochefoucault dans son discours à l'assemblée. (2) V. sa brochure, *des Biens ecclésiastiques.*
La déclaration des droits disait encore: « L'exercice des droits naturels de chaque homme n'a de bornes que celles qui assurent aux autres membres de la société la jouissance des mêmes droits (art. 4). Cette égalité civile était le rêve le plus ardemment poursuivi par les vœux unanimes des hommes d'alors: c'était en son nom que la suppression des priviléges avait été réclamée avec tant d'énergie. Or, n'était-ce pas forfaire à l'égalité, n'était-ce pas trahir ceux qui voulaient l'indépendance, la capacité, la dignité pour tous, que de violer les droits d'une classe de cent mille citoyens, de les réduire à une condition précaire, servile, et d'en faire une caste d'ilotes et de parias? — Au nombre des volontés générales les plus sûrement connues par le dépouillement des cahiers, était le maintien de la religion catholique, sinon comme religion exclusive, au moins comme religion de l'État; par conséquent le maintien de l'existence publique de l'Église; par conséquent la conservation des biens qui assuraient cette existence. Donc, en portant leurs mains usurpatrices sur les biens ecclésiastiques, les législateurs transgressaient leur mandat, ou du moins les intentions présumées de leurs mandants. Et, afin qu'ils ne pussent prétexter ignorance et oubli, plusieurs voix s'élevèrent durant la discussion, propo-

sant que le peuple fût consulté. Mais l'appel au peuple fut rejeté cette fois comme il devait l'être dans une au Ire occasion trois ans plus tard, comme il le sera toujours quand gouverneront des tyrans, afin que la responsabilité de leurs œuvres reste à eux tout seuls devant Dieu et devant les hommes, afin que la postérité, ne voyant pas sur leurs actes le sceau de la volonté nationale dont ils se disaient les organes, en reconnaisse la nullité, en même temps qu'elle en réprouve l'injustice.

Enfin, si l'assemblée, libre dans ses décisions, n'eût rencontré aucun obstacle dans le droit constitutionnel auquel elle s'enorgueillissait d'obéir, elle en eût trouvé dans le droit des gens qu'elle ne faisait point encore profession de fouler aux pieds. Le régime des biens ecclésiastiques était déterminé non-seulement par les anciennes lois du royaume, mais par des traités conclus entre le sacerdoce et l'empire, spécialement par le concordat de François I" et de Léon X. L'œuvre commune de deux puissances ne saurait se détruire légalement que par leur concours: la règle des sociétés est ici la même que celle des individus, et les traités ne se violent pas plus impunément que les conventions. S'il était nécessaire de puiser dans les richesses du clergé pour combler le vide du trésor national, il y avait lieu à ouvrir des négociations diplomatiques. Dans cette voie, on ne pouvait désespérer d'atteindre au.résultat désiré: la condescendance de Pie VI était connue, et le temps n'était pas encore loin où le roi d'Espagne avait obtenu la concession d'un tiers des biens ecclésiastiques de son royaume pour subvenir aux besoins du fisc épuisé. Hors de cette voie, il n'y avait qu'abus de la force, mépris de l'équité, un fait brutal et point de droit.

Insuffisant dans sa forme, chargé de conditions inaccomplies, inconstitutionnel par la teneur de ses dispositions et par l'incompétence de ses auteurs, attentatoire à la justice internationale; par tous ces motifs inapplicable en la cause et nul au fond, tel nous apparaît l'acte du 2 novembre 1789, au point de vue de la simple et vulgaire jurisprudence.

II. Et maintenant ce décret, échappé au mauvais vouloir de quelques hommes qui ne sont plus, considérons-le du haut de la région des choses éternelles, à la grande lumière de la raison et de la foi.

Ce serait ici le lieu de rappeler ce qui a été dit précédemment: les vues providentielles qui semblent avoir présidé à l'établissement des biens ecclésiastiques; la publicité, la liberté, la charité du Christianisme intéressées à leur conservation; leur origine dans les premières institutions des apôtres, leur accroissement sous l'austère discipline du premier âge; les canons des conciles qui en réglèrent l'administration et l'emploi, qui les marquèrent d'une empreinte sacrée, et les mirent sous la protection de l'anathème. Il faudrait se souvenir que les décisions de ces conciles seraient vénérables par leur sagesse et leur durée comme raison écrite, si elles n'étaient pas saintes et irrépréhensibles comme remplies d'une inspiration divine. Et après avoir reconnu la légitimité de ces graves autorités, il n'y aurait plus qu'à choisir, ou de les renier, ou de renier un acte qu'elles flétrissent.

Mais il nous suffira de développer une seule considération plus capable peut-être de frapper le commun des esprits: elle n'aura rien de théologique. Dans l'Église dépouillée par le pouvoir révolutionnaire, nous montrerons la civilisation outragée par la barbarie: au lieu de condamner au nom de Dieu, nous jugerons au nom de l'humanité. — Le mot civilisation porte sa définition en lui-même. Le progrès de la vie civile, c'est le développement de la société. Or la société ne subsiste que par l'abnégation de la personnalité, par l'amour qui fait les choses communes. En sorte que plus diminuerait la somme des intérêts personnels, plus se multiplieraient les biens et les avantages mis en commun, et plus croîtrait aussi la civilisation, jusqu'à ce qu'elle atteignît sa plus haute puissance dont la formule serait la communauté parfaite, s'il était possible aux hommes déchus d'arriver jamais à la perfection qu'ils rêvent toujours: toutefois, l'Église avait fait ce que les associations politiques ne pou-

vaient prétendre. Nulle part ne s'était rencontré plus d'oubli de soi, plus d'amour d'autrui. Les prières, les œuvres, les mérites, les biens spirituels de tous ne faisaient qu'un trésor où tous venaient puiser: c'était la communion des saints. De même, les biens temporels affectés au service du culte, à l'entretien des prêtres, au soulagement des pauvres, sans destination individuelle, sans autre maître que Dieu, maître de toutes choses, ces biens étaient vraiment communs. Et rien ne se pouvait voir de plus parfait que cette double communauté; en sorte que l'Église avait réalisé l'idéal de la civilisation. — Qu'est-ce au contraire que la barbarie, sinon l'absence des éléments de la vie sociale, sinon le développement de l'égoïsme? L'égoïsme est le culte de soi-même.

Or le *mien* est la plus chère expression du *moi*. Et la propriété, selon les jurisconsultes rationalistes, n'est autre chose que l'extension, la reproduction extérieure de la personnalité. La propriété est donc ici-bas comme une imperfection nécessaire peut-être, comme une des formes de cet amour-propre qui est en notre nature, et qui toujours combattu ne se bannit jamais. Elle est la plus profonde racine que l'homme ait jetée sur la terre pour s'y attacher. 11 sait devoir mourir, mais il pense revivre dans les forêts plantées, dans les palais construits de ses mains: il se change en pierre comme Niobé, en arbre comme Philémon, lui qui devait devenir ange et remonter au ciel. Il échange l'immortalité sainte qui l'attendait contre une immortalité mensongère qu'il s'est donnée. Ses jouissances bornées sont nécessairement jalouses. Comme il se préfère à tous ses semblables, il leur préfère ses biens qui sont une partie de lui-même; il les en exclut, il se fait une solitude morale autour de lui. Ainsi se détache-t-il à la fois des destinées divines et des destinées sociales, auxquelles en naissant il était appelé.

Ainsi l'esprit de propriété fait descendre ceux qu'il domine sans mesure à une condition inférieure à l'humanité, voisine de la brutalité, elle les fait barbares. Mais en décrétant la confiscation des biens de l'Eglise

«ÉLANCES. II. 23 au profit des créanciers de l'État, l'une des préoccupations dominantes de l'Assemblée nationale était de réduire les grandes possessions ecclésiastiques en domaines nationaux, pour les changer ensuite et les diviser en d'innombrables propriétés privées, afin de satisfaire ce désir immense de posséder en leur nom personnel, d'être non-seulement libres, mais encore maîtres, de jouir sans partage et sans responsabilité, qui s'était emparé des hommes d'alors. Ce désir qui devait un jour trouver sa punition dans ses succès, en morcelant à l'infini les héritages, en épuisant le sol trop étroit à son gré, n'était qu'une forme visible de l'égoïsme populaire, révolté contre l'égoïsme aristocratique et royal; c'était l'insurrection de l'anarchie contre le despotisme, en l'absence de la charité proscrite depuis trois cents ans de l'ordre politique par la réforme protestante. Et l'égoïsme de trente millions d'hommes agissant d'abord par l'émeute et l'incendie, ensuite par la hache et le sabre, par le marteau démolisseur, livrant la France à des horreurs qu'Attila lui avait épargnées, n'est-ce point l'égoïsme porté à sa plus haute puissance, n'est-ce point la barbarie, à moins qu'il n'existe dans les langues humaines quelque nom plus affreux pour le nommer! Et l'acte qui fut son premier triomphe, l'acte spoliateur qui signala son avénement, ne devrait-il pas disparaître des annales et de la mémoire d'une nation qui se croit, non sans justice, choisie entre toutes les nations de la terre pour remplir une mission civilisatrice?

ORIGINES
DU DROIT FRANÇAIS
CHERCHÉES
DANS LES SYMBOLES ET FORMULES DU DROIT UNIVERSEL PAR M. MICHELET (1).
1837

En revêtant aujourd'hui les fonctions de critique, qui vont si mal à notre âge et à notre inexpérience, nous sommes du moins heureux de nous sentir libres de deux sortes de préventions également

dangereuses dans l'examen d'un ouvrage, les unes contre l'auteur, les autres contre le sujet.

Parmi les intelligences contemporaines qui s'agitent en dehors de cette paisible sphère de l'orthodoxie catholique où nous vivons, il en est qui semblent s'être moins éloignées, qu'on dirait quelquefois céder à une puissance attractive et se rapprocher de nous. Celles-là nous intéressent à tous leurs mouvements; nous les voudrions retenir au passage; elles nous déso (1) Extrait de *l'Univers,* sept, et oct. 1837 lent quand elles nous échappent; nous ne saurions croire qu'elles ne nous reviendront pas un jour. M. Michelet est de ce nombre. Si de bonne heure le rationalisme l'enleva à nos doctrines, il lui est resté pour elles un sentiment qui ressemble à l'esprit de retour. S'il lui manque, ainsi qu'à beaucoup d'autres, ce courage intellectuel qui est nécessaire pour croire, du moins il ne fait pas gloire de son infirmité. Le doute est pour lui une robe de Nessus dans laquelle il ne cherche point à se draper en héros, mais qu'il voudrait secouer et qui lui fait jeter des cris douloureux. Nous les avons entendus (1) et ils nous ont rempli d'une respectueuse pitié. — A nos sympathies religieuses se joint une juste admiration littéraire. Nous sommes de cette foule aux applaudissements de laquelle M. Michelet a pris place parmi les plus grands écrivains du siècle présent. Il nous fut toujours impossible de contempler sans émotion son front que le travail a sillonné de rides prématurées, et ses cheveux blanchis avant l'âge. Et nous nous souvenons d'un jour où, assis sur les bancs de la Sorbonne, sa parole chaleureuse, en nous redisant la vie et la mort de Jeanne d'Arc, nous fil verser bien des larmes.

Ce n'est pas non plus sans un vif intérêt que nous accueillons l'entreprise d'une investigation savante des origines du droit français. Jamais nous ne partageâmes les antipathies pédantesques de certains légistes (1) Voyez le tome II de *l'Histoire de France* (vers la fin du volume). Il ne tant pas oublier qu'Ozanam écrivait ceci en 1857.
contre toute intervention de la philoso-

phie et de l'histoire dans la jurisprudence dont ils s'attribuent le domaine exclusif. Nous aussi, dans cet idiome prosaïque que parlent nos lois modernes, nous reconnaissons les dernières traces d'un langage figuré, d'un symbolisme dont l'homme ne saurait s'affranchir tant qu'il demeure dans les conditions de la vie terrestre, où les signes lui sont nécessaires non-seulement pour exprimer, mais pour concevoir sa pensée. Nous aussi nous croyons que ce symbolisme se doit retrouver plus fort et plus pur aux jours anciens, alors que l'homme, plus faible, empruntait aussi davantage à la nature, et vivait avec elle dans une sorte de fraternité; et nous admettons avec Vico que le droit primitif, non des Romains seulement, mais de toutes les nations, fut un poëme sérieux. Volontiers nous nous laissons aller à l'étude de ces choses antiques, entraîné par cet instinct auquel obéissait Cicéron, quand il interrogeait avec plus de confiance les premiers âges du monde comme plus voisins des dieux. Mais surtout nous comprenons que de semblables recherches ne sauraient être circonscrites dans les limites d'une seule législation, et que les lacunes que le temps a faites dans nos vieux codes se peuvent remplir avec les pages qu'il a respectées dans ceux des autres peuples. Le Christianisme nous en a fait un axiome: tout ce qui est primordial est universel.

Toutefois il est des fatalités qui semblent dominer une époque entière, et auxquelles les meilleurs esprits ne sauraient échapper. Celle qui pèse sur les esprits d'à présent, c'est de méconnaître la spécialité de leur vocation, de s'attribuer des aptitudes encyclopédiques dont ils ne furent point pourvus, et de consumer en des travaux sans profil et sans honneur, des heures précieuses qu'ils devaient employer, selon leurs forces, au bien et à l'ornement de la société.

Il ne nous appartient pas d'apprécier la mission que M. Michelet avait à remplir parmi nous. Mais il nous semble qu'il était né poëte, dans le sens primitif et le plus étendu de ce mot, c'est-à-dire capable de créer, capable de s'élever aisément à des conceptions idéales, de subir profondément les impressions du monde réel, de reproduire les premières en choisissant, rapprochant, combinant les secondes. Avec ces éminentes facultés nous avons redouté de le voir descendre au rang d'historien. L'histoire est la mémoire des nations, mais c'est une mémoire impassible, impartiale, complète, que la passion, la sensibilité, l'imagination, peuvent accompagner quelquefois, mais ne doivent dominer jamais; qui choisit avec critique entre les récits parvenus jusqu'à elle, mais qui ne choisit pas entre les faits constatés, et les accepte alors même qu'elle ne saurait ni s'en inspirer ni les comprendre. Si les anciens la représentèrent comme une muse, ce fut une muse austère: ils ne lui donnèrent ni le masque trompeur, ni les cordes mobiles de la lyre, mais des tables de pierre et un inflexible burin. Ces graves habitudes sans lesquelles il n'est pas permis d'écrire les annales des peuples deviennent plus nécessaires encore quand il s'agit de tracer l'histoire des institutions, des idées, des sciences. Là ne se retrouve plus cette part que la liberté humaine a coutume de prendre aux grands événements, et qui fait le charme dramatique de la narration. 11 n'y a plus que des conséquences que le temps, logicien sévère, déduit rigoureusement de leurs principes. L'œuvre de l'historien est de suivre cette longue déduction à travers toutes ses phases. Or des institutions ne se laissent reconnaître, sous leurs transformations innombrables, qu'à l'œil déjà familiarisé avec elles: à qui ignore les lois selon lesquelles les idées accomplissent leurs révolutions, il est impossible de déterminer leur situation précise dans un moment donné, et de prendre ainsi longitude sur l'horizon des âges: aux sciences il faut pour historiens des savants, et en particulier, pour découvrir les origines du droit, il faut un jurisconsulte. — M. Michelet ne se vante pas de l'être. Peut-être même se vante-t-il un peu de ne l'être pas. « Celui qui va parler de droit, dit-il, n'est « pas un légiste, c'est un homme. Un homme en ma« tière profondément humaine ne peut-il comme un a autre don-

ner et demander avis... Quand les prud'« hommes du moyen âge tenaient leurs assises au « carrefour d'une grande route, au porche de l'église, « ou sous l'aubépine en fleurs, ils appelaient, en cas « de doute, le premier bon compagnon qui passait; il « posait son bâton et siégeait avec les autres, puis re« prenait son chemin (1). » — A la bonne heure: (1) *Origine du droit français*. Introd., p. x.

mais on appelait le bon compagnon à siéger sur la pierre pour juger, non dans la chaire pour disserter et instruire. Et puis, nous l'avouons, nous nous défions de la prud'homie de M. Michelet: c'est autre chose qu'un bon compagnon, c'est un ingénieux poëte, et peut-être nos pères du moyen âge n'en eussent-ils point voulu à leurs assises; des juges de cette trempe risquent trop de rêver sur leur tribunal.

Nous ne sommes donc point étonné si la pensée génératrice se trouve mal réalisée dans l'ouvrage qu'elle a produit. C'est une collection de textes empruntés pour la moitié aux *Antiquités du droit allemand* de Grimm, et pour le reste aux assises de Jérusalem, à quelques anciens auteurs français, aux lois du pays de Galles recueillies par Probert, au Droit romain, au Code de Manou, au Pentateuque. C'est une classification habilement tracée, qui embrasse la vie sociale de l'homme depuis la naissance jusqu'à la mort, et dans laquelle ces textes, pris à deux mille ans et à deux mille lieues d'intervalle, se rapprochent toujours avec bonheur, et s'expliquent souvent sans effort. Ce sont surtout des aperçus d'une admirable délicatesse, un sentiment profond des besoins moraux de l'homme, de la famille, de la cité; des vérités présentées plutôt que formulées (1); des inductions qui ne s'égarent que pour avoir voulu trop s'étendre. 11 est inutile de parler du (1) On ne saurait mieux décrire que M. Michelet (Introd., p. cxm) les pieuses fraudes qui constituèrent le droit prétorien, dont cependant il est loin d'avoir connu tous les développements.

style, dont la grâce et la vivacité seraient irréprochables si elles ne semblaient quelquefois déplacées en pré-

sence de la grandeur et de la solennité du sujet. Cependant M. Michelet convient de l'insuffisance de son travail: il n'a voulu jusqu'ici que tracer un cadre (1). Mais on attendait de lui un tableau. On ne saurait approuver cette impatience de publicité qui implique une sorte de dédain pour le public. La multitude n'est point si méprisable qu'il faille faire sur elle impunément l'expérience de tous les produits philosophiques et littéraires: *experimentum in anima vili*. Combien n'y avait-il pas plus de respect pour le temps, pour le goût, pour les intérêts de ceux qui lisent, dans ce vieux précepte classique que nous avons oublié:

Nonumque prematur in annuin
    Membranis intus positis!

L'étude des symboles et formules du *Droit universel* n'est point un labeur de peu de veilles et qu'on puisse aisément mener de front avec d'autres études qui en furent l'occasion première. Des recherches si rapidement conduites devaient présenter beaucoup de lacunes. — Le temps et l'espace nous manquent pour les énumérer.

L'Orient, ce vieil oracle qui sait tous les secrets de la génération des choses, et aux réponses duquel les sciences de nos jours sont si religieusement attentives, (1) *Origines du droit français*. Introd., p. vi.

M. Michelet ne l'a interrogé qu'à peine. La législation chinoise sous laquelle, depuis trente siècles, cent millions d'hommes demeurent immobiles, celle de l'Egypte, dont les fragments parvenus jusqu'à nous recèlent tant de mystères, celles qui constituèrent les merveilleux empires de Ninive et de Babylone sont laissées dans un même silence. Les lois de la Perse ne sont guère plus citées que si elles restaient gravées en caractères inconnus sur les ruines de Suse et de Persépolis, si nulle réminiscence ne s'en était conservée chez les écrivains grecs et hébreux (1). L'Inde a obtenu plus de faveur: ses livres sacrés ont été ouverts, et ses institutions dépouillées de leurs voiles... Et cependant la plus importante de toutes, la division des castes, pour laquelle le législateur a réservé les plus imposantes sentences et les figures les plus énergiques, qui se reproduit à divers degrés chez le plus grand nombre des peuples de la même famille, et dont les dernières traces ne sont pas encore effacées autour de nous, qui réunit éminemment les trois caractères d'originalité, de symbolisme et d'universalité, celle-là même se trouve omise (2).

L'antiquité grecque offrait des trésors où il était utile de puiser. Parmi les lois d'Athènes on aurait rencontré d'admirables formules, comme le serment des jeunes gens au jour de leur inscription sur le livre des ci (1) Hérodot. ,liv. II. Diodor., I.

(2) Manon, liv. I, si. 94-101; liv. VII, si. 3-8; liv. IX, si. 301-335. Voyez aussi 1. VII, si, 14-29, la magnifique allégorie du châtiment. toyens, d'autres faits qui appellent de curieux rapprochements, comme la composition pécuniaire par laquelle se rachetait l'archonte coupable, le coucher du soleil donné pour terme aux licences des juges, le meurtre du bœuf, compagnon des travaux de l'homme, sévèrement interdit (1).

Ce n'était pas assez de mentionner en passant les *Actus legitimi* du Droit romain, d'insister sur l'orientation des champs, sur les deux principaux rites du mariage, *confarreatio et coemptio.* 11 fallait d'abord reconnaître avec Vico cette tempérance de langue, ce mutisme mystérieux des sociétés héroïques qu'on a tant admiré dans les mœurs de Sparte, et qui n'est pas moins remarquable dans l'antique jurisprudence de Rome (2). 11 fallait dire comment cette jurisprudence silencieuse réduisit tous les actes de la vie civile en une sorte de pantomime, dont l'extrême simplicité se trahit par le petit nombre de formalités dont elle se composa d'abord; comment la piété filiale des générations suivantes les contraignant de s'enfermer dans le cercle traditionnel tracé par les aïeux, elles durent plier à ce petit nombre de formalités reçues les actes nouveaux qui devenaient nécessaires; comment la balance et l'airain *(xs et libra),* signes de la vente, se prêtèrent successivement aux solennités de l'émanci (1) Samuel Petit, *Leges atticse.* En parlant des épreuves auxquelles diverses législations recon-

naissaient dans les enfants la présence du discernement (p. 8), M. Michelet n'aurait pas dû rappeler celle de l'enfant condamné à mort par l'Aréopage.

(2) Vico, *Scienzia nuova.* pation, de l'adoption, du testament, du contrat de gage *(fiducie);* comment le simulacre de procès qui constituait la *cessio injure* se reproduisit dans le cérémonial de l'affranchissement public des esclaves. En même temps on devait indiquer l'intervention lente, mais progressive de la parole. On l'aurait montrée d'abord brève et rare, et de sa rareté même tirant sa valeur, soit qu'elle fût proférée par les pontifes au nom des dieux *(fus,* de *fari),* soit lorsqu'elle se lisait écrite de la main des décemvirs sur des tables d'airain *(lex* de *legere),* soit lorsqu'elle tombait des lèvres du simple citoyen, assez puissante pour enchaîner sa liberté future *(cum ncxum faciet uti lingua nuncupassit, ita jus esto. Jus, dejubere).* — On l'aurait suivie au tribunal du préteur, où elle règne en souveraine, où elle prononce premièrement dans les débats qui lui sont soumis *(juris-diclio),* s'essaye ensuite à prévenir ceux qui pourraient naître, par des décisions entre les particuculiers *(inter-dicla),* s'adresse bientôt à la nation tout entière et prend force de loi dans des édits annuels *edicta).* Mais toujours on l'aurait reconnue superstitieuse, aimant à se réduire en formules, peu soucieuse de les multiplier, empruntant, détournant pour des usages nouveaux celles qui existaient déjà. Ainsi on aurait vu le Droit romain s'étendre par voie d'analogies, d'assimilations, d'allusions, de fictions, de métamorphoses légales, jusqu'à ce que la parole, victorieuse du symbole, fût à son tour vaincue par la pensée, jusqu'au temps des jurisconsultes philosophes. Nulle part co progrès n'est plus sensible que dans l'histoire de la procédure où les actions de la loi sont remplacées par les formules, et celles-ci par lesjugemenls extraordinaires *(judicia extraordinaria),* toutes choses qui n'étaient assurément pas indignes de préoccuper l'attention de M. Michele! (1).

Nous n'examinerons pas s'il a soumis à une analyse plus scrupuleuse les lois

des barbares, vers lesquelles nous reconduisent, quand nous remontons leur cours, tant de dispositions des codes modernes (2). Mais il sera permis de regretter l'injuste oubli des Capitulaires, et d'en indiquer deux textes au moins, qu'il importait de rappeler comme d'énergiques protestations du bon sens national, formé sous la bienfaisante tutelle de l'Eglise, contre les habitudes païennes et sensuelles de la société germanique. Ce sont deux articles dont l'un interdit au comte administrateur de la justice royale de tenir les plaids s'il n'est à jeun, dont l'autre prohibe l'épreuve de l'eau froide introduite dans les jugements (5).

Il y avait aussi beaucoup de lumières rassemblées à (1) Il fallait rapporter aussi les formules sacramentelles de l'adition d'hérédité, celles de la stipulation, celles qui distinguent le legs du fidéicommis, celle enfin de l'officieux mensonge appelé *acceptilatio,* par lequel s'éteignait la dette.

(2) En citant (p. 261) une loi des Ripuaires, M. Michelet devait mentionner un sénatus-consulte du règne de Claude, qui condamnait à l'esclavage la femme libre devenue concubine d'un esclave.

(3) Capit. liv. III, c. xxmii, add. IV, Lxxxiii. Il existe un passage célèbre de Sophocle, qui atteste l'existence de l'ordalie dans l'antiquité grecque et que M. Michelet n'a pas inséré au chapitre vu de son livre IV, où il traite de cette institution. un foyer de facile accès, et qui paraît cependant avoir été singulièrement négligé: les livres des Fiefs, contenus au *Corpus Juris civilis.* Peut-être aussi les coutumes de nos provinces étaient-elles susceptibles d'une moins infructueuse exploitation. Peut-être aurait-on surpris quelques traces des usages de nos ancêtres saliques dans la forme primitive de nos actions possessoires, complainte et réintégrande. Il est peu de formules latines plus fines que celle conservée dans la coutume d'Auxerre: Le seigneur féodal, quarante jours après le trépas de son vassal, peut mettre et apposer sa main féodale sur la terre de lui tenue et tiendra la terre dans sa main jusqu'à ce qu'il ait homme (1). Quelle expression plus hardiment figu-

rée que ce vieil axiome: « Le « mort saisit le vif? » 11 est vrai que plusieurs de ces omissions s'expliquent par l'insuffisance du plan de M. Michelet, qui, dans sa biographie juridique de l'homme, n'a laissé de place ni pour la minorité (2), la tutelle, l'émancipation, ni pour les divers systèmes de successions, ni pour le testament, acte auguste pourtant et symbole légal de l'immortalité de l'âme (3), ni enfin pour les relations commerciales. (1) Auxerre, 42. (2) Il eût été intéressant de faire remarquer les expressions allemandes *Unmùndig, Mùndig,* mineur, majeur, qui font sans doute allusion aux anciennes assemblées des tribus, où ceux-là seuls avaient *voix* qui avaient atteint l'âge de ia complète virilité. (5) Les bénédictions des patriarches (voy. surtout celle de Jacob. *Gen.,* c. 4!), v. 1, 40, 18, 2C) sont encore des actes de foi et de véritables testaments.
Cette dernière lacune est déplorable entre toutes.

Le droit commercial, qui se forma comme de luimême à l'ombre des murs de quelques cités maritimes du moyen âge, loin de tout contact avec les glossatcurs des écoles et les formalistes des parlements, aurait pu offrir, dans son organisation spontanée, plus d'un sujet de comparaison instructive avec les législations savantes qu'on avait essayé de faire connaître. Il n'eût pas été sans intérêt d'assister à la naissance et au développement de ces sociétés mercantiles, qui sont devenues des personnes fictives, ayant leur nom, leur indépendance, leurs destinées pleines de vicissitudes, leur honneur à conserver, leur fin souvent tragique. On aurait signalé l'origine des Commandites, ingénieuse et lucrative comédie, où la noblesse, craintive de déroger, s'enrichissait sous le masque d'obscurs trafiquants. Il y a toute une scène dramatique dans la seule étymologie du mot Banqueroute (1). Et quel symbole au monde est plus expressif, plus rapide, plus universel, plus merveilleusement puissant, que la lettre de change?

Jusqu'ici nos observations n'ont rien eu de sévère; M. Michelet nous avait lui-même loyalement avertis que son livre n'était point le dernier mot de la science, il ne nous avait pas promis toute la vérité. Mais au moins ne nous devait-il rien que la vérité, car si l'erreur (1) On brisait le banc du marchand déloyal, comme on brisait les armes du chevalier félon, comme on brisait son écu, comme on coupait la nappe de la table devant lui.
est chose permise au commun des hommes, ce triste droit que nous tenons de notre faiblesse, nous ne le reconnaissons point à ceux qui sortent de la foule, à qui force a été donnée pour dominer, et autorité pour instruire. La royauté du talent est comme celle des sociétés politiques, elle ne subsiste que par la supposition de son infaillibilité. Ses méprises, en s'imposant aux intelligences dociles, deviennent des actes involontaires de tyrannie. C'est pourquoi nous croyons remplir un devoir de profonde et consciencieuse estime en discutant les faits inexacts et les applications erronées que nous avons cru rencontrer dans les *Origines du droit français:* comme on arrache avec plus de soin l'herbe parasite capable de jeter de plus profondes racines et d'occuper plus de place.
Et d'abord, selon M. Michelet *(Inirod. , p. Xlvii),* « les lois antiques donnaient du temps au coupable pour guérir. La loijuive reconnaît des villes de refuge. » Mais les villes de refuge, dont Moïse avait ouvert les portes au meurtrier involontaire, se fermaient devant celui qui avait voulu le sang de son frère: celui-là devait mourir de mort; et la synagogue jugeait entre le crime et le malheur, accordait ou refusait l'asile *(Nombres,* xxxv, 11-25), tandis que les villes grecques échangeaient entre elles leurs malfaiteurs impunis. *(Iliad.* ix *in fine.)* — Plus loin, et par une confusion pareille, l'auteur dit encore (p. nx): « Trois asiles, la Judée, Athènes et Rome, ont été les foyers de la vie de l'Occident. » Mais s'il faut croire ces traditions que naguère on nous enseignait à dédaigner, selon lesquelles le Capitole fut un repaire d'hommes souillés, excommuniés en quelque sorte de la vieille Italie, destinés à devenir, par un baptême de sang et de gloire, peuple roi; s'il faut admettre les récits non moins fabuleux qui représentent l'Altique comme un rivage hospitalier où le vent du midi poussa un jour quelques Egyptiens injustement proscrits, pères d'un peuple d'artistes et de philosophes, la Judée n'est pas une terre abordée au hasard, c'est une terre promise, c'est un héritage revendiqué, c'est un sanctuaire où entre, non pas en fugitif, mais en légitime possesseur, le peuple béni, le peuple prêtre. Assimiler Jérusalem aux deux grandes cités païennes de l'antiquité, pour en faire un asile, c'est donner à penser qu'on aurait cherché l'histoire des Juifs dans je ne sais quel écrivain profane, et pris Moïse pour le chef d'une bande de lépreux (I). — Il semble aussi qu'on ait parcouru la Bible d'une main bien légère, quand on affirme que « la haine de la nature fait le caractère sublime du judaïsme, et que la Judée n'a guère connu de symbole. » *(Introd.,* p. Lxxvi, Lxxvii.) La haine de la nature dans cette religion à qui l'on a tant reproché la prodigalité de ses promesses temporelles, qui plaçait dans un jardin le séjour de la première innocence et du premier bonheur; dont les lois interdisent de boire le sang des animaux, de cuire l'agneau dans le lait de la brebis, de prendre au même nid les petits oiseaux et leur mère, de museler le bœuf à l'heure de son travail, de détruire les arbres nourriciers sur la terre ennemie; qui veut, enfin, faire partager le repos du septième jour et celui de la septième année au sol lui-même et aux animaux employés à son exploitation, qui associe toutes les créatures dans un même hymne fraternel au Créateur, et qui les soustrait à la tyrannie de l'homme, en ne lui laissant que leur usage, en réservant la propriété à Dieu seul (1)! Pénurie de symboles! lorsque la législation cérémonicIle ne saurait se contenir dans le Lévitique, et déborde pour ainsi dire par tout le Pentateuque; lorsque depuis les dimensions du temple jusqu'à celles de l'arche, depuis les vêtements des pontifes jusqu'aux franges du manteau des simples Israélites, tout est allusion dans les institutions et dans les mœurs; lorsque la langue hébraïque est la plus énergiquement métaphorique qui ait été parlée par des lèvres humaines; lorsque tout, dans

l'histoire de ce peuple, est tradition, prophétie, signes qui se répondent, figures qui se répètent; lorsque lui-même est un symbole, depuis quatre mille ans immuable?

Le droit romain ressemble à la religion du peuple sur lequel il régna: il est dominé par le respect, par le culte, par la superstition des termes. La connais (1) *Domini est terra et plenitudo ejus.* Une égale, mais plus commune ignorance est celle qui fait regarder la nature sensible comme maudite par le christianisme (lxuhi). Le christianisme ne maudit que le mal. Il bénit nos moissons, il bénit l'eau et l'huile, il consacre le pain, il enseigne la résurrection de la chair. sance exacte des termes est la première condition qu'il exige de ceux qui l'abordent; malheureusement aussi elle manque à M. Michelet. — De là des méprises dont le seul énoncé ferait frémir l'école.

— Ainsi (p. 274): « La servitude était quelquefois acceptée et consentie; telle était celle des *Dedititii* de Rome. » Le nom de *Dedititii* fut donné aux ennemis de Rome, qui, forcés de se rendre à discrétion, subissaient des lois plus dures que celles des autres sujets de l'empire, sans être néanmoins réduits en esclavage. La loi *Mlia Sentia* assimila à ces étrangers les affranchis qui, au temps de leur servitude, avaient subi quelque peine infamante. Elle leur refusait la faculté de tester et de recueillir par succession, le *connubium*, le séjour de Rome, et l'espérance de jamais devenir citoyen. C'était une liberté restreinte, bien malgré elle, en de fâcheuses limites; ce n'étaient pas, assurément, des chaînes volontaires (1).

— Ailleurs (p. 129): «C'est par la main que l'homme montre sa force, c'est en la *main* de l'homme que le droit romain place la femme, les enfants et les biens. » Or, on reconnaissait au père de famille trois sortes de pouvoirs, qui s'exerçaient sur trois sortes de personnes: *Potestas, Manus, Mancipium.* Les femmes seules étaient soumises à la seconde, seules elles se trouvaient en la *main* de leur époux (2), elles ne s'y trouvaient que dans certaines circonstances, dont l'une (1) Gaius, *Comm.,* I, 14-27.

(2) *In manum autem feminx tantum conveniunt.* (Ibid. 100.) était une cohabitation continue d'une année. Trois nuits d'absence auraient interrompu cette espèce de prescription maritale; et c'est là ce qu'on désignait par le nom de *Trinoctii usurpatio,* que notre auteur paraît entendre à contresens, quand il le compare (p. 41) an concubinage prolongé pendant trois hivers qui, dans la loi du Nord, devenait mariage légitime. — « Stipuler, dit-il encore quelque part (p. 120), « c'est lever de terre une paille, et la rejeter en disant: « Par cette paille j'abandonne tout droit. » La stipulation serait donc une sorte de cession. Mais jamais jurisconsulte ancien ni moderne ne la définit ainsi. Stipuler, c'est interroger, c'est engager un autre, c'est obtenir sa promesse: *Spondcs? —Spondeo.* L'étymologie du mot fut toujours un objet de dispute. Les uns y voyaient une paille brisée, dont les deux brins, en se rapprochant, rappelaient l'accord primitif des parties contractantes (1); les autres, la somme d'argent comprise dans le contrat (2); d'autres, enfin, une idée de force et de solidité, empruntée au tronc d'arbre immobile contre lequel se brisent les orages (3). Mais la paille, entre tous les symboles, est celui dont M. Michelct se préoccupe davantage. 11 croit la retrouver jusque dans les solennités de la revendication: c'est ainsi qu'il traduit le mot *Fesluca,* qui, dans les textes cités à ce sujet, est employé comme synonyme de *Vindicte,* c'estIl) Isidor. *Origin. stipulatio de stipula.* (2) Festus. *Stipulari a slipe.* (3) *Instit. de verbur. oblig.: stipulum quasi firmum veteres appellabant.*

à-dire, dans le sens de baguette, comme une image de la lance conquérante, le titre le plus vieux et le plus sacré de la propriété romaine (1). — La procédure, il est vrai, nous l'avions déjà remarqué, n'a que médiocrement captivé son attention. Et toutefois il franchit toutes les bornes de l'erreur excusable, lorsqu'il oppose aux juges naturels, aux jurés de la vieille Suisse, le juge civil, le *judex* de Rome (p. 517), qui n'était pourtant lui-même qu'un juré véritable, qu'un citoyen désigné par le

préteur pour prononcer sur le point de fait, sous la réserve du point de droit. Et ce phénomène, qui est un des plus frappants de la jurisprudence, n'est pas sans importance dans l'histoire, puisque la question la plus agitée entre Marius et Sylla, celle au nom de laquelle coula peut-être le plus de sang, fut de savoir à qui, des sénateurs ou des chevaliers, seraient dévolues les fonctions de *judices,* ou, pour parler le langage contemporain, la formation de la liste du jury (2).

Rien n'égale la promptitude de M. Michelet à généraliser, à comparer et à induire. 11 a observé que parmi les factions du cirque désignées par leurs couleurs, « les *Verts* étaient protégés de Caligula, de Commode, de Caracalla, c'est-à-dire des empereurs barbares, tandis que le jurisconsulte Justinien favorisait les Bleus » (p. 204). Et le vert et le bleu deviennent les deux cou (1) Gaius, IV, 46. *Fesluca* est employa même dans ce vers de Perso. *(Sat.* V. 174.) *Festnca lictor quam jactat ineplus.* (2) Cicero, *Pro Cornel.* Tacit. *Ann.* leurs rivales de la barbarie et de la civilisation. Or, malheureusement pour la conclusion, les prémisses sont trop hâtives. Caracalla, au rapport de Dion Cassius, loin d'environner de son ignominieuse faveur la faction verte, paraissait lui-même dans le cirque avec les insignes de la faction contraire. —Cette promptitude n'est pas moins dangereuse quand elle fait négliger, dans une définition copiée de Festus, deux mots qui seuls en constituaient la justesse (1); ou quand elle fait emprunter à Dante une expression audacieuse, pour lui donner une signification que la saine philologie réprouve, et opposée à celle que le grand poëte lui attribue (2). — Mais surtout elle est exclusive de toute critique, elle n'a pas le temps de choisir entre les témoignages: elle n'hésite point, sur un fait de la vie de Grégoire VII, à citer Bennon (page 349), auteur, plus stupide encore que méchant, d'une biographie de ce grand pape universellement méprisée; elle s'incline comme devant d'éminents grammairiens *(Introd.,* p. xx) devant ces jurisconsultes de Rome, dont deux seulement, Varron et Asconius Pedianus, méritèrent cette louange, et qui étaient si souvent de pitoyables étymologistes, gens qui lisaient dans *testamentum, testatio* (1) Festus. *Manumilti dicebatur sacrorum causa, cum dominus tenens modo caput modo membrum servi*, etc.... M. Michelet (p. 279) traduit en omettant *sacrorum causa*. (2) Dante *(Parad*. Cant. I, v. 67) emploie le mot *trasumana* pour *s'élever au-dessus des conditions de I humanité*. Selon M. Michelet (Introd. Xxvii), la terre, par le travail, s'identifie à l'homme; elle *transhumane*, comme dit Dante.

mentis, et dans *fides: fit quod dicitur* (1). — Il serait facile de multiplier ces reproches. Toutefois il en est un plus grave, plus fâcheux pour un livre spécial et consacré à l'investigation des origines du droit français. C'est d'avoir cherché le principe de notre régime national de *communauté entre époux* dans la *Con farreatio* latine, en vertu de laquelle le mari acquérait le domaine de tous les biens de sa femme réduite à l'état de *filia familias*, et lui laissait en retour une part d'enfant dans sa succession, — tandis que ce principe se trouve si reconnaissa1s dans la coutume des Gaulois rapportée par J. César: *(De bello Gall.*, liv. vi.) « Les hommes reçoivent de leurs épouses une somme à titre de dot; ils apportent de leur côté des biens d'une égale valeur: un fonds commun en est constitué, qui est soumis à la même administration et dont on garde les fruits. Les deux parts ainsi réunies avec les arrérages accumulés appartiennent au survivant. » Cette dernière disposition a seule disparu de nos codes.

Le temps qui nous échappe ne nous permet pas d'accomplir notre tâche jusqu'au bout, et de porter la discussion, du terrain des faits sur celui des idées. Cependant nous en choisirons une seule que nous ne saurions laisser se populariser sans obstacle, parce qu'elle se rattache au système conçu par le rationalisme moderne pour faire rentrer l'établissement divin du Christianisme dans la classe des phénomènes naturels, *humani taires*. « Le droit romain *(Introd*., p. cxv) épuré, généralisé par le stoïcisme, avait préparc les voies à la

nouvelle religion. » — Nous soupçonnons au contraire qu'une étude approfondie du premier âge de notre croyance révélerait l'action qu'elle exerça longtemps inaperçue au sein de la société, et particulièrement dans le domaine de la philosophie et de la jurisprudence. Le Sauveur venait à peine d'achever sa mission terrestre, et déjà, étonné du bruit de ses miracles, le sénat romain délibérait de son apothéose. La parole de Paul avait retenti jusque dans la maison de Narcisse, jusque sous le vestibule du palais de Néron. Un homme de sang impérial, un personnage consulaire, Flavius Clemens prend place entre les premiers martyrs de l'Église romaine. Adrien s'émeut aux approches de la mort, il voudrait élever des autels à ce culte qu'il persécute. En présence de Commode et du sénat rassemblé, Apollonius lit une apologie éloquente, et descend ensuite de sa chaise curule pour aller au supplice. Alexandre Sévère emprunte à nos pères dans la foi leurs sentences et leurs usages, et brûle un encens clandestin devant l'image de leur Dieu. Ils nous l'ont dit, ils n'étaient que d'hier, et déjà ils remplissaient l'empire. — D'un autre côté une tradition qui, adoptée par saint Jérôme et saint Augustin est devenue vénérable, suppose qu'entre saint Paul et Sénèque des entretiens mystérieux seraient intervenus, d'où le philosophe aurait rapporté des inspirations qu'il n'avait point reçues sous le Portique. Il est aisé de reconnaître dans le stoïcisme romain de cet austère penseur, dans celui de Marc-Aurèle, et surtout d'Épictète, des tendances presque charitables, que n'avait jamais connues le stoïcisme grec de Zenon, savamment égoïste.

Ces influences politiques et intellectuelles du Christianisme ne pouvaient guère manquer de réagir sur la science des lois. Parmi ses docteurs nous rencontrons deux docteurs de l'Eglise, Tertullien et Minutius Félix, et peut-être avons-nous le droit de saluer noire frère, le prince des jurisconsultes, Papinien. Aussi, par une frappante coïncidence, l'époque de la première prédication de l'Evangile à Rome est-elle une époque de transition dans l'histoire du droit ro-

main. Les règnes d'Auguste, de Tibère, de Caligula, de Claude, apogée de la civilisation latine, sont aussi ceux où la loi, ayant atteint son plus large développement possible dans les limites du paganisme, s'arrête et s'efforce de s'assurer une position immuable par la sévérité de ses déterminations. Delà les sénatus-consultes Silanien et Claudien, qui resserraient les liens de l'esclavage; les lois Furia Caninia, OFlia, Sentia Junia Norbana, qui fermaient plus étroitement les portes de la liberté et de la cité; les lois Julia et Papia Poppœa et le sénatus-consulte de Tibère, qui cherchaient à raffermir avec des peines pécuniaires, avec le glaive de la loi et le poignard marital, l'édifice de la famille antique, ébranlé sur ses bases injustes. A dater des derniers jours de Claude un autre âge commence: émancipation progressive des femmes par l'abolition de la tutelle viagère qui pesait sur elles, i par les deux sénatus-consultes Tertullien et Orphitien, qui établirent un droit de succession réciproque entre les mères et leurs enfants; adoucissement de l'esclavage par les constitutions d'Adrien et d'Antonin, qui retirèrent aux maîtres le droit de vie et de mort, le droit d'être infâmes ou cruels; enfin, aplanissement des inégalités sociales, association de tous les ingénus habitants de l'empire aux honneurs de la cité, par un édit de Caracalla, qui aurait dû demeurer toujours aussi fidèle aux leçons du chrétien Proculus, son précepteur. Ce ne fut qu'après ce long et secret catéchuménat, continué cent ans encore, que le Christianisme admit la société romaine en la personne de Constantin au bienfait d'une publique et complète initiation.

Il y aurait injustice à finir en laissant planer sur M. Michelet un soupçon d'hostilité à nos doctrines, que nous avons repoussé en commençant. A côté des passages qui nous ont paru l'expression timide du doute, ou le résultat d'une ignorance de bonne foi, il s'en rencontre d'autres formulant dans un langage magnifique les vérités qui nous appartiennent. Ainsi cette symbolique du droit, cette science nouvelle que M. Michelet a voulu susciter, vient, comme toutes les sciences ses sœurs, déposer son témoignage sur un de ces points, que le scepticisme du dernier siècle avait voulu faire contestables, et qui sortiront de. la discussion assez lumineux pour n'y rentrer jamais: en rapprochant les lois, comme la philologie avait rapproché les langues, elle a été frappée de cette ressemblance qui se trouve entre toutes les formes de la pensée, chez toutes les nations du globe, accusatrice d'une commune origine; écoutez-la. En vérité, pour qui ne verrait pas dans le genre humain la grande famille de Dieu, l'unité de création et de fin, il y aurait quelque chose de prestigieux et de quoi troubler l'esprit, à entendre ces voix qui, sans s'écouter, se répondent si juste de l'Indus à la Tamise.

« Ce fut pour moi une grande émotion lorsque j'en« tendis pour la première fois ce chœur universel. Un « tel accord du monde, si surprenant dans les langues, « me touchait profondément dans le droit... Le mira« cle devenait sensible. De ma petite existence d'un « moment, je voyais, je touchais, indigne, l'éternelle « communion du genre humain.

« Fraternité des peuples, fraternité des idées, je dis« tinguais l'une et l'autre dans l'analogie des symboles. « Tout se tient encore dans ces hautes antiquités parce « que tout tient à l'origine commune. Les idées les « plus diverses dans leurs développements m'apparais« saient une dans leur naissance. Je voyais dans ces « profondeurs sourdre ensemble tous ces fleuves qui, « parvenus à la surface, s'éloignent de plus en plus:

Omnia sub magna labentia flumina terra »

DROIT COMMERCIAL 1859 ET *mO*

DISCOURS
PRONONCÉ A L'ODVEBTORE
DU COURS DE DROIT
COMMERCIAL M

Les destinées commerciales de Lyon sont écrites en caractères ineffaçables dans la géographie et dans l'histoire: elles s'appuient sur une position magnifique, donnée par la nature, et sur les événements qui, depuis vingt siècles, ont changé la face de la société. — Le

jour où, pour la première fois, deux fleuves se rencontrèrent aux pieds de nos collines, ils y marquèrent la place d'une grande ville. Aussi, dès les temps les plus reculés, un rendez-vous annuel réunissait-il dans ces lieux les marchands des soixante nations celtiques; et, plus tard, Lugdunum, colonie romaine, fut le point de départ de quatre voies militaires qui portèrent son commerce jusqu'aux bords du Rhin et de l'Océan, jusqu'aux gorges des Alpes et des Pyrénées. Au moyen âge, la cité archiépiscopale, assise à l'extrémité du (1) A Lyon, le 16 décembre 1839. royaume, auquel elle ne tenait que par les liens d'une libre allégeance, placée comme une station hospitalière sur les confins de l'Italie, de la Suisse et de l'Allemagne, ouverte à toutes les émigrations honorables et à toutes les importations utiles, reçut de Florence et de Milan deux puissantes industries, la banque et l'art de tisser la soie. Vers la même époque elle voyait s'établir ces foires célèbres auxquelles se rendaient les trafiquants des plus lointaines contrées: elle y acquérait ces richesses qui la firent appeler par Sully d'un nom aussi juste que gracieux: « La porte dorée de la France. » — La prospérité de Lyon, résultat désormais nécessaire des faits accomplis, ne pouvait pas périr dans les agitations politiques, elle ne périra point dans les crises financières. Aujourd'hui même, s'il en fallait croire de flatteuses prévisions, le moment ne serait peut-être pas loin, où le commerce de l'Asie, ramené par la voie de Suez sur les eaux de la Méditerranée, irait se confondre avec les produits de l'Afrique tributaire dans les bassins de Marseille, d'où partirait une nouvelle ligne de navigation qui desservirait les deux Amériques. Or, pour continuer cette brillante hypothèse, Marseille, rapprochée de nous par la rapidité toujours croissante des communications, ne serait plus que le port de notre ville, devenue elle-même, par un système continu de rivières et de canaux, l'entrepôt de l'Europe centrale et le marché commun des quatre parties du monde.

Toutefois, au milieu de cet immense mouvement matériel, jamais ne

s'interrompit la vie de la pensée. A peine les Gaulois avaient-ils élevé sur la rive du Rhône leurs toits rustiques, et déjà des voyageurs grecs y apportaient la langue d'Homère. Bientôt des écoles s'ouvrirent sous les auspices des gouverneurs romains: les concours poétiques de l'autel d'Auguste furent connus par tout l'empire. Le savoir théologique ne cessa pas de se montrer sur le siége d'Irénée, d'Eucher et d'Agobard; et les querelles religieuses, qui dans la suite désolèrent nos murs, attestaient encore l'activité des esprits. Au sortir du baptême de sang de 1793, la cité martyre se couronnait de gloire et donnait à la France ces hommes qui devaient compter parmi ses plus chères renommées: Ampère, de Gérando, Ballanche, Dugas-Montbel. — Et maintenant ne semble-t-il pas qu'une ère nouvelle se prépare, lorsque trois Facultés viennent de s'élever pour nous, sous les auspices d'une administration académique dont le zèle paternel rallie et soutient la nombreuse famille du professorat; lorsque du haut de tant de chaires éloquentes la parole descend, et va réveiller des instincts scientifiques, susciter des vocations littéraires, au milieu des applaudissements d'un immense auditoire?

Or le commerce et la science ne peuvent rester en présence l'un de l'autre sans entrer en rapport. Ces industrieux étrangers dont les soins naturalisèrent sous notre ciel les arts utiles de l'Italie, sans doute y conservèrent aussi quelques étincelles du génie national. Sans doute Golbert, qui sortit del'obscurité d'un comp

MÉ1.AKGES. II. 20 toir lyonnais pour soutenir la splendeur coûteuse du règne de Louis XIV, n'avait pas été nourri dans les traditions routinières d'un étroit négoce. La puissance du crédit et l'universalité de l'érudition se réunirentelles jamais d'une manière plus heureuse qu'en la personne des Junte, dont les éditions popularisèrent les presses de notre ville dans toutes les bibliothèques européennes? Que dirons-nous de ces modestes concitoyens de récente mémoire, qui, sans sortir de leurs professions laborieuses, ont su poursuivre les plus hardis problèmes de la mécanique et de la chimie? — Ces tendances individuelles devaient, tôt ou tard, se généraliser et trouver leur manifestation dans un enseignement public, par lequel les habitudes de la pratique journalière et les caprices annuels du goût seraient ramenés à de saines doctrines. Telle est, en effet, la pensée qui présida, il y a bientôt un siècle, à la fondation de l'École des arts, pépinière de tant de talents ingénieux, dont les inimitables dessins font le désespoir de nos rivaux. La même inspiration a créé l'établissement de la Martinière, doté des trésors de l'Inde, honoré de l'admiration de la France, d'où sortira bientôt une génération nouvelle d'artisans, destinés à porter dans nos ateliers des procédés progressifs et une discipline irréprochable. En même temps, le Collége royal offrait les éléments d'une instruction professionnelle à cette nombreuse jeunesse qui a d'avance sa place marquée dans les emplois commerciaux. Il restait peut-être quelque bienfait semblable à désirer pour des esprits plus excr és et pour l'âge déjà plus sérieux où l'on a franchi le seuil de cette belle mais périlleuse carrière. La sollicitude de la Chambre de commerce, les suffrages efficaces du Conseil municipal, la sanction protectrice du gouvernement, ont fait exister la chaire de Droit commercial; et, comme pour lui donner une consécration de plus, l'arrêté ministériel qui l'institue est signé d'un nom qui réunit, avec le sceau du pouvoir, l'autorité d'une grande illustration contemporaine. Appelé à l'honneur de professer, nous avons dû nous trouver dès lors sous l'empire de deux graves préoccupations. D'une part, nous avons cherché, en considérant l'utilité de ce nouveau cours, à nous pénétrer de l'importance de notre mission. D'un autre côté, nous avons songé à nous en rendre digne en ébauchant déjà le dessin général de nos travaux futurs. Permettez-nous de vous communiquer nos réflexions sur ces deux points dans un simple discours, qui, par la nature même du sujet, ne saurait avoir rien de commun avec les solennités oratoires réser-vées à de plus brillants débuts.

I 1. La liberté politique aussi bien que la liberté morale consiste, non pas dans l'absence, mais dans l'intelligence de la loi. Si l'homme est libre, c'est qu'au lieu de subir à son insu l'impulsion fatale d'une force extérieure, il se détermine spontanément à la lumière d'une loi qu'il porte en lui-même et qu'il nomme Conscience. Il en est de même des peuples: esclaves, tant qu'ils sont livrés au pouvoir absolu d'un souverain dont nul ne peut prévoir ni fuir les orageux caprices, ils recouvrent leur juste indépendance aussitôt que les volontés individuelles se trouvent éclairées sur les conséquences de leurs actes par une législation connue de tous, et qui est, pour ainsi dire, la conscience de la société. Aussi, dans tous les temps qui ne furent point barbares, le droit revêtit un caractère public pour acquérir une valeur obligatoire: la promulgation dut être manifeste, et la rétroactivité interdite. Mais la responsabilité des citoyens s'étendit dans la même mesure, et l'on posa cet axiome sur lequel repose toute l'économie de la justice sociale: « Nul n'est censé ignorer la loi. »

Ainsi l'avaient compris les plus illustres nations de l'antiquité. Tandis que les monarques de Suse et de Babylone s'enveloppaient d'un jaloux mystère au fond de leurs palais, les livres de Moïse se lisaient une fois par an sous le toit de chaque père de famille en Israël. Chaque année le premier archonte d'Athènes affichait sous les portiques de l'Agora les décrets qui devaient servir de règles aux jugements. Le peuple romain livra do long assauts pour arracher aux patriciens la connaissance du droit, dont il» avaient gardé pour eux le secret héréditaire; et les lois décemvirales, gravées sur douze tables de chêne, exposées dans l'enceinte tumultueuse du Forum, furent les premiers trophées de la liberté naissante. Plus tard, l'édit annuel du préteur était aussi tracé sur un tableau accessible à tous les yeux. Enfin, à l'époque de Cicéron l'étude des textes législatifs entrait dans l'instruction élémentaire de la jeunesse lettrée. Rome avait merveilleusement pressenti que l'autorité de sa jurispru-dence égalerait celle de ses armes, et que, si un jour ses enfants cessaient de régner par le glaive, ils seraient encore les maîtres du monde par cette pacifique science qu'ils portaient dans les plis de leur toge:

Romanos rcrum dominos gentemque togatam.

Cependant ces exemples ont trouvé peu d'émulation dans les siècles modernes. Du moins, au temps de nos pères, la publication au son de trompe popularisait, jusque dans les plus humbles hameaux, les principales dispositions de quelques édits. Les coutumes des villes et des provinces vivaient encore dans la mémoire des anciens du lieu. Aujourd'hui, pendant que les nouvelles lois vont s'enfouir dans le volumineux chaos du *Bullelin* officiel, nos codes, déjà consacrés par trente ans d'expérience, demeurent scellés pour la multitude. Nul ne peut aspirer à subir les premières épreuves universitaires s'il ne sait les institutions de Solon et de Lycurgue; il n'est permis qu'à un petit nombre de connaître les nôtres; et la maxime *Nemo censetur ignorare (cgem* est devenue une fiction légale. L'inconvénient d'un pareil état de choses commence à se faire apercevoir: et naguère un jurisconsulte, investi de la con-fiance du gouvernement, terminait une savante discussion en proposant de fonder auprès de chaque cour royale une chaire de droit usuel. — Ce vœu tardif est déjà réalisé pour nous. Que peut être, en effet, à Lyon surtout, un cours de droit usuel, si ce n'est un cours de droit commercial? Les questions qu'il laisse à l'écart sont précisément celles d'un usage moins fréquent: le mariage, les successions, les testaments, solennités de la vie civile qui ne s'y représentent qu'à des intervalles lointains. Au contraire, les conventions, l'achat et la vente, le louage, le mandat et le dépôt, voilà les affaires de toutes les heures, même pour les existences les plus éloignées du tumulte mercantile. Il n'est assurément pas de famille si bien abritée à l'ombre du château patrimonial, si dédaigneuse et si défiante des chances de la spéculation, si indépendante des intérêts pécuniaires d'autrui, qui ne voie, un jour ou l'autre, le négoce pénétrer jusqu'à elle sous la forme d'une lettre de change, qui soit inaccessible aux cent mille actions d'une société anonyme, ou qui ne puisse ressentir de loin la secousse d'une faillite. L'étude n'a pas d'asile, le génie lui-même n'a pas de retraite sacrée dont une querelle de contrefaçon ne puisse troubler le repos inspirateur: c'est la mouche bourdonnant aux oreilles du philosophe de Pascal (1). Serait-il donc téméraire (1) *Pensées,* XXV. « Ne vous étonnez pas s'il ne raisonne pas bien à présent: une mouche bourdonne à ses oreilles; c'en est assez pour le rendre incapable de bon conseil. Si vous voulez qu'il puisse trouver la vérité, de conclure, sans tomber dans la banalité des promesses qui terminent tous les programmes, que le cours de Droit commercial peut prétendre au mérite d'une utilité universelle?

2. Mais nous ne saurions oublier que le besoin du commerce doit rester l'objet spécial de ces leçons; et une semblable pensée, messieurs, n'a rien de décourageant pour nous. En effet, le commerce n'est pas seulement le soutien nécessaire du bien-être matériel des sociétés: il faut aussi reconnaître un des éléments de leur vie intellectuelle et morale. Son action civilisatrice ne se borne pas à rapprocher tous les peuples de la terre, à leur faire échanger leurs lumières en même temps que leurs trésors, à savoir assoupir, dans une longue habitude de relations pacifiques, les antipathies nationales et les instincts exterminateurs. Il fait plus: il exerce la raison à la gymnastique savante du calcul, l'habituant à tenir compte des temps et des lieux, à se souvenir et à prévoir, à sortir ainsi de cette stupide jouissance du présent qui est le propre de la barbarie; surtout il met sans cesse les consciences en contact sur le terrain du juste et de l'injuste, et les façonne, par la distinction souvent répétée du tien et du mien, au discernement plus exact du bien et du mal. Les négociations de tout genre engendrent des obligations mutuelles, des droits et des devoirs; et, si le commerce concourt aux premiers développements de l'esprit hu chassez cet animal qui

tient sa raison en échec et trouble cette puissante intelligence qui gouverne les villes et les royaumes. » main en propageant la notion de ces deux rapports, c'est aussi dans leur observation scrupuleuse qu'il trouve son intérêt et sa dignité.

Et d'abord, depuis le jour où le négociant a écrit son nom au pied d'un acte de société jusqu'à celui où il signe la quittance qui clôt une liquidation, que fait-il autre chose que se procurer des créances, les échanger ensuite, les réaliser enfin; c'est-à-dire créer, transformer et résoudre des droits? Combinaisons difficiles, aventureuse alchimie qui finira par réduire en or ou en cendres le labeur de plusieurs années. Il importe donc souverainement de connaître ses droits, cette délicate et mobile valeur sur laquelle on opère à chaque instant: et, comme un droit est une relation complexe qui dépend de la capacité des parties contractantes, des conventions intervenues, des moyens légaux d'exécution, il est impossible de l'apprécier sans recourir aux maximes de la jurisprudence qui touchent à ces trois points. Toutefois plusieurs se persuadent que ces sortes de connaissances s'obtiennent sans effort et par le seul usage, à peu près comme s'apprennent les règles de la civilité, ou les généralités d'une triviale politique. Pour eux, la science auguste de Papinien et de Domat, sous le poids de laquelle tant de têtes vénérables ont blanchi, n'est plus que le jeu de quelques heures, et s'étudie à moments perdus dans les pages presque vierges d'un code, meuble poudreux du bureau. Mais cette heureuse quiétude n'est pas sans danger: tantôt un droit productif dormira méconnu entre les mains du possesseur, tantôt un imprudent dédain aura fait négliger les formalités qui seules pouvaient frayer l'accès des voies judiciaires; d'autres fois line prescription négligée s'est accomplie, ou bien le choix irréfléchi d'une juridiction incompétente a multiplié les délais et les frais d'un procès qui d'ailleurs aurait pu s'éviter. Alors on accuse l'obscurité des textes, le mauvais vouloir des gens d'affaires, peut-être même, — le dirai-

je? — on ose révoquer en doute l'impartialité des tribunaux, lorsqu'il ne faudrait accuser que soi-même, ou tout au plus l'insuffisance de l'éducation commerciale.

Mais la réciprocité est l'implicite condition de tous les genres de trafics. Le droit ne s'acquiert qu'au prix du devoir: l'accomplissement fidèle des engagements contractés devient le point d'appui sur lequel repose le crédit, ce levier moral qui remue le monde. Or, s'il arrive que, par un étrange oubli de lui-même, le droit compromette son existence, bien plus facilement encore s'altère le souvenir du devoir. Souvent aussi ces deux notions, qui s'éclairent l'une par l'autre dans les méditations des jurisconsultes, semblent s'obscurcir et se confondre lorsqu'elles descendent dans le commun des esprits. Qu'il nous soit permis d'emprunter ici les paroles d'un magistrat dont la voix est chère à cette ville: « L'idée du droit, quand elle domine trop nos délibé« rations, devient une mauvaise règle... On agit con« formément à l'opinion factice qu'on s'est créée de « son droit, au lieu d'agir conformément au senti« ment du devoir. On s'impose enfin un principe dan« gereux parce qu'on en est maître, loin d'en être « esclave (1)... » Souvent les consciences les plus sévères finissent par repousser moins énergiquement les doutes complaisants que l'intérêt propose. Alors se concluent ces traités secrets où les scrupules sont sacrifiés au besoin, comme on dit, de se faire à soimême justice. Alors se résolvent ces compensations clandestines qui ne sont pas des larcins, ces dissimulations silencieuses qui ne sont pas le mensonge, ces moyens indirects d'éluder une poursuite qui ne sont pas des fraudes, mais qui dérogent assurément à cette exquise délicatesse, honneur chevaleresque des commerçants. La loi seule, puissance tutélaire, vient au secours de notre intégrité fragile, et par ses inflexibles arrêts, supplée à l'infirmité des jugements humains. L'étude attentive de ses dispositions y fera voir, non plus d'arbitraires formules dont il est licite de s'affranchir, mais des limites sacrées qui marquent le droit en deçà, le devoir au delà, et qui ne circonscrivent le domaine de chacun qu'afin de le rendre inviolable en le plaçant sous la sauvegarde de tous. De l'étude naîtra donc le respect qui pliera doucement les ressorts de la volonté sous la règle désormais facile du devoir, et une expérience bienfaisante fera reconnaître que l'obéissance, cette vertu proscrite comme la compagne de la servitude, était pourtant la sœur légitime de la liberté.

(1) *Discours sur le sentiment du devoir,* par M. A. Gilardin, substitut du procureur général près la cour de Lyon, aujourd'hui premier président.

Ces vérités ne furent point méconnues de nos pères. Déjà Savary, l'un de nos plus illustres négocants du dix-septième siècle, exprimait ce désir: que tous marchands en vinssent à savoir parfaitement l'Ordonnance (1); et l'Ordonnance, c'était le Code de commerce de Louis XIV. Toutefois la législation d'alors, exempte des remaniements perpétuels qu'exige le mouvement social du temps présent, modelée sur d'immémoriales coutumes, pouvait se conserver à l'état de tradition populaire, et s'apprendre d'elle-même, traduite dans les mœurs. Au contraire, nos institutions sorties d'une élaboration savante, faites pour réformer l'usage, et, par conséquent, lentes à y passer, ne sauraient pénétrer qu'avec peine dans la mémoire et surtout dans les habitudes, sans le secours d'un enseignement formel. — D'ailleurs, l'ancienne prééminence de l'industrie lyonnaise était assurée par de puissantes garanties: elle avait ses procédés secrets, ses monopoles, ses priviléges. Maintenant une concurrence active nous menace sur tous les marchés: le champ libre restera au plus fort; et, si la force du commerce, comme celle de toutes les grandes choses, est dans l'intelligence, il est temps pour nous de la retremper à de nouvelles sources scientifiques, au nombre desquelles il faut compter celle qui s'ouvre aujourd'hui, messieurs, sous vos auspices. — Cette différence des deux époques et de leurs besoins se trouve exprimée par le contraste (I) Savary, *Parfait Négociant,* première partie.

de deux faits qui peuvent servir de symbole. — Un chroniqueur malintentionné rapporte qu'au quinzième siècle les bourgeois de Lyon, sommés d'opter entre les diverses faveurs dont le roi disposait pour ses bonnes villes, troquèrent leur académie contre deux foires: nous n'examinerons point s'ils avaient bien choisi. Aujourd'hui les foires ont disparu avec le régime de priviléges qui les avait fondées, et la foule se presse de nouveau dans l'enceinte académique,,où les successeurs éclairés de nos vieux échevins la convient: espérons qu'à ce changement nous n'aurons rien perdu. 3. Il reste à parler d'une classe moins nombreuse, et pour laquelle la connaissance du droit n'est plus un luxe bienséant, un avantage désirable, mais une impérieuse nécessité. On y doit comprendre tous ceux que la confiance publique appelle à s'occuper du contentieux commercial: les syndics chargés de présider aux opérations des faillites, les arbitres volontaires et forcés, et surtout les juges consulaires. Ici, moins encore qu'en toute autre circonstance, le passé n'a laissé aucun de ces regrets qui plaident pour des innovations de l'avenir. Le tribunal de Lyon a subi de nombreux renouvellements: la justice et la sagesse n'en sont jamais sorties; mais vous ne savez pas, messieurs, par quels sacrifices il a su les retenir. Au milieu d'une vie où le loisir avait déjà peu de place, surpris par des suffrages qu'ils ne briguèrent point, élevés au sacerdoce judiciaire dont la gravité les effrayait, ces hommes de bien ne vous ont pas dit par quels efforts ils voulurent s'y préparer, avec quelle opiniâtreté ils disputaient aux affaires les moments trop courts, à leur gré, de l'étude; ils ne vous ont pas révélé le secret de leurs laborieuses nuits, et par quelle honorable raison, au terme de leur magistrature, leur santé semblait chancelante, et l'inventaire autrefois opulent de leur commerce personnel se trouvait réduit peut-être à de plus modestes bénéfices. C'est qu'ils n'ignoraient pas que leur plus pressante obligation était de s'initier aux mystères de la loi pour en devenir les interprètes,

les représentants, et en quelque sorte la personnification, selon cette forte pensée d'un ancien: « Le juge est la loi vivante (1). » Mais, en portant la charge sans murmure, sans doute ils n'ont pu réprimer le désir qu'elle fût moins lourde pour leurs successeurs, et qu'enfin ceux-ci trouvassent, dans des leçons précoces, une instruction qui plus tard coûtait si cher. — Jadis on avait cru faire assez pour maintenir la pureté de la doctrine dans le tribunal lyonnais de la Conservation, en y introduisant un jurisconsulte titulaire; et souvent, à cet exemple, on proposa l'institution d'un ministère public auprès des juridictions commerciales. Mais le législateur a sagement repoussé cette pensée injurieuse, et n'a pas permis qu'une intervention étrangère vînt compliquer les querelles domestiques des négocants. Comme les nobles d'autrefois, ils sont jugés par leurs pairs; et, s'il faut que ces derniers prennent le droit pour arbitre souverain de leurs décisions, ne vaut il pas mieux, comme nous l'essayerons, leur ouvrir le sanctuaire et leur apprendre à consulter l'oracle, que de les renvoyer à un gardien jaloux, chargé de leur en transmettre les réponses?

Telles sont, messieurs, les considérations qui ont dû nous arrêter tout d'abord; et si, en nous y livrant, nous avons paru céder à ce travers aujourd'hui trop commun de s'exagérer sa mission, il y a du moins peu de péril lorsque cette exagération innocente sert de mesure non pas à l'influence qu'on ambitionne, mais aux devoirs qu'on s'impose. Heureux si l'importance présumée du cours dont nous n'acceptons pas sans inquiétude la responsabilité, a pu nous inspirer dignement quand il en a fallu tracer le dessein!

II

I. Le premier soin de celui qui met le pied sur le territoire de la science doit être d'en reconnaître les confins. Aussi, quoique un vieil adage reçu chez les légistes signale la définition comme un mauvais pas, on ne saurait ici l'éviter, et dès à présent nous avons à définir le *Droit commercial.* — La question semble d'abord se résoudre facilement, et le Droit commercial se trouver tout entier au Gode de commerce. Et en effet ce livre, écrit pour tous ceux qui courent les chances du négoce, n'embrasse-t-il pas dans ses prévisions toutes les phases de leur incertaine fortune, depuis l'autorisation paternelle, favorable augure qui encourage les espérances de la jeunesse, jusqu'à la réhabilitation qui rend au spéculateur malheureux un nom sans tache et un repos sans remords? Toutefois, en y regardant de plus près, on y rencontre d'étonnantes lacunes: rien n'y indique les caractères essentiels des contrats, les procédures à suivre pour en obtenir l'exécution, les peines encourues pour les délits et les crimes cachés sous le masque du trafic. C'est que les négociants, soumis il est vrai à une discipline particulière, ne constituent pourtant point parmi nous un peuple à part comme les juifs du moyen âge, non plus qu'une caste distincte comme les marchands indiens. Membres de la grande famille nationale, ils en subissent la loi quand elle n'a pas fléchi d'elle-même en leur faveur. Le Code de commerce, nécessairement exceptionnel et dérogatoire, rappelle donc, par son silence partjel, l'autorité de la loi commune, c'est-à-dire du Code civil, des codes auxiliaires, des statuts particuliers qui traitent des matières administratives, de la Coutume enfin, dont les débris subsistent encore sur plusieurs points négligés par les réformateurs modernes. Un avis du conseil d'État en date du 13 décembre 1811 en a décidé. « Les tribunaux (consulaires), y est-il dit, doivent juger suivant leur conviction d'après les termes et l'esprit du code, et en cas de silence de sa part, d'après le droit commun et les usages... » Ces paroles marquent l'étendue véritable du Droit commercial et par conséquent de notre cours: il comprendra toutes les parties de la législation française qui régissent le commerce.

Voilà le champ, non point tel que notre faiblesse l'aurait souhaité, mais tel que la nécessité nous l'a fait: et le plus grave inconvénient de ses vastes dimensions, c'est la difficulté d'une distribution satisfaisante, c'est le choix périlleux d'une méthode. — Le professeur qui se renferme dans les limites d'un code spécial, fait prudemment de suivre l'ordre des articles, de les soumettre isolément à une complète analyse, et d'observer de l'un à l'autre la transition tracée par le législateur. Cette méthode, qu'on nomme exégétique, est sans contredit la plus sûre: elle n'entraîne que le médiocre embarras des explications anticipées et des redites, que réclame la rédaction quelquefois imparfaite du texte officiel. — Au contraire, celui dont le travail porte sur une série de questions disséminées dans le recueil immense du droit français, doit premièrement établir une division quelconque, y subordonner un certain nombre de maximes fécondes, puis, par un raisonnement soutenu, en faire ressortir, comme autant de conséquences, les dispositions légales qui sembleront alors naturellement écloses de sa pensée. Cette méthode s'appelle synthétique; elle a ses défauts: elle met l'ouvrage de la puissance publique à la merci des docteurs, elle expose à tous les dangers des classifications arbitraires. Mais aussi elle fait assister en quelque manière à la création de la loi, et en même temps . qu'elle en justifie l'esprit, elle ne permet pas ce culte superstitieux de la lettre où les glossateurs sont plus d'une fois tombés. — Les conditions particulières du sujet qui nous est dévolu exigent la réunion de ces deux procédés, en apparence contraires. Nous tenterons d'ébaucher d'abord un plan général dont nous emprunterons les traits principaux non pas à nos opinions personnelles, mais à la doctrine constante des jurisconsultes de tous les temps; nous multiplierons les subdivisions, autant qu'il sera nécessaire pour atteindre et lier ensemble les éléments épars de la législation commerciale: ce sera de la synthèse. Mais, quand ils se présenteront par fragments considérables, par titres ou par chapitres entiers, nous les accepterons tels qu'ils sont sortis de la plume des rédacteurs; nous en commenterons les articles; et nous ferons de l'exégèse en évitant tout à la fois la témérité qui morcelle et défigure les textes, et l'interprétation servile qui canonise, pour ainsi dire, tous les termes, qui s'épuise en distinctions sur un pléonasme, et qui consacrerait plutôt l'injustice pour sauver l'honneur grammatical.

Et, maintenant, descendant aux détails du programme, nous commencerons par y établir ces trois grandes catégories reconnues par tous les maîtres de la science: droit privé, droit public, droit international (1); et nous y distribuerons les lois qui gouvernent le commerce, selon qu'elles régissent les rapports (1) Montesquieu, *Esprit des lois,* liv. I, chap. m.

MÉLANGES. II.

des négociants entre eux, les liens qui les unissent au gouvernement de la nation, et les relations commerciales des nations entre elles. — I. Le Droit privé devra se ranger, à son tour, sous une triple division, imitée des docteurs romains, et dont les vestiges se retrouvent dans l'œuvre de nos législateurs: il sera traité successivement des personnes, des obligations et des actions (1). — 1 Sous le premier titre, nous rassemblerons les règles qui déterminent la capacité et la qualité des commerçants, les observances spéciales que cette profession leur impose, les droits et les devoirs des nombreux auxiliaires dont ils réclament les services, depuis les agents de change jusqu'aux ouvriers, dont les besoins se recommandent aujourd'hui mieux que jamais aux plus intelligentes et aux plus généreuses sollicitudes. 2 En second lieu, l'étude des principes qui président à la naissance et à l'extinction des obligations conventionnelles en général, devra nous préparer à l'examen détaillé des divers contrats commerciaux: la société, la vente, la lettre de change, le louage et les entreprises de transports, le prêt et ses formes diverses, le dépôt, le mandat et la commission, le» cautionnement et les assurances. Nous finirons par un rapide aperçu du droit maritime, ces intéressantes analyses oii les questions orageuses, comme (1) L. 1, ff. *De Statu hominum.* « Omnejus, quo utimur, vel ad personas pertinet, vel ad res, vel ad actiones. » — Or les choses ne sauraient être considérées en droit commercial, qu'en tant qu'elles deviennent l'objet des obligations. Souvent aussi nous prendrons pour guide le livre devenu justement classique de M. Pardessus. celles des associations anonymes et des marchés à terme, ne manqueront pas. 3 Après quelques notions fondamentales sur le système des actions, nous aborderons l'épineux labyrinthe des faillites; et, passant ensuite aux banqueroutes, nous nous trouverons conduits sur le terrain des délits et des peines, où les abus de confiance, les contrefaçons, les coalitions, nous offriront une curieuse et presque intacte matière. Un tableau complet des juridictions commerciales, de leur compétence, et de la manière de procéder devant elles, viendra clore l'exposition du droit privé. — II. Mais, sans porter atteinte à cette liberté du commerce qui en est aussi la vie, le gouvernement ne saurait pourtant s'interdire d'entretenir avec lui des rapports de surveillance, d'intérêt et de protection: ils seront l'objet du droit public. C'est là qu'on verra s'expliquer le mécanisme de l'administration commerciale: on y examinera les justes exigences du trésor en fait de douanes, de contributions et de patentes, et les ressources qu'il se crée sous la forme de monopoles et d'emprunts; enfin on y fera sommairement connaître l'intervention du pouvoir dans la police des manufactures, dans la fixation des poids et mesures, des taxes et tarifs; les garanties de la propriété industrielle et littéraire, et les institutions de tout genre destinées à l'encouragement des arts utiles. — III. Ce n'est pas tout. Si, en apprenant aux peuples à se tendre pardessus leurs frontières des mains amies, le commerce leur dicta les premières règles du droit international, sans doute il s'y fit largement sa part, et dans la suite des siècles il n'a pas manqué de l'agrandir. L'institution des consuls, la position légale des négociants français à l'étranger et des étrangers en France, les traités de commerce qui nous lient avec les puissances principales de l'Europe et de l'Amérique, seront donc autant de points de vue que nous ne saurions négliger, et qui terminent pour ainsi dire par de vastes perspectives l'horizon de noire enseignement.

L'accomplissement de cette tâche remplira deux années.
2. Nous venons, messieurs, de vous présenter la contexture et pour ainsi dire le squelette aride de nos leçons. 11 reste à dire quel esprit viendra les animer. — Etabli en faveur des négociants pour qui le temps est un capital productif *limes is money),* pour qui les heures sont des chiffres, ce cours ne doit leur enlever une part de leurs loisirs qu'au prix d'un profit certain, qu'à la charge de remplacer à leur inventaire, la valeur des moments perdus, par l utilité même de l'emploi. II sera donc éminemment pratique; et c'est pour mieux accuser ce caractère qu'il s'ouvrira par l'explication du droit privé, dont les règles reçoivent une application plus journalière et plus étendue. Il faut qu'arrivés au terme les auditeurs studieux se trouvent en état de pourvoir à la sûreté de leurs opérations, d'apercevoir et de prévenir les litiges qui jaillissent à chaque instant du choc des affaires: il faut qu'ils puissent voir progressivement disparaîlre de leur passif annuel les faux frais, les dépenses, les amendes; et l'actif se grossir de. créances douteuses opportunément réalisées, de non valeurs ressuscitées par une formalité bien remplie, et de ces bénéfices de toute nature qui se multiplient par l'ordre et la diligence. Au contraire, il ne faut pas que les consciences fâcheusement exercées à la scolastique judiciaire par une discussion minutieuse des expressions de la loi, par de fréquents parallèles d'opinions et de jugements contradictoires, sortent d'ici avec la déplorable certitude de pouvoir trouver des arguments pour toutes les prétentions et des armes pour toutes les causes. Nous n'introduirons point une façon d'enseigner dont le résultat serait d'installer la chicane au comptoir, et de montrer à la mauvaise foi les escaliers dérobés du palais. Nourris déjà dans les traditions d'une héréditaire loyauté, ceux qui entoureront cette chaire y retrouveront quelque chose des leçons paternelles: ils en rapporteront le respect du droit d'autrui, plus encore que le sentiment du leur. Et, si nos vœux se réalisent, assurés de ne point faillir à l'intention de l'autorité fondatrice, nous

changerons en un cours de devoirs commerciaux le cours de Droit commercial. Mais la science pratique des lois nous ramènera nécessairement à l'étude théorique de leurs motifs: elle y tient de deux manières. — D'abord elle cesserait d'être une science, selon le sens étymologique de ce mot, si elle ne se fixait pas dans la mémoire: et la mémoire, qui est elle-même une forme particulière de la raison, ne retient les choses que par leur élément rationnel, par l'évidence des principes, par la rigueur des conclusions." Ensuite cette science cesserait d'être pratique si elle n'impliquait une sorte d'attachement religieux qui assure l'observation des règles prescrites; et la règle ne captive que par la preuve irréfragable de son autorité. C'est pourquoi Platon voulait que les décrets de la puissance souveraine fussent présentés au peuple précédés de leurs motifs (1): et la maxime contraire de Bacon de Verulam, « que sonder les fondements de la loi, c'est en ébranler l'édifice (2), » cette maxime servile fut faite pour de mauvais esprits ou pour une mauvaise législation. — Or les motifs de la loi se trouvent tantôt dans les institutions du passé, tantôt dans la considération abstraite des meilleures institutions possibles: les premiers appartiennent à l'histoire; les seconds sont du ressort de la philosophie.

L'histoire du droit découvre dans ce qui fut les causes dont le concours *a* préparé l'organisation de la société présente. Elle seule donne la clef de ces fréquentes allusions qui, dans nos codes, rappellent une cou (1) Platon, *Lois,* livre IV, traduction de M. Cousin: « Notre législateur ne mettra-t-il point quelque préambule semblable à la tête de chaque loi, ou se bornera-t-il à marquer ce qu'on doit faire ou éviter. Et, après avoir menacé d'une peine les contrevenants, passera-t-il tout de suite à une autre loi, sans ajouter aucun motif propre à persuader ses concitoyens, et à leur adoucir le joug de l'obéissance?» (2) Cet aphorisme de Bacon n'a pas même le mérite de l'originalité: on y reconnaît une incontestable réminiscence de ces mots d'un jurisconsulte romain: « Et ideo rationes eorum, quæ constituuntur, inquiri non oportet: alioquin multa ex his quse certa sunt subvertuntur. » t. 21. FF. *de Legibus.* tume ancienne'pour l'abroger ou pour la maintenir. Elle rend leur valeur primitive aux termes qui, usés par le frottement du langage, ne semblaient plus qu'un alliage capricieux de syllabes malsonnantes: ainsi le vieux contrat de commande se laisse apercevoir derrière la Commandite de nos jours; et le nom même de Banqueroute retrace toute une scène de mœurs populaires. Et comment saisir enfin l'esprit des lois commerciales sans les chercher quelquefois dans leur berceau, dans ces libres usages des vieilles villes de France, d'Espagne et d'Italie, si naïfs et si pleins de sagesse, avant qu'ils fussent tombés entre les mains des légistes et des codificateurs? Toutefois en nous permettant, à de longs intervalles, ces pèlerinages historiques, nous nous garderons d'abandonner pour longtemps le terrain des questions contemporaines; nous éviterons le charme dangereux des recherches savantes, pareilles à ces fruits dont parle Homère et dont les parfums faisaient oublier au voyageur enivré les soins du retour.

La philosophie du droit considère ce qui doit être; elle explique les lois par les deux notions du juste et de l'utile, elle touche à la morale et à l'économie politique. 11 se rencontrera sur notre route plus d'un problème inévitable qui ne saurait se résoudre sans le secours de cette double lumière. — Mais l'utile varie selon les lieux, les temps et les hommes. En traitant quelques-unes de ces questions économiques dont notre époque est si fortement préoccupée, nous nous efforcerons de concilier avec le respect Conservateur des institutions actuelles les vues progressives qui devancent les perfectionnements futurs. Étranger aux passions de tous les partis, nous ne saurions nous condamner à une admiration imperturbable, bien moins encore à une opposition systématique. — L'idée du juste, au contraire, ne change point: astre immobile au milieu des révolutions que les sociétés poursuivent dans leurs incertaines orbites, on peut l'apercevoir de différents points de vue: ce n'est pas lui qui se déplace.

Quand donc la jurisprudence nous renverra à la loi suprême de la morale, nous n'hésiterons pas, et nous recourrons à celle-là seule qui, dès les premiers jours du monde, visita l'homme dans le secret de sa conscience, et qui, depuis dix-huit cents ans, renouvelée par une promulgation plus solennelle, préside, sans fléchir, à tous les développements de la civilisation moderne.

Messieurs, nous avons longuement exposé nos desseins, permettez-nous, en finissant, de vous confier nos craintes. —Sous ces graves insignes de la science nous portons une raison bien jeune et une expérience bien courte. Nous n'avons pas mûri dans les méditations de plusieurs années les théories que nous aurons à vous soumettre. Nous n'avons pas appris, par une longue fréquentation des luttes judiciaires, à découvrir les difficultés d'application que nous aurons à vous signaler. Vous devez donc vous demander, avec une inquiétude que nous partageons, comment la sagesse administrative, en instituant ce cours, en a pu remettre le sort à des mains si novices. Peut-être aura-t-on cru que, choisi dans une saison de la vie qui ne connaît pas encore d'autres engagements, nous apporterions ici des habitudes plus flexibles, des loisirs moins disputés, un plus entier dévouement. On aura pensé que cet âge est aussi celui des résolutions généreuses, des travaux opiniâtres, celui qui s'attache et qui espère. Puissiez-vous, messieurs, vous associer à ces bienveillantes conjectures, et les sympathies de l'auditoire soutenir le courage mal assuré du professeur! Le sujet austère que nous traitons ne se prête point aux ornements de la parole: 'nous ne disposerons pas à noire gré de ces chaînes dorées de l'éloquence, qui captivent sur d'autres bancs la foule charmée. Nos leçons resteront même inefficaces si vous ne cherchez à en fixer le fugitif souvenir par quelques instants de travail personnel. Mais sous ces premières aspérités de l'étude se cache un intérêt puissant que vous éprouverez un jour. Car, jusque dans ses plus minutieuses dispositions, le droit est l'œuvre de nos besoins moraux; il a ses origines au fond des plus secrets replis du cœur;

ses développements tiennent une large place dans l'histoire des peuples: le droit est la plus importante manifestation de l'activité humaine. C'est aussi l'expression imparfaite mais toujours perfectible de la volonté divine, embrassant, dans l'unité de ses vues générales, la multiplicité infinie des faits individuels. Et la jurisprudence de tous les siècles, dans ses plus admirables définitions,

NOTES

COURS DE DROIT COMMERCIAL

PREMIERE LEÇON
DU DROIT EN GÉNÉRAL.

Premier sens du mot *Droit: Le Droit considéré comme une branche des connaissances humaines. . .,.* (Connaissance théorique,

C est la *Connaissance des lois* : „... (Connaissance pratique. 1 Connaissance Théorique (Science):

Elle comprend: 1 Les lois elles-mêmes, — Lettre;

2 Leur économie intérieure, — Esprit;

3 Les lois de tous les temps et de tous les pays;

4 L'origine logique et historique qui les rattache:

aux révolutions de la Société,

aux conditions immuables de la nature humaine.

2 CONNAISSANCE PRATIQUE (Art): 1 Interprétation des textes; détermination des cas particuliers; 2 Choix des moyens d'exécution: instruction de la procédure.

Deuxième sens du mot *Droit.*

Le Droit est l'ensemble des lois qui régissent les êtres moraux: « Les Lois sont les rapports nécessaires qui dérivent de la nature des choses (montesquieu). »

Ces rapports peuvent se considérer d'abord tels qu'ils sont dans la pensée de l'Auteur même de la nature: Droit Absolu.

Us peuvent se considérer aussi tels qu'ils sont conçus dans la pensée de l'homme: *Ombres de justice,* Droit Relatif.

I. DROIT ABSOLU.
AUTORITÉS.
Platon: — «Dieu est le premier auteur

de la Loi. »

Chrïsippe: — « Le principe de la justice et le secret de sa génération doivent se chercher dans le sein de Jupiter. »

Cicéron: — « *Lex vera atque princeps, apta ad jubendttm et vetandum, est ratio recta summi Jovis.* »

Exposition.

Dieu conçoit, de toute éternité, les créatures destinées à peupler les déserts du néant.

Il les conçoit dans de certaines conditions qui constituent leur nature. Il leur assigne une fin.

Entre la nature des êtres et leur fin, il y a des rapports nécessaires. — Dieu les veut: qui veut la fin veut les moyens.

Ces rapports, en tant que Dieu les a conçus, sont des idées.

En tant qu'il les a voulus, ce sont des Lois.

Le Droit est donc la volonté divine. — Cette volonté n'est pas arbitraire, car elle est inséparable de l'intelligence.

A. — La Loi divine porte le caractère de l'intelligence.

B. — Elle porte aussi le caractère de l'amour. — Son but est le bien des êtres.

C. — Elle a enfin le caractère de la puissance.

Elle s'accomplit fatalement dans le monde physique. — Elle est nécessaire.

Elle est obligatoire pour les êtres moraux, c'est-à-dire qu'elle ne peut être violée sans une violation de la nature, violation qui empêche l'accomplissement de la fin des êtres: en sorte que la loi s'exécute infailliblement, sinon par voie de contrainte immédiate, au moins par voie de répression ultérieure; il faut qu'elle emprisonne dans une pénalité inévitable ceux qui transgressent ses injonctions.

A. — L'homme, au delà de ses idées changeantes et mobiles, au delà de ses jugements incertains, trouve en lui-même des idées qui ne varient point, des croyances qui ne s'obscurcissent jamais: Vérité, Bonté, Beauté, Cause, Substance.— Dieu, révélé dans la *Raison*. Participation aux idées divines: *Nam et ipsurn naturale lumen* Ration is *est quxdam participatio divini luminis.* (S. Thosle Aqijin. *Summa Theolog. Pars.* I, q. XII, art. xi, *ad tertium.)*

B. — Mais ces ides sont aussi des Lois: l'idée du Bien se révèle comme obligatoire et comme impersonnelle, comme susceptible de devenir une règle de législation générale. — Dieu vu par la conscience: *Droit naturel.*

C. — Deux exceptions. — La loi naturelle peut se modifier: en elle-même, selon les temps et les lieux; en nous, par nos erreurs et par nos passions.

Rien n'est arbitraire: dans chaque situation donnée, il y a des rapports actuellement nécessaires; il y a un bien, un mieux présentement possible, — et par conséquent naturel.

§ 2. DROIT DES GENS.

A. — L'homme ne développe en lui les notions de la Raison et de la conscience que par la parole. — Nécessité de la Société pour le perfectionnement intellectuel et moral. — Elle satisfait aussi le besoin de faire connaître et le besoin d'aimer.

B. Sens commun, ensemble des notions immuables répandues dans l'humanité.

Morale universelle, témoignage unanime des consciences. — Pudeur, respect traditionnel des tombeaux.

C. — Droit des gens *primaire.*

La diversité des temps vient féconder ces lois *et quelquefois les altérer.*

Droit des gens *secondaire.* Esclavage, Féodalité.

§ 3. Droit civn, ou POSITIF.

Besoin de la force pour l'exécution du Droit.

r,. ,........ (Raison publique. formation des sociétés politiques:.. ... (Conscience publique. *Droit civil.*

A. — Le besoin de faire exécuter le Droit a fait naître les Sociétés civiles.

g (Raison publique, — accord des intelligences. iConscience publique, — accord des volontés. C. — Droit civil, écrit ou non écrit.

Il n'a pas de valeur par lui-même:

Ni comme volonté d'un seul (bien que Hobbes définisse la j justice, *l'observation de la volonté du Supérieur);* jNi comme volonté du grand nombre (Rousseau, Jurieu: « Le (Peuple n'a pas besoin d'avoir raison »). Dans l'un et dans l'autre cas, il n'y a qu'un assujettissement à la force.

Un homme, ou une majorité, peuvent-ils faire de la vérité, opprimer les intelligences, les priver de leur vie rationnelle, les exproprier de leurs idées?... Comment donc auraient-ils le pouvoir de faire du Droit, de restreindre la liberté, d ôter la vie, d'arracher les biens?

Le Droit civil n'a de valeur que par sa conformité avec la volonté divine. Il faut que la Loi civile soit tout à la fois: !Intelligente,— fondée sur la nature; Bienveillante, — coordonnée au bien commun; Puissante, — émanée de l'autorité régulière.

Origine religieuse de toutes les lois anciennes: Moïse, Manou. Zoroastre, Lycurgue, Numa. — Le mot latin *Jus.* Patriciat. Comices faits avec les augures.

Les Jurisconsultes se fondent sur la conscience (1).

(1) DÉVELOPPEMENTS.

Le Droit avant les Romains.

Îdans l'autorité dont elles émanent, dans le but qu'elles se proposent, dans la sanction dont elles se revêtent.

Préoccupations *personnelles* des Lois antiques; (de la Cité, de la Famille, de l'Individu;

Elles s'occupent assez peu des Biens. — Manière dont elles envisagent les créatures.

Symbolisme dans les formes du Droit antique;

Fraternité antique de l'homme et de la nature;

Troisième sens du mot *Droit.*

« Le Droit est le développement de la Liberté dans les limites « de la Loi. » Conscience, Sensibilité, Liberté. D'où:

Promulgation, qui éclaire et fortifie la Conscience;

Sanction, qui émeut la Sensibilité par l'intérêt et la rectifie;

Obligation, qui limite la Liberté.

D'où enfin:

Droit, qui est le développement de la Liberté dans ces limites;

Et *Justice,* qui est l'exercice habituel de la Liberté dans l'ordre moral: — *Constans et perpétua voluntas jus suum cuique . tribuendi* (ulp., — *Dig.,* I, 1,

10).

iCommutative: *neminem Iszdere.* — La paix.

Distributive: *suum cuique tribuere.* — Le bonheur ici-bas.

Universelle: *honeste vivere.* — Ordre universel.

Tendances synthétiques de l'esprit de l'homme à son déhut;

L'homme, image de Dieu, porté & créer lui-même à son image.

A côté du Symbole, la Formule.

iDroit sacré.

Droit public.

Droit des personnes: Esclavage, Mariage, Paternité.

Droit des choses: Propriété, Successions, Obligations.

Jugements et peines.

Symbolisme.

Loi de Manou

Cosmogonie. — Origine de la Loi — Peines et expiations. — Vie future — Pouvoir sacerdotal.

Morale individuelle.

Organisation de la famille. — Mariage.

Condition des femmes. — Propagation des enfants. — SacriBce aux Mânes.

Cité. — Division des castes. — Puissance royale. — Jugements.— Témoins.

Notion incomplète de la propriété: Successions.

Obligations.

flf. *B.* Ces développements se trouvent sur une feuille volante visiblement écrite dans un autre temps que le Cours de Droit commercial.

C'est de la Justice universelle que parlait le Lyrique romain lorsqu'il traçait ce beau caractère de l'homme juste, qui ne s'effacera point de la mémoire de la postérité. Comme le juste ne s'appuie point sur ces frêles mobiles que les circonstances peuvent briser, il ne sacrifiera point son devoir aux exigences de son repos ni au délire de la multitude; il ne tremblera pas non plus quand le bonheur personnel et le doux spectacle de la félicité d'autrui, ces récompenses des vertus ordinaires, viendront à lui manquer. Et, quand le monde s'écroulerait, il ne tremblerait pas au milieu de ses

ruines; car, derrière, commencerait à lui apparaître cet ordre immuable dont la pensée avait soutenu son courage; il se trouverait face à face avec cette cité invisible dont il devient citoyen.

Si fractus illabatur orbis,
Impavidum ferieut ruinse (1).

DEUXIÈME LEÇON
DU DROIT COMMERCIAL DANS *h* 'ANTIQUITÉ, *Résumé de ce qui précède.*

Le mot *Droit* exprime plusieurs idées:

I. Et d'abord, le Droit est une branche des connaissances humaines: c'est la connaissance des lois. Cette connaissance est théorique ou pratique. — Le droit peut donc être considéré tour à tour comme une science ou comme un art: *ûsti et injusti scientia, ars boni et sequi.* (1) On ne peut se dissimuler que le commentaire n'aille ici un peu au delà du texte. A l'insu d'Ozanam, le sentiment chrétien transfigure involontairement en cet endroit la pensée stoïcienne, et s'élève à une sphère qu'Horace, assurément, n'entrevit jamais. Mais le Professeur n'en est que plus avant dans le vrai absolu; il est ici aussi vrai qu'il est éloquent *Note de l'Éditeur.)* (2) L'indication du point où commence chaque Leçon manque, à proprement parler, dans les feuilles autographes.

Ce qu'on va lire porte, en titre, de la main d'Ozanam: Bciume *de la première Leçon.*

MÉLiNGES. II. 27

II. Le Droit, c'est l'ensemble des lois qui régissent les êtres moraux.

Les Lois sont les rapports nécessaires qui dérivent de la nature des choses.

On peut les considérer dans la pensée de l'Auteur même de la nature, et c'est en effet là que les jurisconsultes de tous les temps ont cherché les principes de leur science.

1 Dieu conçoit tous les êtres avec les rapports qui doivent exister entre eux: il veut leur existence. Ces rapports, en tant qu'il les conçoit, sont des idées; en tant qu'il les veut, ce sont des lois.

Le *Droit absolu* n'est donc autre chose que la volonté divine: et nous avons dit comment cette volonté n'est point arbitraire, et pourtant libre; ni fa-

tale, et pourtant toute-puissante.

2 L'homme trouve dans sa raison le reflet des idées éternelles. Les lois divines se révèlent à lui par la conscience; elles se révèlent non-seulement comme intelligibles, mais aussi comme obligatoires: la volonté de Dieu, connue par la conscience, constitue le *Droit naturel,* immuable en ses principes, variable dans ses conséquences temporaires ou locales, plus mobile encore au milieu des illusions de la passion et de l'erreur.

5 La raison et la conscience de l'homme ne se développent que par la Société: l'ensemble des notions rationnelles acceptées par le genre humain constitue le sens commun: la réunion des idées morales qu'il professe devient la morale universelle. —Les lois universellement admises par l'humanité sont le *Droit des gens,* qu'on distingue en *primaire* et *secondaire,* si l'on y veut comprendre, à côté des règles immuables, les institutions généralement reçues, mais qui n'ont qu'un temps. 4 Le *Droit civil* est l'assemblage des lois qui régissent une nation particulière. — Il ne saurait tirer sa force obligatoire que du *Droit naturel,* dont il offre les dernières applications à la situation présente d'un peuple donné.

III. Le Droit, dans sa troisième signification, est le développement de la Liberté dans les limites de la Loi.

Voilà pour la Philosophie. — Voici pour l'Histoire.

I. ORIENT.

1. LA CHINE et L'iNDE.

A. — Commerce de soieries et par terre et par mer.

B. — Chine. — Papier-monnaie, mandarins de commerce.

C. — Inde.—Prêt à intérêt: 2, 3, *h,* 5p. 0/0*par mois,* selon les castes.

Prêt à la grosse. Sociétés, etc.

2. LA JUDÉE.

A. — Voyages au pays d'Ophir (III Livre des *Rois,* rx, x, xxu, et *Paralipomènes, passim).*

B. — Règles générales pour la loyauté des transactions.

Prescription de sept ans.

5. LES PHÉSICIENS.

A. — Voyages dans la Baltique, périples de l'Afrique, comptoirs et colonies: Cadix, finies (?). Route du col de Tende.

Carthage: établissement des Carthaginois en Sardaigne, Sicile, Espagne, Irlande.

B. — Ézéchiel vante la sagesse de leurs institutions (1).

II. GBÈCE.

I. CITÉS GRECQUES COMMEItÇANTES.

A. — *Métropoles:* Milet, Phocée, Éphèse, Rhodes, Délos, Corinthe, Athènes.

B. —*Colonies* : la Grande-Grèce, la Sicile, les bords du PontEuxin, Naucratis, Alexandrie, Cyrène, Marseille, Monaco, Nice, Antibes, Ampurias.

II. RHODIENS.

A. — *Rhodes* avait appartenu aux Phéniciens; conquise par les Cariens, elle devint maîtresse de plusieurs îles de l'Archipel, d'une partie de la Carie et de la Lycie.

B. — *Ses colonies:* Naples et plusieurs points de la GrandeGrèce Géla et Agrigente en Sicile; un port des Baléares; Bhoda ou Boses en Ibérie; Bhoda ou Bhodanousia vers les BouchesduBhône, qui leur devrait son nom. Momorus et Atepomarus, deux chefs rhodiens, chassés d'Agde par les Phocéens, seraient, dit-on, venus se fixer au confluent du Bhône et de la Saône, et auraient élevé les premières habitations stables de Lugdunum. — Premier droit commercial des Gaules.

C. — Lois rhodiennes, célèbres dans toute l'Antiquité. On pré (1) Allusion probable au magnifique chapitre xxvn d'Ézéchiel. *Note de l'Éditeur.)* sume qu'elles furent communes à toute la Grèce, du moins pour les points essentiels.

III. DES LOIS COMMERCIALES DES ATHÉNIENS PRISES POUR TYPE DE LA LÉGISLATION GRECQUE.

1. *Du Commerce et des Commerçants.*

A. — L'oisiveté punie, l'industrie et le commerce exercés par les hommes libres. Platon en Egypte. Le droit de cité assuré aux commerçants étrangers qui se fixaient à Athènes. L'honneur commercial protégé contre les sarcasmes et contre les accusations téméraires.

B. — Corporations d'artisans. Ceux qui avaient excellé dans leur art avaient la première place aux banquets du Prytanée.

C. — Limites à la capacité commerciale des femmes et des mineurs.

2. *Contrats du commerce terrestre.*

A. — Sociétés de commerce: deux prêteurs et deux emprunteurs au contrat cité par Démosthènes (I).

B. — Banques, dépôts d'argent, usure, comptes ouverts, change. Les commerçants se chargeaient de faire compter en un lieu des sommes reçues dans un autre. Les banquiers tenaient des livres qui servaient en justice. Koxiuëiorai, TpaitErai.

C. — Commission.

5. *Contrats maritimes.*

A. — Jet et contribution. Les choses sauvées contribuent à l'indemnité due pour les objets jetés dans l'intérêt du salut commun (?).

B. — Contrat à la grosse. Emprunt pour servir à des opérations nautiques. Intérêt arbitraire, fixe ou proportionnel, etc.

(!) Probablement le contrat dont le texte nous a été conservé dans le plaidoyer de Démosthènes contre Lacritos, et qui commence ainsi: « Androclès de Sphette Et Nausicrate de Caryste, ont prêté à Artéinon Et à Apollodore de l'hasélis trois mille drachmes d'argent, » etc. Ce texte est cité par Ozanam quand il traite des Sociétés commerciales. (JVo(e *de l'Éditeur.*

On y pouvait affecter le navire, les agrès ou les marchandises; l'intérêt n'était exigible que si les objets arrivaient à bon port.

C. — Voyages de conserve. Devoir des matelots. Course et prises maritimes.

4. *Actions, juridictions.*

A. —Nantissement; caution (elle ne s'obligeait que pour un an); saisie des biens, emprisonnement de la personne; cession des biens, seule ressource du débiteur. Peine de mort contre la banqueroute frauduleuse.

B. — NautoWi, juridiction maritime, renouvelée tous les ans, prononçant sans appel dans le mois de l'instance. Arbitres volontaires, ordinairement

trois, convenus par un compromis et jugeant irrévocablement.

C. —*Proxènes,* citoyens d'une ville étrangère chargés d'y protéger les voyageurs de la cité amie.

5. *Droit public.*

A. — Droit de douane.

B. —Défense d'exportation des produits agricoles. Prix des figues.

C. — Obligation d'importer du blé, et défense d'en importer ailleurs.

D. — Mesures de police contre les accapareurs, contre les faux monnayeurs. Police des marchés et des mines.

III. ROME.

1. Commerce De Rome: *Vue générale.*

A. — Rome, destinée à la conquête, dut honorer l'agriculture à l'exclusion du commerce. Les arts industriels y furent abandonnés d'abord aux esclaves. — Monnaie d'argent, cinq ans seulement avant la guerre punique. — Mancipation, *Nexi.* — Défaveur contre les étrangers: *adversus hostem alterna auctoritas.* L'action *furti* réservée aux seuls citoyens.

B. — Plus tard, les habitudes commerciales se répandent: « A Dieu ne plaise, disait Scipion, que le peuple roi de l'univers r en devienne le facteur! » On entreprend le commerce sous le couvert de ses esclaves. — Caton fait le prêt à la grosse. — La navigation encouragée dans l'intérêt des subsistances.

2. DROIT COMMERCIAL DE ROME. *Commerce terrestre.*

A. — Corporations d'artisans et de négociants. Discipline et privilèges.

B. — Règles générales pour les contrats: sociétés de commerce traitées comme les sociétés civiles.

C. —Débiteurs insolvables. *(Nexi:* leur importance dans l'histoire des Romains.)

Loi *Julia,* qui introduit la cession de biens. — Annulation des actes faits en fraude des créanciers. — Règlement et ordre des créances. Pacte rémissoire. — Flétrissure infligée aux insolvables.

D. — Banque. Banquiers de l'État, *mensaiii.* — Banquiers particuliers, *argentarii.* — Change manuel, change local, rendu nécessaire par la pénurie d'argent, par les rapports financiers de

Rome et des Provinces, par les foires.

Exemple d'un mandat dans Plaute. — Cicéron écrit à Atticus pour le prier de compter à son fils, à Athènes, une somme qu'Atticus recevra à Rome: dans cet exemple et dans un autre, toujours *permutare*.

La banque ne pouvait être exercée par les femmes.

Les banquiers se réunissaient dans les *basiliques. Ils* devaient tenir des livres *(nomina transcriptitia),* et, quand ils faisaient une poursuite, ils devaient déduire ce dont ils pouvaient être débiteurs, sou» peine de déchéance.

Commerce maritime.

A. — Ligués avec les Rhodiens contre Antiochus, les Romains leur accordèrent de grandes concessions, fréquentèrent leurs écoles (César, Pompée, Cicéron y allèrent);

Empruntèrent leur droit maritime; il fut commenté par Servius, Labéon l'Ancien, Ofilius, Alfenus-Varus, tous antérieurs à Auguste (1).

Antonin écrit: Ego Qdidem Mdndi Dominus; — Lex Autem Maris (Haec est): *Lege Rhodia,* quœ de rébus nauticis praescripta est, *jvdicetur, quatenus nulla nostrarum legum adversatur* (dig. , XIV, 2, fragm. ïx. *De lege Rhodia).*

B. — Prêt à la grosse. Avaries, assurances: traces dans TiteLive et dans Martial.

Cicéron cherche des répondants pour les deniers publics qu'il envoie à Rome.

C. — Quelques modifications à la loi *Rhodia* à cause du système des actions.

Actions exercitoire et institoire.

Police générale.

Choses qui ne sont pas dans le commerce.

Usage des rivages de la mer.

Droit du fisc sur les épaves.

3. PROVINCES ROMAINES.

A. — Système du gouvernement extérieur des Romains. Respect des religions, des mœurs, des coutumes locales.

B. — Régime municipal. *Jus italicum.* !Régime municipal, Lyon, . „... „. Les magistrats municipaux

Capitation exemptee, Vienne, . «

„ .... L, luges en affaires minimes.

Domaine quintaire, JCologne,

C. — Prospérité de Lyon sous les Romains. Munatius-Plancus. — Lyon, colonie romaine. Lyon a le *jus italicum.* Corporations de marchands; *curatores,* quelquefois chevaliers romains. *Emporiutn celeberrimum.* Caractère gréco-romain. Histoire de Licinius, *procurator Cxsaris.* (1) Alfenus, déjà vieux, fut consul sous Auguste, l'an 3 de l'ère chrétienne; mais il est compté parmi les disciples de Servius (Sulpicius), qui avait étudié à Rhodes avec Cicéron. *(Noie ie ïtiiteur.)*

TROISIÈME LEÇON

MOYEN AGE.

DIVISION.

1. Faits généraux. 2. Législation commerciale. 3. Analyse du droit commercial. 4. Lyon au moyen âge.

§ 1. FAITS GÉNÉRAUX.

ÉPOQUE BARBARE.

A. — *Empire byzantin.* — Son commerce avec la Chine. — Les vers à soie apportés à Constantinople sous Justinien. L'ancien droit commercial romain conservé. *Basiliques.* Compilation dite des lois *hhodiennes.*

B. — *Musulmans.* Vaste commerce de l'Espagne à la Chine: Bassora, Madagascar, Canton.

C. — *Barbares.* L'invasion anéantit la richesse matérielle..., tarit les sources du crédit..., décourage l'esprit d'entreprise..., éteint les lumières... Ainsi donc les Barbares ruinent d'abord le commerce, mais non pour toujours. — Leurs lois, toutes personnelles, respectent chez les peuples conquis la législation antérieure: ne s'occupant point de négoce, ils ne touchèrent pas au droit commercial, qui d'ailleurs devait rester commun entre les peuples de la Méditerranée.

Bris et naufrages; Lois et Coutumes divergentes: d'une part, *Breviarium Aniani* et la loi des Visigoths; de l'autre, un usage barbare.

ÉTOQDE FÉODALE.

La Féodalité organise le désordre en plusieurs points..., morcelle les territoires..., multiplie ainsi les différences de mœurs, de monnaies, de juridictions. — Les taxes pullulent. — Bris et naufrages.

(1) En tête de la feuille aulograplie se trouve le chiffre 3, sans autre indication.

A. — Les seigneurs s'occupent de rançonner et de piller les marchands et ne se mêlent point de commerce. Toutefois la Féodalité est peu puissante dans les villes et peu soucieuse de négoce. Le Commerce conserve donc une sorte de liberté intérieure.

Restes du système municipal. — Le Droit commercial lié avec l'organisation municipale. Les institutions municipales refleurissent au XII siècle, et les anciens usages commerciaux reparaissent avec elles.

B. — *Croisades.* Renaissance intellectuelle et politique. Les Croisades relèvent le moral de la chrétienté..., raniment les sciences en étendant leur sphère d'action..., émancipent le peuple par la confraternité militaire au dehors, par l'absence de maître au dedans..., enseignent au Commerce de nouvelles routes..., lui ouvrent des débouchés sûrs..., l'obligent à un vaste déploiement de navigation. — Affranchissement des Communes. Le Tiers État prend place dans les assemblées d'États, etc. — Développements du Commerce sur les côtes de la Méditerranée: Barcelone, Amalfi, Pise, Gênes, Venise; les villes maritimes d'Italie exploitent les Croisés. Les magistrats municipaux chargés du contentieux commercial. Consuls. Prud'hommes. — Au nord, formation de la Ligue Anséatique: Union envers et contre tous, hormis l'Empereur; Indépendance en tout ce qui touche le Commerce. Juridictions particulières. Marseille, Rouen, Paris, Lyon.

§ 2. Législation Commeuciale: *textes législatifs.*

A. — *Droit romain.* Il se conserve écrit ou à l'état de tradition, et devient la source des statuts ultérieurs.

Droit français. « Fort chose à croire qu'il y ait usage en ce « royaume de Jérusalem qui soit contraire à l'usage de France; « que ceux qui le establirent au conquest de la terre, furent « François. » 1 Assises de la *court* des*Borgès,* 1199. Godefroy de Bouillon: Assises des barons, assises des borgès. Commission pour interroger sur leurs usages les pèlerins de tous pays. Corrections fréquentes. — Originaux déposés au Saint-

Sépulcre. — « En la « court de mer, n'a point de bataille. » 2" *Roules* d'Oléron, XI siècle, adoptés en Angleterre. — Rêglements des gens de mer: Faculté de couper la tête au pilote qui trahit. 5 Statuts de Marseille (1253-1255). — Développement curieux de l'institution des Consuls. 4 *Establissement des métiers de Paris* (1258). — Etienne Boileaue, garde de la Prévosté (Prévôt des Marchands) de Paris, en 1258. 11 fit une enquête des usages, les recueillit et les réforma. Analyse des *Establissements* de Boileaue:

A. — Cent métiers (la librairie ne s'y trouve pas): Laceurs de fil et de soie, *Filaresses de soie à grans fuiseaux, Filaresses à petiz fuiseaux.* — Crépiniers de fil et de soie.—Ouvriers de draps de soie. — Les Merciers: variété de leurs marchandises (1).

B. — Organisation. — Corporation. — Prud'hommes chargés de la police intérieure. — Règles pour la confection des marchandises. — Observance des fêtes.

Austère probité de Boileaue: il fait pendre son filleul.

C. — *Droit germanique et Scandinave.* Les *Roules* d'Oléron servent de type.

(!) HERCIER. K la suitedcs *Proverbes et Dictons populaires* publiés parM. Crapelet, en 1851) C'est avec cette faconde que le Mercier détaille en sept pages les marchandises qu'il se vante d'avoir. *(Note de l'Éditeur.)*
DICT D'UN mERCIER.
1 Jugement de Damme: Bruges obéissait à cette loi. — Coutume d'Amsterdam. 2 Droit maritime de Wisby (1): Statuts des villes Anséatiques: Hambourg, 1270; — Lubeck, 1279. 3 Statuts de Sleswig en M 50.

Suède, Nonvége, Islande: statuts particuliers.

D. — *Droit méditerranéen.* 1' Espagne. — *Consolado de mar,* rédigé probablement à Barcelone, du Xlir au XIV siècle. Coutume de Valence, 1250. Plusieurs titres des *siete partidas.* 2 Italie. — *Capitidare nauticum* de Venise. — Tables Amalfitaines. — Statuts de Gênes.— Pise: *Constitution usus.* 1161. — Sardaigne: *Breve portus Calleritani,*

1318.

§ 3. ANALYSE DU DROIT COMMERCIAL, ET PRINCIPALEMENT DES TEXTES QUI RÉGISSAIENT LA FRANCE.
Du Commerce et des commerçants.
A. — Le Commerce interdit aux Nobles et aux Ecclésiastiques. — Juifs. — Lombards.

B. — La comptabilité et la correspondance se développent par l'usage des chiffres arabes et du papier.
Commerce terrestre.
A. — Sociétés de commerce. — Contrat de commande. — So-» lidarité. — Grandes compagnies: la compagnie Pisane des *Umili* secourt les princes d'Antioclie.

B. — Change. L'usage des foires, la diversité des monnaies, la difficulté du transport, amènent le développement de la lettre de change.
(1) Wisby, comme on sait, est une petite ville épiscopalc de Suède, dans l'ile de Gothland. Ce n'est plus que la quatrième des villes maritimes de ce royaume; mais alors elle appartenait à la Ligue Auséatique, et c'était une des premières places du Nord, *fiote de l'Éditeur.)*
Le statut d'Avignon (1243) contient un titre *:De litteris cambii.*

Jeu de hausse et de baisse usité à Gênes en 1213: Lettre d'Innocent III à l'archevêque sur ce point. Banque de Venise par actions, fondée au XII siècle. Bourses de commerce en France, 1304. Il est question des changeurs aux *Establissements.*

C. — Prêt à intérêt, 30 p 0/0: énormes bénéfices.
Commerce maritime.
A. — Les devoirs des gens de mer longuement développés.

B. — Le prêt à la grosse maintenu.

C. — Deux systèmes sur la contribution aux avaries.

D. — Assurance mutuelle entre les chargeurs et l'armateur. Assurances mutuelles contre l'incendie en Islande au XII siècle. Assurances à prime usitées à Cagliari, 1318, et à Bruges, 1310.
— Boussole.
Juridictions.
A. — Comtes préposés à la garde des ri-

vages. Amirauté.

B. — Tribunaux consulaires. Messine, 1129; Valence, 1250; Montpellier, Perpignan.

C. — Consuls à l'étranger. Montpellier a des consuls en Chypre. Marseille: Syrie, Alexandrie, Bougie, Ceuta.
Droit public.
Droit de travail: il fallait acheter le *métier.*

A. — Droits énormes de douanes et de péages (1).
(1) Ainsi l'on payait pour être admis à jeter l'ancre dans un port *Anchoragium).*
On payait sur les marchandises qu'on vendait au marché *(Curatura).* On payait sur la vente du vin, du poisson, du sel *Gabella vint, piscarix. salis).*

On payait pour mesurer sa marchandise *Mensuraticum).*

On payait pour passer par tel chemin, par telle porte, par telle place *(Passagium, Pedagium, Plateaticum).*

On payait pour le pesage de ses propres denrées *(Ponderagium).*

On payait pour passer sous un pont, pour aborder à une rive *Pontaticum, Ripaticum).*

Voir tous ces mots dans le *Glossaire* de Ducange. *Soie de l'Éditeur.)*
Monopoles.
Marchandise de l'eau à Paris.

B. — Saint Louis permet les exportations. Foires.

C. — Droit de Naufrage combattu par l'Église, 1127; Concile de Nantes. — Coutume de Normandie (1).

D. — Droit d'aubaine. Traités de commerce: Philippe le Hardi, Jacques Cœur.
4. LYON.
A. — Privilèges. — Dès le XIII siècle, insurrections fréquentes de Lyon. Commune, consuls.

B. — Établissement du consulat (élu par les citoyens pour *les* (1) L'Église eut l'initiative de ce retour à l'humanité. Le décret du Concile de Nantes, de 1127 (sous Louis le Gros), fut sanctionné par le Pape Ilonorius II.

On a conservé la lettre du pieux et docte Hildebert, archevêque de Tours, pour soumettre ce décret au Souverain Pontife. « Quicquid evadebat ex naufragiis, écrit le Prélat, totum sibi Fiscus Lege vindicabat patriae, passosque naufragium miserabilius violentia principis vindicabat quam procella. *Quant* exactionem, sub oculis totius Concilii, Cornes (Britannorum) in nostra manu deposuit, postulans in eos Excoumuniciatiosis Gladujii extendi.... Totus itaque consessus et gratiarum actione illum (Comitem) prosecutus est, et persecutus anathemate distractorem. » — Hild, *Epist.* Lxv *(Biblioth. maxima Patrum,* t. XXI, p. 151. — Voici la réponse d'ilonorius II: « Pravas illas consuetudines.... (quarum fuit.... altéra qua, illis qui naufragium evaserant, ctiam quae in portu postmodum inventa erant auferebanUir), Damkawjs Et Auctouitate Apostolica Intebdicihos. » *(Ibid.)*

Le Pape décide que c'est un vol et s'appuie de l'autorité du Droit romain.

La Coutume de Normandie (articles 16 et suivants), à laquelle Ozanam fait allusion, est l'ancienne Coutume, écrite probablement sous saint Louis, dit Pardessus, mais *constatant des usages plus anciens.*

On trouve dans les *Rôles d'Oléron* le texte suivant: « En aulcuns lieux, la mauldicte et damnante coustume court, sans raison, que, des navires qui se perdent, le Seigneur du lieu en prent le tiers ou le quart, et les saulveurs ung autre tiers ou quart, et le demeurant ès-maistres et marebans.... Mais, veu que c'est contre le commandement de Dieu omnipotent, nonobstant aulcune coustume ou ordonnance, il est dict et sententié que le Seigneur, les saulveurs et aultres qui prendront aulcune chose desdicls biens, seront Hadldicts Et Excommuniés, *et punis comme larrons,* comme dict est dessus. C'est le Jugement. i Article 29, édit. de Garcie, imprimée en 1542, 2ô de l'édit. Cleirac, 39 de celle de Pardessus. *(Lois maritimes,* t. I, p. 348). — Pardessus pense que cet article est apocryphe. Il se peut, en effet, qu'il ne soit pas du onzième siècle; mais, si on le rapproche du décret du Concile de Nantes, qui est du douzième, il n'a rien, ce semble, qui doive étonner. 11 est en français du seizième; mais Garcie peut l'avoir traduit d'un texte plus ancien.

Foisset. *dépêches des affaires du négoce),* sanctionné par l'archevêque Pierre de Savoie, 1320.

C. — Établissement des foires de Brie, 1349; à Lyon, 14191462: Charles VII et Louis XI.

D. — Juge conservateur des foires, établi par Louis XI. Sa juridiction vainement attaquée par les parlements; ses sentences s'exécutaient sur les nobles, sur les étrangers, et même à l'étranger, en Angleterre et en Barbarie.

E. —Les étrangers présents aux foires de Lyon étaient exempts des droits d'aubaine et de représailles.

F. — Le change à Lyon.

QUATRIÈME LEÇON

TEMPS MODERNES.

PREMIÈRE ÉPOQUE: PRISE DE CONSTANTINOPLE.

A. — Chute de l'empire grec. Décadence de Venise. Vasco de Gama. Christophe Colomb. Développement des assurances. Endossement des lettres de change. Navette.

B. — *Guidon de la mer,* rédigé à Rouen vers le milieu du seizième siècle. Assurances.

C. — Ordonnances do 1560 sur la juridiction arbitrale. Contrainte par corps. 1563, établissement de la juridiction consulaire à Paris. 1581, Édit de Henri III, qui établit les arts et métiers en corps et communautés *dans toutes les villes et lieux du royaume,* assujettissant à la maîtrise et à la jurande *tous les artisans;* ce qui fut étendu à *tous les marchands* par l'édit de Henri IV du mois d'avril 1597.1584, Ordonnance sur l'amirauté.

DEUXIÈME ÉPOQUE: COLBERT ET LOUIS XIV.

1. *Droit public.*

Chambre de commerce;-compagnie française des deux Indes; manufactures royales; permission à la noblesse de commercer en gros.

2. *Commerce terrestre.*

Ordonnance de 1673, faile sous l'influence et presque parla main de Savary.

A. — Extension de la juridiction consulaire aux lettres de change,

B. — La bonne foi protégée par les dispositions sur les livres de commerce,

les sociétés et les faillites.

3. *Commerce maritime.*

Ordonnance de 1681 (Levayer de Boutigny rédacteur ('?), faite après de longues enquêtes à l'étranger, et sur un résumé presque complet des coutumes du moyen âge).

TROISIÈME ÉPOQUE: DIX-HC1-TIÊHE ET DIX-NEUVIÈME SIÈCLES.

A. — Projet de révision imprimé par ordre de LouisXVI, 1780.

B. — Destruction des corporations et des jurandes, 2 mars 1791. (Turgot avait fait rendre un édit en ce sens, en février 1776; mais il dut être modifié par un autre édit du mois d'août de la même année, et il n'eut jamais d'exécution en Flandre ni en Artois.)

C. — Projet du Code, rédigé par une commission instituée par les Consuls, le 3 avril 1801, communiqué aux tribunaux et aux conseils de commerce, aux tribunaux d'Appel et de Cassation.

Beprisle 4 novembre 1806. Discussion au Conseil d'État. — Elle dure un an.

Communiqué au Tribunat (officieusement).

Rédigé définitivement au Conseil d'État.

Communiqué officiellement au Tribunat.

Présenté au Corps Législatif, décrété du 8 au 14 septembre.

Mis à exécution le 1" janvier 1808, en vertu de la loi du 15 septembre 1807.

D. — Loi du 28 mai 1838 sur les Faillites.

CONCLUSIONS.

Le premier résultat qui doit nous frapper, c'est: 1. Antiquité, universalité des institutions commerciales. Le droit naturel y tient donc une grande place; caractère sacré, caractère obligatoire.

2. Si le Droit commercial repose sur le Droit naturel, c'est donc sur la conscience, c'est donc sur la révélation intérieure de la volonté divine; il sera donc parfait en proportion de ce que la conscience sera ferme et pure. Sagesse commerciale et *moralité,* toujours proportionnelles: Temps païens, Temps chrétiens, Moyen Age. 5. La conscience n'est pas toujours incorruptible, elle est

toujours inviolable.

Le Droit commercial n'est point arbitraire.

Liberté des coutumes, que les Législateurs ont respectée: Romains, Louis XIV, Napoléon. 4. Entre la moralité et la liberté, entre le juste et l'utile, la science seule trouve le lien.

Époques de prospérité, époques d'intelligence: Antiquité, Renaissance, Temps modernes.

5. La Moralité, la Liberté, l'Intelligence, triade lumineuse dans le Commerce, qu'il ne faut point perdre de vuejdans la Législation, (dans la Jurisprudence.

Premier principe d'interprétation: l'Équité;

Second principe: l'Usage;

Troisième principe: la Doctrine.

Peut-être, en éclairant notre route, ces trois principes nous conduiront-ils par des sentiers moins arides et moins épineux.

CINQUIÈME LEÇON
TRANSITION.

L'esprit dos Lois se révèle surtout dans leur histoire. Avant donc d'aborder l'explication textuelle du Droit commercial qui nous régit, nous avons dû remonter rapidement aux origines. Et, sans étendre nos recherches au delà du sol de la patrie, nous avons parcouru les traces de cette première époque dont les ruines servent de base à tant d'institutions modernes: l'Antiquité.

L'Antiquité, pour nous, se divise en trois périodes: la première est exclusivement gauloise; la seconde est caractérisée par les colonisations grecques; la conquête romaine marque la troisième.

Les vieilles cités de la Gaule n'ignorèrent point les bienfaits de l'industrie; mais les lois qui purent en régler le développement ont partagé le sort des traditions héroïques et des croyances religieuses, coniiées à la mémoire des Bardes et des Druides et condamnées à périr avec eux.

Bientôt une civilisation plus brillante et plus durable visita nos rivages. Parmi ces innombrables colonies helléniques, qui vinrent couronner le bassin de la Méditerranée, nous avons signalé les Phocéens de Marseille, et les Rliodiens, devenus, selon des récits respectables, les premiers fondateurs de *Lugdunum*. Avec leur langue, avec leurs arts, sans doute les Grecs transplantèrent sous notre ciel leurs mœurs et leur législation. Nous en avons tracé une légère ébauche, où déjà se rencontre plus d'un trait remarquable: — Le commerce entouré de toutes les faveurs légales qui en assurent la prospérité; les corporations d'artisans; les capacités diverses des citoyens et des étrangers, des femmes et des mineurs, circonscrites dans des limites certaines; de sages prévisions qui embrassent les contrats les plus compliqués, les événements les plus féconds en problématiques conséquences; les sociétés, la commission, le change et ses combinaisons inépuisables; le contrat à la grosse, les engagements des matelots, le jet de la contribution, la course et les prises maritimes; — une juridiction spéciale pour les gens de mer; l'arbitrage volontaire autorisé pour les contestations des commerçants; et, sous le nom de *Proxènes,* des agents protecteurs établis dans les cités étrangères. — Enfin, un droit public déjà riche en ressources fiscales: des douanes, des règlements d'importation et d'exportation, une police qui veille sur les marchés et qui descend jusque dans les mines. — Tel fut le Droit grec, auquel obéit, pendant de longs siècles, le commerce de la Gaule méridionale, comme celui de toute l'Europe civilisée, depuis les Baléares jusqu'au fond du Pont-Euxin.

Aux pacifiques séductions de la Grèce succédèrent les violences des armes romaines. Mais Rome aspirait à l'empire de la terre, elle dédaigna longtemps celui des flots. Ses premières lois chargèrent le commerce de chainesqui l'écrasaient en le déshonorant. Plus tard, une législation plus tolérante lui fit une condition meilleure, mais ce fut comme à regret. Les contrats commerciaux, soumis aux règles communes, ne devinrent point l'objet d'une attention particulière. La nécessité dicta pourtant quelques prescriptions exceptionnelles pour la banque, pour déterminer la responsabilité des armateurs et des capitalistes à l'égard des patrons de navire et des préposés. En même temps, on croit apercevoir l'origine des assurances, et le pacte rémissoire est comme le premier exemple des concordats. Les lois rhodiennes, adoptées par les jurisconsultes du *Forum,* président aux transactions maritimes.— 11 y a plus, et Rome, dont la sagesse sanctionnait tout ce qu'elle rencontra de conciliable avec sa politique dans les lois et les mœurs des nations vaincues, Rome qui maintint partout, dans une sphère restreinte, il est vrai, les magistratures nationales, qui consacra le régime municipal des villes italiennes et qui en étendit le bienfait aux plus lointaines provinces, Rome, sans doute, laissa aux cités commerçantes de la Méditerranée les usages commerciaux, les juridictions spéciales, à l'ombre desquelles elles avaient prospéré. Telle fut la destinée de Marseille. Telle fut celle de *Lugdunum* : enrichi de nombreux privilèges, doté du *jus italicum,* c'est-à-dire d'une organisation municipale complète, ses compagnies marchandes comptaient des chevaliers romains parmi leurs syndics, et son opulence remplissait le trésor des Césars, sans laisser vides, nous l'avons vu, les mains de leurs représentants.

L'invasion des barbares changea la face de l'Europe, et si, comme ils en faisaient gloire, l'herbe des champs se consumait sous les pas de leurs chevaux, quel dut être le sort des villes envahies par leurs bandes indisciplinées? Tandis que d'énormes capitaux disparaissaient au milieu d'un pillage universel, le crédit, le courage, les lumières, les connaissances de toute nature, le capital intellectuel, plus précieux encore, se retiraient peu à peu du sein des populations tremblantes (1).

Après avoir résumé l'histoire du Droit commercial dans l'Antiquité, nous avons considéré les formes nouvelles qu'il avait dû revêtir en présence de la civilisation moderne.

Les débris de la législation gréco-romaine, conservés à l'abri des ruines du Droit municipal, se sont relevés avec elle: les consuls et les prud'hommes sont les premiers représentants de la justice commerciale, et du Tiers-Etat, désormais affranchi.

(1) Dans celle récapitulation, la pensée,

on le voit, a revêtu sa forme définitive. Tout le morceau qu'on vient de lire a dû être dit de mémoire en ces propres termes. Le développement de ce qui suit avait été, au contraire, abandonné par le Professeur aux chances de l'improvisation. *(Note de l'éditeur.)*

Bientôt les usages, perpétués à l'état de tradition, s'écrivent, se développent: l'initiative appartient à la France: Assises de Jérusalem, Rôles d'Oléron, Statuts de Marseille, établissement des métiers (onzième et treizième siècles).

Les nations étrangères suivent cet exemple: Jugement de Damme, Droit maritime de Wisby, *Consolado de Mar,* Statuts de Gènes.

L'analyse de cette législation nous a donné d'intéressants résultats. — Exclusion des nobles, comptabilité, correspondance. — Solidarité des associés, commando. — Lettre de change, banques de Venise, jeu de bourse à Gênes, assurances à prime. — Amirauté, consuls, prud'hommes, agents consulaires à l'étranger. — Droit de travail, de péages, de bris et de naufrage, d'aubaine; affranchissement progressif des exportations; traités de commerce.

La chute de l'empire grec, la découverte de l'Amérique et du Cap de Bonne-Espérance marquent une ère nouvelle et détournent le commerce de la Méditerranée dans l'Océan.

1. *Guidon de la mer.* Ordonnances diverses. 2. Colbi'rt: chambre de commerce, compagnie des Indes, ordonnance de 1675 et de 1681. 3. Révolution française, destruction des corporations, rédaction du Code de Commerce.

Permanence: Droit naturel. Elément de moralité, élément de liberté; nécessité de la science pour les concilier ensemble.

Aujourd'hui, nous commençons l'explication des textes. Ici, messieurs, il faut encore une fois nous entendre: le Droit commercial, ce n'est point le Code de Commerce. Nous étudierons la règle au Code Civil avant d'aborder la disposition spéciale du Code de Commerce.

Mais il faut d'abord étudier les règles générales qui servent de préface à tous les Codes.

CODE CIVIL.

Titre préliminaire: De L'exécution Des Lois.

I. COMMENT LA LOI DEVIENT EXÉCUTOIRE.

§ 1. *De la formation de la Loi.*

A. — Si les lois civiles sont les conséquences nécessaires des besoins moraux de la société, elles existent aussitôt que ces besoins: elles existent avant l'acte qui les formule, et l'homme intelligent et bon, qui déjà les a pressenties, n'attend pas, pour les exécuter, l'intervention de la force publique.

Mais, à cause de la faiblesse ordinaire des intelligences et des volontés humaines, les lois resteraient inaperçues, inobservées du plus grand nombre, si la puissance sociale ne se chargeait d'en constater l'existence, d'éclairer par la publicité les intelligences tardives, et de soumettre par la contrainte les volontés rebelles.

Le pouvoir qui formule les lois se nomme *législatif;* il appartient au pouvoir *exécutif* d'en procurer la connaissance générale; les appliquer aux faits particuliers où elles ont rencontré résistance, c'est l'œuvre du pouvoir *judiciaire.*

B. — Le pouvoir législatif a subi toutes les modifications de la société française.

1. Première et seconde race: Champs de mai, Capitulaires: *Lex /it consensa populi et voluntate regis* (Édit de Pistes).

2. Troisième race: *première période.*

Point d'ordonnances jusqu'en 1190, — et, déjà sous saint Louis, convocation de notables. — États Généraux (1502, 1305): ils fixent la succession au trône. — 1484 *:* États Généraux proclament que le souverain empire repose dans le peuple, composé non de la populace, mais de l'universalité des citoyens. — Les États de Blois, 1576, prétendent que les décisions unanimes de l'Assemblée aient force de loi. — Rédaction des Coutumes par les états provinciaux aux douzième et seizième siècles. — Système représentatif, droit public européen (Machiavel: « *République avec un roi :* Lacédémone, France »).

Seconde période: Monarchie parlementaire. 1. Arrêts de règlement. 2. Enregistrement, Remontrances, Lits de justice, Louis XIV. — Luttes entre le Parlement et la Cour, origine de la Révolution française. *Troisième période:* Révolution française, i Constitution de 91: « La loi est l'expression de la volonté nationale. »

La nation est représentée par un corps législatif, élu à deux, degrés.

Le décret proposé dans son sein, trois fois lu et discuté, est décrété ensuite.

Le décret devient Loi par la sanction du Roi: le refus ou *Veto* est suspensif.

2 Constitutions de 93 et de 95 (an III).

Convention nationale, élection immédiate (ce mode reste sans exécution).

Conseil des Cinq-Cents et conseil des Anciens: élection rétablie à deux degrés.

3 Constitution de l'an VIII, modifiée par les sénatus-consultes organiques de Tan X et de l'an XII.

Consuls. — Ils proposent la Loi; le projet en est rédigé par le Conseil d'État.

Tribunat. — Il discute le projet et soumet ses observations au Conseil d'État.

Corps législatif. — Il adopte ou rejette sans amendement la Loi, discutée devant lui par les orateurs du Tribunat et ceux du Gouvernement.

Quatrième période : Monarchie constitutionnelle. 1 Trois pouvoirs législatifs: Roi, Pairs, Députés. 2 La proposition appartient aux trois Pouvoirs. 3 La discussion appartient aux deux Chambres. 4 La sanction au Roi seul. — Signature et sceau royal.

§ 2. *De la promulgation de la Loi.*

A. — La promulgation appartient au pouvoir exécutif, c'est-à-dire au Roi seul. Raison de la promulgation.

Différences théoriques entre la sanction, la promulgation, la publication:

La sanction est l'assentiment; la promulgation, l'ordre de publier; la publication, l'exécution de cet ordre.

R. — Les anciennes ordonnances portaient quelquefois le jour de leur exécution: autrement, difficultés pour savoir si l'enregistrement les rendait obligatoires dans tout le ressort du Parlement, ou s'il fallait les enregistrer aux sénéchaussées et aux bailliages.

C. — La loi du *1* novembre 1790 ordonne l'affiche dans les villes et la lecture dans les campagnes.

Sous la Convention: *Bulletin des Lois,* publication à son de trompe.

Constitution de l'an VIII: Promulgation au dixième jour après le vote du corps législatif.

Explication de l'article: tableau des distances: les fractions doivent se compter en faveur. —Lyon, quarante-six myriamètres. — Application au Code Civil. — Exception pour le Code de Commerce: Loi du 15 septembre 1807.

D. — Le Roi, n'étant plus lié par le délai de dix jours, promulgue quand il veut.

Ordonnance du 27 novembre 1815. — Règle spéciale pour les cas d'urgence (18 janvier 1817).

Difficulté d'application. *Nemo censetur ignorare legem.* — Loisdes faillites, 14-28 mai, 8 juin 1838.

SIXIÈME LEÇON

RÉCAPITULATION DE LA CINQUIÈME LEÇON.

Empressé de tenir nos premières promesses et de remplir les conditions d'un enseignement pratique, nous avons, dès la dernière séance, abandonné, non sans quelque regret, les considérations générales pour descendre à l'interprétation des textes juridiques. Après avoir indiqué les rapports nombreux qui, en matière commerciale, rattachaient les dispositions exceptionnelles au Droit commun, nous avons abordé le titre préliminaire du Code Civil, lequel est, à vrai dire, la préface commune de tous les Codes. L'exécution des Lois est le sujet unique de ce titre, et les questions qu'il résout sont au nombre de cinq: 1 Comment la loi devient exécutoire?

2" Sur quel temps elle peut agir? 5 Quelles personnes et quelles choses elle peut atteindre? 1 Comment elle s'applique par le ministère du juge? 5 Dans quelles circonstances elle cesse de s'exécuter? 1. *Comment la Loi devient exécutoire?*

La première de ces questions a suffi pour remplir une leçon entière. — Et nous avons dû sommairement examiner la formation de la loi avant de discuter les règles qui président à sa promulgation.

Trois époques: Monarchie d'Etats, Monarchie parlementaire, Monarchie constitutionnelle.

1. Champs de mai de la première race et de la seconde; états généraux de la troisième; mot de Machiavel. *i.* Parlements immisces dans la puissance législative par le droit d'enregistrement et de remontrances; arrêts de règlement. 3. Six constitutions de 93 à 1814. Charte. Trois pouvoirs législatifs. Proposition, discussion, sanction.

Promulgation de la loi (article 1 du Code civil).

Trois points principaux: 1. Le mode de promulgation: Constitution de l'an VIII. — Dix jours.

Ordonnances du 27 novembre 181G et du 18 janvier 1817.

2. Délai de l'exécution: *Un jour.* — Sens de cette expression.

Tableau officiel des distances, difficulté pour les fractions.

3. Effets de la promulgation:

Avant le délai, la Loi *peut* être déclarée exécutoire, attendu l'urgence. Après le délai, la Loi est toujours obligatoire.

2. *Sur quel temps la Loi peut agir.* § . Code Civil, Art. 2.

Principe de justice éternelle. — Le passé n'appartient plus à l'homme; il ne doit pas appartenir à la Loi.

Droit Romain: *Leges et constitutiones certum est futuris dare formamjudiciis;non adfacta prseterita revocari.* C. 7, *de Legib.*

Constitution De L'an III: *Déclaration des droits,* art. 14: « Aucune loi criminelle ni civile ne peut avoir d'effet rétroactif.»

Portams: « Ce serait empirer la triste condition de l'humanité « que de vouloir changer par le système de la législation le sys« tème de la nature, et de chercher, pour un temps qui n'est « plus, à faire revivre nos craintes, sans pouvoir nous rendre « nos espérances. »

§ 2. Distinctions sur l'application du principe.

I. Si la loi ancienne est ou n'est pas contraire au Droit Naturel.

En effet, le Droit Naturel est imprescriptible: la loi qui fait cesser une violation du Droit Naturel peut donc sans injustice réagir contre des faits accomplis. Ces faits, en ce cas, ne sauraient constituer un *droit acquis* : c'est en ce sens que Bossuet a dit que « Il N'y A Pas De Droit Contre LE DROIT. »

Lois de spoliation, de terreur, abrogées pour le passé comme pour l'avenir. — Divorce.

Exceptions pour éviter la perturbation générale des intérêts.

II. *Lois interprétatives:* elles remontent à la date des lois interprétées, sans infirmer les jugements définitifs antérieurs.

III. Capacité des personnes. Bénéfice des lois, qui cesse avec elles; distinction si l'on est en possession du bienfait légal.

Exemples pour les mineurs commerçants. Ordonnance de 1675, art. 3; Code de Commerce, art. 2.

IV. Effet des actes. — Si les actes sont irrévocables, comme le contrat de mariage, leurs effets se règlent par la loi du jour où ils sont passés. — Prescription quinquennale des billets à ordre. — Même règle pour les preuves (Code de Commerce, 109).

V. L'exécution judiciaire des contrats et la procédure sont régies, au contraire, par la loi actuelle, laquelle s'applique même aux actions fondées sur un droit antérieur.

Exemple: intérêts judiciaires d'une dette commerciale (loi du 3 septembre 1807). Exceptions pour la loi des faillites.

VI. Lois pénales: on applique la plus douce. — Exemple intéressant: contrainte par corps.

Loi du 17 avril 1852.

3. *Quelles personnes et quelles choses la loi peut atteindre?*

Puissance souveraine, *lmperium. Dominiam.* 1. Les lois de police et de sûreté, les lois pénales et celles de procédure, obligent tous ceux qui habitent le territoire.

L'étranger doit obéissance aux lois qui le protègent: c'est la dette de l'hospitalité. *Locus regit actum.* 2. Statuts personnels, statuts réels. — Origine barbare et féodale de la distinction; son ancienne importance, sa valeur actuelle.

Le statut personnel suit le Français

même à l'étranger. Le statut réel régit tous les immeubles du territoire. Exemples: capacité des femmes mariées; hypothèques, expropriation.

4. *Comment s'applique la Loi* (C. C, 5 et G). 1. Principes généraux.

Rappel de la distinction des trois pouvoirs.

Pouvoir Judiciaire. Nécessité de le séparer des deux autres. (MONTESQl'lEO.) 2. Erreurs à cet égard chez les Anciens. — Le Préteur à Rome.

Erreurs au Moyen Age. — « Entre toy villain et ton Seigneur, il n'y a juge, fors Dieu. » S. Louis sous le chêne de Yincennes.

3. Réformes. — Parlements, 1302. — Treize parlements; ileux Conseils souverains, en 1789.

Louis XIII et le Président de Relliévre: affaire du duc de la Vallette.

Paroles de Relliévre à Louis XIII: « Cela est sans exemple, voire contre tousles exemples passés jusqu'à *hui*, qu'un roi de France ait condamné en qualité de juge. »

La division des trois Pouvoirs et la séparation de la puissance judiciaire d'avec les deux autres est l'œuvre des temps modernes. — Chez les peuples anciens, l'application, l'interprétation et même la réforme des Lois appartinrent souvent à une même magistrature. — La vieille France eut ses Justices seigneuriales, où le vilain longtemps n'eut d'autre juge que son maître. — Institution bienfaisante des Parlements, tour à tour opprimée par l'irrégulière intervention du Prince, et peut-être usurpatrice dans son extension par l'usage des arrêts de *Règlement*. — L'art. 48 de la Charte: « Toute justice émane du Roi » ne conserve plus qu'une tradition sans danger.

4. Règles particulières.

C. C., Art. 5. — A. Les Juges ne peuvent prononcer par voie de disposition générale. — Distinction entre les *Considérant* et le *Dispositif*.

Anciens arrêts de *Règlement* : diversité du droit selon les provinces.

B. Les *Considérant* sont en termes généraux.

C. Les Tribunaux peuvent prendre

des arrêtés pour la police des séances.

Règlements *intérieurs* permis. 5. C. C, Art. 4.

Obligation de juger. Peine du déni de justice (Code Pénal, 185).

Règles à suivre en cas d'insuffisance du texte législatif: 1 En matière criminelle; 2 Interprétation *par voie de doctrine* (Analogie, Usage, Équité); /16 septembre 1807, 5 Interprétation *par voie d'autorité* (Lois:/30 juillet 1828, (1 avril 1837).

5. *Comment la loi cesse d'être exécutée.* 1 Abrogation lP' P ' Loi (L. 15 septembre 1807); (tacite, par les mœurs. *Hectissime illud receptum est ut Leges, non solum suffragio legislatoris, sed etiam tacito consensu omnium, per desuetudinem, abrogantur.* (julun., *Dig.,* I, 3, 32).

Force de la *désuétude,* comme expression de la volonté générale.

Caractères constitutifs: Uniformité, Constance, Généralité, Publicité.

i par la Loi, 2 D ' tion) ' ' *Est régula Juris antiqui om* j *nés licentiam habere his qux pro se intro ducta sunt renuntiare.* Limite de la dérogation permise (C. C, art. 6). Exceptions pour les lois d'ordre public. (État des personnes: prescription, rescision).

Difficultés d'application.

Latitude de ces expressions: « On ne peut renoncer à une prescription non acquise (C. C, 2220). »

Dérogation volontaire. — Restrictions (1).

Là se trahit l'inévitable impuissance du Législateur. — En toute circonstance donnée, il y a un rapport actuellement nécessaire, un bien, un mieux possible, que Dieu connaît et qui est une loi véritable. — Mais, dans ces proportions microscopiques, le législateur n'est plus assuré de saisir le droit. S'il le tentait, il risquerait de charger les volontés de chaînes inutiles. 11 les renvoie donc à la conscience, qui seule dictera les clauses de leurs conventions. — Pour Lui, il se contente de leur tracer un certain nombre de conditions d'où elles ne sortiront point, sous peine de s'anéantir; et la Loi, en laissant l'activité de l'homme se développer librement dans la sphère de l'autorité, imite l'ordre de la nature,

qui nous livre aussi la terre comme un vaste champ à nos jeux et à nos combats, en même temps qu'elle nous soumet à un certain nombre de lois qui constituent l'économie de la vie et que nous ne pouvons enfreindre sans cesser d'exister.

SEPTIÈME LEÇON

RÉCAPITULATION DE LA SIXIÈME LEÇON.

Introduits au tRre préliminaire du Code Civil, nous en avons poursuivi l'explication, et, après avoir rappelé comment la loi devient exécutoire, nous avons successivement examiné sur quel temps elle agit, quelles personnes et quelles choses elle atteint, comment elle s'applique par le ministère du juge, comment elle cesse de s'exécuter.

Ces maximes, écrites à la première page de nos codes, sont comme les définitions qui servent de frontispice aux livres des géomètres: elles do (1) Il existe dans les papiers d'Ozanam trois rédactions diflérentcs de cette leçon, toutes les trois autographes. L'Éditeur a tâché de les fondre en une, en évitant, autant qu'il l'a pu, les doubles emplois et les redites.

minent la législation commerciale tout entière; elles s'étendent aux trois principales divisions que nous y avons reconnues: droit privé, droit public, droit international.— Car, si la règle de non-rétroactivité s'applique au droit privé, aux lois qui régissent les rapports individuels des citoyens, plutôt qu'aux lois politiques qui trop souvent se prêtent à des tendances de réaction; d'un autre côté, le mode de la promulgation, la constitution spéciale du pouvoir judiciaire, sont des matières de droit public; et le droit international tout entier repose sur la distinction des statuts réels et personnels.

Maintenant nous entrons dans la première de ces catégories, et nous traiterons, cette année tout entière, du droit privé, c'est-à-dire de cette partie de la législation commerciale qui préside aux relations mutuelles des commerçants. Mais les relations qui s'établissent entre les *personnes* ont d'ordinaire pour occasion ou pour objet des *choses* sur lesquelles il leur importe d'acquérir ou de conserver des droits; or ces droits, à leur tour, demeureraient autant de fictions inutiles sans de fréquents recours à la justice publique, et ces recours constituent ce que les jurisconsultes appellent des *actions*.

Les personnes, les choses, les actions: tels sont les trois objets principaux du droit privé, et les trois chefs sous lesquels se rangent tous les développements do la jurisprudence.

DES PERSONNES.

De Vétat et delà capacité des personnes. Des faits qui entraînent la jouissance ou la privation des droits civils, qui en suspendent ou en modifient l'exercice.

CONSIDÉRATIONS GENERALES.
I. DÉFINITIONS.
1. Définition étymologique: *Personare, Persona;* le masque théâtral.
2. Définition philosophique: c'est l'être qui joue un rôle dans la création, l'être qui agit en sachant comment il doit agir; c'est l'homme en tant qu'il est doué de spontanéité et de conscience. La personnalité, c'est le *Moi.* 3. Définition juridique: c'est l'homme en tant qu'il accomplit un rôle dans la société, qu'il soutient des relations avec ses semblables, qu'il a des qualités d'où résultent des droits et des devoirs.
L'ensemble des qualités que le législateur reconnaît et protège constitue *Vétat des personnes*.

Les qualités, les droits qui en résultent, dépendent de la nature ou de la Loi. Plus la Loi se rapproche de la nature, et plus elle est parfaite.

II. DE LA CONDITION DES PERSONNES DANS LA NATURE.
1. Égalité d'essence et de destination.
il" de constitution: sexe, âge, facultés physiques et morales;
2" de développement: aliénation intellectuelle,
abrutissement moral.

III. DE LA CONDITION DES PERSONNES DANS LA LOI.
I. Antiquité orientale: castes, inégalité des peines dans la législation indienne pour le meurtre d'un prêtre, d'un guerrier, d'un marchand ou d'un artisan.
H. Antiquité grecque: esclaves, bar-

bares, femmes. Athènes: quatre cent mille esclaves. Prière de Platon.
III. Droit Romain.
1 Esclaves considérés comme des choses à l'égard du maître: droit de vie et de mort. 2 Affranchis; trois divisions: Citoyens, Latins, *Dedititii.* 5 Étrangers: *hospes, hostis,* vieux synonymes.— L'étranger ne peut réclamer que le *Droit des gens.* 4 Citoyens. Leurs droits civils se résument en *connvbium, commercium, testamentum.*
Patriciens et plébéiens.
Tutelle des femmes.
Action du Christianisme: suppression du droit de vie et de mort; extension universelle du droit de cité; émancipation des femmes.
IV. Moyen Age.
1" Barbares: autant de lois que de nationalités. Inégales compositions pour le meurtre. 2" Féodalité: nobles, roturiers, serfs.
Droit civil iRetrait féodal. —Renonciation à la communauté. Lods et ventes. —Garde noble, mariage de l'héritier. Primogéniture, Masculinité, substitutions. *Mainmorte* (protestation de l'Église). V. Révolution française.
1. Abolition du servage. 2. Nuit du 4 août 1789. —Alors la main du Dieu des chrétiens a tracé l'arc d'alliance entre le passé et l'avenir de la Société. 3. Loi du 8 avril 1791 en faveur des étrangers. Loi du 14 juillet 1819. 4. Système actuel. Égalité civile:j' . (Infirmité, crime. Dernière restriction en faveur de la nationalité (G. C., art. 11). Esclaves des colonies.

NEUVIÈME LEÇON
RÉCAPITULATION DE LA HUITIÈME LEÇON.

A l'issue de ces dispositions préliminaires, qui sont comme les propylées de la jurisprudence, une aride carrière s'est ouverte devant nous: droit privé, droit public, droit international. C'est par la première des trois que nous avons dû commercer nos recherches. Nous engageant dans une étude complète du droit privé commercial, nous nous sommes arrêtés d'abord à l'examen des règles qui déterminent l'état et la capacité des Personnes.

La Personne, c'est le rôle actif et in-

telligent que l'homme joue dans la société: l'homme est personne, c'est-à-dire acteur sur le théâtre social, en tant qu'il soutient des relations morales avec ses semblables, en tant qu'il a des qualités dont résultent des droits et des devoirs.

L'ensemble des qualités qui produisent des droits et des devoirs constitue donc l'état des personnes. Ces qualités sont l'ouvrage de la nature ou de la Loi: ce sont des faits réels ou des fictions légales. Plus la fiction se rapproche des faits, et la Loi de la nature, et plus l'idéal de la Justice est réalisé complètement sur la terre.

La nature nous a faits égaux par la communauté d'essence et de destination. Elle nous laisse inégaux par la différence d'âge et de sexe, par la diversité de développement des facultés intellectuelles et morales. Les législateurs de tous les temps ont prétendu ne formuler que les distinctions créées par la nature; mais plusieurs se sont étrangement mépris. — Castes de l'Inde, de la Perse et de l'Egypte. — En Grèce, l'iniquité politique et civile pèse sur les esclaves, les barbares et les femmes; Pénestes et Ilotes. — A Rome, l'esclave est une chose; trois catégories d'affranchis; l'étranger considéré comme ennemi; les citoyens divisés en plébéiens et patriciens; tutelle des femmes.

L'affranchissement des classes opprimées s'opère par l'action, d'abord occulte, puis ensuite publique du Christianisme.

Réaction de la barbarie. Système féodal: trois classes d'hommes (nobles, roturiers et serfs), avec un droit civil différent pour chacune. Incessante protestation de l'Église et du Droit romain.

Réformes successives. 1789, nuit du 4 août (quatre ans avant que tombât la tête de Louis XVI). Ainsi l'égalité civile n'est point l'œuvre d'hier, ce n'est pas une proie sanglante enlevée par la violence au milieu des tempêtes politiques; c'est une longue et pacifique conquête dont l'histoire commence aux Catacombes, qui se poursuit sans interruption à travers les luttes de mille huit cents ans, qui était achevée à la veille des jours néfastes de la Terreur. Et si elle n'a pas encore atteint ses dernières conséquences, elles ne se développeront que sous un ciel calme et serein, comme celui qui a éclairé ses origines.

Ces considérations étaient nécessaires pour comprendre la pensée qui dicta le premier livre du Code civil. Nous en analyserons rapidement les principales dispositions: l'inégale capacité des personnes en droit commun se reproduira bientôt dans la législation.

La hiérarchie sociale, dont le Code Civil a tracé le dessin, compte six degrés.

Au premier rang sont les Français majeurs sur lesquels n'est tombée aucune interdiction, aucune condamnation. Au-dessous d'eux se distribuent les étrangers, les femmes mariées, les mineurs, les interdits, les condamnés. En sorte que les faits qui divisent ces diverses catégories de personnes, les faits d'où résultent la jouissance ou la privation, l'exercice ou la suspension des droits civils, sont au nombre de cinq: la nationalité, le sexe, l'âge, l'aliénation mentale, la culpabilité.

I. DES FRANÇAIS.

§ 1. *A qui appartient la qualité de Français?* 1. Par la naissance (C. C, art. 10):

A. — L'enfant légitime ou naturel dun Français;

B. — L'enfant naturel d'une Française;

C. — L'enfant *né en France* de parents inconnus.

II. Par un fait postérieur à la naissance (art. 9, 10, 12):

A. — L'enfant né en France d'un Étranger;

B. — L'enfant d'un Français devenu Étranger;

C. — L'Étrangère qui épouse un Français;

D. — L'Étranger naturalisé (Const. an VIII, art 3);

E. — L'habitant d'un territoire réuni (Décret du 17 mars 1809).

§ 2. *Quels sont les droits attachés à la qualité de Français,* C. C, Art. 7 et 8.

Jouissance des droits civils.

A. — Bistinction entre les droits civils et politiques. Conditions de la Constitution de l'an VIII pour les citoyens.

B. — Distinction entre la jouissance d'un droit et l'exercice.

II.. DES ÉTRANGERS.

§ 1. *Du principe de nationalité.* 1. La nationalité est un fait complexe: situation géographique, caractère physiologique, langues, mœurs, religions, unité de gouvernement et de législation.

2. La nationalité est donc l'œuvre commune de la nature et de la Loi. 3. La Loi traitera donc les Étrangers comme membres de la Société universelle; elle n'est pas obligée de les traiter en citoyens: elle leur *doit* ce qui est de droit des gens; elle *peut* leur accorder ce qui est de droit civil.

§ 2. *Comment on est étranger.*

I. Par la naissance.

II. Par un fait postérieur (art. 17, C. C):

1 Naturalisation à l'étranger;

'2 Acceptation *non autorisée* de fonctions au dehors,

3 Affiliation à des corporations étrangères;

4 Mariage (pour la femme), art. 19;

MÉLANGES. II. 20 5 Service militaire hors de France, 21;

G" Établissement sans esprit de retour, 17.

Faveur réservée aux établissements de commerce.

La qualité de Français peut se recouvrer. (C. C, 18, 21.)

§ 3. *Condition des étrangers dans la loi française.*

I. Des étrangers admis à fixer leur domicile en France. 1 Ils jouissent de tous les droits civils (art. 13).

2" Ils demeurent néanmoins sous l'empire des statuts personnels de leur pays (art. 3;.

II. Des étrangers résidant sans autorisation.

1 Art. 11 du Code. Réciprocité fondée sur les traités. 2 Loi du 14 juillet 1819. Faculté de succéder, recevoir et disposer, sauf retenue. 5 Ils ne sont pas admis au bénéfice de cession de biens. 4 Doivent caution, quand ils sont demandeurs en justice, hormis en matière commerciale, 16. 5" Les jugements rendus contre eux emportent contrainte par corps (L. 17 avril 1832, art. 14 et 15).

6 Ils sont exposés à l'arrestation provisoire.

Quelques autres distinctions en matière de commerce.

1. De la distinction des personnes d'après la différence du sexe. Opinion de M. Portalis. 2. Des femmes en général. 1 Elles ne jouissent pas des droits politiques.

2 Elles ne sont pas contraignables par corps.

3. Des femmes *mariées.* A. — Obligations et privilèges. 1" Suivre leur mari. Unité de domicile. Exception pour séparation de corps (214-306, C. C).

III. DES FEMMES.

2 Hypothèque légale (2121-2155).

B, — Incapacité générale.

I. La femme ne peut, sans le consentement de son mari, être marchande publique *(Code de Comm.,* 4).

II. Elle ne peut, sans le consentement du mari, ester en jugement, donner, aliéner, hypothéquer, acquérir, s'obliger.

C. — Exceptions à cette dernière règle.

1. Le consentement dela justice peut suppléer au défaut du consentement du mari, G. C, 218-219. 2. Elle peut, sans autorisation: 1 Paraître en justice quand elle est poursuivie criminellement, 216. 2 Faire les actes qui n'exigent que le ministère des huissiers, et quelques actes analogues, protêts, oppositions, inscriptions ou transcriptions au bureau des hypothèques; 5 Administrer ses biens paraphernaux, ou tous ses biens, si elle est séparée. 4 Tester, 226. 5 S'obliger, pour son commerce, si elle est marchande publique. Faisant un commerce séparé, alors elle oblige même son mari, s'il y a communauté entre eux, 220.

Si elle se borne à aider son mari commerçant, elle s'oblige

par les billets qu'elle signe pour lui. 6 Le mari est tenu des fournitures faites de bonne foi pour l'entretien de la maison. La nullité ne peut être demandée que par la femme, le mari ou leurs héritiers, 1124-1125. 11 nous reste à traiter:

IV. Des Mineurs,

V. Des Interdits,

VI. Des Condamnés.

DIXIÈME LEÇON

Six classes de Personnes se sont partagé l'attention du Législateur: ce sont d'abord les Français majeurs jouissant de la plénitude de la liberté civile, intellectuelle et morale; ce sont ensuite, à des intervalles inégaux, les étrangers, les femmes mariées, les mineurs, les interdits, les condamnés.

Nous avons commencé une revue rapide de ces rangs serrés où se distribuent trente-quatre millions d'hommes, et, cherchant d'abord à justifier par la nature les distinctions établies par la Loi, nous en avons ensuite énuméré les effets, tels qu'ils se présentent à toute heure dans la pratique des affaires.

Ainsi nous avons reconnu dans la configuration même, du globe, dans les traits distinctifs des variétés de la famille humaine, les origines légitimes du principe de nationalité: ainsi s'expliquaient les justes préférences accordées par la Loi à ceux qui vivent sous son empire. — La jouissance des droits civils sera donc l'apanage commun de tous les Français: mais la jouissance ne se confond pas avec l'exercice, ni les droits civils avec les droits politiques. Nous avons dit à qui appartient la qualité de Français et comment on la perd.

Et nous avons distingué deux classes d'étrangers, selon qu'ils ont ou n'ont pas obtenu l'autorisation d'être domiciliés en France.

C'est encore dans l'ordre des faits réels, et non dans le champ des fictions légales, que nous avons rencontré les principes qui président à l'économie de la société conjugale.

IV. DES MINECRS.

Dans une quatrième catégorie, nous rencontrons Les Mineurs.

Ici plus que jamais se reconnaît l'œuvre de la nature. Pc toutes les créatures vivantes, nulle autant que l'homme ne voit se prolonger l'enfance: soit qu'une miséricordieuse pensée ait voulu faire durer plus longtemps cette période, qui est celle du bonheur; soit qu'un ouvrage aussi merveilleux que la raison humaine ait dû s'achever plus lentement que l'instinct des animaux; soit qu'en nous rendant les soins plus longtemps nécessaires, Dieu ait voulu multiplier pour nous les doux liens de la famille.

Différents âges.

§ I. *Dispositions commîmes à tous les Mineurs.*

I. Ils peuvent, depuis l'âge de seize ans, disposer par testament de la moitié des biens disponibles (904).

II. Il est certains actes dont ils sont incapables dans tous les cas: par exemple, la vente de leurs immeubles.

III. Ils ne sont point contraignables par corps, si ce n'est pour faits de commerce quand ils sont commerçants (2064).

I. Mineurs en puissance paternelle.

1 Ils ne peuvent, sans permission, quitter la maison paternelle, si ce n'est pour enrôlement (374). 2 Le père a sur eux un droit de correction, qui s'exerce de deux manières, selon qu'ils ont ou qu'ils n'ont pas atteint l'âge de seize ans commencés (376-377). 3 Usufruit paternel, qui s'exerce sur les biens des Mineurs jusqu'à l'âge de dix-huit ans accomplis ou jusqu'à l'époque de l'émancipation (384). — Exceptions (386, 730, 1442). — Administration (589). 4 La mère survivante a, sauf de légères restrictions (381), les mêmes droits que le père. 5 Minorité spéciale pour le mariage (148).

II. Mineurs en tutelle.

A.. — Dévolution de la tutelle (390-420).

3. Subrogé tuteur.

B. Administration de la tulelle, 450-458. . Autorité du tuteur seul.

1 11 est chargé do la personne du Mineur, qui a son domicile chez lui. 2 11 peut provoquer sa réclusion.

§ 2. *Distinction en trois catégories.*

3Il le représente dans tous les actes civils, hormis le mariage.

4 Il administre les biens. 2. Autorisation du conseil de famille: 1 Pour l'acceptation des donations et des successions. 2 Pour intenter les actions immobilières, etc. 5. Intervention de la justice: 1 Pour les partages, les aliénations d'immeubles et les hypothèques. 2 Pour les emprunts, les transactions, etc. III. Mineurs émancipés (476-487). 1. Comment s'opère l'émancipation. 1 Parle mariage, — de plein droit, — quinze ans pour les filles, dix-huit pour les garçons (476). 2 Par les père et mère, —

deux conditions: quinze ans; déclaration devant le juge de paix (477). 3 Par le conseil de famille, — trois conditions, — dix-huit ans; —délibération du conseil de famille; — déclaration du juge de paix (478). 2. Effets de l'émancipation: 1 Le Mineur sort de la puissance paternelle ou de la tutelle; il a un domicile et jouit de ses biens. 2 Il fait les actes d'administration sans être restituable autrement qu'un majeur. 3 Ses obligations sont réductibles en cas d'excès; mais alors l'émancipation est retirée. 4 Il a besoin de l'assistance du curateur pour recevoir les comptes de tutelle, recevoir des capitaux mobiliers et des donations entre-vifs, intenter des actions immobilières. 5 Pour tous autres actes, on suit les règles de la tutelle. 6 L'émancipation est un préliminaire indispensable pour conférer au Mineur la capacité de faire le commerce.

Les actes faits par les Mineurs hors des limites de leur capacité légale peuvent être annulés pour cause de lésion (1124-1305).

V. DES INTERDITS (488-515).

Cet admirable développement de l'esprit humain, qui est le ré sultat de l'éducation, peut être paralysé par une impuissance organique, dérangé par un fait accidentel. L'enfance alors n'aura point fini, ou bien elle recommencera à un âge déjà voisin du tombeau.

§ 1. *Causes d'interdiction.* 1" Imbécillité. — Faiblesse générale ou partielle des facultés intellectuelles, ordinairement continue.

2 Démence (exaltation, égarement de l'esprit), ordinairement intermittente. 3 Fureur. — Lorsque cette exaltation se résout en actes dangereux.

§ 2. *Formes de l'interdiction.* V Requête; 2 Avis du conseil de famille;

5 Interrogatoire;

4" Enquête;

5 Discussion en audience publique, Jugement.

§ 3. *Effets de l'interdiction.* 1" Organisation de la tutelle.

2 Les actes antérieurs à l'interdiction *peuvent* être annulés, si dès lors la cause de l'interdiction existait *notoirement* (505). 3 Les actes postérieurs sont nuls de plein droit, sans qu'il soit besoin de

§ h. Du Conseil judiciaire.

A. — Il peut être donné un conseil judiciaire: Aux faibles d'esprit, 2 Aux prodigues. 13. — Les formes sont les mêmes que pour l'interdiction. C. — On ne peut, sans l'assistance du conseil, plaider, transiger, emprunter, recevoir, aliéner, hypothéquer.

VI. DES CONDAMNÉS.

Si le désordre de l'intelligence est quelquefois l'ouvrage d'une passion coupable, bien plus souvent encore la volonté s'abrutit par l'habitude du mal. L'homme descend à grands pas la pente insensible du vice; il pénètre jusque dans les sombres profondeurs du crime, qui minent en tout sens l'édifice de la Société: la Société, qui peut punir par la perte des droits naturels, le peut à plus forte raison par la perte des droits civils.

§ 1. Perte des droits civils prononcée par jugement comme peine directe.

I. Perte totale. Décrets de 1811 et 1809 contre les Français qui s'engageraient sans autorisation au service de l'étranger, ou qui se seraient fait naturaliser dans une contrée étrangère, et contre ceux qui n'obéiraient pas au décret de rappel à l'époque des hostilités.

II. Perte partielle.
1 Dégradation civique (C. pénal, art. 34). Incapacité d'être tuteur, etc. 2 Interdiction des droits civiques, civils et de famille (G. pénal, 42).

§ 2. Perte des droits civils prononcée par la bri comme effet de la condamnation judiciaire.

I. Perte partielle.
1. La condamnation aux travaux forcés à temps, à la détention, à la réclusion, au bannissement, emporte la dégradation civique, P. 28. 2. Pendant la durée de sa peine, le condamné est en état d'interdiction légale, P. 29.
II. Perte totale. — Mort civile, 22-33 (1).
A. — Comment la mort civile est encourue.
1. Peines d'où elle résulte. Peine de mort. — Travaux forcés à perpétuité, Déportation.
2. Epoque où elle commence: 1 Si la condamnation est contradictoire, à dater

de l'exécution. (t) La mort civile est abolie. 2 Si la condamnation est par contumace, — cinq ans après l'exécution par effigie. B. — Quels en sont les effets: 1 Perte des droits de famille, mariage, successions, tutelles. 2 Ouverture de la succession du condamné. Fin de la société, du mandat.
5 Incapacité de transmettre. — Déshérence.
k Suppression de tout caractère public. Des Personnes morales.

RÉSUMÉ DE LA DIXIÈME LEÇON.

Dans la dernière séance, nous avons continué l'examen des différentes classes dont se compose la société française, telle que les législateurs du siècle présent l'ont faite. Après les Français majeurs, jouissant de la plénitude de leurs droits; après les étrangers et les femmes mariées, atteints d'une incapacité partielle, — les mineurs, les interdits, les condamnés, ont successivement passé sous nos yeux, et à mesure que nous sommes descendus plus bas, nous avons vu se resserrer sans cesse davantage le cercle de l'activité civile.

Et d'abord nous avons rencontré les mineurs distribués en trois principales catégories. Les uns sont en puissance paternelle; et ce pouvoir tutélaire s'exerce sur la personne, par la résidence forcée de l'enfant sous le toit de son père, et par le droit de correction; il s'exerce sur les biens, par l'administration, qui appartient au père, et par l'usufruit qui eu est la récompense. Les autres sont en tutelle, et la tutelle, soit qu'elle se trouve déférée par la loi au survivant des père et mère ou aux autres ascendants, soit qu'elle ait été librement conférée par testament ou par délibération de famille, la tutelle divise en quelque sorte les soins entre le tuteur qui administre seul, le conseil de famille dont l'autorisation est nécessaire pour quelques actes plus graves, et la justice sans l'intervention de laquelle ne sauraient avoir lieu les ventes d'immeubles, les emprunts, les transaction-, les partages. Enfin quelques-uns sont émancipés; et l'émancipation, variable dans l'âge qu'elle exige et dans les formes qu'elle prend, a toujours

pour résultat de rendre au mineur la jouissance de ses biens, sans lui laisser la capacité des actes qui compromettraient l'intégrité de ses capitaux.

L'imbécillité, la démence et la fureur sont les trois maladies de l'âme auxquelles la Loi a donné pour remède extrême l'interdiction. Cette mesure, dont nous avons expliqué les règles, a pour résultats l'organisation immédiate d'une tutelle pareille à celle des mineurs; — la nullité de tous les actes faits par la suite, et la possibilité même, en certains cas, d'anéantir ceux qui onf précédé. — Conseil judiciaire pour les faibles d'esprit et pour les prodigues.

La perte des droits civils est prononcée tour à tour comme peine directe (il en est ainsi de la dégradation civique), et comme conséquence d'une condamnation principale. — Interdiction légale des condamnés aux travaux forcés, à la détention, à la réclusion, au bannissement. — Mort civile. — Origine de la mort civile; Servi pœnæ, média capitis deminutio. — Teines d'où elle résulte: perpétuelles, capitales. — Epoque d'où elle date, scion que l'arrêt est contradictoire ou par contumace. — Quels en sont les effets. — Perte des droits politiques: perte de la propriété actuelle, société, mandat. Incapacité de recevoir et de transmettre à titre gratuit, déshérence. Perte des droits de famille, mariage. — On lui conserve ce qui est de droit des gens. — Le mariage est assurément du droit naturel, il en est pour ainsi dire la source. Les Romains en ont fait un contrat civil. Les législateurs français se sont laissé entraîner à tinc imitation malheureuse. Divorce. Violation de la conscience.

Des personnes morales. Ce sont des collections d'individus ayant une désignation commune, les mêmes intérêts, les mêmes droits, les mêmes obligations. — Communes, hôpitaux, établissements publics. Sociétés de commerce.

ONZIÈME LEÇON
DROIT COMMERCIAL PROPREMENT DIT.

PROLÉGOMÈNES.

A. — Du Besoin, de la Valeur et de la Ricliesse.

I. Si rien ne sollicitait l'homme à se

produire au dehors, à entrer en mouvement, il resterait sans cesse en présence de luimême, captif dans sa propre contemplation, à peu près comme le Narcisse de la Fable, qui, penché sur les eaux où se réfléchissait son image, y demeura immobile, y prit racine, et devint fleur. Sa vie ne serait sur la face de la terre qu'une végétation de plus. C'est pourquoi il a été fait en sorte que l'existence humaine dépendit d'un certain nombre de rapports avec les choses extérieures. Cette dépendance où nous sommes à l'égard des choses qui peuvent concourir à la conservation, au développement, à l'ornement de notre existence matérielle, se nomme *Besoin*.

H. La puissance qu'ont les choses d'apaiser nos besoins s'appelle *Valeur* (de *valere*, pouvoir).

Et, en effet, il y a dans la matière une force qui nous attire et qui trop souvent nous retient; elle exerce un empire tyrannique sur l'homme en état de barbarie... peuples chasseurs, nomades. — Changer les rôles, la rendre esclave, la forcer à servir, c'est le triomphe de la civilisation.

III. Les choses, en tant qu'elles ont de la valeur, se nomment *Richesse*.

La valeur est une propriété de la richesse, comme l'inertie est une propriété de la matière.

IV. Il y a des choses qui ont une valeur actuelle: l'eau, les fruits, l'ombre. Il en est qui n'ont qu'une valeur possible: les semences, les arbres.—Richesses naturelles, Richesses produites.

Ceci est encore dans les conditions essentielles de la destinée humaine. — Même dans l'état de félicité primitive, il y avait lieu à une *appropriation quelconque:* l'homme réagit sur la matière.

V. Il y a des choses qui, par leur superfluité, perdraient pour nous toute valeur, et d'autres qui, par leur rareté, auraient pour nous une valeur infinie. Les premières peuvent servir de moyen pour procurer les secondes.

Valeur en usage, valeur en échange.

La valeur en échange repose sur la valeur en usage; mais la valeur en usage peut exister sans la valeur en échange. Habit fait, portrait de famille.

Richesse industrielle, richesse sociale.

Rapprochement des hommes entre eux: en se rendant mutuellement utiles, ils apprennent à s'aimer.

B. —De l'Industrie et de ses différentes formes.

I. La production des richesses, la multiplication des valeurs: c'est le but de l'Industrie.

L'homme ne crée pas (c'est la prérogative de Dieu seul), il modifie; il ne donne point naissance à des êtres, mais seulement à de nouvelles manières d'être. La richesse, la valeur, ne sont que des manières d'être, et encore l'homme ne fait-il que les multiplier. 11 lui faut un multiplicande, des matières premières; un multiplicateur, des instruments; et quant à lui, il se borne à rapprocher l'un de l'autre pour obtenir le produit: Terre, Capital, Travail.

II. L'Industrie est l'application systématique des forces productives aux matières données, pour en réaliser la valeur.

III. Trois sortes d'Industries.

1. L'Industrie Agricole ou Métallurgique a pour objet d'obtenir les produits immédiats de la nature. 2. L'Industrie Manufacturière les façonne et les transforme. 3. L'Industrie Commerciale cherche à les mettre à la portée des consommateurs.

DU COMMERCE EN GÉNÉItAL.

Le Commerce est l'ensemble des opérations par lesquelles les produits bruts ou manufacturés passent dans la consommation.

I. *De la manière dont il procède.*

Il peut opérer d'un lieu à un autre, Commerce de transport; — d'une quantité à une autre, Commerce de détail; — d'un temps à un autre, Commerce de spéculation.

Toujours deux opérations.

1. *Commerce de transport:* (à l'intérieur, 1 Le transport peut se fairede l'intérieur à l'étranger, (de l'étranger à l'intérieur. 2 L'objet transporté change de valeur. — Frais de voiture, périls de route, etc. — Houille: 8 fr. sur les lieux, 70 fr. à Paris (charbon tout rendu). 2. *Commerce de détail.*

La marchandise détaillée augmente de valeur, car elle économise au consommateur:

1 La difficulté de s'approvisionner en bonne qualité,

2" Les frais de location,

3" Les soins à donner (perte de temps),

4 L'intérêt du capital,

5 Les déchets,

o. *Commerce de spéculation:*

Il consiste à acheter la marchandise quand elle est à bas prix, pour la revendre quand elle hausse. II a pour utilité: 1 D'empêcher les baisses trop fortes, qui découragent les producteurs; 2 D'empêcher les hausses trop fortes, qui décourageraient les consommateurs.

Ce sont comme des greniers d'abondance.

Il n'opère pas sur les immeubles, qui ne se prêtent pas au transport, peu au détail, ni à la spéculation. Il n'opère que sur des objets mobiliers.

1 Marchandises, — denrées, — services. 2 Monnaies, — papiers-monnaies. . Le but du Commerce est l'échange, et l'on peut même définir encore le Commerce: un système d'échanges à l'effet de bénéficier sur la différence. 2. Mais il ne faut pas croire que la différence, qui constitue le bénéfice, soit le résultat de chaque échange en particulier; et qu'il n'y ait gain pour le vendeur que parce qu'il y a perle pour l'acheteur. 3. Il n'y a de commerce loyal qu'autant que la marchandise est vendue ce qu'elle vaut. Surfaire. c'est dérober. — De plus, le marchand qui vend" la chose ce qu'elle vaut l'avait achetée luimême ce qu'elle valait: déprécier ne serait pas moins répréhensible que surfaire.

II. *Des objets sur lesquels il opère. o* Signes représentatifs:

Lettres de change,

Billets à ordre,

Effets au porteur,

Actions transmissibles.

III. *Du but dans lequel il opère:*

Cependant il la vend plus qu'elle ne lui a coûté, — c'est qu'entre ses mains elle a augmenté de valeur. Cette augmentation est représentée par la différence du prix, qui est à son tour le juste salaire du travail, de l'intelligence et de la probité.

4. Un *acte de commerce* est donc une

opération qui suppose une autre opération corrélative, portant sur des objets mobiliers, et qui a pour but de réaliser un bénéfice.

Le Commerce n'est point comme de dédaigneux critiques le représentent: il n'a point le mensonge pour auxiliaire habituel, il ne se résout pas à tromper le moins habile, à épuiser le moins riche; ce n'est pas une fonction parasite vivant aux dépens des consommateurs. Il est une des sources les plus légitimes de la prospérité nationale: il paye les victoires; il prépare des loisirs féconds aux arts et aux sciences.

DOUZIÈME LEÇON

RÉSUMÉ DE LA ONZIÈME LE-ÇON.

La marche qu'au début de ce Cours nous nous sommes tracée, nous a conduits à cette question: Quels sont les faits d'où résulte la qualité de Commerçant? Et la loi nous a répondu: « Sont commerçants ceux qui « exercent des actes de commerce et qui en font leur profession habi« bituelle. »

Cette réponse appelait à son tour une définition du Commerce qui, ne se trouvant point écrite dans nos codes, ne pouvait se rencontrer que dans les maximes de l'économie politique. Deux maîtres de cette science nouvelle, J.-B. Say et M. Rossi, nous ont servi de guides, et nous sommes parvenu à des résultats que nous résumerons en peu de mots.

1. La dépendance où l'homme se trouve à l'égard des choses qui peuvent concourir à la conservation, au développement, à l'ornement do son existence, se nomme *besoin.* La puissance qu'ont ces choses d'apaiser nos besoins s'appelle *valeur.* Les choses, en tant qu'une valeur quelconque y réside, sont des *richesses.* 2. 11 y a des valeurs actuelles et des valeurs possibles, des richesses naturelles et dos richesses produites, selon qu'elles satisfont immédiatement nos exigences, ou qu'elles y sont appropriées par le travail. Il faut distinguer aussi les choses qui répondent à une nécessité présente et celles qui servent à nous procurer les objets absents capables d'apaiser des besoins d'un autre ordre. De là les noms de va-

leur en usage et de valeur en échange, de richesses personnelles et sociales. 5. La production des richesses, la multiplication des valeurs est l'objet de l'industrie. L'industrie agricole recueille les produits immédiats de la nature. L'industrie manufacturière les façonne et les transforme, l'industrie commerciale les met à la portée des consommateurs. *A.* Le Commerce est l'ensemble des opérations par lesquelles les produits bruts ou manufacturés passent dans la consommation. Il procède d'un lieu à un autre, et c'est le commerce de transport; d'une quantité à une autre, et c'est le commerce de détail; d'un temps à un autre, et c'est le commerce de spéculation. Sous ces trois formes, il ne cesse de produire une utilité appréciable, une somme de valeurs, une véritable richesse. 5. Le Commerce n'opère pas sur les immeubles qui se prêtent mal au transport, au détail, à la spéculation. 6. Le but du Commerce est l'échange: on pourrait même le définir un système d'échanges à l'effet de bénéficier sur la différence. Cependant lu commerçant loyal achète la marchandise tout ce qu'elle vaut et ne la revend que ce qu'elle vaut. Le bénéfice mesuré par la différence du prix est un surcroît de valeur obtenu par la marchandise entre les mains du commerçant; c'est le salaire du travail, de l'intelligence et de la probité. — Il y aura valeur produite pour la société, lors même que les frais seuls se trouveraient payés.

Abandonnons maintenant le domaine de la science pour redescendre dans celui de la Loi. Nous y trouverons l'application des principes posés, mais avec de nombreuses et inévitables restrictions. Les sciences physiques poursuivent leurs déductions avec la rigueur de l'algèbre et de la géométrie, sans que jamais leurs résultats légitimes soient contredits par la nature, car la nature obéit aux règles éternelles de la nécessité. 11 n'en est pas ainsi des sciences morales, leurs syllogismes, rattachés à d'incontestables axiomes, peuvent se développer avec le plus parfait enchaînement, sans que leurs conséquences se rencontrent avec les réalités extérieures, car celles-ci sont soumises à l'action de

la liberté humaine, et la liberté humaine est souvent inconséquente.

Deux causes de complications.

1. Le Commerce se mêle aux autres industries. 2. La question de compétence se complique avec la qualité de commerçant.

Distinction entre la compétence— et la qualité de commerçant.

DES ACTES DE COMMERCE.

1. *Définition.*

Un *acte de commerce,* on l'a vu, est une convention qui a pour objet des choses mobilières, qui suppose une ou plusieurs conventions corrélatives, et dont le but est de réaliser un bénéfice.

II. *Division. Énumération.*

Entre les actes de commerce, les uns sont commerciaux par l'intention de leur auteur, les autres par la détermination de la loi: Achats et ventes,— louage de choses ou d'ouvrage, — opérations de change, — acte de commerce maritime.

Le caractère des premiers dépend d'une question de fait. Les seconds sont tels de plein droit. Les premiers seuls constituent parleur répétition la qualité de commerçant. Les seconds peuvent se répéter sans avoir d'autre effet que de soumettre leur auteur à la juridiction commerciale.

§ I. Achats Et Ventes.

I. *Définition.*

La vente est un contrat par lequel une des parties s'oblige à livrer à l'autre un objet dont celui-ci s'oblige à lui payer le prix.

II. *Comment, et dans quelles conditions, les achats sont actes de commerce.*

A. Us doivent porter sur des choses mobilières.

I. Les choses immobilières sont ici exclues par deux motifs: Elles ne se prêtent pas aux opérations ordinaires du commerce.

Elles n'en offrent pas les dangers.

il. Morcellement de propriétés rurales. — Entreprisede construction.—Hôtel garni. 2. Au contraire: Achat d'une maison pour la démolir, d'un bois pour l'exploiter.

II. Parmi les choses mobilières, il faut distinguer:

1 Les denrées, choses destinées à la nourriture ou à l'entretien, et qui se consomment ou du moins se dénaturent par le premier usage;

2 Les marchandises, — tous autres objets mobiliers susceptibles de s'acheter et de se vendre.

Il y faut comprendre:

Les esclaves;

Le numéraire et le papier-monnaie; Les créances: — si elles ont pour objet des marchandises, — si elles sont transmises par lettres de change, — si ce sont des rentes sur l'État achetées pour être revendues; Les droits productifs: — Procédés industriels, droits d'auteur, achalandage. B.— Us doivent être faits avec l'intention de revendre la chose brute ou manufacturée, ou du moins d'en louer l'usage; on considère l'intention, non l'usage.

Première hypothèse. Simple revente. . Celui qui a acheté pour revendre et qui a ouvert magasin, a fait acte de commerce, même avant d'avoir revendu. 2. L'amateur qui revend des livres ou tableaux acquis par lui, le non-commerçant qui se défait d'un excès de provisions, le cultivateur qui échange des bestiaux, n'ont pas fait acte de commerce. *Deuxième hypothèse. Transformation.* 1. La transformation de la chose achetée n'empêche pas qu'il n'y ait acte de commerce, à moins que cette chose ne soit que l'accessoire d'un ouvrage principal. 2. Exemples: distillateurs, etc. Auteur, libraire, peintre, instituteur, hôtelier. Agriculteur: animaux achetés pour les revendre engraissés. *Troisième hypothèse. Location d'usage.* i. L'achat pour louer est acte de commerce: louage de meubles, chevaux, etc.

MÉLANGES. II. 30 2. Exception si le louage est l'accessoire d'un travail principal.

Distinctions délicates: voitures, outils, costumes, cheptel. 5. Il faut qu'on se soit proposé de réaliser un bénéfice.

I. L'État ne fait jamais acte de commerce, il n'agit que dans l'intérêt de tous.

1" Achats de grains pour les revendre. 2 Achats de voitures de poste pour y louer des places.

II. Les préposés du Gouvernement ne font pas acte de commerce quand ils achètent.

1 Différence entre les préposés et les fournisseurs. '2 Débitants de tabac. — Maîtres de poste. III. *Comment les ventes sont actes de commerce.*

A. — Des ventes en général. (Pourquoi l'article 632 n'en parle pas.)

I. Elles sont actes de commerce quand elles viennent consommer la spéculation commencée par l'achat.

II. Ne sont pas actes de commerce les ventes d'objets recueillis par donation ou succession, même s'il s'agissait d'un fonds de magasin.

III. Ne sont pas actes de commerce les ventes de produits agricoles, même façonnés, même avec certains accessoires (tonneaux pour le vin, etc.), — ni les ventes de productions de l'esprit.

B. — Fournitures: Quand une personne s'engage à fournir des denrées sans les désigner limitativement comme fruits de sa culture, il y a acte de commerce. — Administration publique.

RÉSUMÉ DE LA DOUZIÈME LEÇON.

Après avoir cherché dans la science la définition du Commerce, nous avons parcouru rémunération des actes de Commerce dans la Loi, et nous nous sommes trouvé, messieurs, dans l'un des plus épineux et des plus inextricables labyrinthes de la jurisprudence. Car, en transportant les règles qui déterminaient les caractères des actes commerciaux au chapitre de la juridiction et de la compétence, les rédacteurs du Code ont confondu deux ordres d'idées, deux ordres de faits: ils ont réuni sous la dénomination d'actes de Commerce ceux qui impriment à la personne le titre durable de négociant, et ceux qui rendent *accidentellement* justiciable des tribunaux consulaires. Au moment donc d'aborder l'explication des art. 632, 633, nous avons dù distinguer les actes attributifs de la qualité de commerçant et les actes attributifs de la juridiction commerciale. Les uns sont commerciaux par l'intention de leur auteur; c'est une question de fait: les autres, commerciaux par la détermination de la loi, et ils sont ainsi de plein droit. —

Parmi les premiers, il faut ranger les achats et ventes, les louages de choses ou d'ouvrages. — Parmi les seconds, toutes les opérations de change, tous les actes du commerce maritime.

TREIZIÈME LEÇON

§ II. Louage Et Sous-locatios.

A. — *Principes généraux.*

I. Le louage est un contrat par lequel on s'engat à faire jouir d'une chose ou d'un service personnel, moyennant un prix convenu. 4709 et 1710, C. C.

H. On peut acheter une chose à l'effet d'en louer l'usage, et si, dans ce cas, la loi imprime à l'achat même le caractère commercial, à plus forte raison faudrat-il le reconnaître dans le louage, qui fut l'objet primitif de la spéculation.

III. On peut aussi louer pour sous-louer, et ce fait, qui est l'image parfaite de l'achat pour revendre, deviendra acte de commerce toutes les fois qu'il réunira les trois conditions requises: objets mobiliers, une ou plusieurs opérations corrélatives, intention de réaliser un bénéfice.

B. — *Image de choses.*

Toutes les choses qu'on peut acheter pour en louer l'usage peuvent être prises à loyer en gros pour être sous-louées en détail.— Un voiturier peut louer des chevaux et des voitures à l'année et les sous-louer au jour. — 11 n'y a pas aete de commerce en matière immobilière.

C. — *Louage de personnes.*

La liberté humaine est essentiellement inaliénable. 1780, C. C. Cependant on peut engager ses services à temps, sauf la faculté de renoncer à l'engagement en payant des dommages-intérêts. — Les services loués sont d'une nature nécessairement mobilière. *Entreprises.* 1. Une entreprise est le fait par lequel on se charge de certains travaux, soit sur la commande des particuliers, soit pour les besoins ou les plaisirs du public. — Le caractère spécial de l'entrepreneur et ce qui le distingue de l'ouvrier, c'est qu'il ne s'engage pas à exécuter le travail par lui-même, mais qu'il l'accomplit, soit à l'aide des personnes qu'il emploie, soit avec des moyens matériels dont ses soins ne sont que l'accessoire. — C'est une fourniture de services. 2. Il y a des entreprises qui n'ont rien de commercial: telles sont les entreprises agricoles et scientifiques. 3. Il en est où l'élément commercial disparaît en présence du but intellectuel et moral de l'établissement. — Maison d'éducation. 4. Il y en a enfin dont le but est tout pécuniaire, dont le résultat est un véritable trafic, — telles sont:

I. *Les entreprises de manufactures.* 1. Cette dénomination s'applique essentiellement à l'acte par lequel une personne ou plusieurs réunissent dans un lieu qu'on nomme manufacture, fabrique ou atelier, des ouvriers dont le travail est employé à façonner, transformer, perfectionner des matières premières; — filatures. Il n'importe que ces matières aient été vendues ou confiées à l'entrepreneur. L'engagement des ouvriers n'est commercial à leur égard qu'en ce qui concerne la compétence. Il l'est de tout point à l'égard de l'entrepreneur. 2. Les mêmes règles s'étendent à celui qui fait exécuter les travaux en employant des ouvriers à domicile. Fabricants d'étoffes de soie. 3. Il n'y a pas à vrai dire *entreprise* de la part de l'artisan qui travaille en détail pour des commandes journalières livrées immédiatement au consommateur, si celui-ci a fourni les matières premières. Tailleur. Avis du grand juge, 7 avril 1811.

II. *Les entreprises de travaux.* 1. On désigne principalement de la sorte les ouvrages qui s'exécutent sur des immeubles, chemins, murs, etc. 2. Le propriétaire du sol sur lequel l'ouvrage s'exécute ne fait point acte de commerce en traitant avec les entrepreneurs: Gouvernement, communes. 3. L'entrepreneur qui achète le terrain pour construire ne fait pas acte de commerce en cet achat; mais celui qui fait métier de louer des ouvriers, des animaux, des instruments pour construire sur le terrain d'autrui, celui-là est commerçant. 1. L'engagement de transporter d'un lieu à un autre les personnes ou leurs effets ne constitue pas une *entreprise.* Exemple: paysans qui se chargent *accidentellement* d un transport. — Il faut qu'il y ait eu spéculation, que dans ce but il y ait eu achat de chevaux et

voitures, ou locations de serviteurs. 2. Dans ce dernier cas, les entrepreneurs de transports sont de véritables commerçants, et les services qu'ils fournissent sont de véritables marchandises au sens de l'art. 419, C. p. 1. Gestions de fortunes mobilières ou immobilières, achats de créances, placement des ouvriers et domestiques, — remplacement de jeunes soldats, — rédactions et traductions, etc. 2. Ceux qui prennent ces soins par eux-mêmes sont des agents d'affaires, mais leur industrie ne constitue pas précisément une entreprise; il en est autrement s'ils ont des commis, car alors ils louent et sous-louent l'industrie de ces derniers.

III. *Les entreprises de transports.*

IV. *Les agences et bureaux d'affaires.*

V. *Les établissements de vente à l'encan.*

S'il n'y avait que location d'emplacement, l'objet étant immobilier, l'acte ne serait pas commercial; mais il y a aussi des services, des soins donnés aux objets déposés, etc.

VI. *Les établissements de spectacles publics.* 1. Celui qui, moyennant rétribution, appelle le public à jouir du talent d'un certain nombre de personnes qu'on nomme acteurs et dont il paye les services, se trouve agir commercialement, soit à l'égard des acteurs, soit à l'égard du public. — D'ailleurs, achats et fournitures considérables.— Molière. 2. Les engagements des acteurs ne sont point commerciaux, à moins que ceux-ci ne soient sociétaires. 5. Les établissements de danse et de divertissements publics sont soumis aux mêmes règles. D. *Image 'de services qui ne peuvent se ranger sous le nom* d'entreprises. *1.* Conventions d'apprentissage. 11 y a acte de commerce, attributif de qualité pour le maître seulement, attributif de compétence pour tous deux. 2. Engagements respectifs des ouvriers et chefs d'atelier ou de fabrique. — Même règle. 5. Engagements réciproques des commerçants avec leurs facteurs, commis ou serviteurs. —Même règle. 4. Commission. Le fondé de pouvoirs ne fait pas connaître au nom de qui il agit. 11 y a bien ici deux opérations: — d'un

côté, le commissionnaire loue ses services; de l'autre, il achète ou il vend; le droit de commission exprime le bénéfice. 5. Courtage. Le courtier n'est que l'intermédiaire commun de deux négociants: il loue ses propres services. Ce n'est point un commerçant au sens naturel, mais bien au sens légal.

QUATORZIÈME LEÇON

§ III. Opérations De Change. Le caractère commercial de ces opérations ne dépend plus de (1) A partir de cet endroit, nous manquons d'indications précises pour disl'intention souvent incertaine des parties. Pour les unes cette intention se rencontre toujours, dans d'autres elle est toujours absente. Elles n'en sont pas moins actes de commerce.

i. *Change manuel ou local.*

C'est un contrat par lequel une des parties livre une somme en une certaine monnaie pour en recevoir une égale, inférieure ou supérieure, en monnaie différente.

Quatre buts principaux.

1 Changer des monnaies circulantes d'un pays contre d'autres monnaies du même pays. 2 Changer des monnaies devenues inadmissibles contre d'autres admissibles. 3 Changer du numéraire contre du papier-monnaie et réciproquement. 4 Changer du numéraire ou papier-monnaie d'un pays contre ceux d'un pays différent. Ceux qui s'y livrent s'appellent changeurs; et leurs établissements, bureaux de change.

C'est un véritable trafic: *achat et vente.*

II. *Change de place en place.*

Le contrat de change de place en place est une convention par laquelle l'une des parties s'oblige à faire payer une certaine somme dans un lieu déterminé pour une valeur qui lui est promise ou donnée dans un autre. Il se fait sous la forme d'un billet à domicile ou de lettre de change. — Cela évite les transports d'argent.

1. Par le *billet à domicile,* celui qui s'oblige promet de payer lui-même au lieu qu'il désigne. 2. Par la *lettre de change,* il fait trouver la somme au lieu tribuer en leçons les noies ci-après. Nous le ferons, toutefois, le moins arbitrairement qu'il nous sera possible.

Elles sont loin d'être toutes d'une égale étendue. Elles sembleront parfois écourtées à l'excès. Mais on conçoit que le Professeur se soit fié à l'improvisation du soin de développer certaines matières, et que d'autres fois, au contraire, il ait presque tout confié au papier. *(Note de l'Éditeur.)* indiqué, par l'intermédiaire d'une personne qu'il charge de la payer.

' 3. Ces titres, — dont l'utilité serait bornée aux seuls commerçants voyageurs si celui au profit duquel ils sont établis devait se présenter lui-même pour recevoir, et dont la transmission serait lente et difficile s'il fallait recourir à un transport régulier ou à une procuration, —ces titres sont rédigés payables à la personne indiquée ou à son ordre, et se négocient par la voie de *l ' endossement.*

Il n'y a pas là double opération: De la part du tireur; il reçoit un prix et vend une créance qu'il s'oblige à garantir.

2 De la part du preneur; il paye un prix et reçoit une créance qu'il doit réaliser en un temps et en un lieu distinct. — Mais on achète ordinairement pour revendre parla voie de l'endossement. *Vrix du change:* il résulte ordinairement de la rareté ou de la multiplicité des créances d'une ville sur l'autre, de la qualité de la créance vendue, du danger qu'il y a à faire voiturer l'argent. *Escompte:* c'est ce que l'acheteur déduit du prix pour l'intérêt de la somme durant le délai à courir.

Pour qu'il y ait acte de commerce, il faut qu'il y ait réellement remise de place en place, art. 112, 636. — Les billets à ordre ne sont pas nécessairement actes de commerce.

111. *Banque.*

I. Les opérations de change conduites avec une activité soutenue peuvent devenir une source d'immenses bénéfices. La multiplicité, la variété des faits sur lesquels elles doivent être calculées, suffisent pour occuper la vie la plus laborieuse. 11 y a donc matière pour une industrie à part. C'est la *Banque.*

II. La Banque se fait par spéculation ou par commission. — La Banque par commission se fait en acquittant des lettres de change dont on a reçu la pro-

vision, ou en ouvrant un *crédit.*

III. Développée sur une plus grande échelle, revêtue de la sanction des Gouvernements, cette industrie a donné lieu aux *Banques publiques.* — Ce sont des compagnies de commerçants qui, sous l'approbation du Pouvoir, se réunissent à l'effet de faciliter les payements ou de multiplier le crédit.

1. *Banques à virement.* La Banque reçoit en dépôt des sommes, pour le montant desquelles elle donne une inscription de créance, que le déposant peut céder par les moyens les plus simples à un autre qui aura le même droit. 2. *Banques à billets.* Elles émettent des billets pour la somme qu'elles reçoivent et s'obligent à les rembourser à la première réquisition. Banque de France, 24 germ. an IX. C. p., 139. 3. Le bénéfice résulte pour les unes et les autres de l'intérêt des fonds placés. [OB]

Si le change est l'âme du commerce, la navigation en est sans doute le plus actif instrument, et si la nécessité de saisir au passage les rapides combinaisons du crédit les a fait assujettir à la juridiction consulaire, il en devait être de même pour les opérations maritimes dans lesquelles s'ouvre le champ sans bornes de l'Océan, avec toutes les tentations qui peuvent séduire l'imprudence, avec toutes les ressources qui rassurent la déloyauté. Au milieu des solitudes de l'Atlantique ou de la mer du Sud, lorsque flotte, suspendue sur l'abîme, cette réunion d'hommes qu'on appelle un équipage et qui forme comme un peuple à part, une discipline effrayante par la rigueur nécessaire de ses dispositions veille pour prévenir les inspirations dangereuses de la révolte. 11 fallait aussi aller au-devant des suggestions mauvaises dela cupidité;il fallait que les intérêts nombreux remis en dépôt à la probité des navigateurs fussent protégés par la facilité des poursuites et parla promptitude de leur exécution. Aussi la Loi attend au port les gens de mer pour leur demander compte de leurs mandats, et, les enveloppant dans une sorte de solidarité que justifie la possibi

QUINZIÈME LEÇON

§ IV. Opérations Du Commerce Maritime. lité des collusions, elle les ap-

pelle indistinctement devant les tribunaux exceptionnels. — Amirautés supprimées par la loi du 15 août 1790. — Tribunaux de commerce.

I. Opérations *naturellement et nécessairement* commerciales. 1 Entreprises de constructions, achats, ventes et reventes. 2 Expéditions maritimes.
3 Affrètement et nolissement pour marchandises.
4 Achat d'apparaux.
5" Engagements des gens de mer (à l'égard de ceux qui les engagent).
II. Opérations commerciales *seulement par la détermination de la Loi.* 1 Engagements des gens de mer (à leur égard).
2 Nolissement pour les passagers (à leur égard).
3 Achats d'avitaillements.

III. Opérations qui deviennent *naturellement* commerciales *à certaines conditions,* mais qui, *légalement,* le sont *toujours.* 1 Prêts à la grosse. Deux opérations ou plusieurs.
2 Assurances maritimes. 346.
3. Assurances terrestres.
1. Les assurances mutuelles ne sont que des sociétés civiles (anonymes cependant. Raison d'analogie). 2. Les assurances à primes sont des actes de commerce; arrêt du 8 avril 18'29.

SEIZIÈME LEÇON

JE CERTAINS ACTES RÉPUTÉS COMMERCIAUX PAR LA QUALITÉ DES OBLIGÉS.

I. *Obligations souscrites par des commerçants.* 1. Il serait facile aux commerçants d'éviter la juridiction spéciale et les moyens de contrainte dont elle dispose en déguisant la nature de leurs actes. De là une présomption légale qui fait déclarer ces actes commerciaux jusqu'à preuve contraire. Art. 632. — La forme de l'engagement n'importe pas.

2. Exception, art. 638.— Sous-distinction.— Objets achetés pour l'usage du commerce. 5. Exceptions pour arrangements de familles, vente et location de meubles, frais de justice, même en matière commerciale (arrêt du 8 janvier *i* 812). — Sous-distinction en ce qui concerne les comptes courants. il. *Obligations souscrites par des comptables.* La nécessité d'augmenter leur crédit a

fait rentrer leurs billets dans la compétence commerciale; mais il n'en serait pas ainsi de leurs engagements verbaux, et eux-mêmes ne subissent pas la qualification de commerçants.

DE LA QUALITÉ DE COMMERÇAKT.

I. Quelle en est la valeur?

1. Ne pas confondre la qualité de commerçant avec celle de justiciable des tribunaux de commerce. — Avec la qualité commerciale des actes. 2. Effets généraux sur la personne et sur les biens.

II. Conditions auxquelles elle est attachée.

Art. I": — *Profession habituelle.*

VHabitude. Il ne suffit pas d'un seul acte,— mais, s'il y a

établissement, il y a présomption d'habitude.

1 Profession. Sens naturel de ce mot: « *Qualification publique.* « 28 mai 1828. — Cependant il peut se faire que le commerçant ait intérêt à déguiser sa qualité ou qu'il ait une autre profession, même incompatible. — La profession, c'est le *moyen d'existence:* — il faut intention de réaliser un bénéfice.

III. Comment elle se prouve.

Facile s'il y a eu établissement, magasin ouvert: autrement, notoriété publique, qualité de commerçant prise dans les actes, présence aux assemblées de commerçants. — Méprise à éviter.

IV. Synonymies. C. du C, 632. — *Marchands,* 220, C. C, 1326, 2272. — *Négociants,* C. de Proc, 872. — Pléonasmes, C. C, 1308.

Distinction légale. Loi du 25 mars 1817. Les *négociants* soumis à une patente plus chère. Catégories admissibles.

Marchands. — Vendre et acheter. — Marchands de soie.

En Angleterre, titre honorable. *Entrepreneurs el fabricants.* — Louage d'industrie. *Négociants.* — Opérations de change. — Achat et vente en gros et en tout genre. —Avis du conseil d'État. 3 septembre 1817. *Armateurs.* — Expéditions maritimes. Toutes ces classes se renferment sous la désignation générale de *commerçants.*

Mais, à vrai dire, le commerce enlace le monde entier, toutes les formes de l'existence humaine, tous les degrés de l'ordre social.

Qu'est-ce, en effet, que la Société même, sinon la mise en commun de tout le capital intellectuel, moral et physique des hommes éparssur un territoire immense, le rapprochement et le concours de toutes les forces particulières pour réaliser une plus grande somme de bonheur?

Les plus austères fonctions publiques ne sont-elles pas l'échange des services et du dévouement contre la reconnaissance respectueuse d'un grand peuple?

Le négoce prêta toujours les plus favorites métaphores aux poetes de tous les temps, et l'inspiration même naquit pour eux du *commerce des dieux.*

L'enseignement, à son tour, n'est qu'une communication d'idées.

Le bienfait, même gratuit, qu'un homme généreux laisse tomber dans les mains indigentes tendues autour de lui, est un placement qui ne sera pas stérile, ne restera pas sans récompense. Les bénédictions du pauvre retomberont sur sa tête, et cetteclasse souffrante, exposée aux suggestions dangereuses de la douleur, rendra largement ce qu'elle aura reçu: le repos public sera le prix de la charité de quelques-uns.

DIX-SEPTIÈME LEÇON

QUI TEtlT ÊTRE COMMERÇANT.

Nous avons successivement parlé,

1' Du Commerce en général,

2" Des actes de commerce.

Nous avons examiné les actes de commerce *en eux-mêmes* (Achats et ventes, Louage, Change, opérations de Banque, opérations maritimes, actes réputés commerciaux par analogie, comme les assurances *terrestres).*

Disons encore un mot des actes *réputés commerciaux à raison de la qualité des personnes dont ils émanent.* _ „ 11 Les obligations des Commerçants,

Telles sont:L,.....,' (2 Les obligations souscrites par des Comptables.

I. Toute obligation d'un Commerçant, on l'a vu, est sous-entendue commerciale: peu importent la forme et les clauses de l'engagement. Telle est la règle.

Première exception pour les engagements relatifs au payement des denrées et marchandises achetées par le commerçant pour l'usage de sa personne et de sa famille. *Deuxième exception* pour le cas où l'objet même de la convention exclut toute idée de commerce; par exemple, partage de succession, vente d'immeubles, etc. *Troisième exception* pour tous les cas où l'on peut prouver que l'obligation avait une cause purement civile. Mais, en général, les avances, même purement civiles, prennent un caractère commercial, par une sorte de novation, en entrant dans un compte courant.

II. Obligations souscrites par des Comptables.

L?s receveurs, payeurs et autres comptables de deniers publics sont, en vue d'augmenter leur crédit, assimilés aux Commerçants, quant à la qualité commerciale de leurs billets, et, pour ces actes, soumis à la juridiction commerciale.

Ceci nous amène à cette question:

Quelles personnes sont capables de faire *des actes de commerce?*

La réponse est simple.

Le Commerce, pour parler le langage des Jurisconsultes, est une institution du Droit des Gens. Que dis-je? N'est-il pas le principe générateur du Droit des Gens lui-même?... Il abaisse les barrières des nationalités, il fait disparaître les distances, il rapproche les deux continents. Les négociants ne forment qu'un seul peuple. 11 ne faut donc plus tenir compte ici de ces différences de Français et d'étrangers. Il n'y a point d'étrangers dans la cité commerçante. Ceux qui viennent de plus loin sont les plus fêtés. L'argent sert d'interprète et le crédit de passe-port.

Ancien commerce lyonnais.

Le mort civilement lui-même peut retrouver dans l'existence commerciale une image de la vie civile. Il n'est plus qu'une ombre de lui-même, mais une ombre qui parle et qui agit.

En général, néanmoins, toutes personnes capables de contracter, *et celleslà seulement,* sont aussi capables de faire le commerce.

J'ai dit: *Celles-là seulement.*

Deux sortes d'exceptions à cette règle générale:

Les Mineurs, les Femmes mariées.

PREMIÈRE EXCEPTION. DES MINEURS.

Les facultés d'un Mineur peuvent, par leur développement, devancer son âge. — Intérêt. — Législation ancienne.

I. *Conditions auxquelles le Mineur acquiert la capacité de faire* des actes de commerce.

A. — Age de dix-huit ans accomplis: lors même qu'il aurait été antérieurement émancipé.

B. — Emancipation, antérieure ou actuelle, par mariage ou par acte authentique.

C. — Autorisation préalable et expresse par le père. — A défaut du père, par la mère, autorisée elle-même à cet effet par le tribunal, si le mari est vivant. — A défaut des père et mère, par le conseil de famille, avec homologation du tribunal civil.

L'autorisation doit être donnée par acte authentique.

D. — Enregistrement et affiche au tribunal de commerce (ou, à défaut, au tribunal civil) du lieu où le Mineur veut établir son domicile.

II. *Limite de la capacité qui résulte pour le Mineur de l'accomplissement de ces conditions.* 1 Il peut:

A. — Faire tous les actes du commerce auquel il a été autorisé (il y est réputé majeur et non restituable);

B. — Ester en jugement et transiger (il est contraignable par corps);

C. — Engager et hypothéquer ses biens pour sûreté de ses obligations commerciales.

2 Il ne peut pas:

A. —Aliéner sans les formalités prescrites pour les biens des Mineurs (expropriation forcée);

B. S'engager pour des intérêts autres que ceux de son commerce (donner caution).

Ses actes ne sont donc pas présumés commerciaux, à moins qu'ils n'aient une forme essentiellement commerciale.

G. — L'autorisation n'a pas d'effet rétroactif; elle ne peut se suppléer par un assentiment tacite.

Elle ne rend point les parents responsables. Elle se révoque avec et comme l'émancipation — Publicité.

D. — L'allégation fausse du Mineur, qu'il a rempli les con ditions requises, ne confère point à ses actes la validité qui leur manque, à moins qu'il y ait un faux en écriture.

Remarques. Un Mineur peut être intéressé dans une société de commerce (1868) sans être commerçant. Le Mineur, non autorisé, peut seul demander la nullité des actes, mais il ne l'obtient qu'autant qu'il y a lésion (1215). Il ne peut pas diviser sa capacité pour une même série d'obligations, accepter les unes, méconnaître les autres.

DIX-HUITIÈME LEÇON

Dans la dernière séance, nous avons continué l'examen des personnes auxquelles la Loi reconnaît ou refuse la capacité commerciale.

Parmi ceux qui, tout incapables qu'ils soient de contracter civilement, sont néanmoins admis à faire le commerce, — après les Mineurs viennent les Femmes mariées.

SECONDE EXCEPTION. DES FEMMES MARCHANDES PUBLIQUES.

§ I". *Idées générales.* 1. Une des œuvres les plus merveilleuses de la civilisation chrétienne, c'est assurément l'affranchissement des femmes. Captives indociles dans les gynécées de Rome et de la Grèce, esclaves avilies dans les harems de l'Orient, c'est dans nos cités seulement qu'elles respirent l'air de la liberté, qu'elles paraissent sans voile à la face du ciel et qu'elles marchent nos égales. Il leur est permis de briguer toutes les couronnes des beaux-arts, il ne leur est pas défendu de tenter les voies aventureuses de la fortune. La carrière commerciale leur est ouverte; toutefois, en y entrant, elles abdiquent les prérogatives protectrices qui ne pourraient pas se concilier avec les impérieuses nécessités du négoce: elles sont soumises au droit commun; elles encourent la contrainte par corps.

2. L'organisation de la société conjugale exigeait le sacrifice partiel de cette indépendance.— L'incapacité légale de la femme mariée n'est point une présomption d'impuissance intellectuelle; ce n'est point une injure, c'est une nécessité d'ordre public, c'est une condition d'existence de la famille; le ministère du dehors appartient au père: à la mère sont réservés les doux soins du dedans. Si, cependant, des intérêts incontestables devaient la faire sortir de cette vie recueillie et abritée, qui lui sied si bien, la puissance maritale peut faire tomber toutes les barrières devant elle et lui permettre de courir les chances du commerce, au risque d'en subir les rigoureuses lois. 5. Mais le mariage ne se borne pas à rapprocher les personnes, souvent aussi il confond les biens. 11 partage entre les époux inégalement dotés les ressources et les charges; il ne leur est pas permis de décliner vis-à-vis de leurs créanciers la solidarité mutuelle de leurs engagements.

§ II. *Contrat de mariage: quatre régimes.* . La communauté est une société de biens entre le mari et ia femme, société dont la composition et les effets sont réglés par la Loi, à défaut de convention. — Elle se compose: activement, du mobilier des époux, des fruits et revenus échus pendant le mariage, des immeubles acquis à titre onéreux durant le même espace de temps; passivement, des dettes mobilières des époux, des intérêts et arrérages des dettes immobilières, etc. L'administration appartient au mari.— A l'époque de la dissolution, la femme ou ses héritiers ont le droit d'acceptation ou de renonciation.

2. Le régime d'exclusion de communauté confère au mari l'administration et la jouissance des biens de sa femme et la propriété des acquisitions faites pendant le mariage. Il est tenu seulement de la restitution à l'époque de la dissolution. 3. Par la clause de séparation de biens, la femme conserve l'administration de ses biens et la jouissance de ses revenus. 4. Le régime dotal est celui où tout ce que la femme se constitue, ou qui lui est donné par contrat, est dotal, c'est-à-dire soumis à l'administration, à la jouissance et même quelquefois à la propriété du mari. — Les immeubles sont inaliénables; à l'époque de la dissolution, la dot doit être restituée. Tout ce qui appartient à la femme et dont il n'a pas été question au

contrat est *paraphernal*.

I. *Conditions auxquelles les femmes mariées acquièrent la capacité de faire le commerce.*

A.— Consentement du mari. — Pour un acte commercial en particulier, le consentement du mari peut être suppléé par la justice; il n'en est pas ainsi pour être marchande publique. — Le consentement peut être exprès ou tacite.

NfUMEf. II. 31

B. — Si le mari est mineur, à son consentement doit se joindre l'autorisation de la justice.

C. — Si la femme est mineure, il faut qu'elle ait dix-huit ans. et qu'elle joigne au consentement marital l'autorisation des père et mère ou du conseil de famille.

II. *Limites de la capacité qui résulte pour la Femme mariée de l'accomplissement de ces conditions.* 1 Engagements qui lui sont permis.

A. — Elle peut devenir marchande publique: elle est traitée comme telle, pourvu qu'elle fasse un commerce séparé de celui de son mari. — La femme commerçante qui se marierait sous le régime de la communauté, cesserait d'être commerçante et rendrait son mari commerçant, s'il n'y a convention spéciale pour réserver le commerce de la femme.

B. — Elle peut s'obliger sans autorisation spéciale pour tous les actes de son commerce. — Elle est contraignable par corps.

C. — Elle peut hypothéquer, aliéner même ses immeubles.

2 Engagements qui lui sont interdits.

A. — Elle ne peut contracter une société sans le consentement marital.

" B. — Elle ne peut comparaître en justice sans remplir la formalité préalable: le tribunal de commerce peut l'autoriser quand elle est défenderesse.

C. — Elle ne peut aliéner ses biens dotaux que dans les circonstances et avec les formes voulues par le Code civil.

3 Effets des engagements de la Femme.

A. —Elle est directement obligée en ses biens et en sa personne, et lors même qu'elle serait mariée sous le régime de communauté, elle ne pourrait s'affranchir par la renonciation.

B. — Elle oblige son mari s'il y a communauté entre eux.

C. — S'il y a régime exclusif de la communauté, le mari est responsable vis-à-vis des créanciers, sauf ses répétitions à l'époque de la cessation de commerce ou de la dissolution du mariage.

D. — S'il y a séparation de biens ou régime dotal, le mari n'est jamais obligé.

N. B. L'autorisation peut être retirée par le mari, sauf à la femme à se pourvoir en justice.

Si la femme n'est pas autorisée, on peut demander la nullité sans alléguer la lésion. Mais le mari qui aurait exécuté ou fait exécuter en partie les actes ne pourrait plus les attaquer.

TROISIÈME EXCEPTION. — AUTRES PERSONNES CIVILEMENT CAPARLES A QUI LE COMMERCE EST INTERDIT.

Idées générales. 1. L'aristocratie militaire avait une double fonction: la défense du sol et la conquête (luttes contre les Sarrasins. — Croisades). Les devoirs du commerce incompatibles avec ces deux sortes de fonctions: au retour, ils retrouvaient leurs châteaux, ils n'auraient pas retrouvé leurs marchandises. Les milices bourgeoises de l'Italie, par exemple, ne combattaient que sur les remparts de la cité ou sur les frontières d'un territoire restreint, dans des moments d'alarme universelle, où toutes les affaires restaient suspendues. — D'ailleurs, il était fort heureux que, pendant que la Noblesse possédait toute la richesse immobilière, la richesse mobilière restât réservée au Tiers-État.

Louis XIV permet aux Nobles le commerce maritime et le commerce en gros: édit de 1701.

2. Le Clergé avait des devoirs plus austères encore. 11 avait à faire la guerre aux passions, et comme souvent les passions sont filles des intérêts, il ne pouvait se jeter lui-même dans cette mêlée d'intérêts qui constituent le négoce. D'ailleurs, trop souvent, dans les transactions commerciales, les contractants sont posés en adversaires.

Perfection idéale du Christianisme: sacrifice, abandon du droit strict, communauté des biens. — Opposition: monopole; vendeurs du Temple; Rome entrepôt.

§ 1. *Prohibitions qui interdisent le commerce à certaines personnes.* 1 Dans l'intérêt des services publics:

A. — Anciennes prohibitions pour la Noblesse;

B. —Clergé catholique (édit de 1707: articles organiques du concordat, art. 6, *appel comme d'abus;* attentat aux coutumes de l'Église gallicane);

C. — Magistrats (édit de mars 1765);

D. —Avocats (art. 42, ordonnance du 20 novembre 1822).

2 Dans l'intérêt du commerce:

A. — Agents de change et courtiers (art. 86-88);

B. — Consuls à l'étranger (Ord. 3 mars 1781);

C. — Officiers et administrateurs de la marine (Ord. 31 octobre 1784);

D. — Commandants militaires et Préfets (P. 176) —pour le commerce des grains et des vins;

E. — Fonctionnaires administratifs qui auraient pris ou reçu un intérêt quelconque dans les actes, adjudications, régies, dont ils auraient l'administration ou la surveillance.

§ 2. *Effets des prohibitions.*

A. — Ces prohibitions ne peuvent être violées indirectement en épousant sous le régime de communauté une femme commerçante.

B. — On n'interdit point quelques actes de commerce isolés: Assurances, lettres de change.

C. — La violation donne lieu à des peines disciplinaires, mais elle n'entraîne point la nullité des actes incriminés.

DIX-NEUVIÈME LEÇON
DEVOIRS GÉNÉRAUX DES COMMERÇANTS.

§ 1. IDÉES GÉNÉRALES.

L'ordre qui préside aux destinées du monde moral, et dont les lois semblent souvent tracées à l'imitation des lois mécaniques de la nature, a voulu que les poids les plus lourds fussent supportés par les forces les plus grandes: le devoir se proportionne à la puissance. Comme le fardeau d'un édifice repose sur les colonnes qui en sont le soutien et l'ornement, ainsi la Société avec toutes ses charges pèse principalement sur les fonctions qui en font l'appui et la gloire. Il y a plus, et le citoyen appelé aux plus difficiles emplois trouve dans la conscience de sa propre dignité l'énergie nécessaire pour s'en acquitter noblement; le respect de soi-même est le principe des vertus civiles. C'est donc par la connaissance de sa valeur sociale que le Commerce, etc.

Section l. — Influence du Commerce sur la Société.

I. Préjugés répandus 4 "Contre les occupations laborieuses; —source: l'esclavage.

2 Contre le commerce en particulier. — Il déplacerait les richesses et n'en produirait pas. — Plante parasite, qui vivrait aux dépens des consommateurs. — *Juifs.*

II. Le commerce est l'une des premières conditions de la vie matérielle: Point de vie matérielle sans industrie.

2 Insuffisance de l'industrie si elle est limitée par le lieu, le temps, les facultés individuelles de la personne. —

Sauvages dépérissent.

III. Le Commerce, condition essentielle de la vie morale: 1 Pour le développement des facultés intellectuelles; il prépare des loisirs, impossibles si chacun devait pourvoir par lui-même à l'universalité de ses besoins.

2 Pour le développement des sentiments moraux; — il apprend aux hommes à se connaître sous un rapport d'utilité réciproque, il les exerce à distinguer le bien et le mal. 3 Pour les progrès de la liberté publique. — En enrichissant le pauvre, il le met en état d'acheter des droits et du pouvoir. 11 mobilise la richesse et par conséquent la puissance; il ouvre une libre concurrence aux capacités. —

L'aristocratie territoriale héréditaire du moyen âge, détruite par le mouvement industriel des temps modernes.

Au droit du plus fort a succédé celui du plus habile,

pour faire place à celui du plus juste.

Section 11. — Réaction de la Société sur le Commerce.

I. Sûreté.

1-Le Commerce repose sur la spéculation, la spéculation sur l'attente. L'attente est le pressentiment des jouissances et des peines futures; c'est une chaîne à tous les anneaux de laquelle s'étend la sensibilité humaine. La sûreté, c'est le bienfait des lois, qui garantissent autant qu'il est en elles la réalisation de l'attente. 2 II n'est, en effet, pas nécessaire que la Loi pourvoie immédiatement à la production des richesses: l'homme y est intéressé par ses besoins. Mais il y a des périls: fraude, violence. Il faut que la Loi protège l'homme pendant qu'il travaille, et les fruits de son labeur après qu'il a travaillé. Si l'industrie crée, c'est la Loi qui conserve. — Normandie: Rollon. — Exemple de la guerre.

II. Association.

Impossibilité d'opérer seul de grandes choses. Talents, loisirs, capitaux, merveilles produites par l'association. — Compagnie des Indes.

§ 2. OBLIGATIONS MORALES.

Section I. — Devoirs du Commerce envers la Société. I. Le patriotisme commercial ne consiste pointa demander des lois prohibitives. Utiles pour protéger une industrie naissante, plus tard elles déshonorent une nation; elles écrivent dans le livre de ses lois l'aveu de son infériorité.

II. Le premier devoir du patriotisme commercial, c'est le dédain des offres de l'étranger, c'est le concours spontané au maintien de l'ordre, auquel on doit la sûreté; c'est une sévère défiance à l'égard des passions publiques; c'est l'acquittement sincère des impôts. — Jacquard.

III. Le second devoir, c'est l'émulation, c'est le sacrifice volontaire, les chances périlleuses courues pour doter la patrie d'une industrie nouvelle. Jacques Cœur (1448), quatre armées entretenues. — Betterave et bleu Raymond.

Section 11. — Devoirs des Commerçants envers les particuliers. — Justice. I. La justice est la volonté constante de rendre à chacun ce qui lui est dû.

II. Cette volonté doit se rencontrer à deux moments distincts: au moment de l'engagement, au moment de l'exécution.

1 Au moment de l'engagement, — véracité, — bonne foi *fides).* — Probité (la parole fait preuve).

Cicéron: *Toïlendum igitur in rebus contrahendis omne mendacium,* — Vices rédhibitoires. Surfait.

2 Au moment de l'accomplissement. — Exactitude *(exigeré).* — Le débiteur doit se traiter lui-même avec la sévérité d'un créancier. *Section 111. — Devoirs des Commerçants envers eux-mêmes. — Prudence.*

I. L'homme a des devoirs envers lui-même, parce qu'il ne s'appartient pas. 11 appartient à Dieu et à la Société. Suicide.

II. Le commerçant s'appartient moins encore. Sa ruine n'est pas isolée: c'est un incendie. — Dépositaire des capitaux d'autrui, il est d'ailleurs l'un des anneaux de la chaîne du crédit: si elle rompt, ébranlement général.

III. La prudence est l'étude courageuse de l'avenir; c'est l'attention à pressentir les chances favorables, à prévenir les éventualités funestes; c'est la comparaison du but et des forces, c'est le soin de s'arrêter à temps.

§ 5. OBLIGATIONS LÉGALES.

Patente. — Décret du 2 mars 1791,1" brumaire an VII, 25 mars 1817, 15, 1818. — Droit fixe, droit proportionnel. — Origine du mot *Patente.* — Sanction: amende de 500 fr. Professions non commerciales patentées. *Publicité.* — Tenue de livres.

VINGTIÈME LEÇON
DES LIVRES DE COMMERCE.
§ I. MOTIFS DE LA LOI.

Section 1. — Utilité des livres en théorie.

I. Dans l'intérêt public, mesure de justice.

A..— Pour établir la preuve des conventions.

L'un des plus beaux caractères du Commerce, c'est la rapidité qu'il imprime à ses opérations.

Mais cette activité même serait funeste, si les conventions fugitives dont il se compose ne laissaient pas de traces qui permissent de remonter à leur origine, pour résoudre les litiges auxquels elles peuvent donner lieu.

Or ces traces restent dans la mémoire

du Commerçant, et c'est là que la loi va les saisir. — Elle le contraint de les traduire par la parole : « la conscience du Commerçant doit être tout entière dans ses livres ; c'est là que le juge doit être sûr de la trouver toujours. » C'est une sorte de confession, qui a aussi son secret.

B. — Pour éclairer sur la situation et les causes des faillites : ' Rédiger le bilan, s'éclairer sur les poursuites à faire contre les débiteurs.
2 Faire connaître la conduite du failli, s'il y a dépenses inutiles, négligence grave, fraude enfin. C. — Pour faciliter les liquidations, règlements, partages entre coassociés, ou entre cohéritiers d'un Commerçant.

II. Dans l'intérêt personnel du Commerçant : mesure de prudence.

C'est un principe admis par tous ceux qui se sont livrés à l'étude de l'esprit humain : que la parole, uniquement destinée en apparence à communiquer la pensée, peut servir aussi à lui donner plus d'énergie et de lumière. En rendant compte de ses idées, on se trouve contraint de les mettre en ordre, de les réduire à une sévère analyse, d'en apercevoir les conséquences. De là viennent ces éclairs soudains qui jaillissent quelquefois dans le discours, et ces aperçus qui naissent de la discussion.

Obligé de traduire en écritures et en chiffres ses opérations de chaque jour, le négociant contractera donc des habitudes d'ordre et d'économie.

Souvent la connaissance de sa situation l'arrêtera à la veille du péril ; souvent aussi la comparaison des spéculations avantageuses et de celles qui ont échoué lui révélera de quel côté est le chemin de la fortune. — Il évitera la triste surprise d'une échéance inattendue ou d'une prescription accomplie ; il se connaîtra lui-même et ceux avec lesquels il entretient des rapports ; il agira avec l'intelligence d'un homme, non point avec l'instinct d'un animal plus ou moins industrieux.

Section II.— Usage des livres aux différentes époques de l'histoire commerciale.
I. Antiquité.
1. A Athènes, les banquiers tenaient des livres qui servaient de documents judiciaires. 2. A Rome, *nomina transcriptitia.* Comptes ouverts à divers individus *(expensum).* Virements de parties.
II. Temps modernes.

Facilités introduites dans le calcul commercial par les chiffres arabes. Ordonnances de *i* 675, titre III. Code de 1808.
Section 111. — Idée de la comptabilité.
I. La comptabilité est l'art d'établir des comptes.— Les comptes (de *computare*) sont les calculs des opérations rationnelles qui mettent en présence une ou plusieurs sommes reçues, payées, prêtées ou dues, pour régler les droits des parties intéressées.

II. La comptabilité touche donc par ses sommités aux sciences mathématiques. On peut la considérer comme une sorte d'algèbre qui traduit les opérations financières en un langage scientifique, leur donne leur plus simple et leur plus abstraite expression, les combine avec promptitude, rigueur et lucidité, et en dégage l'inconnue, c'est-à-dire la position pécuniaire du spéculateur.

III. La base de la comptabilité est cet axiome : que toute opération est un échange et que rien n'est acquis que par un équivalent fourni. — Ce que reçoit le Commerçant le rend débiteur de celui qui paye : ce qu'il paye le rend débiteur de celui qui reçoit. Tout ce qu'il possède, il le doit ; tout ce dont il se dépossède lui donne. De là ces mots : *Débit* et *crédit, doit* et *avoir ;* justesse de ces expressions dans le génie de la langue.

IV. La tenue des livres en partie simple consiste à n'admettre, pour chaque opération, que le nom du contractant. *Doit N. Avoir de N.* Le Commerçant se sous-entend lui-même.

V. Dans la tenue des livres en parties doubles, on rapporte deux fois chaque article, on le transcrit sous deux titres différents. Ces deux titres sont précisément les deux contractants ; on crédite jamais l'un sans débiter l'autre, et réciproquement ; le résultat est toujours une équation, une balance.

Mais le Commerçant ne se désigne pas lui-même : il subdivise ses opérations en cinq classes qui deviennent cinq intérêts distincts : — Caisse (numé-

raire et papier-monnaie), —Marchandises, — Effets à recevoir, — Effets à payer, — Profits et pertes.

Les marchandises qui entrent sont débitrices de la caisse, celles qui en sortent en sont créditrices. Vendues avec avantage, l'excédant se porte aux *profits ;* vendues au-dessous du prix d'achat, la différence se porte aux *pertes.* — Utilité de ce mode.

Différence entre la comptabilité et la tenue des livres.

§ II. Analyse De La Loi. (Code de Commerce, titre II.)
Section I. — Indication des livres.
A. — *Livres obligés. I. Journal.* (Code de Commerce, article 8.) *Jour par jour.* — C'est l'ordre de rédaction, non pas l'obligation d'écriture quotidienne. *Brouillard.* 2 *Endossement.* — Endossement de complaisance ne s'écrivait pas.
3 *Ce qu'il reçoit,* —même à titre de dot, de succession, de donation. 4 *Dépenses de sa maison.* — Sans entrer dans les détails, les sommes employées à la dépense de la maison d'un négociant sont indiquées sous le nom de *levées ;* elles doivent, selon le vœu dela loi, être prises par douzième. — Elles représentent le prix du travail et les intérêts des capitaux.
Nécessité d'un livre à part pour chaque associé.
II. Correspondance mise en liasse et copiede lettres(même article).
Copie de lettres par la voie de la presse. 111. Livre des inventaires. 1 Obligation négligée.
2 L'inventaire trompe quelquefois. — Utilité d'une liquidation annuelle à la suite d'un inventaire.
B. — *Livres auxiliaires.*
I. Grand livre *(libro maestro),* appelé *livre de raison.* — Son importance.
II. Livre de caisse. — Livre des achats et ventes. Livre des traites et billets, des échéances d'entrée et sortie, des frais généraux, profits et pertes.
Section II. — Forme des livres. 1 Ils doivent être sans blancs, lacunes ni transports en marge. 2Cote, parafe et visa.
I. Doute en ce qui concerne le *Copie de lettres.*

II. Utilité.

III. Négligence générale. 3 Timbre.

I. Loi du 13 brumaire an VII, art. 24. Le juge ne peut parafer s'il n'y a timbre. Grand papier, 1 fr. 50 c.j amende de 500 fr.

II. Loi du 28 avril 1816, art. 72, timbre spécial, 20, 30 et 50 c.

III. 16 juin 1824, art. 9. 5 c.

IV. 20 juillet 1837. Difficulté pour le visa de l'inventaire annuel.

Enregistrement du certificat.

Lois sur l'enregistrement. 5 décembre 1790, 22 frimaire an VII.

Actes judiciaires, actes extrajudiciaires.

Tous les actes publics assujettis à l'enregistrement.

Toutes pièces, même sous seing privé, ne peuvent se présenter en justice qu'enregistrées.

Section III. — Conservation des livres.
Pendant dix ans au moins.

Section IV. — Empbi des livres.

A. —Comme preuve dans les contestations.— Sanction civile.

I. Représentation.

1 Offre par la partie. On ne peut se faire titre à soimême. Serment décisoire. 2 Réquisition par l'adversaire. 3 Ordonnance par le juge. Exception en matière civile (art. 1329).

II. Communication. Seule elle comprend l'inventaire.

III. Compulsoires.

B. — Comme renseignement dans les faillites.

Sanction pénale, 587, 594, 28 mai 1858.

VINGT ET UNIÈME LEÇON

AUXILIAIRES DES COMMERÇANTS.

DES AGEIiTS DE CHARGE ET DES COURTIERS.

Notions préliminaires.

I. Utilité de l'institution.

1. La division du travail est une des causes les plus actives qui déterminent et soutiennent les progrès de l'industrie; et, par une remarquable réciprocité, les progrès de l'industrie sollicitent et multiplient la division du travail. 2. Au plus bas degré de la civilisation, l'homme, renfermé dans le sentiment égoïste de ses besoins personnels et dans la pensée des ressources que la nature met en son pouvoir, produit tout ce qu'il consomme, et consomme tout ce qu'il produit. C'est le sauvage. — *Chasse, - peau, — chair, —branche*—(Industrie, pas de Commerce). 3. Un temps vient où, à la faveur de l'ordre social, les facultés, les aptitudes diverses, se trouvent en présence et se comparent: un naturel instinct retient chacun dans l'habitude du travail dont il s'acquitte avec le plus de bonheur. Chacun produit plus qu'il ne consomme, chacun consomme plus qu'il ne produit. C'est la tribu ou la commune primitive. — Dédoublement de la consommation et de la production. — Commerce. 4. Le Commerce, c'est la rencontre du producteur et du consommateur, de l'offre et de la demande. D'abord le producteur, qui est consommateur lui-même de matières premières, se déplace pour les aller prendre des mains de celui qui les produit. Après leur avoir fait subir les transformations voulues, il faudra qu'il les transporte sur le marché, et pour que son retour ne soit pas inutile, il se chargera lui-même de marchandises nouvelles.—Commerce du moyen âge. — Voyages, foires. Beaucaire. 5. Mais l'offre peut errer longtemps avant de rencontrer la demande: elles sont d'ailleurs intéressées à se faire chercher, l'une pour solliciter la hausse, l'autre pour déterminer la baisse. Le vendeur dissimule ses approvisionnements, l'acheteur ses besoins. C'est l'objet d'une étude à part, il y a place pour une profession: Agents de change et Courtiers.

II. Histoire de l'institution.

Section I. — Son universalité. — *Censals* du Levant.

Section II. — Liberté primitive de l'institution en France.

Section III. — Règlements restrictifs.

I. Vénalité des charges. — C'est du règne de François I" que date la vénalité générale des offices. Ce monarque, dont l'injuste popularité est l'œuvre des écrivains qu'il pensionnait, qui soudoyait le protestantisme en Allemagne et le brûlait à Paris, qui épuisa la nation pour remplir ses coffres et assouvir des femmes impudiques, qui inaugura l'absolutisme sur les ruines de la royauté représentative, cet homme, qui achetait tout jusqu'aux consciences, voulut aussi vendre jusqu'à la justice: 1522, quatrième chambre au Parlement, — produit net: 1,200,000 livres.

II. Édit de juin 1572. — Arrêt du conseil; mai 1595, création de Courtiers: huit à Paris, douze à Lyon; quatre, Rouen et Marseille; trois, Tours, la Rochelle et Bordeaux; un, Amiens, Dieppe et Calais.

III. En 1639, le titre d'Agent de change s'introduit; on en compte à Paris trente.

IV. Guerre de la succession d'Espagne. Le trésor épuisé recourt à des ventes de charges: Conseillers du roi; Rouleurs et Courtiers de vins; Contrôleurs aux empilements de bois; Contrôleurs visiteurs du beurre frais; Essayeurs du beurre salé; Contrôle des perruques, dont bail pour neuf ans, passé à 210,000 livres.

V. 1705. Trente-huit Agents de change à Paris; on les supprime et l'on crée vingt nouveaux officiers. —1708, suppression, création de quarante. — En 1714, addition de vingt. — En 1720, suppression. — En 1723, création de soixante, — réduits à quarante en 1735. — On les donne en gros pour être placés en détail. — En 1781, cautionnement immobilier. —En 1786, établissement des offices avec finance.

VI. A Lyon, en 1771, les quarante offices de courtiers agents de change sont supprimés et rétablis avec une finance de 30,000 livres, réduite l'année suivante à 10,000. — Agent de change pendu par arrêt du 10 février 1756.

Section IV. — Suppression des offices par la loi du 8 mai 1791.

Section V. — Rétablissement par la loi du 28 vendémiaire an IV pour Paris, et par celle du 28 ventôse an IX pour la France. — Arrêtés du 29 germinal an IX, 27 prairial an X. — Loi du 28 avril 1816.

III. Appréciation générale.

1. Liberté générale de l'industrie, principe de concurrence. 2. La concurrence impossible dans les professions intellectuelles; dangereuse dans celles qui requièrent une grande moralité. De la concurrence résulte la gêne, qui est une

grande tentation. —D'ailleurs, il y a là un office vraiment public, un caractère d'authenticité à donner aux actes. Ce n'est pas un privilège. 3. Inconvénient de la vénalité.

I. L'intervention du pouvoir n'est plus une garantie de moralité, si elle est liée en quelque sorte par la présentation.

II. Les besoins variables de l'industrie exigeraient des modifications dans le nombre des agents. Or toute diminution sera une spoliation, tout accroissement une dépréciation. — *Bourgs pourris* du Commerce.

III. Le prix des charges, devenu arbitraire, ne saurait se payer sans faire sortir les fonctionnaires de la sévère limite de leurs devoirs. Il faut qu'ils retrouvent l'intérêt, l'amortissement et le prix de leur travail. La valeur factice donnée aux charges se perpétue et contraint les plus honnêtes à choisir entre la pauvreté et la prévarication.

IV. Les charges ne sont pas une propriété; elles ne sont pas imposées, elles ne sont pas saisissables. C'est un droit personnel, dont le trafic, s'il n'est pas resserré dans des bornes étroites, est justement odieux.

§ I. *Règles communes pour les Agents de change et les Courtiers.* Section I. — *Nomination* (Code de C, 74, 75, 83, 88).

I. Liberté de profession aux lieux où il n'y a pasd'agents commissionnés, — où il n'y a pas de Bourse.

Là où il ne s'en trouve que d'une seule espèce, ils peuvent cumuler les fonctions attribuées à d'autres. —Ainsi, les Courtiers, là où il n'y a qu'eux, peuvent faire les fonctions d'Agents de change.

II. Le nombre est fixé par ordonnance royale: il peut varier.

— Lyon, 30 Agents de change, 20 Courtiers de soie, 10 de marchandises. (Avis du conseil d'État, 22 mai 1802.)

III. La nomination en est faite par le Roi: 1 Pour la première fois, sur une double liste dressée par dix banquiers ou négociants (à Paris, 8 négociants et 8 banquiers), désignés par le tribunal de commerce.

Le préfet peut ajouter un quart et le Ministre de l'intérieur un quart (29 germinal an IX).

2 Pour les nominations ultérieures, sur la présentation de l'ancien titulaire et sur l'avis des syndics. — C. 91. — 28 avril 1816. 3 Ne peuvent être nommés ceux qui ne jouissent pas des droits de citoyens français, les étrangers, les mineurs, lesfaillis non réhabilités, les Agents destitués pour avoir fait des actes de commerce; ceux qui, par récidive, ont usurpé les fonctions d'Agents de change ou de courtiers, les *marrons* (29 germinal an IX).

IV. Ils doivent fournir le cautionnement définitivement réglé par l'ordonnance du 9 janvier 1818 et la loi du 18 avril 1819.

— Lyon: 15,000 pour les Agents de change et Courtiers de soie;

— 9,000 pour les autres.

V. Ils sont admis à faire enregistrer leur commission au tribunal de commerce et y prêtent serment.

Section II. — *Organisation* (29 germinal an IX).

I. Les Agents de change et les Courtiers forment deux compagnies distinctes.

II. Ils ne peuvent délibérer que par leur police intérieure et sous l'approbation du Roi.

III. Un syndic et sixadjoints sont nommés à la majorité absolue dès voix.

IV. Ils sont chargés: 1 De la police intérieure, — de poursuivre ceux qui usurpent leurs fonctions;

2 De donner leur avis sur les nominations, inculpations, contestations.

Les Agents de change de Paris sont soumis à des règles particulières.

Section III. — *Attributions.*

I. Caractères généraux.

1. Ils sont officiers publics. — Distinction entre les officiers publics et les fonctionnaires.

Les fonctionnaires exercent une portion du pouvoir exécutif. Ce caractère, les officiers publics ne l'ont pas, mais ils sont nommés par le Roi et exercent par exclusion à tous autres.

2. Agents intermédiaires, car ils ne peuvent agir que par ordre ou pour le compte d'autrui. 3. Commerçants (1. 632). — Patente, — livres, — contrainte par corps, — faillites, —

élections.

II. Droits.

1. Ils font seuls les opérations de courtage. 2. Seuls ils constatent les cours, et leurs certificats font foi en justice. 3. Ceux qui usurpent leurs fonctions sont punis d'une amende du sixième du cautionnement. Même peine contre les complices (27 prairial an X.)— Cet acte du gouvernement va jusqu'à frapper de nullité les ventes faites par l'intermédiaire d'agents intrus.

MÉunors. ii. 3-2

Section IV. — *Obligation st. .* Ils ne peuvent agir que sur l'autorisation d'autrui. — Par conséquent, ils ne peuvent faire "aucune opération pour leur compte (C. 85). IT. Us doivent tenir:

I"Un carnet pour l'inscription immédiate de leurs opérations; 2'Un livre journal, — dont extrait doit être donné aux intéressés le lendemain (84): 3 Des bordereaux signés par les parties et désormais irrévocables.

III. Ils répondent de l'identité de leurs clients, — non de leur capacité, ni de leur solvabilité (86).

IV. Ils ne doivent rien recevoir au delà des tarifs ou des règlements locaux, sous peine de concussion (27 prairial an X). — Lyon: Agents de change, un dixième de chaque côté et seulement par le donneur sur Lyon à l'escompte. — Courtiers de soie, trois quarts du vendeur. — Courtiars de marchandises, la moitié des deux côtés.

V. Destitution, — provoquée à Paris par le préfet de police; ailleurs parle maire. — Avis des syndics.— Le Roi prononce.— Dommages-intérêts. — Peine: 3,000 fr, au plus (27 prairial an X).-Faillite 87, 89. P. 404.

VINGT-DEUXIÈME LEÇON

§ II. DES AGENTS DE CHANGE EN PARTICULIER.

Section I. — *Condition dénomination* (29 germinal an IX).

Quatre ans de travail dans une maison de banque ou de commerce, ou chez un notaire de Paris.

Section II. — *Attributions.*

I. Courtage des monnaies, des lingots d'or et des lettres de change. (C. de C, 76). — Leur ministère en ceci n'est pas indispensable.

II. Négociation des effets publics. Ici leur intervention est forcée (27 prairial an X), 90, C. de Comm.

III. Seuls ils constatent le cours du change (compte de retour, C. de Comm). 181.

Section III. — *Obligations.*

I. Agir par eux-mêmes ou par un collègue fondé de pouvoir. — A Paris exceptionnellement, il leur est permis d'avoir un commis.

II. Garder le secret aux parties qui ne veulent pas être nommées: en cela ils sont de véritables commissionnaires. — Tenus personnellement délivrer la chose vendue ou de payer le prix d'achat. —Tenus aussi de justifier de leur libération comme dépositaires forcés, — mais fondés à poursuivre leurs clients.

III. Garantir la vérité de la dernière signature des effets qu'ils négocient. *Aval improprement dit.* (27 prairial an X.)

IV. Pour la vente des effets publics, ils sont responsables, pendant cinq ans, de la vérité de la signature du vendeur et des pièces produites.

§ III. DES COURTIERS.

Section I. — *Règles générales.*

Les Courtiers ne sont pas commissionnaires. — Ils ne peuvent être contraints à garder le secret. — Il n'y a pas d'action pour eux ni contre eux.

Section II. — *Classification.* (C. de C, 77.)

I. Courtiers de marchandises (76-78). 1' Courtage: point commun avec les Agents de change.

2" Constatation des cours (exception pour les matières métalliques, 76).

5 Droit de vendre par enchères publiques certaines marchandises, soit après saisie, soit en cas de faillite, sans préjudice des commissaires priseurs. — Décret du 22 novembre 1811, ordonnance du 9 avril 1819. —486 de la loi de 1838.

II. Courtiers d'assurances (79).

1. Concurrence avec les notaires pour la rédaction des polices. Foi en justice. 2. Droit exclusif de constater le taux des primes.

III. Courtiers interprètes et conduc-teurs de navires (80).

1. Courtage des affrètements. 2. Constatation du cours du fret ou nolis. 5. Service d'interprètes auprès des tribunaux (exception pour les consuls, armateurs et propriétaires)..i. Courtiers de transports (82). 5. Courtiers gourmets piqueurs de vins dans l'entrepôt de Paris.

Questions.

Peut-on faire le courtage de place en place? Commission? Mandat commercial?

Les Courtiers peuvent-ils répondre de la solvabilité de l'acheteur?

Peuvent-ils se rendre actionnaires dans une société anonyme?

Si les Courtiers sont commerçants? Raisons de douter.

Sont commerçants ceux qui exercent des actes de commerce, et qui en font leur profession habituelle (C. de C, 1).

Deux sortes d'actes de commerce: les uns qui le sont par leur nature, les autres par la détermination de la loi.

Le courtage n'est point par sa nature acte de commerce, c'est une fonction publique. Il n'y a ni achat pour revendre, ni louage pour sous-louer. — Les Courtiers ne peuvent faire d'opération pour leur compte, 85. Ils ne peuvent perdre, 71.

Raison de décider.

Mais la loi déclare acte de commerce toute opération de courtage (632). De plus, les Courtiers font bien du courtage leur profession habituelle. — Donc ils sont commerçants.

Le motif est que leur occupation exclusive est bien le commerce (d'autrui), qu'ils en sont les instruments nécessaires, qu'ils ne peuvent être soumis à une autre juridiction sans les plus graves inconvénients.

Mais ce n'est pas seulement sous le rapport de la juridiction que les Courtiers sont assimilés aux commerçants; ils auraient cela de commun avec les receveurs, les commis, etc.

1 Ils tombent en faillite, 89, et la *faillite* est l'état du commerçant qui a cessé ses payements. — Autrement, simple *déconfiture.* 2 Ils sont contraignables par corps (loi du 5 germinal an VI, qui prononce la contrainte par corps contre les négociants, agents de change, courtiers, facteurs, commissionnaires, même mineurs, à raison de leur *commerce,* et loi du 17 avril 1832, art. 3). 3 Ils sont assujettis à tenir des livres, 84. 4" Ils ont souvent été appelés aux élections des juges consulaires, art. 618. 5" Ils payent patente. 6 Ils sont traités comme commerçants dans leurs rapports avec les ministres des Finances et de l'Intérieur. La question ne conserve d'importance que pour la publicité du contrat de mariage (67) et pour l'hypothèque légale (565).

VLNGT-TROISIÈME LEÇON
DES COMMIS.

§ 1. *Définitions.*

On peut appliquer à l'industrie, dans un sens plus moral et non moins justifié par l'expérience, cette maxime écrite pour la diplomatie: *Divide et impera.*

La répartition des fonctions laborieuses est la condition de leur succès: elle est dans la nature môme, et la famille n'est elle-même que l'union et le concours des facultés diverses de plusieurs pour l'accroissement d'une commune prospérité. — Mais l'organisation domestique, souvent tardive, plus souvent incomplète, ne suffit pas aux besoins du travail moderne; et le commerçant a besoin de se créer en quelque sorte une famille artificielle, de se monter une *maison,* de se donner des auxiliaires et des représentants intérieurs, des personnes qu'il met en avant, réservant pour lui le coup d'œil du maître. *Prxpositi,* préposés. — Facteurs, commis, serviteurs (art. 634).

Le *Préposé,* quel que soit le nom qu'on lui donne, *facteur, commis* ou *serviteur,* est une personne qui engage ses services à temps pour l'exploitation d'une industrie; mais ce qui le dislingue d'un ouvrier, c'est qu'il est chargé de représenter le chef en de certaines circonstances et dans de certaines limites. 11 y a dans sa condition deux caractères: celui d'un louage de services, celui d'un mandat. — De là, deux ordres de questions diverses.

§ 2. *Des rapports des Commis avec leur Chef.*

Section I. — Règles générales. — Art. 1780-1781, C. C.

I. Durée de l'engagement réciproque.

1? L'engagement est pour un temps déterminé ou indéterminé. — Conséquences pour les dommages-intérêts. 2 Dans tous les cas, application réciproque de l'art. 1382. H. Obligations du Commis (mission de confiance, — adoption pour ainsi dire).

1 Il doit ses services *personnels,* — c'est-à-dire qu'il ne peut se faire remplacer. — Fidélité, secret. 2 Il doit *tous* ses services, — c'est-à-dire qu'il ne peut travailler pour son compte. — Assiduité, dévouement. 3 11 est responsable de sa faute et de sa fraude. 111. Obligations du Chef (puissance quasi paternelle). *i* 1 Il est responsable des délits, — il doit veiller sur la moralité (1384, C. C).. 2" Il s'engage ordinairement à rendre le travail profitable au Commis, — il se charge de son éducation commerciale. Capacité (pardessus). 3 Il ne peut exiger au delà de l'usage ou des conventions particulières. — Santé. 4 Il doit payer le salaire convenu; mais on en justifiera par les livres (1781-1760). Déductions permises pour maladie et remboursement d'avances, etc.

IV. Caractère et durée de l'action. 1 Privilège pour les six derniers mois en cas de faillite. 2 Prescription de six mois. r Compétence des tribunaux consulaires (trois arrêts de cassation).

Section II. — Règles spéciales pour les intéressés.

I. Conditions ordinaires de ce contrat: 1 Intérêt de 5 à 25 p. 0/0, 2" Avec ou sans appointements fixes, 3 Sur les produits annuels ou définitifs (liquidation), -4 Sur les produits bruts ou nets.

H. Caractères du contrat:

„.. (1 une véritable société (C. C, 1855);

Il peut constituer.. 12 un simple louage.

III. Droits de l'intéressé.

A. — Sera-t-il privilégié à la faillite?

B. — Sera-t-il obligé de s'en rapporter à l'affirmation du Commerçant pour le résultat de l'inventaire? (pardessus.)

G. — *Quid* s'il se retire au milieu d'une année? (pardessus.)

Le salaire se proportionne au temps.

§ III. *Des rapports des Commis avec les tiers.*

Section I. — Règles générales.

I. Sources: Principes du mandat (C. C, 1984 et suiv.); — quasi-contrat de gestion d'affaires (C. C, 1372); — action institoire; — usage.

II. Durée, étendue du mandat, etc.

A. — 11 n'est pas nécessaire que le mandataire ait la plénitude de la capacité civile (art. 1790).

B. — La révocation doit être connue du mandataire et des tiers (2003 et suiv.)

C. — Responsabilité du maître (1384). Section II. —Applications particulières.

I. Facteur. — Peut (sauf la preuve contraire) faire tout ce qui est requis pour la prospérité de l'établissement auquel il est préposé.

II. Caissier. — Peut payer, recevoir, donner quittance.

III. Commis voyageur. — Ne peut, à moins d'une mission spéciale, recevoir, ni régler compte, ni emprunter, sans un pouvoir exprès.

Mais la commission prise par lui oblige le fabricant.

IV. Commis de magasin, apprentis, serviteurs.

Au magasin,

1 Le commis est fondé à vendre, même en gros. 2 A recevoir, même des sommes dues pour règlement de compte. Au dehors,

A. — On peut payer entre les mains du porteur de la quittance du maître.

B. — Peut-on payer entre les mains du commis qui acquitterait? Distinction s'il y a titre obligatoire.

C. — Emprunts de complaisance? Loi romaine: Ulp. *Dig.* XV, m, 3, § 9. a Sed si sic accepit quasi in rem Domini verteret, nec vertit « et decepit creditorem, non videtur versum, nec tenetur Do« minus, ne credulitas creditoris Domino obesset, vel calliditas « servi noceret.

« Placuit in omnibus rebus praecipuam esse justitiæ œquitatis« que quam stricti juris rationem. » (constantin, 1. VIII, C. *de Judiciis.*)

VINGT-QUATRIÈME LEÇON

Nous avons *commencé,* dans la dernière séance, l'examen des conditions légales sous l'empire desquelles vit et s'agite cette classe nombreuse de la population commerçante qu'on désigne sous le nom de Commis. L'origine de l'institution nous a ramenés jusqu'à la famille, à l'exemple de laquelle se constitue la maison du négociant. De là une réciprocité de devoirs moraux, dont l'éniimération a pu vous sembler sévère, mais dont l'accomplissement ne serait pas sans charmes: liens d'un patronage qui imiterait la paternité, d'une adoption qui entraînerait l'obéissance et le dévouement; échange des conseils de l'expérience blanchie dans le tumulte des affaires, contre les services actifs de la jeunesse, qui ne se lasse point; concours de la génération qui arrive et de celle qui se retirera bientôt, pour agrandir les destinées de l'industrie, où toutes deux doivent trouver leur honneur et leur fortune. Nous craignons bien que ces considérations ne vous aient paru mettre l'idéal à la place du réel, et substituer de poétiques banalités aux dures vérités de la vie. Cependant l'idéal est précisément le domaine du Droit. La Loi prononce ce qui doit être, encore qu'elle sache bien quelle triste distance la sépare de ce qui est. Et puis ces images un peu flattées, qui se reproduisaient dans nos leçons, ne vous sont pas tout à fait inconnues...

Mais il est une classe bien autrement nombreuse, qui se rattache aussi au commerce, et dont nous avons hâte de nous occuper: c'est la classe des ouvriers.

DES OUVRIERS (2).

Les lois civiles, intervenant dans les rapports des Ouvriers et des Maîtres, règlent leurs droits et leurs devoirs.

(1) D'après les premières paroles de cette leçon, il paraît que l'explication des règies du Droit, en ce qui touche les Commis, ne put être épuisée dans une séance, comme se l'était proposé le Professeur. C'est ce qui a dû arriver plus d'une fois. *Note de l'Éditeur.)* (2) Ce qui va suivre n'est que l'esquisse de la leçon. Plus loin nous en trouverons une récapitulation développée. *(Note de l'Éditeur.)*

Les devoirs des Ouvriers se résument en un seul mot: le *travail.*

Une seule expression suffit pour

nommer leurs droits: c'est le *salaire*.

Les aberrations du Maître et de l'Ouvrier en matière de travail et de salaire constituent les délits que la législation pénale peut ou doit réprimer.

§ 1. *Relations normales du Maître et de l'Ouvrier.*

Section I. Du travail.

I. Caractères généraux du travail.

1. Universalité du travail. — Le travail est l'application volontaire des facultés de l'homme à la satisfaction de ses besoins. La loi du travail est écrite à la première page de l'histoire du monde: elle y est écrite pour tous les âges et pour toutes les tribus de la famille humaine (1).

2. Caractères du travail dans l'Antiquité. — L'Antiquité, c'est le règne de l'orgueil et dela volupté, en la personne des Maîtres, sur l'immense majorité du genre humain représentée par les esclaves. Le travail industriel, abandonné aux soins de ces derniers, est flétri dans les religions et les législations. — Caste à part dans l'Inde. — En Grèce, Ilotes, Pénestes. — A Rome *l'institor* est primitivement un esclave. — Commencement des travailleurs libres par les affranchis.

3. Caracteres du travail dans les temps modernes. — Celui qui devait régénérer le monde cacha durant trente ans sa personne divine dans l'atelier d'un charpentier. Le Christianisme réhabilite le travail en y faisant descendre ses plus grandes vertus, en y assujettissant ses anachorètes et ses moines, en réveillant dans la personne du travailleur le sentiment de la dignité individuelle. (1) Tulit ergo Deus hominem et posuit eum in paradiso voluptatis, *ut opcraretur* et custodhel illum. (genèse, II, 25.)

In laboribus comedes cunctis diebus vitœ tuœ... In sudore vullus tui vcsceris pane. *OU.,* III, 17, 19.)

Communes: un brasseur de bière (Artevelde) émeut les Flandres, et les marchands de Florence (les Médicis) donnent leurs filles aux rois. — Sac de laine du Chancelier en Angleterre.

-4. Formes diverses du travail.

I. Il est matériel, intellectuel, moral. —Tous les hommes ouvriers d'une œuvre qui n'aura son couronnement qu'à la fin des siècles.

II. 11 y a beaucoup d'iniquité dans la division en oisifs et travailleurs, mise en avant par quelques écrivains. — 11 n'est pas nécessaire, pour être travailleur, d'avoir les mains noires de suie; mais on ne l'est pas non plus toujours parce qu'on aurait les doigts tachés d'encre.

II. Part du travail dans la production.

1 Trois éléments de la production.

I. Le travail, — force volontaire.

II. Le capital, — travail accumulé sur une force involontaire. Esclaves.

III. Les agents naturels appropriés.— Force involontaire. 2 Combinaison de ces trois éléments. — H y a peu de travail sans un apprentissage (éducation) qui est un capital; peu d'agents naturels appropriés sans un capital engagé. Pas de capital qui ne se compose de matière première donnée par la nature et d'un travail de l'homme.

3 Le travail est nécessairement productif.

I. 11 y a production par la satisfaction d'un besoin.

II. Il y a des besoins moraux, intellectuels et physiques.. III. Les œuvres des trois sortes de travail qui y correspondent sont solidaires entre elles.

IV. Erreur des économistes matérialistes qui ne reconnaissent pas la permanence des bienfaits du travail moral: — Laboureur athée.

Section II. Du salaire. I. Principe rationnel du salaire. 1 Le salaire est le prix du travail, — la sanction de la loi qui l'impose: toute peine mérite salaire. 2 Le salaire est compris dans la valeur des choses produites.

3 La valeur des choses produites est représentée par les frais de production.

I. Quand elle s'élève au-dessus, la concurrence nivelle.

II. Quand elle demeure au-dessous, la désertion du métier amène le renchérissement des productions 4' Les frais de production comprennent:

I. Le service des agents naturels, — rente de la terre.

II. Le service du capital, — intérêts et amortissement.

III. Le service des travailleurs.

1 Pour le travail moral, — l'impôt.

2 Pour le travail intellectuel, — bénéfice de l'entrepreneur.

5 Pour le travail matériel, — salaire de l'Ouvrier (ce que paye une étoffe de soie).

II. Taux *naturel* du salaire.

1. Conditions absolues.

I. Frais d'existence de l'Ouvrier, — plus basse limite du plus faible salaire.

II. Frais d'éducation, intérêts et amortissement du capital.

III. Retraite, — qui est comme le loyer de la vie, — propriété sacrée.

2. Conditions relatives: 1 Selon que le travail est pénible, désagréable ou dangereux. — Pâtre, tisserand, mineur. 2 Selon qu'il est ou n'est pas sujet à interruptions, — maçons, etc. 3 Selon qu'il nécessite plus de force, de dextérité, d'études. Apprentissage.

III. Taux *réel* du salaire.

1. La vente du produit ne paye pas exactement le salaire, déduction faite des frais généraux: 1" Parce que le prix du produit dépend du rapport de la production avec la consommation;

2 Parce qu'on peut avoir employé à la production plus de services qu'il n'en fallait;

3 Parce que l'entrepreneur se fait sa part.

2. Le rétablissement de l'équilibre résultera: i D'une connaissance plus parfaite de l'offre et de la demande; 2 D'une économie plus sévère dans l'emploi des moyens;

5 D'une conciliation plus impartiale des intérêts de l'entrepreneur et de l'Ouvrier.

A. — Sur ce point, deux moyens proposés:

Intervention dictatoriale du Gouvernement; tarifs.

Liberté absolue: « Laissez faire, laissez passer. »

B. — Inconvénients des deux moyens:

D'une part, retour au régime réglementaire jugé par l'expérience.

De l'autre, les Ouvriers mis à la merci de l'entrepreneur.

I" Ils ont moins d'épargne.

2" Ils sont moins libres de changer de profession.

— Cosmopolitisme du capitaliste;

l'Ouvrier, au contraire, est enchaîné à sa machine. 3" Ils sont plus faciles à alarmer. — Effets de l'alarme, renchérissement des subsistances. 5. Système de conciliation. — Éducation des Ouvriers. — Caisse d'épargne. — Intervention officieuse du Gouvernement. — Association des travailleurs (1). Le salaire doit être proportionnel au profit, — règle de société, — sinon, exploitation, esclavage.

« Une récompense libérale du travail, en même temps qu'elle « favoriserait la propagation de la classe laborieuse, augmente« rail son industrie, qui, semblable à toutes les qualités huit maines, s'accroît par la valeur des encouragements qu'elle re« çoit. Les Ouvriers s'attacheraient à leur travail comme à leur « propre chose; l'industrie se perfectionnerait, et la démoralisait tion, dont on fait en même temps une nécessité et un repro« che aux prolétaires, cesserait devant la perspective de sortir un « jour de leur ilotisme, t — Ces deux camps, entre lesquels se divise la société française, et dont le choc a déjà eu de si terribles (1) On assure que l'expérience n'a pas été favorable à cette idée. Peut-être y aurait il lieu, toutefois, d'expérimenter encore en ce sens. (A'oie dt l'Éditeur.) retentissements, se réuniraient pour marcher ensemble à la conquête d'une magnifique destinée. — Difficile..., mais la parole obscure qui tombe de cette chaire n'est qu'une imperceptible semence qui, mûrie dans le secret de vos pensées, s'épanouira peut-être un jour en efficaces conceptions.

§ 2. *Aberrations dans les rapports du Maître et de l'Ouvrier.*

I. En ce qui concerne le salaire:

De la part de l'Ouvrier, dissipation,—mauvais exemple.

Coalition, —de la part des Ouvriers et des Maîtres.

Embauchage, — de la part des Maîtres.

II. En ce qui concerne le travail:

De la part de l'Ouvrier, P' _ (fanatisme contre les machines.

(exploitation. — Le travail n'est plus Iqu'un usage, le service qu'une servitude. L'ouvrier-machine. — Esclavage des blancs. — Abus des manufactures.

(Malthus.) Moralité, dignité du travail en famille. Spéculation de la débauche sur la misère publique: travail des femmes. Société léonine. Usure.

Économistes brutaux. Les hauts seigneurs de l'industrie sont, comme nos anciens rois, portés sur le pavois par des épaules d'hommes.

Dela part du Maître,

RÉCAPITULATION DE LA VINGT-QUATRIÈME LEÇON (i).

§ I. DELATIONS NORMALES DU MAÎTRE ET DE L'OUVRIER.

La hiérarchie commerciale repose sur une large hase, mais sur une base (1) Cette récapitulation, à bien des égards, n'est qu'une répétition de ce qui précède. On a cru toutefois devoir la donner tout entière, telle qu'elle est dans les notes autographes du Professeur, comme *spécimen* du remaniement qu'il faisait subir à sa pensée après l'avoir une première l'ois exposée à son auditoire. On voit là comment Ozanam élevait toujours do plus en plus ce qu'il, touchait.

vivante, nous voulons dire la classe ouvrière. — Une seule chose peut l'unir solidement à l'ordre qu'elle soutient; et cette chose, c'est le ciment moral qui lie toutes les sociétés humaines, c'est l'observation du droit et du devoir. — Le devoir de l'ouvrier, c'est le *travail;* son droit se nomme le *salaire.* — Nous avons, dans la dernière séance, successivement analysé ces deux termes, entre lesquels se renferment tous les rapports légaux du maître et de l'artisan. *Section I. — Le travail.*

Le *travail* est l'acte soutenu de la volonté de l'homme, appliquant ses facultés à la satisfaction de ses besoins. C'est la loi primitive, universelle, du monde: elle est antérieure, même dans les traditions sacrées, à l'arrêt qui lui imprime un caractère pénal. — L'orgueil du paganisme ne l'accepte pourtant point; et, chez les peuples les plus illustres, le travail devient l'ignominieux apanage des castes impures, des races asservies et des esclaves. Il était réservé à la foi chrétienne de réhabiliter un jour les travailleurs, comme elle réhabilita toutes les classes souffrantes de l'humanité, en faisant descendre parmi eux des dogmes

consolateurs, des vertus civilisatrices, et l'impérissable sentiment de la dignité personnelle. — De l'affranchissement des populations laborieuses est sorti le Tiers-Etat, et, par le nécessaire ascendant d'une activité incessante, le Tiers-Etat est devenu l'État tout entier. — Toutefois la puissance du travail ne s'expliquerait pas, s'il se réduisait à la force des bras, à la sueur des mains. Mais il comprend aussi, sous ses formes variées, les labeurs de la pensée et les efforts de ces volontés courageuses qui se dévouent au maintien de l'ordre général. — Au-dessus des nécessités physiques se rencontrent des besoins intellectuels et moraux: ceux qui concourent à les satisfaire ne sont ni des oisifs, ni des travailleurs improductifs; leur œuvre survit à leur action: institutions, influences. — Le travail est donc nécessairement productif. — Sa part dans la production est déterminée, limitée, par le concours de deux autres éléments, le capital et les agents naturels. — La volonté humaine en face de la nature. — La matière et l'esprit.

Section 11. — Le salaire.

Le salaire est le prix du travail. — Il faut qu'il se trouve dans le prix des choses produites. — La valeurjdes choses produites est représentée en général par les frais de production. — Les frais de production comprennent: la *rente* de la terre; — le *loyer* du capital; — le *prix* du travail; — travail moral, *l'impôt;* — travail intellectuel de l'entrepreneur, le *profit;* — travail physique de l'Ouvrier, *salaire.* I. Taux *naturel* du salaire.

A. — Conditions absolues. Le salaire doit payer l'Ouvrier, c'est-à-dire tout ce qu'il met au service de l'industrie.

Or il y a dans l'Ouvrier trois choses: la volonté, l'éducation, la force. 11 y aura donc dans le salaire trois parts: 1 Pour la volonté méritoire, la plus faible des récompenses est de ne pas mourir.

Les frais d'existence, le *nécessaire.* 2 Pour l'éducation, *l'intérêt* et *Vamortissement;* l'éducation des enfants de l'Ouvrier. 5 Pour la force vitale, qui doit un jour tarir, la *retraite,* sans quoi il vendrait, il ne louerait plus sa vie; il la placerait à fonds perdu.

B. —Conditions relatives.

l'intérêt doit grandir avec l'obstacle.
1 Selon que le travail est pénible, désagréable ou dangereux; —
réalité des privations; — augmentation sûr le *nécessaire;*
2 Selon qu'il est ou n'est pas sujet à interruption; — augmentation sur la *retraite;* 5 Selon qu'il nécessite plus de dextérité, d'études, etc.; — augmentation sur *l'intérêt* du capital. U. Taux *réel* du salaire.

A. — Le taux *réel* du salaire n'est pas toujours égal au taux *naturel,* c'est-à-dire qu'après avoir payé la rente de la terre, le service du capital, la coopération morale représentée par l'impôt, le profit du travail intellectuel de l'entrepreneur, il ne restera pas toujours assez pour payer le travail matériel de l'Ouvrier.

1. Parce que la vente du produit ne paye pas tous les frais de production.

Et il advient qu'il en soit ainsi: 1 Parce que le prix du produit dépend du rapport de l'offre et de la demande; 2" Parce qu'on a employé à la production plus de services qu'il n'en fallait.

2. Parce que le prix de la vente est mal distribué entre les services producteurs.

Soit qu'il y ait: 1 Excès dans la rente de la terre, dans le loyer du capital, ou dans l'impôt;
2" Excès dans le profit de l'entrepreneur.

B. — Danger de la situation (1).
1. Position hostile des Maîtres et des Ouvriers. 2. D'une part, la force des richesses; de l'autre, celle du nombre. (1) Le lecteur ne perd sans doute pas de vue que ces choses se disaient à Lyon, dans un cours public, en 1840, huit ans avant le tremblement de terre de 1848. Ce qui était vrai alors n'a point depuis cessé de l'être, et la chose mérite qu'on y pense. *!'ote de l'Éditeur.)* 5. Violences matérielles; retraite des travailleurs; sécession de la plèbe romaine.
Les grandes fortunes industrielles sont comparables à ces royautés barbares qu'on élevait sur le pavois, et qui étaient portées sur des épaules d'hommes. C. —Moyens de rétablir l'équilibre.
1. La Charité publique doit intervenir dans les crises. Mais la Charité, c'est le Samaritain qui verse l'huile dans les plaies du voyageur attaqué. — C'est à la Justice de prévenir les attaques. 2. L'instruction (moralisation) publique, par dos connaissances plus approfondies (commerciales, industrielles, économiques), parviendra à faire mieux prévoir les possibilités de consommation, les moyens de production, les mesures de distribution. 3. Conciliation désormais plus impartiale des intérêts de l'entrepreneur et de l'Ouvrier.

I. Deux voies proposées.
A. — Intervention dictatoriale du Gouvernement. — Tarifs.
Mais impossibilité de revenir au système réglementaire jugé par l'expérience: 1 Comme contraire aux développements de l'industrie; 2 Comme attentatoire à la vie du commerce, qui est sa liberté.
B. — Liberté absolue: « Laissez faire. »
Mais le résultat est de mettre l'Ouvrier à la merci de l'entrepreneur, car: 1 L'Ouvrier a moins d'épargne, — par conséquent, plus d'urgence; 2 Moins de lumières, — par conséquent, plus d'alarmes; 5 Moins de liberté, — car le point de vue habituel de l'entrepreneur, étant plus élevé, embrasse plus d'industries possibles: l'Ouvrier est enchaîné à sa machine.
II. Solution indiquée.
A. — Conciliation des deux principes d'autorité et de liberté.
B. — Intervention officieuse du Gouvernement dans les circonstances extraordinaires.,
C. — Association des travailleurs.
1. « Une récompense libérale (Smith) relèverait la classe laborieuse à ses propres yeux, augmenterait son activité, exciterait son industrie qui, semblable à toutes les qualités humaines, s'accroît par la valeur des encouragements qu'elle reçoit. » 2. « Les Ouvriers s'attacheraient à leur travail comme à leur propre chose. » L'esprit de propriété, engendrant l'esprit d'économie, conduirait à des habitudes de moralité personnelle et d'attachement à la tranquillité publique.
Ainsi ces deux camps entre lesquels se partage la Société moderne et dont le premier choc a laissé après lui tant de terreurs, de ressentiments NiLAXGFS. II 33 et de menaces (1), fraterniseraient ensemble et se réuniraient pour marcher ensemble aux conquêtes de l'avenir. — Sans doute l'organisation est difficile, elle demande quelques essais, qui seront des risques. Mais il faut compter sur le dévouement, et puis la parole obscure qui tombe de cette chaire n'a pas la prétention d'éclairer toute l'étendue des difficultés. C'est comme une étincelle, qui ne parait qu'un instant pour s'éteindre, mais dont la lueur passagère a suffi quelquefois pour appeler l'attention sur un coin demeuré dans l'ombre, pour suggérer la pensée d'une recherche et guider ceux qui, plus heureux, mettront la main sur le trésor de la vérité.

§ II. ABERRATIONS DANS LES RAPPORTS DO MAÎTRE ET DE L'odvrier.

On ne parlera que des aberrations des Maîtres, il est bon de rappeler les droits de l'absence.

A. — Pour le salaire. — *Spéculation.*
I. L'offre et la demande ont des rapports naturels. Calculer ces rapports, en profiter, acheter quand l'offre est multipliée, vendre quand la demande est pressante, voilà les limites de la spéculation permise. — Mais altérer ces rapports, tromper l'attente publique pour profiter de ses méprises, ou bien écraser la concurrence pour ériger à sa place le monopole, c'est ce qu'on a flétri sous les noms divers d'usure et d'agiotage. Il est vrai de dire que ces sortes de délits portent atteinte à la nature, puisqu'ils nuisent à l'industrie qui en est fille. *(Vostra arte a Dio quasi è nipole.)*

II. Or les services ont un prix naturel, et quand ceux du Maître et ceux de l'Ouvrier sont en présence, si le premier se fait la part du lion il y a usure. Car *usura,* c'est le loyer; et le délit *d'usure* résulte de l'excès du loyer sur la valeur de l'usage rendu; et s'il y a loyer de la terre, loyer du capital, il y a aussi loyer du travail.

III. La spéculation donne lieu à deux délits, la coalition et l'embauchage.
1 Coalition (414), facilement punie chez les Ouvriers, difficilement chez les Maîtres. 2 Embauchage. — Par le char-

latanisme des statistiques, par la séduction. — Marchés.

B. — Pour le travail. — *Exploitation*.

I. L'exploitation, c'est la mise en œuvre d'un instrument, d'une force naturelle, d'une matière première.

II. Il y a exploitation quand le Maître considère l'Ouvrier non comme (I) Allusion aux deux insurrections dont Lyon lut le théâtre en 1831 et en 1834. — C'est un honneur pour la Beligion que ces paroles prévoyantes, compatissantes pour le faillie, sans être hostiles contre le fort, aient été, des 1840, prononcées dans une chaire lyonnaise par un Catholique, par un adversaire public du Saint-Simonismc. *fiote de l'Éditeur.)* un associé, comme un auxiliaire, mais comme un instrument, dont il faut tirer le plus de service possible au moindre prix qu'il se pourra.

III. Mais l'exploitation de l'homme par l'homme c'est l'esclavage. L'Ouvrier-machine n'est plus qu'une partie du capital, comme l'esclave des anciens; le service devient servitude. — Traite des blancs.

IV. Conséquences.

1. Faire pour l'Ouvrier ce qui se fait pour une machine: l'entretien le plus économique; réduction des besoins physiques, à la place du pain les pommes de terre. La nourriture des animaux. Travail des enfants dans les manufactures. 2. Elimination do tous les besoins moraux et intellectuels. Suppression de la liberté religieuse. Suppression de la famille. — Doctrine de Malthus. — Economistes à la solde. 3. Mais la condition des Ouvriers nos concitoyens ne se reconnaît pas dans ce tableau. C'est sous d'autres cieux, en Angleterre, au nord de la France, que se rencontre « cette industrie casernéc, cette industrie des filatures qui arrache le pauvre, sa femme, ses enfants, aux habitudes de la famille, pour les parquer dans des entrepôts malsains, dans de véritables prisons, où tous les âges, tous les sexes sont condamnés à une dégradation systématique et progressive. »

Plus heureux, à Lyon, nous jouissons des bienfaits de l'industrie domestique. Le caractère moral de l'Ouvrier se conserve dans la vie conjugale et pater-nelle. Il a ces deux choses qui font le citoyen, le *feu.* et le *lieu.* Il conserve le culte des traditions qu'il reçut de ses pères. Il connaît les joies du cœur. — Il est vrai que la solitude a ses dangers, que les écrits incendiaires, les maximes obscènes montent quelquefois de la rue aux laborieux greniers, que l'indigence a été exploitée au profit de la séduction, et le travail vendu au poids de Ja honte. Mais l'énergie des gens do bien arrêtera la propagation de ces maux; elle marquera du fer chaud de l'infamie ceux qui spéculent sur l'ignorance et la misère, comme ceux qui abusent de l'enfance et de la vieillesse, choses respectables et sacrées comme toutes les faiblesses de la nature humaine (1).

Vous pardonnerez un langage qui est sorti des limites ordinaires. Si nous quittons quelquefois la jurisprudence pour la morale, c'est l'accomplissement de notre programme, c'est nécessité: comme des voyageurs errants dans le labyrinthe des lois, nous avons besoin, pour nous orienter, (I) S'il est un apostolat pour lequel le clergé de Lyon ait, pour ainsi dire, une mission plus particulière, c'est *Yévangélisation* des ouvriers. C'est 1j une œuvre toute spéciale. « Ecce dico vobis: levate oculos vestros et videte regiones, *quia albx sunt jam ad messein. Joann.,* IV, 31.) — Messis quidem multa, operarii autem pauci: rogate ergo Doininum messis ut mittat operarios in messem suam. *Luc,* X, 2.) *(Xo/e de l'Éditeur.)* de monter quelquefois sur ces sommités idéales où une clarté plus vive nous découvre de plus larges horizons.

VINGT-CINQUIÈME LEÇON
DES CHOSES.

§ 1. *Des choses et de la distinction qi-Con en fait.*

Section I. Définition.

1. Au moment où le législateur prend possession du monde social, il y découvre deux sortes d'éléments divers sur lesquels son empire s'exerce d'une façon différente. 2. D'une part, ce sont des êtres doués d'une activité dont ils ont conscience: par conséquent, ayant en eux-mêmes une force individuelle, inviolable, dont on ne peut prévoir les déterminations, mais, par conséquent aussi, libres de soutenir entre eux ou de rompre des relations morales qu'ils reconnaissent pour obligatoires. — *Personnes*. 3. D'un autre côté, se rencontrent des êtres passifs, dont l'inertie est le caractère universel, qui obéissent, sans le savoir, à des lois nécessaires, et dont, par conséquent, tous les mouvements tombent sous la prise du calcul mathématique. — *Choses* (il y faut comprendre les animaux). *A.* Au premier abord, on ne voit pas comment les *choses,* soumises aux règles du législateur éternel, peuvent tomber dans le domaine de nos codes éphémères. C'est qu'elles se trouvent sous la main et sur le passage de l'homme. 5. La plupart des *choses* ont un rapport avec les besoins de l'homme. Ce rapport constitue leur valeur. Elles deviennent, sous ce point de vue, des richesses, ou, pour parler le langage de la Loi, des *biens.*

Section II. Division.

1. Les choses sont en général *corporelles*. Il y en a pourtant *d'incorporelles;* les procédés, le *crédit,* etc., qui sont des *biens* véritables; — les droits considérés comme des *biens.* 2. Les biens sont meubles ou immeubles. (516, C. C.)

I. Immeubles.

1 Par nature. — Rigoureusement, la terre seule et ce qui y tient sans le concours de l'homme: *res soli,* comme parlait la Loi romaine. 2" Par destination. — Tout ce qui est placé par le propriétaire pour l'exploitation ou à perpétuelle demeure: Palais de Venise, obélisques.

S" Par l'objet auquel ils s'appliquent: servitude, actions immobilières.

h" Par la détermination de la Loi: actions sur I avec la la banque de France, Rentes sur l'État, (volonté des composant un majorât, Actions sur les! propriétaires canaux d'Orléans et du Loing. taires.

II. Meubles.

1. Par nature. — Rigoureusement tout, hormis le sol. 2. Par la détermination de la Loi. — Les actions (529) peuvent, après liquidation, se résoudre en créances immobilières. — Mobilisation du crédit foncier. Les charges, la propriété littéraire, les industries brévetées,

les fonds de commerce, sont mobiliers par la détermination de la Loi. 3. Les biens se divisent encore selon leur rapport avec ceux qui les possèdent. . Choses communes (qui ne sont pas susceptibles d'occupation privée). — Air, mer, eaux courantes.

II. Choses qui appartiennent à l'État: domaine public, distinct du Trésor public ou du domaine de la couronne.
1" Rivages de la mer, havres, ports, routes à la charge de l'État, forteresses.
2" Biens acquis, forêts, etc.
3 Biens vacants. — Exception pour les trésors (C. C., 716).
III. Choses qui appartiennent à des établissements publics. 1 Hôpitaux, etc.; 2" Établissements ecclésiastiques; 3" Communes: leurs biens se divisent en communaux et patrimoniaux.

IV. Choses qui sont dans le commerce (qui sont laissées à la libre disposition des particuliers).

§ 2. *Des droits des personnes sur les choses.* — Droits absolus, droits relatifs: *Jura in re, jura ad rem.*

Section I. Droits absolus. — De la propriété.

Définition (art. 544). — Droit romain: *Jus utendi et abutendi quatenus juris ratio patitur. Analyse.* i
Ses objets.—Facultés industrielles, Biens mobiliers, Propriétés foncières. — C'est toujours le *moi* se manifestant au dehors.
2 Ses éléments. — Jouissance, Exclusion d'autrui, Libre disposition.
!La *jouissance* a son titre dans le besoin. — Dieu.
L'exclusion a le sien dans le travail. — L individu.
La faculté de disposer l'a dans la Loi. — La Société.
L'élément principal de la propriété, c'est l'attente des produits.
La jouissance correspond au besoin, qui est commun à tous.
L'exclusion, la possession à titre individuel, est la préférence
due au travail, qui est propre à chacun.
La liberté de disposition, — ainsi que la permanence, — est l'ouvrage de la Loi.
Section II. Démembrement de la propriété.
1. Usufruit (578).

Fruits naturels,
Industriels (585),
Civils (584).
2. Usage et habitation. C'est le droit de s'approprier les services de la chose; cedroit est personnel et il ne peut être cédé (631-654).
3. Servitudes (art. 637).

§ 3. *Des différentes manières dont on acquiert la propriété.*

Section I. Manières originaires, par lesquelles la propriété s'établit sans se transmettre.
1. Occupation. 1 Chasse et pêche.
2 Trésors.
5 Minéraux précieux trouvés au bord de la mer.
4 Choses échouées, débris de naufrages, — deux tiers au fisc.
5 Choses perdues, — n'appartiennent jamais à celui qui les trouve.
2. Accession ou incorporation. 1 Alluvion; 2 Adjonction, spécification, mélange. Section II. Manières dérivées. 1 Successions. 2 Donations entre-vifs et testamentaires. 5 Tradition (objets mobiliers), délivrance..4 Prescription.
Droit absolu, — acquis par la vente d'objets immobiliers. Droits relatifs, dérivant de toute sorte de conventions.

VINGT-SIXIÈME LEÇON
DES CHOSES DANS LECRS RAPPORTS AVEC LES CONTRATS COMMERCIAUX.
1. Définition et Division. 1. Définition.

Les choses sont des êtres passifs, dépourvus de liberté et Je conscience, sur lesquels s'exerce l'activité de l'homme: 5 Obligations elles provoquent cette activité par leurs rapports avec nos besoins, et, sous ce point de vue, dans le langage du Droit, elles s'appellent des biens: comme tels, elles deviennent objet de possession, d'échange et de litige: elles donnent prise à la Loi (t). Parmi les manières d'acquérir, nous avons indiqué, en dernier lieu, les Obligations.
DES OBLIGATIONS.
Le traité des Obligations est le droit commun de la vie civile et commerciale. Mais, tandis qu'il n'occupe dans la législation civile qu'une place secondaire et limitée, il domine les lois commerciales dans toute leur étendue. — L'économie, qui proscrit les répétitions

inutiles, l'a seule écarté du Code de Commerce français; mais il figure sous la forme d'un sommaire énergique aux premières pages du Code espagnol. — Formation. — Effets. — Extinction. — Preuves.
§ I. *Définition et divisions générales.*
Section I. Des Obligations.
I. L'Obligation est une restriction mise à la liberté humaine: *vinculum juris, quo necessitate adstringimur alicujus rei solvendx, faciendx vel non faciendœ (Instit.* deJustinien, livre III, tit. xiv). — Vérité historique du mot *donner, faire, ne pas faire.*
II. Les obligations sont naturelles ou civiles. — Obligations naturelles (art. 1235).
III. Les obligations *civiles* résultent de la Loi seule ou des faits de l'homme. Ces dernières ont leur source: 1 Dans un fait *nuisible-,* volontaire ou involontaire, *délit* ou *quasi-délit;* 2 Dans un acte inoffensif de la volonté d'une ou plusieurs personnes: *Contrat* et *quasi-contrat.* (I) Suit un résumé de la leçon qui précède, que nous ne donnons point pour ne pas faire double emploi.
§ 2. *Des contrats.*
Section I. *Définition* et *division. Définition.* — Le contrat est l'accord de deux volontés, devenu obligatoire par la sanction de la Loi. — Obligation conventionnelle. *Division* des contrats: 1" Par la nature du lien *(unilatéraux et synallagmatiques);* 2 Par l'objet de la convention *(commutatifs et aléatoires);* 3" Par la cause qui détermine le contrat *(onéreux et de bienfaisance)* ; 4 Par la forme en laquelle il se conclut *(réels* (dépôt), *solennels* (lettre de change), *consensuels);* 5 Par la dénomination *(nommés* (vente); *innommés,* promesse de ne pas faire). Section II. *Conditions essentielles pour la validité des conventions.*
Distinctions entre les choses qui sont essentielles aux contrats, celles qui sont de leur nature et celles qui sont accidentelles.
I. Du consentement.
A. — *Entre quelles personnes il doit intervenir* (1119-1122).
Règle générale: Entre les parties intéressées.

Exceptions.

I. On contracte en général pour ses héritiers et pour ses ayants cause, — sauf la clause contraire. Le louage de services, la société, le mandat ne lient que la personne contractante.

II. Les tuteurs, maris, administrateurs, syndics de faillite, engagent ceux qu'ils représentent

III. Il en est de même des mandataires et gérants d'affaires.

IV. On peut faire d'une stipulation pour autrui la condition d'une affaire personnelle: — en vendant un fonds de commerce, faire des réserves pour un commis. — Mais, tant que le tiers n'a pas accepté, les contractants peuvent se rétracter.

V. On peut se porter fort pour un tiers, c'est-à-dire promettre de faire en sorte qu'il donne ou qu'il fasse. — Différence d'avec le cautionnement. B. — *Comment il intervient.* i *Entre présents,* par eux-mêmes ou par l'entremise d'autrui.

. Distinction entre la convention et le pourparler. — Nulle volonté n'est engagée que par l'adhésion de l'autre. — Conventions collectives.

II. L'acceptation doit être conforme à la proposition. — L'offre du double ne lie pas la demande de la moitié. — Propositions alternatives.

III. L'acceptation peut être tacite et résulter d'un fait: par exemple, pour la vente, l'enlèvement ou la délivrance.

2 *Entre absents,* par correspondance.

I. S'il s'agit de vente, l'offre ne peut se rétracter que jusqu'au jour où la réponse affirmative est écrite. — Une réponse déraisonnablement tardive n'obligerait pas.

II. S'il s'agit d'une commission, elle est parfaite du jour où elle est exécutée.

III. Le silence peut être pris pour réponse affirmative quand la demande le proposait ainsi.

VINGT-SEPTIÈME LEÇON

DE LA FORMATION DES OBLIGATIONS CONVENTIONNELLES.

Résumé de ce qui précède.

Quatre conditions essentielles. 1 Le consentement.

A. — Entre quelles personnes il doit intervenir.

1. Entre les parties intéressées. 2. Exceptions.

I. Quand il y a mandat exprès ou tacite.

II. Pour les héritiers ou ayants cause (distinction pour louage d'ouvrage, société, mandat).

III. Pour le cas où la stipulation ou l'engagement pour autrui est fortifié par un engagement personnel.

B. — Comment il intervient.

1. Entre présents.

I. Distinction entre la convention et le pourparler.

II. Conformité de l'acceptation et de la proposition.

III. Acceptation tacite.

2. Entre absents. Correspondance.

I. En cas de vente. — Rétractation licite jusqu'au jour de la réponse.

II. En cas de mandat ou commission. — Jusqu'au jour de l'exécution.

III. Le silence peut être considéré tantôt comme assentiment, tantôt comme refus.

C. — *Quelles circonstances l'annulent.* — Il faut qu'il soit intelligent et libre. Section 1. Erreur:

I. *De (ait,* Sur la personne, — suffisante si la considération de la personne domine le consentement (crédit, louage d'où vrage); 2" Sur la chose, — suffisante si elle porte sur la substance ou les vices rédhibitoires (1); 3 Sur l'espèce de la négociation, — toujours suffisante; 4 Sur le motif, — toujours à elle seule insuffisante.

II. *De droit.* — Cause de nullité, excepté pour transactions et obligations naturelles. — Elle ne permet pas de revenir sur un aveu judiciaire.

Section 2. Violence.

I. La violence consiste dans des voies de fait ou des menaces (C. P., 400).

(I) *Sur la substance,* c'est-à-dire sur ce qui rend la chose propre à la destination qu'on a en vue dans le contrat. Mais l'erreur sur les qualités accidentelles n'entraine pas nullité.

Les voies de droit ne sont point des violences.

II. Caractères de la violence qui annule lescontrals(1112-H14).

III. Par quelles personnes et sur quelles personnes(l111-1115).

IV. Exceptions pour les besoins publics; expropriations, préemptions, réquisitions de denrées, de matériaux ou de transport.

Section 3. Dol.

I. Le dol consiste dans l'intention de tromper.

il. Il est *principal* ou *incident, positif* ou *négatif*(348, C. C.): il est le fait de la partie ou d'un tiers. — C'est dans le premier, le troisième et le cinquième cas qu'il annule la convention.

III. Distinction du dol d'avec le faux.

Section 4. Règles générales, communes aux trois sections précédentes.

1" Ces causes n'entraînent point la nullité de plein droit, mais une simple faculté de rescision. Il y a aussi rescision, en cas de lésion, 1" Pour les majeurs, en quelques circonstances; 2 Pour les mineurs. *Seconde condition essentielle de toute obligation* : La capacité des parties contractantes.

A. — Des incapables.

I. Ils ne peuvent attaquer leurs conventions que dans les cas prévus par la Loi.

II. Les personnes capables ne peuvent leur opposer leur incapacité.

III. Bien qu'ils ne puissent promettre, ils peuvent stipuler, pourvu qu'ils sachent ce qu'ils font.

B. — Des personnes capables auxquelles les contrats commerciaux sont interdits.

Troisième condition essentielle : Un objet certain.

A. — *Quelles choses peuvent être l'objet des contrats.*

1 Corporelles et incorporelles. — Services.

2 Présentes et futures, — Récoltes.

5 Possibles et aléatoires, — Droits litigieux, — Coup de filet.

B. — *Quelles choses ne peuvent pas être l'objet des contrais.* Choses hors du commerce, — Biens de l'État, etc., —

Traite des Noirs. 2" Choses qui n'existent point ou qui sont impossibles.

— *lmpossibilium nulla obligatio.* 5 Successions non ouvertes (exceptions pour les sociétés universelles de tous biens, les contrats de mariage et institutions contractuelles).

4 Faits illicites.

5 Choses indéterminées.

C. — *Comment la chose doit être dé-terminée,*

" Par ses caractères d'individualité.

2" Par son espèce, sous un certain nombre d indications restrictives.

3 Par son espèce seulement.

11 ne suffirait pas de la désignation du genre.

Quatrième condition essentielle: Une *cause* (vague du terme en latin).

A. — La *cause* est l'intérêt du contrat, c'est le fait qui détermine l'engagement respectif.

1. Dans les contrats à titre onéreux, c'est l'équivalent donné ou promis. 2. Dans les contrats de bienfaisance, c'est l'utilité de celui qui reçoit le bienfait. 3. Objet et cause, termes corrélatifs. — Différence d'avec le *motif.*— Exemple: la lettre de change (HO, C.deC).

B. — Bègles générales.

1. Le défaut de mention de la cause n'entraîne point la nullité.

En droit commercial, la cause est présu-mée jusqu'à preuve contraire (638).

Exceptions pour les mineurs et femmes mariées.

2. L'obligation est nulle quand la cause n'existe pas,

quand elle est fausse ou illicite.

1 *Point de cause,* quand il y a acte de bienfaisance extorqué, ou quand l'équivalent n'existe plus.

2 *Fausse* cause, quand l'intérêt repose sur des faits supposés ou sur une erreur de droit. 3 Cause *illicite,* quand le fait est contraire à la Loi.— Dette de jeu, par exemple,—distinction pour la répé-tition de ce qui a été indûment payé.

VINGT-HIMÈME LEÇON

DES CONTRATS ILLICITES.

L'absence des conditions requises par la Loi pour la régularité des contrats ne constitue pas toujours le même fait moral, et n'entraîne pas non plus les mêmes conséquences. Tantôt il n'y a qu'un accident indifférent en soi, un malheur qui cause la nullité de l'acte (erreur, incapacité). Tantôt il y a une violation de la Loi, un délit qui ne suffit peut-être pas à anéantir l'Obligation, mais qui peut appeler une peine sur la tête de son auteur: le contrat devient alors illicite.

11 ne s'agit pas ici de tracer le Code pénal du Commerce, encore moins de faire son examen de conscience. — Les contrats peuvent être illicites de trois manières.

I. Par le vice du consentement: 1 Vio-lence, — extorsion (C. P., 400); 2 Dol, — escroquerie (405).

II. Par l'incapacité des parties contractantes: 1 Incapacité de celui avec qui l'on contracte, — abus de confiance (406, C. P.); 2 Incapacité de celui qui contracte.

A. —Clergé, magistrature, barreau, peines disciplinaires;

B. — Agents de change et courtiers (404, C. P.);

C. — Fonctionnaires administratifs, préfets, commandants militaires (C. P., 175, i76).

III. Par l'illégitimité de l'objet: 1 Choses hors du commerce.

A. — La vie, l'honneur, la liberté;

B. — Boissons et vins avariés (C. P., 475-140);

C. —Livres et images attentatoires à l'ordre public, aux mœurs, à la religion, à la réputation (C. P., 287, Lois des 17 mai 1819, 25 mars 1822, septembre 1835);

D. — Marchandises prohibées en douane.

2 Choses dont le commerce est assujetti à des restrictions légales:

A. — Monopoles, tabac, poudre, etc.,

B. — Marchandises réservées à cer-taines professions privilégiées,

C. — Choses dont la négociation est soumise à certaines conditions d'ordre public:

1 Attentat à la liberté des enchères (412, C. P.),

2 Agiotage (419),

3 Dépréciation des monnaies (140-475),

4 Accaparements (420).

3" Chose d'autrui:

A. — Stellionat (C. C, 2059,-C. deC, 575,—C. P., 405);

B. — Contrefaçon industrielle: 1 Contrefaçon des marques (C. P., *Ml),*

2 Des enseignes,

3 Des procédés;

C. — Contrefaçon littéraire (425):

1 Reproduction,

2 Plagiat, 3 Usurpation de titre, de date,

etc. 4 Faits illicites.

A. — Corruption: 11 n'est pas permis d'acheter une protection.

Mais il est permis d'acheter la cessa-tion d'une concurrence, le retrait d'une demnmle, la démission d'une charge vénale.

B. — Contrebande:

Il n'est pas permis de l'entretenir par des contrats d'assurance, etc.

Exceptions pour le commerce *inter-lope.* C. Complicité (C. P., 60). Faire disparaître la fraude, c'est le vœu com-mun des Lois et des philosophes; mais les Lois ne peuvent l'atteindre qu'autant qu'ellese trahit sous des formes pal-pables et qui donnent prise à la main forte de l'autorité publique: les philo-sophes la poursuivent dans ses dernières profondeurs, ils la saisissent parla rai-son et l'intelligence. Or la raison veut qu'il n'y ait dans les contrats ni piège, ni feinte, ni mensonge: — *Ne quid insidio-sé, ne quid simulaté, ne quid fallaciter.* Et n'est-ce pas préparer un piège que de tendre ses filets, alors même qu'on ne donnerait pas la chasse à la bôte qui s'y viendra jeter? Et que faites-vous autre chose quand vous étendez comme un fi-let la marchandise dont vous dissimulez les vices et sur laquelle viendra s'abattre l'étourderie des acheteurs confiants? Que si le Droit civil se tait, la loi de la nature réclame hautement. Car nous n'avons point encore fixé sur nos tables d'airain une image réelle et immuable de l'éternelle justice: nous n'en voyons flotter devant nous qu'une ombre mo-bile et comme un fantôme fugitif, et en-core plût à Dieu que nous fussions tou-jours fidèles à marcher à sa suite! *Nos verijuris geimanxque justitise solidam et expressam effigiem nullam tenemus, umbrâ et imaginions utimur: easque ip-sas utinam sequeremur!* Affaire du mar-chand de Rhodes.

Sitne boni viri in maxima cantate an-nonse familiam non habere? Utilitate offìcitm dirigi magis quant humanitate. Si in mare jactura facienda sit, equine pretiosi jacturam facial an servvJi vilis? Hic aliô res familiaris, aliô ducit huma-nilas (). (I) Ces citations sont emprun-tées à Cicéron, de *Officiis:* les deux der-nières appartiennent au livre III, chap.

xnn. On y voit poindre le sens chrétien du mot *humanité. Sole de l'Éditeur.)*

VMT-NEUYIÈME ET TRENTIÈME LEÇONS

EFFETS DES OBLIGATIONS.

§ I. *Règles génératés.* 1. La Loi, en tant qu'elle dispose pour l'avenir, en tant qu'elle détermine par avance les relations morales que soutiendront les hommes entre eux, présente comme une image affaiblie de la prescience divine. Mais la prescience des législateurs d'ici-bas s'appuie sur l'expérience acquise des éléments et des rapports sociaux, elle n'atteint que les faits généraux de la vie civile. Elle n'embrasse pas la variété infinie des situations particulières, elle ne saurait régir immédiatement toutes les conséquences des déterminations individuelles. Elle les abandonne à l'arbitraire des conventions, se bornant à mettre aux clauses qui y sont renfermées le sens légal, le caractère obligatoire. Elle se substitue, pour ainsi dire, en leur donnant le blanc-seing de la puissance publique: les conventions tiennent lieu de loi à ceux qui les ont faites.

2. Elles ne peuvent être révoquées que par le consentement mutuel. — Exceptions. 3. Elles doivent s'exécuter de bonne foi, c'est-à-dire avec toute l'étendue qu'elles avaient dans la pensée des parties, avec toutes les conséquences que leur donne l'usage ou l'équité. 4. De là les axiomes qui règlent l'interprétation des contrats. — *Quod actum, quod usitatum, quoi minimum.*

A. — *Quoi actum,* ce qu'on a voulu faire. 1. Chercher le sens intentionnel, non le sens littéral (0. C, 1156). 2. Ne pas attribuer une valeur absolue à la généralité ou à la particularité des expressions (1163-1164). 3. Préférer le sens efficace (1157) à celui qui ne le serait pas.

MÉLANGES. II. 54

Surtout en matière commerciale.

4. Choisir, le sens qui concorde avec l'objet et les clauses diverses de la convention (1158-1161).

B. — *Quod usitatum.* 1. Interpréter (1159) ce qui est ambigu par l'usage local.

2. Suppléer (1160) les clauses que la coutume a fait adopter.

C. — *Quod minimum,* le moins onéreux.

1. L'interprétation doit favoriser le débiteur (1162). 2. Application de cette règle au vendeur (1602).

' § II. *Division des Obligations an point de vue de leurs effets.* V Conditionnelles, 1168, 1181, 1185; 2" A terme, 1185; 3 Alternatives, 1189; *A* Solidaires, 1197-1200; 5" Indivisibles, 1217; 6" Avec clauses pénales, 1226.

§ III. *Effet des Obligations entre les contractants:*

A. — *Qui peut en exiger l'accomplissement?*

I. Le créancier. — 11 n'est cependant pas toujours nécessaire qu'il soit nommé.— Actions au porteur, connaissement.

H. Le cessionnaire du créancier, — p. ex., le porteur d'une lettre de change.

III. Le fondé de pouvoir constitué par la Loi ou par un mandat spécial.—Distinction *d'avecl'adjectussolutioniscansii.*

IV. Le créancier solidaire.

1. Il est au choix du débiteur de payer à qui il veut. 2. La remise faite par l'un des créanciers solidaires ne libère pas jusqu'à concurrence de sa part. 3. On suppose facilement association et par conséquent solidarité entre plusieurs commerçants créanciers d'une même chose.

B. — *De qui l'accomplissement peut-il être exigé?*

I. Du débiteur principal.

II. Du débiteur délégué; — ex., dans la lettre de change. le *tiré.*

III. Du débiteur solidaire.

1. Le créancier peut choisir, entre les débiteurs, celui qu'il veut poursuivre, sans perdre ses droits contre les autres. 2. Le débiteur qui a payé pour tous ne peut redemander qu'à chacun sa part. 5. Les commerçants, débiteurs d'une même chose, sont aisément présumés solidaires.

IV. Du codébiteur d'une chose indivisible.

V. De la caution, après discussion du débiteur principal (C. C. 2021).

C. — *Quand doit s'exécuter £'Obligation?*

I. Du *Terme. 1.* Terme *naturel:* livraison de marchandises, commande, prêt, assurance (382, C. de C)

2. Terme *conventionnel.*

I. Sa forme: 1 A jour fixe; 2 En foire, avant-dernier jour; 3" Au bout d'un certain nombre de jours (celui de la date ne compte pas); 4" Par semaines, mois, années (l'échéance est au jour correspondant à la date); Distinction pour le cas où le jour de la date est le dernier d'un mois plus ou moins long: 5 Par usances; 6 11 peut y avoir indication de l'heure.

II. Ses effets: 1 On ne peut exiger le payement avant terme, ni répéter ce qui a été payé d'avance; 2 Il est présumé stipulé en faveur du débiteur; 3" Le débiteur en est déchu quand il est tombé en insolvabilité notoire, ou qu'il a diminué les sûretés données au créancier. III. *Terme de grâce.* II. De la *Condition.* 1. Trois sens du mot.

2. Division des Conditions.

I. *Suspensive* et *résolutoire* (1181-1183).

II. *Potestative, casuelle* et *mixte* (1169-1174). —Conditions nulles (1172).

3. Effets généraux.

I. L'Obligation a une existence contingente.

II. Elle peut donner lieu à des actes conservatoires.

III. Elle engage chaque partie à ne rien faire au préjudice du droit éventuel de l'autre.

D. — *Oh doit s'exécuter l'Obligation"!*

Renvoi au chapitre du Payement.

E. — *Sur quoi s'exécutera-t-elle?*

I. De la chose promise.

1 De l'Obligation de *donner.*

I. Si l'objet est déterminé; le créancier est propriétaire, il peut revendiquer (distinction entre les objets mobiliers et immobiliers). —Obligation de conserver.

II. Si l'objet est indéterminé, il n'y a plus qu'une action personnelle. — Alternatives. 2 De l'Obligation de *faire* ou de *ne pas faire.* Elle se résout en dommages-intérêts (C. C., 1142).

II. Des dommages-intérêts.

1. Quand sont-ils dus? — Jamais quand il y a force majeure ou cas fortuit; mais bien 1 Pour inexécution; 2" Pour retard

d'exécution; Mise en demeure, — sommation, convention, décision de la Loi, lettres.

5 Pour insuffisance d'exécution.

2. De combien sont-ils dus?

1. De la quantité stipulée;

II. A défaut de stipulation, — de la perte faite et du gain manqué;

III. Pour les capitaux et les denrées, règles exceptionnelles.

§ IV. *Effets des conventions à l'égard des Tiers.* . Règles générales déjà traitées.

2. Effets de l'action hypothécaire contre les Tiers détenteurs (C. C., 2166, s.).

3. Droits des créanciers comme Ayants Cause (H 66). 4. Ils ont *qualité* pour attaquer les actes faits *en fraude* de leurs droits (H 67).

TRENTE ET UNIÈME ET TRENTE-DEUXIÈME LEÇONS

DE L'EXTINCTION DES OBLIGATIONS.

Les obligations s'éteignent par leur accomplissement ou par leur résolution.

Le premier mode comprend le *payement,* la *compensation,* la *novation.*

Le second a lieu: soit par l'effet même du contrat, par l'expiration du terme ou de la condition;

Soit par la volonté postérieure des parties, comme la remise, la résiliation, la transaction;

Soit par la décision des juges, comme dans la rescision;

Soit par la disposition de la Loi, comme dans la prescription;

Soit par la force des choses, comme pour la confusion et la perte de l'objet promis.

DIVISION GÉNÉRALE DE LA MATIÈRE.

§ I. Dll PAYEMENT.

Le payement est l'accomplissement *réel* de l'obligation.

Payement, par son étymologie, indique *satisfaction* et se rapporte au créancier: — *solutio,* en droit romain, semble s'être rapporté d'abord au débiteur (1).

Section I. *Des personnes entre lesquelles le payement intervient* A. — Par qui le payement peut être fait.

I. Qualité: 1 Le débiteur, le délégué, le co-débiteur, la caution; 2 Toute personne, même non intéressée:

I. Soit qu'elle paye au nom et en l'acquit du débiteur (payement par intervention, C. de C, 158).

II. Soit qu'elle paye en son nom personnel, pourvu qu'elle n'exige pas de subrogation.

Le payement peut être fait à l'insu du débiteur ou malgré lui: conséquences qui en résultent.

Exception pour l'obligation de *faire,* quand le créancier a intérêt à ce qu'elle soit exécutée par le débiteur.

II. Capacité:

I. Le payement ne peut être fait par un débiteur incapable.

II. Le payement d'argent ou de choses qui se consument par l'usage, ne peut être répété contre le créancier qui l'a consommé de bonne foi.

15. —, A qui le payement peut être fait.

I. Qualité: 1. Au créancier cessionnaire, mandataire, co-créancier (constater l'identité, la permanence du mandat); 2. Au créancier du créancier, sur l'ordre de la justice; S'il y a saisie-opposition, le débiteur ne doit pas payer.

—*Exceptions:* effets au porteur, arrérages de rentes publiques, comptes courants de banques; 3. Au possesseur de la créance.

II. Capacité: (1) Ce mot fait souvenir des *Kexi. (Note de l'Éditeur.)* 1. Il faut que le créancier soit capable de consentir une libération. — Le payement fait à l'incapable ne laisse pas d'être valable quand il en a profité, ou qu'il l'a ratifié en majorité.

2. Pour les mineurs et interdits, — au tuteur; 5. Pour les émancipés, — à eux-mêmes, pour leur revenu ou leurs affaires industrielles; et à eux-mêmes assistés de leur curateur, quant au reste.

4. Pour les femmes mariées, — à elles seules quant aux paraphernaux ou en cas de séparation; du reste, avec l'autorisation de leur mari. Section II. *Du temps et du lieu où le payement se fait.*

A. — Du temps.

I. Le payement doit se faire, au temps de l'échéance.

II. Exceptions.

1. Le débiteur peut différer de payer jusqu'à ce que le créancier ait exécuté les obligations corrélatives auxquelles il se serait soumis.. 2. Le payement peut s'anticiper quand le terme est dans l'intérêt du créancier (144).

L'échéance d'une lettre de change est présumée stipulée dans l'intérêt du porteur. Celui qui paye avant est responsable de la validité du payement (144, C. de C).

Le payement par anticipation a souvent lieu sous le bénéfice de l'escompte.

B. — Du lieu.

I. S'il est indiqué, aucune circonstance, succession, faillite, ne peut forcer le débiteur à le changer.

II. S'il n'est pas indiqué, 1. Pour un corps certain: le lieu de sa situation. 2. Pour un objet indéterminé: les circonstances, l'usage, le domicile du débiteur. 3. Pour une somme d'argent: en cas de vente au comptant, le lieu même de la délivrance; dans tous les autres cas, le domicile du débiteur. 4. Pour une obligation de *faire* : le lieu désigné par la nature des choses.

Quand le payement doit être fait ailleurs qu'au domicile du débiteur, les fonds voyagent à ses risques.

Section III. *De la manière dont le payement doit être fait.*

A. — De la chose promise.

1. Le débiteur doit livrer la chose elle-même, non pas l'équivalent. Toutefois le créancier n'a d'action en revendication que pour les corps certains. 2. Le créancier doit recevoir la chose en l'état où elle se trouve lors de la livraison, et le débiteur est libéré, pourvu qu'il ne soit ni en faute, ni en demeure. 3. Si la chose est indéterminée, elle ne peut être exigée ni offerte que de qualité moyenne. 4. S'il s'agit d'une somme, elle doit se payer en monnaie ou en billets ayant circulation forcée.

On ne peut offrir de billon que pour l'appoint de la pièce de 5 francs. — Si les espèces sont stipulées, on n'en peut offrir d'autres. — Si ce sont des espèces étrangères, on les regarde comme marchandises. La variation des monnaies ne changerait pas la somme. — Distinction pour la perte à supporter par le débiteur ou le créancier.

5. On ne peut offrir le payement par fractions. — *Exceptions.* 6. Le paye-

ment doit rendre le créancier proprié-taire. — Exception en matière de com-merce. — Marchandises d'autrui.

B. — Dation en payement.

C. — Quittance: le débiteur a droit de l'exiger, mais à condition qu'il en sup-porte les frais. — *Passe de sacs* (acte du 1 juillet 1809).

Section IV. *Des effets dupayement.*

A. — Effets généraux.

I. Le payement libère le débiteur.

II. 11 libère aussi tous ceux qui se trouvent engagés pour lui ou avec lui, co-débiteurs et cautions.

III. Il libère enfin les choses qui y sont affectées.

B. — Imputation des payements, quand il existe plusieurs dettes (1253, C. C.).

I. Le débiteur a droit de désigner la dette sur laquelle il lui convient d'imputer le payement.

1 Il ne peut imputer sur le capital plutôt que sur les intérêts (1254). Toutefois (2 Il ne peut forcer l'imputation sur une somme J plus considérable que le paye-ment réalisé ((1244).

II. A défaut de déclaration par le dé-biteur, — si l'imputation est faite par le créancier dans la quittance, elle ne peut être attaquée que pour cause de dol (1255).

III. A défaut d'aucune déclaration des parties: 1 Sur la dette échue plutôt que sur celle qui ne l'est pas; 2 Sur la plus onéreuse entre les dettes échues (dette commerciale, exécutoire, qui n'admet pas de délai); 3" Sur la plus ancienne (par l'échéance) entre celles qui sont pa-reillement échues; 4" Sur toutes au marc le franc (1256). C. —Du payement avec subrogation (1249). La subrogation est une fiction de jurisprudence par laquelle on fait entrer une personne aux lieu et place du créancier pour exercer les mêmes droits relativement à sa créance. Son but est de favoriser les payements et de maintenir le crédit (1).

Le taux des intérêts, fixé au denier douze par Charles IX, ayant été reporté au denier seize par Henri IV en 1601, les débiteurs eurent intérêt à se libérer, et les créanciers à refuser les subroga-tions qui auraient rendu les nouveaux emprunts faciles. Il fut réglé que le dé-

biteur pourrait, de son chef, subroger le nouveau créancier.

I. Subrogation conventionnelle (1250):

1 Par le débiteur qui emprunte pour payer (déclarations notariées);

2 Par le créancier, quand il reçoit son payement d'une personne non intéres-sée; — il faut alors que la subrogation soit expresse.

(I) Nulle part la théorie de la subroga-tion n'est mieux exposée que dans le *Traite du cautionnement,* par l'eu Pon-sot, de regrettable mémoire.

II. Subrogation légale (1251).

Elle a lieu au profit de toute personne intéressée qui paye pour un Tiers: 1 Co-créancier, qui veut écarter le créancier privilégié; 2 Co-débiteur; — mais, en cas de solidarité, il n'en profite pas; 5 Caution; — elle peut exercer tous les droits du créancier, même la solidarité.

III. Effets de la subrogation (1252). Elle a lieu contre les cautions.

Elle embrasse les privilèges et hypot-bèques, comme la contrainte par corps.

La subrogation ne préjudicie pas au droit du créancier qui n'est pas intégra-lement payé (1252).

En matière commerciale, la subroga-tion légale a lieu au profit des endos-seurs, des donneurs d'aval et même de ceux qui ont simplement payé par inter-vention (159-1C4, C. de C.).

D. — Du payement de ce qui n'est pas dû.

I. Quand y a-t-il lieu à répétition? — 1235.

1 Il faut qu'on se soit faussement cru débiteur.

Obligation naturelle, 2 11 n'y a donc pas répétition Droit litigieux, quand il y avait obligation. Cause honteuse, Payement par anticipation.

5 C'est au demandeur à prouver qu'il ne devait point, à moins qu'il ne fût inca-pable, à moins encore que le défendeur n'eût nié le fait du payement.

II. Effets de la répétition: S'il y avait dette et que le créancier, en recevant le payement erroné, eût de bonne foi dé-truit son titre, il serait déchargé de la répétition; 2 S'il est de mauvaise foi, il doit les intérêts et les fruits; il est responsable de la détérioration arrivée

même sans sa faute, mais il a droit au remboursement des dépenses utiles.

Section V. *Des voies de droit qui sup-pléent le payement* (1257).

A. — Offres *réelles* (c'est-à-dire la remise de la chose à la disposition du créancier).

Forme des offres et conditions de leur validité (1258).

B. — *Consignation.* — Elle doit être précédée d'une sommation, et suivie de La signification ou du procès-verbal (1259). Elle se fait, à Paris, dans la caisse des dépôts et consignations; dans les départements, chez les receveurs gé-néraux ou particuliers.

I. Règles spéciales: 1 Pour les effets négociables, Loi du 6 thermidor an III, Ordonnance du 3 juillet 1816. — Toutes deux obligent à déposer le troisième jour les sommes dues. — Acte en est dressé. — Les intérêts cessent de courir. 2 Pour les objets d'un certain volume, sommation de les enlever; sinon, la chose est aux risques du créancier. — Autorisation judiciaire de la déposer quelque part (1264). 5 Pour les obliga-tions de *faire,* simple déclaration qu'on est prêt.

II. — Effets de la consignation: 1 Les frais incombent au créancier (1260);

2 Les intérêts cessent de courir;

3" La chose est mise à ses risques;

4 La consignation, non acceptée ni dé-clarée valable, peut être retirée;

5 Mais, quand elle est consacrée par ju-gement irrévocable, le débiteur ne peut la retirer sans le consentement du créan-cier;

6" Le consentement du créancier ne peut préjudicier aux cautions;

7 Cas de faillite.

TRENTE-TROISIÈME LEÇON DE LA NOVATION.

§ I. *Notions générales.*

Section 1. *Définition.* La novation est la substitution d'une nouvelle obliga-tion — à une obligation précédente, qui, par là même, se trouve éteinte.

Section 2. *Formes et conditions.*

I. L'ancien droit romain la présumait, Justinien la voulut expresse. Le droit français ne la présume pas; mais, sans exiger une déclaration formelle, il veut qu'elle résulte de l'intention claire des parties. (C. C, 1273.)

II. Elle ne peut avoir lieu qu'entre personnes capables de faire et de recevoir un payement (1272).

Section 3. *Effets.*

I. La novation éteint la dette avec les privilèges et hypothèques qui peuvent l'accompagner.

II. La novation faite avec l'un des débiteurs solidaires libère tous les autres.

III. La novation faite avec le débiteur principal libère les cautions.

IV. Toutefois, si le créancier a exigé l'accession des co-débiteurs ou des cautions, leur refus fait subsister l'ancienne créance.

§ II. *Novation par changement de dette.*

Section 1. 11 faut que la dette nouvelle subsiste —civilement ou naturellement

Si elle est soumise à une condition suspensive qui ne s'accomplisse pas, la dette primitive demeure, sauf déclaration contraire.

Stion 2. 11 faut que la convention ne laisse pas douteuse l'intention des parties:

I. Soit par la déclaration formelle du créancier;

II. Soit par l'incompatibilité des deux obligations.

1 Dation en payement; 2 Conversion d'un prix de vente en rentes; 3 Vente de marchandises: quittance et payement en effets de commerce. Distinction si la quittance porte *valeur reçue en billets à ordre,* causés eux-mêmes *en marchandises.*

Conséquences pour la prescription, pour la revendication, etc.;

III. Mais non par un acte qui se bornerait à modifier les clauses ou à multiplier les sûretés: — par exemple, la reconnaissance de la dette, son placement dans un article de compte courant, sa consécration par un jugement, peuvent bien prolonger la prescription, mais sans changer la nature de l'engagement.

§ III. *Novation par changement de débiteur. —Exemple commercial:* Concordat.

1. Elle peut s'opérer à l'insu du premier débiteur, mais non malgré le créancier.

— Distinction d'avec la simple indication pour payer. 2. Le nouveau débiteur n'acquiert pas la subrogation légale. 3. Les hypothèques sur les biens de l'ancien débiteur ne passent pas sur ceux du nouveau.

§ IV. *Novation par changement de créancier. 1.* 11 faut que le créancier y consente,---sans quoi il n'y aurait que transport de créance.

2. Il faut que le premier créancier décharge le débiteur, — sans quoi il n'y aurait qu'indication pour recevoir. Mandats. 3. Il y a délégation quand l'ancien débiteur, pour s'acquitter envers son créancier, lui donne une tierce personne qui, à sa place, s'oblige envers ce créancier ou envers la personne qu'il indique.

I. La délégation admet quatre personnes, et en suppose au moins trois.

Exemples:

II. Mais il peut y avoir pourparlers distincts entre le délégant et le délégué ou le délégant et le délégataire.

III. Il faut qu'elle soit accompagnée des décharges du délégant envers le délégué ou du délégataire envers le délégant: alors, deux extinctions.

Il n'est pas nécessaire que les décharges soient expresses. Elles sont toujours supposées dans les *virements.*

IV. La délégation libère le délégant, ses co-débiteurs et ses cautions, — encore que le délégué fût incapable.

Cependant le délégant est responsable si le délégué était déjà en déconfiture ou en faillite ouverte.

V. Elle libère également le délégué envers le délégant: mais, quant aux exceptions qu'il avait contre celui-ci, le délégué ne peut les opposer au délégataire, — même au cas où il se serait faussement cru débiteur du premier.

TRENTE-QUATRIÈME LEÇON
DE LA COMPENSATION.

§ I. *Règles générales.*

Section 1. *Définition.*

La compensation est l'extinction matérielle des obligations dont deux personnes sont réciproquement créancières et débitrices.

Section 2. *Effets.*

I. Elle éteint les dettes jusqu'à concurrence de leur quotité respective, éteint les privilèges, hypothèques et

cautionnements dans les mêmes proportions.

II. Pour plusieurs dettes compensables, on suit les règles de l'imputation.

III. Celui qui a payé une dette éteinte par compensation ne peut plus, en exerçant son action, se prévaloir des sûretés qui y étaient attachées, à moins d'ignorance excusable.

§ II. *Compensation légale.*

Section 1. Conditions.

I. *Existence civile des deux dettes.*

La dette prescrite n'éteint pas celle qui est survenue depuis la prescription acquise; mais...

II. *Caractère personnel.* 1 Il faut que la dette soit *personnelle* aux parties; 2 Le tuteur ne peut opposer ce qui est dû à son pupille; 3 Le mari peut opposer ce qui est dû à sa femme, hormis en cas de séparation de biens ou de *paraphernalité;* 4 L'associé ne peut opposer ce qui est dû à la société; 5 Le débiteur solidaire ne peut opposer ce qui est dû à son co-débiteur que pour la part de celui-ci; 6 Le débiteur ne peut opposer ce qui est dû à la caution, mais bien celle-ci ce qui est dû au débiteur; 7 La compensation, opérée du chef d'un endosseur, profite

à tous ceux à qui il doit garantie.

III. *Fongibilité.* 1. Argent ou choses fongibles.

2. Exceptions à ce principe.

IV. *Liqtddité. — Quum cerlum est an et quantum debeatur.* 1. Il faut que les dettes n'aient rien d'incertain ou de litigieux.

2. Mais il n'est pas nécessaire qu'elles aient la même cause et présentent les mêmes sûretés. Une dette commerciale, par exemple, se compense avec une dette civile.

V. *Exigibilité.* 1. 11 faut que les deux dettes soient échues.

2. Mais le terme de grâce ne préjudicie pas, même celui qui est accordé par l'usage. 3. Les distances de lieu ne font pas obstacle. Section 2. Effets.

La compensation a lieu sans la volonté des parties et même contre leur volonté au profit des cautions.

Cependant il faut bien qu'elle soit opposée en justice.

§ III. *Compensation facultative.*

L'une des parties, en renonçant à ce qui empêcherait la compensation, est maîtresse de l'opérer.

Par exemple, si des deux dettes l'une est déterminée, l'autre indéterminée, le créancier de la première peut les compenser.

Autre exemple pour effets négociables avec des échéances diverses.

§ IV. *Compensations impossibles.*

Restitution pour spoliation;

Aliments insaisissables;

Emprunt à usage;

Dépôt;

Compensation de mauvaise foi.

C. C. 1295,1298. La compensation et son défaut ne peuvent préjudicier aux tiers.

TRENTE-CINQUIÈME LEÇON
LES OBLIGATIONS PEUVENT S'ÉTEINDRE SANS AVOIR ATTEINT LEUR ACCOMPLISSEMENT:

§ I. *Soit par l'effet du contrat.*

Expiration du terme, événement de la condition résolutoire.

§ II. *Soit par la volonté postérieure des parties:* 1' Résiliation, transaction. 2 Remise de la dette.

I. La *remise* est l'acte par lequel le créancier renonce au droit de recevoir le payement.

II. Elle est expresse ou tacite et se prouve par la remise du titre.

III. Ses effets.

1 Faite à l'un des co-débiteurs, elle libère les autres;

2 Faite à l'un des endosseurs, elle libère ceux qui le suivent;

3 Faite par le tireur à l'accepteur, elle ne libère point contrele porteur.—Règles spéciales pour les Concordats.

§ III. *Soit par la force des choses.*

Section I. Confusion. *1.* C'est le fait qui réunit les qualités de débiteur et de créancier dans la même personne. Ainsi quand un négociant, ayant des fonds chez son créancier, tire sur lui à son profit.

2. La confusion en lapersonne d'un co-débiteur solidaire ne libère les autres que pour sa part.

Section II. Impossibilité d'exécuter.

I. *Règles générales.* 11 Cas fortuit ou force majeure;

2 Que le débiteur n'en ait pas répondu;

3 Qu'il n'y ait pas de fautes imputables à lui ou à ceux dont il répond;

4 Qu'il ne soit pas responsable.

II. *Distinctions.* 1. Obligation de *donner.*

Distinguer:

S'il s'agit de choses indéterminées ou de choses certaines;

S'il y a vente ou louage.

2. Obligation de *faire.* — Le salaire n'est pas dû.

§ IV. *Soit par la décision du juge.*

Rescision.

I. Pour incapacité, dol, erreur ou violence. —Pour lésion.

MÉUXGES. II. 55

II. Dix ans pour agir à dater du jour où l'action est possible.

III. La rescision remet les choses en leur état.

1. Cependant les incapables ne sont pas forcés de restituer ce qui ne leur a pas profité.

2. La rescision contre les incapables ne profite pas aux co-obligés capables.

§ V. *Soit par la disposition de la loi.*

Prescription.

TREOTE-SIXIÈME LEÇ0i
DE LA PRESCRIPTION.

§ I. *Notions générales. 1.* Définition de la Loi (C. C, art. 2219).

2. Vices de cette définition. Origine rationnelle de la Prescription.

I. *Tempus non est modus constituendi vel dissolvendi juris.*

Le Droit est la volonté divine et il participe à son éternité. Mais les êtres que la volonté divine régit sont sujets au changement. Rien n'est plus varié que les situations qu'ils parcourent, et que les rapports qu'ils.soutiennent. Chacun de ces rapports constitue un droit, qui cesse avec la situation dont il résulte; et les situations se modifient elles-mêmes par la volonté de ceux qui les occupent: en ce sens, il appartient à la volonté de l'homme, mobile et flottante, de déplacer le droit, tandis que le principe en demeure immuablement fixé. — Comparaison du pendule. — Comparaison du soleil.

H. Le Droit, dans la société civile, est corrélatif au devoir: le droit existe et s'anéantit par l'accomplissement ou la violation du devoir, qui est l'œuvre de la volonté. Ainsi la propriété est le résultat de l'exécution de la loi du travail: c'est la détention, la transformation de la chose, qui nous l'approprie.

La chose peut sortir des mains du propriétaire, sans que sa volonté s'en dessaisisse. Mais un long délaissement ne laisse que le choix de deux suppositions: l'abandon volontaire ou la négligence, qui est aussi un tort de la volonté; la violation du devoir entraîne la perte du droit.

Au contraire, le nouveau possesseur, dont la bonne foi rendait l'usurpation excusable, la rend profitable par le travail; il remplit le poste d'un déserteur; il accomplit le devoir de celui-ci, il finit par en acquérir le droit: l'énergie de sa volonté l'a créé propriétaire.

Ces maximes s'appliquent plus facilement encore aux créances qu'aux propriétés.

III. La Loi devait saisir avec empressement ces indications de la nature.

1. Les fortunes ne sont pas isolées; elles forment, pour ainsi dire, le tissu d'or de la richesse publique; en déplacer un fil, c'est relâcher et détendre tous ceux qui le croisent. Il ne fallait pas ébranler les intérêts qui reposent sur un fait illégal en son principe, mais consacré par la confiance générale. 2. 'Il était bon d'encourager l'activité et de flétrir la paresse. De là l'extension de la Prescription, même en cas de mauvaise foi; sauf à renvoyer le défendeur acquitté par-devant le tribunal intérieur de la conscience. 3. Histoire de la Prescription.

I. *Patrona generis humani.* Exemples d'Aratus, des lois agraires, des donations faites par les Anglais en France, des biens nationaux. — Droit politique.

II. A Rome, Usucapion. — Prescriptions de dix et vingt ans. Les actions personnelles *non moriebantur.* — Prescription de trente ans établie par Théodose. — Prescription immémoriale. — *Anguillarum piscatio.*

III. Le droit canonique admet la Prescription en exigeant la *continuité* de la bonne foi.

Dans les Coutumes, divers systèmes. Le Code a adopté celui de la Coutume de Paris.

4. Définition véritable.

La Prescription à l'effet de se libérer, est une fin de nonrecevoir opposable au créancier qui a négligé d'exercer ou de faire reconnaître son droit pendant le temps que la Loi détermine.

§ II. *A quelles conditions la Prescription s'acquiert:* 1 Prescription trcntenaire (art. 2262). 2" Prescriptions *brevis temporis* (C. C, 2271, 2272,2277; Code de Corn., 189, 455).

Ces prescriptions n'étant que des présomptions de payement, le serment peut être déféré (2275). Elles courent contre les mineurs et interdits (2278). — Elles ne sauraient avoir lieu quand, au moment de l'échéance, le débiteur était en faillite. 3" La Prescription court du moment où il a été possible de poursuivre. — Conséquences en cas dedol.

§ III. *Effets généraux.* 1. La Prescription empêche la compensation.

2. Elle n'est point une exception personnelle, les tiers peuvent s'en prévaloir.

§ IV. *Interruption. 1.* Elle a lieu par la reconnaissance de la dette. — La reconnaissance est expresse ou tacite, elle entraîne la novation du titre.

2. Par l'interpellation, écrite ou verbale, même si la partie l'avoue (en matière de commerce); 3. Par la présentation à la faillite; 4. Par assignation, — citation (2249). — Effets contre les coobligés.

§ V. *Suspension.*

Différence d'avec l'interruption.
Cas de suspension (2252-2257).

§ VI. *Renonciation* (2220-2222).

TRENTE-SEPTIÈME ET TRENTE-HUITIÈME LEÇONS

DES PREUVES

§ I. *Principes généraux.*

I. *Probatio incumbit ei qui dicit, non ei qui negat* (paul, *Dig.,* XXII, m, 2).

1. La Loi ne présume pas l'existence des obligations: la preuve en appartient au créancier. 2. La Loi ne présume pas l'extinction des obligations existantes: la preuve incombe au débiteur.

II. Prouver, c'est établir la vérité par des moyens légaux. Le juge civil ne peut admettre que les preuves autorisées pai la Loi.

III. La Loi commerciale est plus large que la Loi civile. De la combinaison des art. 1316 C. C. et 109 Com. résultent dix

moyens de preuves, réductibles à trois chefs.

IV. Importance et difficulté de la matière. Les vérités générales du domaine de la raison se démontrent: les faits se prouvent.

La certitude s'obtient pour les uns et les autres par l'impossibilité de douter. Les faits se prouvent par l'expérience ou le témoignage. Le Juge n'a que le témoignage: quand il y supplée par le raisonnement, il entre dans le domaine du conjectural.— Infirmité nécessaire de la justice humaine. Elle a un bandeau sur les yeux; c'est pourquoi souvent elle tâtonne.

§ II. *Preuve littérale.*

Section I. *Actes publics et authentiques.* 1. Définition:

Reçus en la forme voulue par officiers publics à ce commis, et exerçant dans leur ressort (actes d'état civil, notaire, juge de paix. —Loi du 25 ventôse an XI).

2. Nécessité.

Seulement quand la Loi les exige. — Sociétés anonymes.

3. Utilité.

I. Us font foi jusqu'à inscription de faux: même s'il s'agit d'un acte passé à l'étranger.

II. Exceptions: 1 Pour les tiers, l'acte ne prouve que son existence et sa date; on peut l'attaquer comme simulé; 2 Les parties elles-mêmes peuvent l'attaquer pour dol et pour fraude.

Section II. *Actes sous seing privé.* 1. Ce sont ceux que les parties, sans assistance de l'officier public, ont passés entre elles et revêtus de leur signature. Ainsi une croix ne vaut pas signature. Mais un *Bon* signé d'une initiale est quelquefois valable par l'usage. — Un blanc-seing vaut procuration.

2. Règles pour les contrats synallagmatiques.

I. Autant d'originaux que des parties ayant un intérêt distinct (1325).

II. Cette règle n'est pas rigoureusement applicable au commerce, si ce n'est pour les sociétés.

5. Règles pour les contrats unilatéraux, billets et promesses.

I. Approbations en toutes lettres (art. 1326).

1 Insuffisance de « J'approuve l'écriture ci-dessus; »

2 Autant d'approbations que de débiteurs solidaires;

3 L'aveu judiciaire suppléerait à l'approbation.

II. Exceptions.

1" Les commerçants en général.

2 Les actes essentiellement commerciaux (lettres de change, aval, etc.).

4. Effets des actes.

I. A l'égard des parties (1323), aveu ou désaveu.

II. A l'égard des tiers (1328), date certaine.

1 Exception pour la date des lettres de change, billets et endossements (139, Co.). Peine de faux contre les antidates. — Mais on peut offrir la preuve contraire. 2 La mention d'un acte sur les livres de commerce supplée à l'enregistrement pour la date certaine. III. On a toujours le droit de contester le méritede l'acte au fond.

Section III. — *Bordereaux des Agents de change et Courtiers* (109, Co.).

1. Ces actes ont un caractère public. 2. La signature n'a pas besoin d'être précédée du *Don pour,* s'agît-il d'un non-commerçant.

Section IV. — *Livres de commerce* (art. 1329-1330, C. C. — 14-17, Co.).

A. — Dans quels cas ils font preuve.

I. Entre marchands.

1. Mais non contre les non-commerçants: ils peuvent seulement servir de commencement de preuve pour le serment supplétoire. 2. Ils peuvent être invoqués contre le commerçant, mais sans les diviser.

II. En matière commerciale: autrement il n'y a que simple indice.

III. Si les livres (indispensables) sont régulièrement tenus: autrement, les livres auxiliaires ne peuvent être invoques que par la partie adverse.

I). — Comment, de quoi, et jusqu'où font-ils preuve?

I. Le Jugé peut toujours ordonner la représentation, soit qu'on l'offre ou qu'on la demande, mais pas toujours la communication (art. 14 etsuiv., Co.).

II. Si les livres des deux parties se contredisent, on croira les mieux tenus.

— En cas d'égalité, on s'aidera des inductions extérieures, etc.

III. On n'admet pas l'allégation d'une erreur commise au préjudice de l'auteur du livre, soit pour payement, soit pour recette.

IV. Les livres n'excluent point la preuve contraire.

V. Le défaut de livres n'empêcherait pas de prouver, par d'autres moyens, la créance ou la libération. 3. Les livrets tenus doubles et conformes entre eux font preuve. 4. Il en est de même des *tailles*. Section V. — *Correspondance.* 1. Le *copie de lettres* et la conservation des lettres reçues rend ce moyen facile. 2. Rappel des règles données pour la conclusion des contrais par correspondance. 3. Le défaut de réponse prouve le consentement. 4. La reconnaissance de l'échéance de la dette vaut mise en demeure. 5. En dehors du commerce, les lettres ne valent que comme acte sous seing privé.

Section VI. — *Factures.* 1. Ce sont des états détaillés, indiquant la nature, la quantité et le prix des choses livrées à quelque litre que ce soit.

2. La facture acceptée prouve l'existence d'une vente; l'acceptation n'a pas besoin d'être écrite. 3. La cession de la facture opère la délivrance symbolique des marchandises qu'elle désigne. — Ventes par endossement. 4. La facture, même non acceptée, peut servir à prouver le prix des marchandises en matière d'assurances et d'avaries.

§ III. *Preuve verbale.*

Section I. — Preuve testimoniale. Sa défaveur: *Lettre passe témoins.*

« Les témoins sont fort chers et n'en a pas qui veut (i). » 1. Droit commun (art. 1341, 150 fr.).

Exceptions, commencement de preuves par écrit, impossibilité'(1547-1348).

2. Droit commercial (art. 109, Co.).

I. Les engagements commerciaux se prouvent par témoins.

(I) Racine, les *Plaideurs.* aclc III, scène m.

II. Ce mode est presque indispensable pour les foires, marchés, pour établir la qualité de commerçant, etc.

III. Certains engagements: sociétés, assurances, affrètements doivent exister par écrit.

IV. Prudence des Juges.

Section II. — Aveu de la partie (1554 et suiv.). 1. Judiciaire.

2. Extrajudiciaire. Section III. — Serment (1357). 1. C'est un acte religieux par lequel on prend Dieu à témoin de la vérité d'une affirmation ou d'une négation. 2. Serment *décisoire:* celui qu'une partie défère à l'autre. Il peut être référé. 5. Serment *supplétoire,* ou ordonné d'office par le Juge.

§ IV. *Preuve rationnelle.*

Présomptions (1349).

Définition.

1. *Légales:* celles où la Loi consacre certaines probabilités comme des certitudes.

2. *Humaines:* celles qui sont abandonnées à la prudence du Juge. (Précises, graves, concordantes.)

TRENTE-NEUVIÈME LEÇON
DES SOCIÉTÉS.

§ . *Esprit des lois qui régissent les Sociétés commerciales.*

Section I. — De l'association considérée comme fait général. I. C'est la loi commune de la nature et de l'humanité que l'isolement soit condamné à l'impuissance, et que de l'union seule puissent résulter la force et la vie. Ainsi les éléments de la matière se cherchent pour ainsi dire par une attraction qui détermine entre eux d'harmonieux mouvements: ainsi, parmi les innombrables tribus des animaux, plusieurs savent associer leurs efforts, soit pour creuser la fourmilière ou construire la ruche où s'exerce leur travail industrieux, soit pour repousser dans les forets l'attaque des bêtes ennemies, soit pour fournir la course aérienne qui, à l'approche de l'hiver, doit les conduire sous un ciel plus clément.

H. L'homme ne pouvait échapper à cette destinée commune de la création. Seul, en présence de lui-même, réduit à ce *moi* qui pourtant est si prompt à s'adorer, il ne tarderait pas à s'effrayer du monde extérieur; il se verrait perdu comme un point imperceptible au milieu des immensités de temps et d'espace qui l'environnent. La peur de la solitude est un îles plus légitimes instincts de l'enfance. Suffisant à satisfaire ses besoins, à prévenir ses périls, assiégé par des sensations tumultueuses, les pressentiments des choses invisibles avorteraient, nulle idée morale ne se formerait dans sa pensée si elle n'était visitée par la parole. La parole est la société des intelligences.

III. Famille, nationalité, alliances internationales. Associations de travaux et de plaisirs. Section II. —De l'association comme fait commercial.

I. Le commerce lui-même, qu'est-il autre chose qu'une association universelle des producteurs et des consommateurs pour la richesse publique?

II. Mais il y a plus, et nulle entreprise considérable n'est possible pour les forces d'un seul homme: agents naturels, capitaux, services. — De là les auxiliaires des commerçants; île là les prêts et les louages, sous quelque nom qu'on les cache: toujours autant d'associations.

III. Plus qu'un pas: partager la pensée génératrice et directrice de l'industrie projetée, par conséquent aussi les bénéfices et les périls.

Section III. — Organisation de l'association commerciale.

I. Les associés se confondent, la signature sociale employée par l'un d'eux oblige tous les autres.

II. La Société devient un être moral à part. Elle est propriétaire de tout ce que l'associé y a mis, et lui demeure seulement débitrice de ce qui restera, liquidation faite: or les créanciers propres *de l'associé,* n'ayant d'autres droits que les siens, ne pourront agir que sur ce reliquat; donc les créanciers *de la Société* passeront avant eux.— Au contraire, les créanciers de la Société, le sont en même temps des associés eux-mêmes.

III. Dès lors, il faut à la Société une existence publique, un nom collectif.

IV. L'association en commandite est une manière de prêter. Elle offre une prime aux capitalistes, une ressource à l'industrie. Il est juste que le commanditaire, ne gérant point, ne soit pas complètement responsable. La commandite diminue les faillites. Bizarrerie de la législation anglaise.

V. Les Sociétés *par actions,* nécessaires pour les grandes entreprises. Elles intéressent l'ordre public.

§ 2. *Histoire générale des lois qui régissent les Sociétés.*

Section I. — Chez les Grecs.

Deux faits cités par Dcmosthènes:

I. Androclès de Sphette et Nausicrate de Caryste ont prêté à Artémon et à Apollodorc de Phasélis trois mille drachms d'argent sur des effets à transporter d'Athènes à Seione, et de là dans le Bosphore (1).

II. Lycon d'Héraclée dépose chez un banquier d'Athènes une somme de six cent drachms pour être remise à son associé Céphisiade de Scyros (2).

Section II. — Chez les Romains.

La Société est soumise aux règles générales du Droit civil. Assosociation de deux banquiers, association de marchands tailleurs, citées au Digeste. Section III. — Moyen âge.

I. Sociétés *civiles.* Sociétés à pot commun.

(1) A.HMO20. O itpo; Tt,v Aakpitoï 77fœ-y;».(friv. (2) O wpô; KAAAinnoN.

Au plus haut période de la féodalité, la plupart des habitants des villes et des campagnes étaient serfs. Or le sentiment de la faiblesse développait le besoin du rapprochement et de l'union. Les serfs vécurenten commun, non-seulement avec leurs parents, mais aussi avec des étrangers à *même pot et feu,* et à *même chanteau.* Chacun des associés se nommait *parsonnier,* et la retraite d'un seul parsonnier suffisait pour dissoudre la communauté. Il n'est pas douteux que plusieurs de ces communautés de serfs ne soient devenues des communes. El tandis que, dans les anciennes cités municipales, la liberté ne fut que le retour victorieux d'un ancien souvenir, dans plus d'une localité nouvelle, ce fut la patiente conquête de l'esprit d'association. — Sociétés taisibles (an et jour).

II. Sociétés *commerciales. 1.* Dans la compilation du *Consulat de la mer,* on trouve prévu le cas où le constructeur d'un navire s.'associe, par fractions ou parties aliquotes, des actionnaires dési-

gnés sous le nom de *parsonniers. 2.* Les associations en nom collectif se multiplient. Les associés signent ensemble et se désignent mutuellement par le pronom possessif pluriel. — La solidarité entre associés s'y établit facilement. On reconnaissait même comme obligés solidairement tous les marchands non associés qui faisaient une affaire ensemble.

On consacra le principe de l'existence distincte de la Société.Le statut de Gênes disait: « *Creditoressocietatum* « *mercatorum, in rébus et bonis societatum, prxferantur* « *quibuscumque creditoribus aliis sociorum singulo*« *mm.... Etiam Dotibus.* » Ceci passa sans opposition, parce qu'à Gênes tout le monde était commerçant: *Genuensis est, ergo mercator; valet consequentia. 3.* Le contrat de commande consistait à confier à un marin une somme d'argent ou de marchandises pour négocier sur un certain nombre d'échelles, moyennant une part d'intérêt.

Origine: les Croisades et la navigation de la Méditerranée. — Texte des Assises de Jérusalem. — Onze chapitres sur le même sujet dans le *Consolado de mar.* — Le *commandant* ne pouvait jamais être engagé au delà des fonds par lui prêtés.

Une extension facile de ces principes a dû exercer la société en commandite, qui, dès le dix-septième siècle, fut connue sous ce nom.

La désignation de *N. et compagnie* est très-ancienne. Grégoire IX donne quittance à la maison *Angelerius Solaficu et socii* (1233). Mais alors ceux qui n'étaient pas nommés n'étaient traités que comme simples commanditaires. L'usage contraire a prévalu au dix-huitième siècle.

4. De grandes compagnies se forment déjà, comme celles des *Umili* de Pise (H 88). Section IV. —, Temps modernes.

I. A la fin du seizième siècle s'introduisent, à proprement parler, les Sociétés par actions pour l'exploitation du commerce maritime, singulièrement agrandi.

II. Vers le même temps, on adopte en Italie la publicité des actes sociaux.

En France, l'art. 358 de l'ordonnance de Blois (1579) établit la règle pour les étrangers. Elle devint générale par l'art. *M* de l'édit de 1629 (le Gode Marillac, nommé communément *Code Michau),* et plus sévère encore par l'ordonnance de 1673, titre iv, art. 2.

III. En Italie, l'arbitrage volontaire fut de tout temps usité, et l'usage s'introduisit que les juges renvoyassent devant les arbitres.

Édit de François II (août 1560).
Ordonnance de 1673, titre iv, art. 9.

Nous traiterons successivement:

De la formation des Sociétés et de leur effet général,

Des différentes sortes de Sociétés,

De la dissolution des Sociétés,

Des effets de la dissolution.

Ici, messieurs, nous entrons dans une carrière nouvelle. Nous y rencontrons des notions plus familières pour vous, parce qu'elles seront plus spéciales. Mais vous y reconnaîtrez souvent la présence des idées générales que nous avons dû développer, et qui ne sont pas sans importance. Les idées générales sont comme les signes que l'on place sur des ballots de marchandises. La science ne peut pas inventorier les détails. La science a pour but de développer l'activité de l'esprit humain et non pas de servir sa paresse. Cependant désormais les exemples seront plus nombreux Importance d'une assiduité soutenue. La période nouvelle que nous parcourons vient de se trouver consacrée par d'heureux présages. Le témoignage solennel d'intérêt que le cours vient de recevoir de l'Université et de la Chambre de commerce lie les auditeurs comme le Professeur. La reconnaissance de tous est le prix de ce qui se fait pour le bien public.

QUARANTIÈME LEÇON
DE LA FORMATION DES SOCIÉTÉS ET DE SES EFFETS EN GÉNÉRAL.

Les principes généraux des sociétés sont écrits au Code Civï (combinaison de l'art. 18, *Com.,* avec l'art. 1873, *Civ.*). Définition (art. 1832).

Division:

§ 1. Des caractères distinctifs du contrat de société.

§ 2. Du personnel.

§ 3. Du matériel.

§ 4. De l'intérêt.

§ 1. *Des caractères distinctifs du contrat de société.*

A.—La société est un contrat du droit naturel, consensuel, commutatif.

I. Par conséquent, elle doit réunir les conditions essentielles pour la validité des contrats. — Chose licite. 1833. Coalition.

II. Elle ne peut être consentie par un mort civilement.

III. Elle n'est pas nécessairement écrite. — Distinction sur l'art. 1834. — Associations en participation.

IV. Elle ne peut avoir lieu que par la mise en commun des profits et des pertes.

B. — Ainsi la société se distingue:

I. De la simple communauté d'intérêts qui peut ne pas résulter d'un contrat: 1" Co-propriété par succession; 2 Union des créanciers dans la faillite; 3" Engagement collectif d'ouvriers.

II. De l'engagement d'un commis intéressé: car l'intention du chef est communément de se donner un auxiliaire et non pas un associé. — C'est un louage de services avec clause aléatoire; point de co-propriété dans les marchandises, etc.

III. De l'acte par lequel on donne à un cosignataire un droit de commission, car il n'y a pas association dans les pertes des tontines ou assurances mutuelles, parce qu'on n'y rencontre pas, à proprement parler, de *profits.*

IV. De la communauté conjugale, parce que celle-ci a bien plus pour cause l'indivisibilité naturelle des intérêts conjugaux que le partage des bénéfices.

C. — Les sociétés sont civiles ou commerciales.

I. Daux sortes de sociétés civiles. Universelle et particulière. Deux sortes de sociétés universelles.

II. La société commerciale est celle qui a pour objet de fairt» des actes de commerce.

Il n'est pas nécessaire que les associés soient commerçants, ni que les rapports soient mobiliers. — Mais il faut que la spéculation soit commerciale.

§ 2. Dm *personnel de la société.* 1.

Qui peut être associé.

Toutes personnes, excepté celles qui sont incapables de contracter. — Exception de l'art. 1866.

2. *Comment on est associé.*

I. En général par le consentement commun de tous les associés, par le choix.

II. Première exception: en faveur de l'héritier, au cas de l'art. 1860.

III. Deuxième exception: quand la convention autorise la cession de parts, ou l'admission, par les administrateurs, d'un certain nombre d'associés.

IV. Troisième exception: quand la même faculté résulte de la nature des choses; sociétés par actions.

En dehors de ces hypothèses, il peut y avoir cession de part ou sous-association avec des effets spéciaux.

. Sous-association.

Le sous-associé se nomme *participant* ou *croupier.* Sa position est déterminée par les règles générales ou par les conventions particulières.

2. Cession.

Le cédant doit figurer dans toutes les opérations sociales comme mandataire du cessionnaire. — Seulement celui-ci ne peut poursuivre les associés que du chef et après la condamnation du cédant. De même, les associés n'ont pas d'action contre le cessionnaire.

3. *Comment les associés interviennent à la gestion.*

I. En principe, ils ont tous un droit égal et peuvent tous délibérer. 1859.

II. Exceptions.

1. Us peuvent avoir nommé des gérants. 1856. 2. Ils peuvent avoir limité à un certain nombre de personnes ou d'actions le droit de voter.

III. Les voix se comptent régulièrement *par têtes,* et la majorité *absolue* décide.

IV. En général les clauses constitutives de l'acte de société ne peuvent être modifiées que par l'unanimité.

V. Mais l'associé peut quelquefois faire à ses périls et risques ce que la société n'a pas voulu. 4. *Comment les associés sont distincts de la société.*

I. La société est une personne morale, distincte des associés.

II. Elle peut donc être, leur créancière ou leur débitrice.

En conséquence les créanciers personnels d'un associé pourront se faire colloquer dans le passif de la société pour le dividende que produira sa créance, et venir sur ce dividende en concurrence avec les créanciers de la société.

III. Les créanciers personnels de l'associé ne sont pas créanciers de la société.

Application à la femme mariée pour les droits dotaux. Le créancier personnel ne peut entraver les opérations sociales, mais il peut provoquer la vente des actions du débiteur. Les exceptions et compensations personnelles ne peuvent s'opposer à la société.

IV. La faillite de la société n'entraîne pas nécessairement celle des associés.

V. On peut faire partie de plusieurs sociétés distinctes.

VI. La société a un nom: c'est la *Raison sociale.* 21, Com. — Exception pour les sociétés anonymes.

1. Différence entre la raison sociale et le nom de l'Établissement ou de l'Entreprise. 2. L'une ne peut pas s'aliéner, l'autre le peut. 3. La présence d'un nom étranger dans la raison sociale oblige le porteur du nom s'il est complice: autrement elle constitue une escroquerie. On ne peut conserver le nom d'un associé sorti. 4. La société agit et on agit contre elle sous son nom. Elle a un domicile distinct. 5. Un associé qui use de la raison sociale pour ses propres affaires commet une escroquerie. S'il est administrateur, il oblige la société envers les tiers.

§ 5. Dit *matériel de la société* (1).

Il est de l'essence de la société que chacun de ses membres y confère une valeur productive.

L'absence d'apport changerait la société en donation et l'assujettirait aux règles spéciales qui s'appliquent à cet acte. Si l'apport était fait à condition de pouvoir le retirer à volonté, co ne serait plus qu'un prêt.

A. — *De la consistance de Vapport qu'on peut promettre.*

I. Nature.

1. Toute valeur productive peut être l'objet de l'apport social. 2. Agents naturels. Capital. Travail. 3. Immeubles, eaux, forêts. Meubles, instruments, créances, argent. Travail matériel, industrie et procédés, surveillance, crédit. Propriété ou jouissance et usage.

II. Qualité.

1. Elle est d'ordinaire fixée par la convention. 2. A défaut de convention, les apports sont présumés devoir être égaux. 5. Les apports non déterminés sont présumés égaux au moindre apport déterminé. 4. La mise d'industrie est aussi présumée égale au moindre apport déterminé. Industrie avec mise de fonds. 5. Distinguer l'apport ou *compte de fonds: V* D'avec le *compte courant obligé* (art. 20, loi du 16 nivôse an VI); 2" D'avec les prêts, avances ou déboursés.

B. — *De l'apport promis.*

I. Époque où il est dû.

1" A l'époque fixée parla convention; 2" A défaut de convention, au moment de l'existence de la société: dès lors, les intérêts courent de droit. 1846. (I) On l'appelle aussi *l'apport de la mise.*

H. Manière dont il est dû.

1. Mêmes règles que pour l'obligation de livrer ou de faire. 2. Celui qui doit son industrie ne peut l'employer à d'autres entreprises. 111. — Conséquences de la perte de la chose ou de l'impossibilité de faire (cas exceptionnels). 1. Si la chose promise est indéterminée, la perte ne libère pas l'associé et ne dissout pas la société; mais, s'il se refuse à remplacer les objets perdus, on ne peut que demander *dommages-intérêts.* 2. Si la chose est déterminée, la perte libère l'associé (sauf sa faute ou son retard); mais dissout-elle la société? Opposition de 1138, 1583, et 1867, Code Civ. Il y aura certainement dissolution si l'objet est essentiel. Exemples. 3. L'impossibilité de *faire* entraîne libération et dissolution.

C. — *De l'apport réalisé.*

I. Garantie. 1845, 1847.

1. L'associé doit garantir à la société la propriété de l'objet qui fait sa mise. — La contenance, Jes vices rédhibitoires, l'existence de la créance. 2. Il garantit l'existence légale du brevet d'invention qu'il a apporté, mais non le droit exclusif qui en résulte ordinairement. 3. Il n'est point obligé d'apporter les fruits

d'un travail étranger à l'objet de la société et fait en des heures de loisir.

II. Perte de l'apport.

1. Si la chose était devenue propriété de la société (1851), la perte n'empêche pas l'associé qui avait apporté la chose de jouir du bienfait de la société, à moins que la chose ne fût essentielle. 2. Si la chose n'appartient à la société que pour l'usage ou la jouissance, la perte est pour l'associé, et la société est dissoute, à moins que la chose n'ait péri au service de la société. 5. Si la question de propriété est incertaine, elle se résoudra par les circonstances.

I. Les choses qui se consomment par l'usage, destinées à se vendre, estimées par inventaire, sont appropriées à la société. Ex. Chevaux de maquignons. *Qaid* des choses qui se détériorent?

II. Il en est autrement des choses destinées à un usage durable: chevaux de voiturier.

. Quand l'un des associés n'a apporté que son industrie, celui qui a apporté une chose matérielle n'est censé en conférer que l'usage.

III. Impenses.

1. Les dépenses d'entretien sont ordinairement à la charge de la société pour ce dont elle a l'usage. 2. Mais non pas toujours les dépenses usufructuaires. 605. — 1754. Exemple.

IV. Remplacements et suppléments.

1. En général, le remplacement de la mise perdue n'est pas exigible; mais il peut être stipulé. 2. Il en est de même du supplément. Cependant il pourra être exigé par une délibération sociale si à son défaut l'entreprise devenait impassible, mais non s'il ne s'agit que d'étendre les affaires de la société.

§ IV. *De l'intérêt de la société.*

L'intérêt de la société, c'est la vue intentionnelle qui a présidé à sa formation. C'est le bénéfice espéré: mais le bénéfice n'est qu'une chance qui suppose la chance contraire, la perte. . Principe.

La chance des profits et des pertes doit être commune. 1855. 2. Conséquences.

I. Convention qui attribuerait à un associé tous les bénéfices et toutes, les pertes serait nulle comme société.

II. Il en serait de même de celle qui attribuerait à un seul tous les bénéfices ou l'exempterait de toutes les pertes. 1855.

III. A défaut de convention, les chances sont proportionnelles aux mises. 1853.

3. Clauses permises.

I. Un associé peut n'avoir de part aux bénéfices ou aux pertes que conditionnellement,

II. Ou en proportion supérieure à sa mise,

III. Ou une part inégale dans les bénéfices et les pertes,

IV. Ou aucune part dans les pertes s'il apporte son industrie, son crédit, etc.

4. Clauses défendues.

I. Il y aurait usure à stipuler le retirement de la mise avec les bénéfices, s'il y en a, et sans perte, s'il y en a.

II. Mais il n'est pas défendu de se faire assurer sa mise moyennant une prime.

III. On ne peut pas convenir qu'un associé aura telle part dans les affaires avantageuses et une part différente dans les affaires désavantageuses.

5. Règlement de partage. Art. 1854. *Quid* si l'arbitre ne voulait ou ne pouvait pas prononcer?

Il n'est pas nécessaire que les bénéfices se partagent chaque année.

Comment s'évaluent les profits et les pertes?

QUARANTE ET UNIÈME LEÇON DES SOCIÉTÉS EN NOM COLLECTIF.

Généralités.

I. Nous avons dit les règles générales qui président à la formation des sociétés; nous exposerons plus tard les faits généraux qui en accompagnent la dissolution. Entre ces principes de droit commun qui dominent les deux points extrêmes de leur existence (leur naissance et leur mort), les associations commercialesse meuvent avec plus de liberté; elle se divisent en plusieurs catégories, dont chacune a une vie propre et des règles distinctes.

If. Le législateur reconnaît trois sortes de sociétés commerciales: en nom collectif, en commandite, anonyme. 19, Co.

Raisons de cette division: Pourquoi distinguer entre la société anonyme et celle en commandite? Pourquoi omettre l'association en participation?

III. La société en nom collectif est celle qui se forme entre plusieurs personnes pour faire ensemble sous une raison sociale telles opérations de commerce qu'elles jugeront à propos (20).

IV. On peut considérer cette association dans sa nature et dans sa forme: dans les faits qu'elle suppose et dans les solennités auxquelles elle est astreinte.

Trois choses de la nature de la société en nom collectif: raison sociale, gestion, solidarité.

§ i. *Des conditions d'existence de la société en nom collectif* 1 Raison sociale.

I. Le mot de *Raison sociale,* qui se traduit aussi *Raison de commerce,* est synonyme de *nom collectif: Ratio,* loi, rapport, compte, toutes significations corrélatives à l'idée de l'être abstrait appelé société.

II. Distinction entre la raison de commerce et la dénomination technique d'un établisement commercial.

1" L'un peut exister sans l'autre: ils peuvent aussi exister ensemble. 2 On peut vendre, transmettre la dénomination d'un établissement: la raison sociale est intransmissible.

III. Les noms des associés peuvent seuls faire partie de la raison sociale (21).

I. Motifs.

Le but de cette règle nouvelle et propre au droit français a été de mettre fin à un usage devenu dangereux, celui de conserver les raisons sociales après la mort de leurs auteurs. — De là d'inextricables difficultés et de nombreuses méprises. Il est d'ordre public que les noms soient sincères. 2. Conséquences.

I. Une femme séparée de biens ne peut pas faire le commerce sous le nom seul de son mari.

II. Celui qui a permis la présence de son nom dans une raison de commerce à laquelle il est étranger, peut être condamné à la solidarité.

III. Ceux qui, à l'insu d'autrui, au-

raient fait usage de faux noms, pourraient être poursuivis pour escroquerie. — 405, P.

IV. La raison de commerce devient la signature sociale, et, entre les mains de l'associé gérant, elle oblige les autres associés. Elle forme le nom sous lequel la société agit, plaide, prend hypothèque, etc.

V. La raison sociale N. et compagnie ne désigna primitivement que les sociétés en commandite. Maintenant elle s'applique aussi aux sociétés en nom collectif. — Dangers des sociétés qui ne portent qu'un nom seul.

VI. Moralité de l'institution.

2" Gestion.

Il est de la nature de cette sorte de société que tous les associés gèrent par eux-mêmes ou par des gérants dont ils répondent I. Délégation de pouvoirs à des gérants.

1. Elle peut être faite par l'acte constitutif ou par acte postérieur; conséquence de cette distinction: dans le premier cas les gérants ne perdent leurs fonctions que par la dissolution de la société. 2. Elle peut être faite en termes limités ou illimités. Dans ce cas, les gérants peuvent faire tous les actes d'administration commerciale. Étendue de cette expression. Exemples: Transactions, Gratifications. 5. L'administration peut être confiée à tous les gérants agissant de concert, ou à chacun d'eux agissant isolément; ils n'obligent la société que dans les limites de leur mandat. 4. Devoirs des gérants, art. 1848,1846. Code Civil. — Le gérant ne peut s'approprier aucun des avantages qu'il obtient dans ses opérations. Si sa nomination est l'effet d'une confiance personnelle, il ne peut se faire remplacer que dans le cas *de* la plus urgente nécessité. — Responsabilité. — 1950-1992. 5. Distinction entre la signature sociale et la signature par procuration. 6. Les associés non gérants ne conservent que le droit de surveiller, de se faire rendre compte, d'examiner les livres. Mais si le gérant est nommé par l'acte constitutif, on ne peut pas s'opposera ses opérations.

H. Concours de tous les associés à la gestion.

1. Application de 1859. 2. Mais chaque associé peut faire opposition. 3. Et, en général, dans une société de commerce, un associé ne doit pas user gratuitement des choses sociales. 5 Solidarité.

I. Solidarité active. 1197. Elle n'a lieu que pour les associés gérant par eux-mêmes.

11. Solidarité passive. 1 *De quels engagements les associés sont-ils solidairement tenus?*

I. S'il y a des gérants publiquement connus, 1. La société n'est liée que par leurs engagements.

2. Elle est liée môme par leurs délits et malgré l'opposition des autres associés.

3. Elle n'est liée par les actes des associés non gérants qu'autant qu'elle y adhère ou en profite.

II. Si tous les associés gèrent,

Ils s'engagent les uns les autres, sauf le cas d'opposition dûment notifiée.

III. Dans l'un et l'autre cas, il faut que l'engagement soit contracté sous la signature sociale.

Cependant 1. Le gérant signant comme chef de la maison l'obligerait.

2. La société peut être liée par l'acte d'un simple associé, pourvu que cet acte l'intéressât et fût de bonne administration. Art. 1375, C. C. Exemple. 3. Cependant il ne suffirait pas d'établir que la somme a été versée dans la société; il faut que le versement ait été fait pour son compte. 2 *Comment s'exerce cette solidarité?*

Elle tient plus du cautionnement que de la solidarité proprement dite.

Le créancier ne peut poursuivre les associés qu'après avoir fait juger la vérité et la quotité de la dette contre la société.

§ 2. *Des formalités de la société en nom collectif. 1.* Exposition historique.

I. Si l'union fait la force, si l'association multiplie le crédit, il semble au premier abord que les sociétés commerciales sont assez intéressées à se faire connaître, sans qu'il soit nécessaire de leur en imposer l'obligation. Mais souvent, après s'être volontiers associé aux espérances, on décline la solidarité du malheur. De là nécessité de constater d'une manière irrévocable la formation de la société.

II. La publicité de la formation et de la dissolution des sociétés par une inscription faite sur des registres publics date en Italie du seizième siècle. — Le principe fut adopté en France pour les étrangers par l'ordonnance de Blois, 1579. A défaut de s'y conformer, on refusait aux associés toute action entre eux. — La disposition fut généralisée par l'ordonnance de 1629, appelée Code Michau. — Ordonnance de 1675, titre iv, art. 2 et 6. Ces deux articles tombèrent en désuétude.

III. Code de Commerce. Intention de remettre en vigueur l'ancienne règle. Art. 39, 41, 46, Code de Corn. — 1834, Code Civil.

2. Formes prescrites parla loi.

I. Rédaction par écrit. 59, 1325, 1834, il.

L'interdiction de prouver l'existence de la société autrement

que par écrit, et de prouver contre ou outre son contenu, n'atteint pas les tiers. Ainsi on peut prouver qu'un prétendu commanditaire était gérant. Ainsi un héritier poursuivant rorrectionnellement un prétendu associé de son pore a pu établir, comme fait, l'association.

II. Publicité.

1. Extrait. Il doit contenir:

I. Les noms des associés,

II. La raison sociale,

III. La désignation des gérants,

IV. L'époque de la formation et celle de la dissolution,

V. La signature du notaire ou celle des associés.

On n'exige ni l'indication des mises ni celle des intérêts. Le nom des associés fait leur crédit, et la totalité de leurs biens sert de gage.

2. Inscription au greffe du tribunal et affiche. 3. Insertion au journal.

Utilité réelle, mais non légale, des circulaires. — Mêmes formalités pour les continuations, dissolutions, retraites.

. Sanction attachée par la loi aux formes qu'elle a prescrites. — Nullité.

I. Effets de la nullité entre les associés.

1. *En cas d'absence d'acte.*

Trois opinions.

I. Nullité seulement en ce sens qu'on ne pourrait s'en prévaloir contre les tiers.

II. Nullité en ce sens qu'il n'y aurait pas d'acte pour l'avenir, mais que pour le passé tout se réglerait aux termes de l'acte, — chacun restant maître de provoquer la dissolution.

III. Nullité en ce sens que l'acte n'aurait aucune valeur ni pour le passé ni pour l'avenir.

IV. Il peut y avoir lieu à dommages-intérêts contre la personne par la négligence de laquelle l'acte n'a pas reçu les formalités requises. Mais la clause pénale portée au contrat non public contre celui qui provoquerait la dissolution n'aura pas lieu. V. L'acte n'étant pas nul de droit, la convention de dissolution ne serait pas nulle pour défaut de cause, 2. *En cas de retard.*

Sur la validité de l'association publiée après les quinze jours, variation de la jurisprudence. Arrêt de Lyon réprouvé par les auteurs. 11. Effets de la nullité à l'égard des tiers.

. Les tiers peuvent prouver de toute manière l'existence de la société. 2. Mais les créanciers qui se prétendent sociaux pour exclure les créanciers personnels ne peuvent prouver l'existence de la société que régulièrement. 3. Le créancier personnel peut, au contraire, méconnaître l'existence d'une société irrégulièrement formée après la naissance de son droit.

QUARANTE-DEIXIÈME LEÇON
DES FORMALITÉS REQUISES POUR L'£xistence LÉGALE DES SOCIÉTÉS EN NOM COLLECTIF.

I. *Motifs de la loi.* 1. De tous les actes de la vie industrielle, le plus grave, assurément, c'est la formation dela société de commerce; elle y tient pour ainsi dire la même place que le contrat de mariage occupe dans la vie civile-, et si paradoxal que puisse, au premier aspect, paraître un semblable rapprochement, il est justifié par de nombreuses analogies. — Comme le mariage, la société intervient d'abord à ce moment de l'existence où s'achève le noviciat de la jeunesse; elle ouvre en quelque sorte la carrière publique, et souvent elle y projette jusqu'au bout une ombre favorable ou funeste. — De même que l'union des époques crée la famille, ainsi de l'assemblage des associés résulte un être nouveau qui, sous le nom de maison de commerce, prend son rang, soutient des rapports de droit et de devoir, et concourt pour sa part à l'œuvre commune de la prospérité nationale. Puis les communications journalières qui s'établissent entre les associés, les épanchements mutuels de leurs pensées et de leurs espérances, la révélation réciproque et nécessaire de leurs habitudes et de leurs penchants, en un mot le contact intime des intelligences et des caractères ne peut manquer d'exercer tôt ou tard sur leurs facultés morales une influence bienfaisante ou nuisible. — Enfin, indépendamment de l'importance du contrat de société pour chaque associé personnellement, il intéresse sous un autre point de vue la sollicitude de l'État. Car l'État lui-même n'étant qu'une immense association dont l'existence est le résultat d'une multitude d'associations homogènes (comme les cristaux, p. a. d...), il veille nécessairement à ne laisser pénétrer dans son sein aucun élément hétérogène et par conséquent désorganisateur, et c'est pourquoi toutes les sociétés politiques, scientifiques, littéraires, sont soumises à son contrôle suprême. La société commerciale s'y recommande par une raison de plus: c'est qu'elle renferme implicitement un appel au crédit, et le crédit c'est la foi publique, dont il faut conserver la pureté en lui assurant le respect, et dont il faut conserver l'énergie en lui épargnant les mécomptes.

2. De là ces rigoureuses exigences de la coutume commerciale pour assurer l'état civil des sociétés de commerce; de là ce règlement de l'ordonnance de Blois, œuvre réformatrice, expression de la sagesse de la bourgeoisie française dans ce court moment de règne qui lui fut donné entre deux époques de despotisme.

Delà les décisions de deux ordonnances de 1629 et de 1673, et les articles 5'J et suivants du Code de Commerce.

11. *Dispositions de la loi.* 1. Rédaction par écrit.

I. Nécessité absolue de l'écrit sans l'exception ordinaire. 39,1834,41.

II. Conditions de la rédaction sous seing privé. 39, 1525.

2. Publicité.

I. Mesure préparatoire: extrait qui doit contenir (43, 44): 1 Les noms des associés, 2 La raison sociale, 3" La désignation des gérants, 4 L'époque de la formation et de la dissolution, 5 La signature du notaire ou celle des associés.

II. Moyens de publicité. 42.

1 Transcription sur les registres du greffe.

2" Afficbe au tribunal.

3 Insertion au journal. (Décret du 12 février 1844; loi du 51 mars 1835.)

3. Nécessité de multiplier ces formalités en cas de pluralité d'établissements, 42, et de les répéter en cas de modifications, 46.

Insuffisance des circulaires.

III. *Sanction de la loi.*

Le dernier paragraphe de l'art. 42 achèvera de remplir cette leçon. Pardonnez si nous sommes aujourd'hui contraint de descendre sur le terrain des controverses. Notre désir ne fut jamais de vous initier au double scandale de l'obscurité des lois et de la contradiction des jugements.

1. Exposition historique.

I. L'Ordonnance de Blois et celle de 1673 prescrivaient les formalités requises, sous peine de déni d'action.

II. L'Ordonnance de 1673 introduisait la *nullité,* mais dans quel sens? — Savary atteste qu'il ne s'agissait pas de nullité absolue. Désuétude.

III. Le Code ne contenait pas d'abord de sanction: cette omission fut signalée. On jugea la prononciation d'une amende inefficace; la règle de l'Ordonnance fut adoptée.

2. Interprétation.

I. Effets de la nullité à *l'égard des associés.*

Trois opinions: l'une traditionnelle, l'autre réactionnaire, la troisième conciliatrice.

1. Nullité seulement en faveur des tiers et contre les associés, en sorte que ceux-ci ne puissent pas opposer la société aux tiers intéressés à la méconnaître, tandis qu'ils resteront mutuellement obligés.

2. Nullité absolue, en sorte que l'acte n'ait entre les associés, ni pour le passé,

ni pour l'avenir, et que les droits des associés soient liquidés comme s'il n'y avait eu qu'une simple communauté de fait. 3. Nullité relative entre les associés, en sorte qu'ils ne sont pas obligés d'exécuter le contrat pour l'avenir, mais il sert de base au règlement pour le passé. Cette opinion est préférable, parce qu'elle ne fait violence ni à la loi ni à la coutume.

Trois conséquences en ressortent:

I. L'acte n'étant pas nul de droit, la convention de dissolution ne serait pas nulle pour *défaut de came.*

II. La nullité ne peut être prononcée d'office.

III. La nullité peut se couvrir: par la publication tardive, de commun consentement.

Arrêt contraire de la cour royale de Lyon, 4 juillet 1827. — Nimes, 9 décembre 1829.

Mais la jurisprudence contraire est établie par Grenoble, 21 juillet 1823. — Bordeaux, 16 décembre 1829. — Cassation, 12 juillet 1825.

La nullité n'est pas, en effet, d'ordre public, ni par conséquent absolue.

Mais on n'échapperait pas à la nullité relative par une clause pénale contre l'associé qui demanderait la dissolution. II. Effets de la nullité à *l'égard des tiers.* 1. Les tiers peuvent établir de toute manière, même par témoins, l'existence de la société. Ainsi jugé à Lyon le 30 juin 1827.

2. Mais les créanciers qui se prétendent créanciers sociaux pour exclure des créanciers personnels, ne peuvent prouver l'existence de la société que par des actes réguliers: car ils agissent au nom et du chef des associés. 3. Au contraire, le créancier personnel peut méconnaître l'existence d'une société irrégulièrement formée, à moins que la formation de celle-ci ne soit antérieure à la créance. Ainsi jugé, arrêt de cassation, 16 décembre 1823. 3. Conclusion.

La multitude et la gravité des difficultés qu'on vient de parcourir serviront du moins à faire mieux comprendre le danger des omissions qui leur donnent naissance, et l'utilité des rigueurs légales qui les préviennent. Ainsi s'effacent, devant la justesse des motifs, l'énergie

des dispositions, la sévérité des répressions, les frivoles prétextes par où l'on cherche à y échapper. Le seul raisonnable serait le désir de ne point s'engager par un acte obligatoire. On y peut pourvoir en y stipulant la faculté d'une retraite volontaire. — Au fond, c'est presque toujours peur de la publicité chez des esprits peu éclairés: crainte des frais chez des esprits étroitement parcimonieux (l'impôt, c'est la mesure du droit): ou encore désir illibéral d'échapper à la Loi; car sans la Loi pas de liberté.

QUARANTE-TROISIÈME LEÇON DES SOCIÉTÉS EN COMMANDITE.

1. Notions générales.

I. La société en commandite est une création du génie industriel des temps modernes. Car, si l'antiquité a laissé dans le domaine des beaux-arts des monuments dont la grandeur nous écrase encore, nous triomphons d'elle, à notre tour, dans la carrière des arts utiles; la multiplicité, la variété infinie de nos produits éclipse le vieil éclat des pourpres de Tyr et des étoffes de l'Orient. Le glorieux sillage des galères phéniciennes s'est effacé devant les navigations de l'Espagne et de l'Angleterre, et la jeune sagesse des institutions commerciales ébauchées par nos pères a surpassé la science des jurisconsultes romains.

II. C'est ainsi qu'au moyen âge et à cette époque que la mauvaise foi du dix-huitième siècle avait flétrie du nom de barbare, on vit commencer l'alliance, inconnue jusqu'alors, de la richesse et de la naissance avec le talent pauvre et obscur, dans l'intérêt commun de la prospérité publique. — Rapprochement de la noblesse et de la roture par les Croisades: appauvrissement des seigneurs, illustration des bourgeois sous les mêmes drapeaux. — Contrat de commande.

Il consistait à confier à un marin un fonds en argent ou en marchandises pour le convertir, par vente ou par troc, en marchandises ou en argent, et à opérer ainsi plusieurs négociations successives, moyennant une commission ou une part d'intérêt.

Le *commendans* avait un privilège sur les produits de retour.

Il ne pouvait être engagé au delà des fonds confiés au *commendatarius*. Cette dernière disposition, étendue aux sociétés dans lesquelles un ou plusieurs étaient étrangers à la gestion, a fait exister la société en commandite, universellement reconnue en Europe depuis deux cents ans. Exception pour l'Angleterre: *sheping partners*. Étymologie du mot commandite. Commanditaire, complémentaire.

III. Utilité de l'institution.

1 Elle met à la disposition du commerce des capitaux plus considérables, parce qu'elle n'effraye pas la prudence et ne compromet pas l'honneur. 2 Elle rapproche et confond les rangs; elle intéresse aux développements de l'industrie ceux qui par état y sembleraient le moins appelés; elle y entretient pour ainsi dire la pureté du sang et des traditions par d'honorables alliances. Elle accroît le matériel et corrobore le personnel commercial. — Du reste, l'avantage qu'elle fait aux commanditaires est compensé par le défaut de gestion. IV. Art. 23 du Code de Commerce. — Analyse de la loi. 1. Formalités requises pour les sociétés en commandite. 2. Nature des obligations qui en résultent.

Section 2. — *Formalités requises pour les sociétés en commandite.*

I. Raison de commerce. —Nom social. L'expression N. et C" est permise. Existence morale de la société. 236.

Le nom du commanditaire n'y est pas compris. 25.

II. Rédaction par écrit: sous seing privé ou par acte authentique. 39.

1. La société en commandite étant une dérogation au droit commun, ne se présume pas; elle doit résulter d'une déclaration formelle ou de la réunion des clauses essentielles qui la constituent. La simple exclusion de la gestion, ou la seule stipulation qu'un associé ne sera pas obligé au delà de sa mise, ne suffit point pour établir une commandite. 2. Les tiers peuvent prouver que la convention de commandite était illusoire.

Mêmes règles que pour les sociétés en

nom collectif. 42.

Exceptions.

1. Les noms des associés en commandite ne paraissent point: ils ne se signent pas. 43-44.

2. Les valeurs fournies ou à fournir doivent être déclarées. — La fausse déclaration serait escroquerie. 403. — Raison de ces différences d'avec les sociétés en nom collectif. Là on ménage le crédit du commerce, ici les convenances des capitalistes.

Section3. — *Obligationsquirésidtentdelasociétéen commandite.* § I. Rapports des associés entre eux. 1. *Règles générales.* I. Deux sortes de personnes: commanditaires et commandités ou complimentaires. 23.

Ceux-ci *responsables et solidaires:* pourquoi la réunion de ces deux expressions?

«ÉLAHGES. I. 37 *Quid* lorsqu'il y a plusieurs associés solidaires? Y a-t-il pour cela deux sociétés? 24. II. Un cas seulement se présente où il n'y a que des commanditaires. Société pour la. course maritime. — Acte du Gouvernement du 21 mai 1803. 2. *Obligations des commandités.*

I. Ils sont les mandataires de leurs associés, et se trouvent à leur égard dans des rapports analogues à ceux des gérants d'une société en nom collectif avec les associés.

II. Cependant les commandités, s'engageant au delà de leurs mises, sont plus facilement présumés de bonne foi. 5. *Obligations des commanditaires.*

I. Art. 27. Motifs. Le silence de l'ordonnance de 1673;'i cet égard avait ouvert la voie à de honteux trafics. Sous le nom complaisant d'un valet qui n'avait rien à perdre, de nobles seigneurs, ruinés par la débauche et le jeu, tentaient la fortune du commerce, espérant la trouver plus indulgente que la fortune du tapis vert: puis, au jour du désastre, ils disparaissaient sous le rideau protecteur de la commandite. — A l'époque de la Révolution, on a vu des compagnies dont les intéressés, alternativement commanditaires et gérants, n'étaient connus qu'au jour du partage des bénéfices, et cessaient d'être associés quand se présentaient les créanciers

de la faillite.

II. Conséquences.

1. Le commanditaire ne peut donc faire aucun acte, non-seulement d'acquisition ou d'aliénation, mais même de simple administration. L'amitié, le lien du sang, ce besoin d'activité qui se prolonge si souvent dans la verte vieillesse d'un négociant laborieux, rien ne pourrait excuser l'intervention du commanditaire. Un père ne peut même pas agir au commerce du fils qu'il commandite. On ne peut pas cumuler les âpres jouissances du travail avec les droits paisibles du repos. 2. Le commanditaire ne peut pas être employé pour la société, même en qualité de commis; encore que généralement la mise puisse consister dans le travail de l'associé. On pourrait sans doute apporter en commandite des objets industriels, un procédé, etc. Mais on a vu condamner comme solidaire le commanditaire qui s'était réservé la tenue de la caisse et l'inspection de la partie commerciale des affaires.

III. Restrictions.

1. Le commanditaire peut traiter personnellement avec la société. — Avis du conseil d'État approuvé le 17 mai 1809.

Mais pourrait-il faire les fonctions de commissionnaire? — Question controversée.

2. Le commanditaire peut concourir aux délibérations de la société qui portent sur les affaires générales. Reddition de compte, partage des dividendes, changement de système des opérations. Il a droit à s'assurer de la loyauté des transactions faites par les gérants, d'inspecter les livres, etc. Il peut même donner son conseil pour les actes de détail. — Mais la majorité des jurisconsultes et des arrêts s'accordent à regarder comme contraire à la Loi la clause par laquelle les commanditaires réserveraient que nulle opération ne pût être faite sans leur délibération et le consentement du plus grand nombre. — Avis contraire de M. Pardessus.

IV. Observation.

Des règles qui viennent d'être exposées doit résulter un avertissement salutaire pour la trop facile condescendance de ceux qui engagent sans hésiter leurs capitaux dans les entreprises en commandite, recommandées au public par la composition honorable du conseil d'administration: 1" encore que cette composition fût sincère, les conseillers n'ayant point qualité de gérants n'offrent aucune responsabilité pécuniaire; la garantie même de leurs lumières disparaît devant cette règle, que leur avis ne peut être obligatoire; 2 on sait combien de fois l'existence même du conseil n'est qu'une sorte de figure de rhétorique de prospectus; l'art de grouper les noms est né avec l'art de grouper les chiffres.

Quelquefois c'est une complaisance arrachée par l'importunité; quelquefois c'est une surprise, un larcin véritable fait à l'insu du coopérateur indiqué. — Mêmes abus à tous les degrés de la littérature: depuis le rédacteur obscur qui fait commandite d'idées et de paroles à l'orateur officiel ou au feuilletoniste à la mode, jusqu'aux entreprises scandaleusement industrielles qui n'ont pas honte d'inscrire sur leurs enseignes les noms les plus glorieux de l'éloquence ou de la poésie. *k. De la division du capital par actions.* 38. I. En principe, les cessions de part dans la société en commandite devraient se régler d'après les maximes générales en matière de société. Et l'on y distinguerait, comme dans toutes, des cessionnaires véritables et des croupiers. I. Mais le capital peut être divisé en actions transmissibles à volonté.

Alors, 1" la mise est réputée versée de plein droit dans la caisse sociale jusqu'à preuve contraire.

2 Les cessionnaires remplacent de droit les cé-

dants, et les héritiers leurs auteurs.

III. Si les gérants ont des actions, 1 Elles ne doivent pas compter dans le capital de la commandite; 2" Il ne peuvent pas, en les transférant, transférer leur gestion et leur responsabilité.

IV. Les actions peuvent-elles avoir la forme d'un titre au porteur? Paris, 7 février 1832. Affaire Armand Lecomte.

1. Pour l'affirmative, Odilon Barrot et Dupin jeune.

I. Texte de l'art. 38. Ancien droit. Law.

II. Versement immédiat.

III. Preuve de l'immixtion par toutes les voies de droit.

Que cette disposition n'est pas essentielle.

2. Pour la négative, Persil et Dupin aîné *(Rara est concordia fratrum.)*

I. Société de personnes.

II. Art. 26. Versement des mises.

III. Art. 28. Pas de gestion.

IV. Art. 38.

QUAROT-QU.YTRIÈME LEÇON

§ II. Rapports de la société en commandite avec les tiers. 1. De la part du commandité.

Il est responsable de sa gestion: et ses obligations sont égales à celles d'un associé en nom collectif.

2. De la part du commanditaire.

I. *Obligations normales du commanditaire resté dans la position que la loi lui a faite. 1.* Mise: I. Le commanditaire doit l'apport de sa mise.

II. Il doit sa mise à son co-associé complimenta ire.

III. Il la doit aux tiers créanciers de la société, directement et personnellement. . Car l'associé commanditaire n'en est pas moins associé. Co-propriétaire du fonds social, co-débiteur par conséquent. 2. Il s'est engagé par l'acte de société rendu public. (Controversable.)

IV. Par conséquent il ne peut pas opposer aux tiers créanciers la compensation de ce qui lui serait personnellement dû par le commandité. 11 ne peut pas non plus exiger la discussion préalable de l'associé commanditaire.

V. Cependant les condamnations prononcées contre la société ne sont pas immédiatement exécutoires contre lui.

2. Prêts: I. Les créances de toute nature que le comman ditaire peut avoir contre la société, et les versements qu'il y a faits au delà de sa mise, le constituent dans les mêmes droits que les autres créanciers. II. Compte courant obligé. — Distinction s'il y a eu bonne ou mauvaise foi. 5. Intérêts. Sous le régime de l'ordonnance de 1673, les intérêts étaient regardés comme légitimement perçus et consommés de bonne foi: il en serait de même aujourd'hui. 4. Bénéfices. Deux opinions. I. Système de Locré, Fremery, etc. — Les bénéfices

ne sont pas sujets au rapport. . Les bénéfices passés sont réputés consommés. 2. Le commanditaire obligé de les rapporter perdrait plus que sa mise. 3. On découragerait les capitalistes par l'incertitude de leur position. 4. Le commanditaire ne devant que sa mise, tout ce qui lui appartient, en dehors de sa mise, dans la société, est une dette pour laquelle il a tous les droits d'un créancier ordinaire. 5. Autorités. Discussion au conseil d'État. Arrêt de cassation, 11 février 1810.

II. Système de Delvincourt, Persil fils, etc.

1. La société est une chance indivisible. — Elle crée un être moral dont les associés recueillent en quelque sorte la succession, l'un pure et simple, l'autre sous bénéfice d'inventaire. 2. H n'y a donc de bénéfices que liquidation faite: *Bona non inteliiguntur nisi deducto xre alieno.* — Les bénéfices prélevés sont des anticipations. La règle stricte voudrait qu'on attendît la dissolution de la société. Il ne peut pas dépendre des parties de rendre ainsi leur condition meilleure. 3. Le commanditaire qui aurait retiré en bénéfices autant que sa mise, ne la perdrait réellement pas. Il pourrait gagner quand la société faillirait. 4. Danger d'une pareille doctrine. Incertitude des liquidations provisoires. 5. Autorités. Plusieurs anciens textes législatifs. Plusieurs commentateurs de l'ordonnance de 1673. Deux arrêts de Rouen et de Paris. 11. *Obligations exceptionnelles du commanditaire qui s'e&t immiscé à la gestion.* . On peut établir par toutes preuves, même par témoins, les faits d'immixtion. 2. La conséquence en est de frapper le commanditaire de solidarité.

Cependant: I. Il ne s'ensuit point qu'on lui doive attribuer la qualité de commerçant: 1. Car, en faisant quelquesactesde gestion, il n'a pas exercé la profession habituelle (art. I'); 2. Ce serait infliger une peine non écrite dans la Loi; 5. Ce serait frustrer les tiers. II. Ni que le commanditaire ait cessé d'être tel à l'égard du commandité. Il est au contraire subrogé, dans la faillite du commandité, aux créanciers qu'il aurait payés.

Mais il est obligé solidairement, même aux dettes antérieures à son immixtion.

QUARANTE-CINQUIÈME LE-ÇON

DERNIÈRES OBSERVATIONS SUR LES SOCIÉTÉS EN COMMAN-DITE.

La dernière leçon a été consacrée à l'étude des rapports qui existent entre les associés en commandite et les tiers créanciers de l'association. Ces rapports varient comme la position légale des personnes qu'ils mettent en présence. Les obligations du commandité le laissent confondu dans la foule des débiteurs commerciaux; comme eux il répond de l'exécution intégrale de ses engagements sur sa fortune, sur son honneur, sur sa liberté. La Loi fait une condition moins rigoureuse à l'associé commanditaire; elle ne lui demande d'autre sacrifice que celui de sa mise; enjeu limité, que la faveur d'une chance heureuse aurait pu lui rendre accru de considérables bénéfices, et qui, dans la plus fâcheuse des hypothèses, formera néanmoins pour lui le maximum de la perte.

1. Mise. Elle est due aux créanciers de la société directement et person nellement. 2. *Prêts.* Les versements faits par le commanditaire au delà de sa mise le constituent créancier ordinaire. 5. *Intérêts.* La jurisprudence en tolère la perception tant qu'il n'y a pas perte constante. i. *Bénéfices.* Le commanditaire en doit-il le rapport en cas de faillite? — Deux opinions. 1. Le commanditaire obligé de rapporter, perdrait plus que sa mise, cl d'ailleurs tout ce qui lui revient dans la société, au delà de sa mise, ne constitue qu'une simple créance. 2. *Contra.* La question est précisément de savoir s'il lui revient quelque chose.

Le commanditaire qui retirerait les bénéfices pourrait recouvrer ainsi sa mise et plus.

Il n'y a de bénéfices que liquidation faite. — Comparaison de la liquidation avec une succession. Obligations exceptionnelles du commanditaire immiscé à la gestion.

1. Il devient solidaire. 2. Mais non pas *ipso facto* commerçant. Arg. de l'art. 1. 3. Ni précisément associé eu nom collectif. h. Mais il est obbgé aux dettes mêmes antérieures à son immixtion.

Vous pardonnerez, messieurs, si encore une fois j'ai cru ici devoir mettre sous vos j eux le spectacle des contradictions de la jurisprudence. Le scandale n'est que pour les faibles. Les esprits élevés n'y trouveront qu'une leçon de plus.. . Quand la sciencede jurisconsultes hésite, quand la sagesse des tribunaux semble défaillir, le commerce, réduit à se protéger et à s'éclairer lui-même, ne saurait le faire qu'en redoublant de lumières et d'énergie, de prudence et de loyauté. — D'ailleurs les obscurités de la doctrine et les difficultés de la pratique peuvent seules conduire à comprendre la nécessité des reformes législatives qui peuvent dissiper les unes et trancher les autres. Et nous ne pouvons pas achever cette matière sans exprimer notre pensée sur les tentatives réformatrices dont les sociétés en commandite par actions ont naguère été l'objet.

§ . *Faits généraux.* Débordement de la mauvaise industrie. —

Exploitation du crédit public.

I. Exploitation des commanditaires par les commandités.

. Appréciation excessive des mises de fonds industrielles ou immobilières. Traitements. 2. Vente des actions industrielles, disparition des gérants.

II. Exploitation des commandités par les commanditaires.

4. Choix d'un gérant sans solvabilité. Attribution d'une quotité dérisoire.

2. Gestion sous le titre de conseil administratif.

III. Exploitation des tiers par les sociétaires.

1. Négociation des actions avant toute opération. 2. Frais de propagation, publicité. — Sociétés sans existence ou impossibles. — Agiotage. 3. Dividendes sans bénéfices. 4. Actions au porteur. Versement partiel. Gérants actionnaires. Les créanciers dépouillés et désarmés à la fois.

§ 2. *Systèmes divers de réforme législative.*

I. Suppression totale de l'art. 38.

II. Autorisation préalable.

Inconvénients de ces deux systèmes qui anéantissent la société en commandite par actions. — Contrairement à la liberté, à l'utilité du commerce.

III. Législation spéciale.

1. Pour éviter ia première catégorie d'inconvénients:

1 Faire évaluer l'apport du commandité; 2 Frapper d'intransmissibilité ses actions industrielles. 2. Pour la seconde espèce de spéculation: Proportion dans la mise du commandité;

2 Attributions fixes du conseil de surveillance.

3. Pour les dangers que courent les intérêts des tiers: 1 Interdire la négociation des actions avant qu'elles aient produit; 2 Interdire les dividendes sans réalité en forçant le commanditaire au rapport; 3 Interdire les actions au porteur.

Il vaut mieux faire une loi nouvelle que de couper court en effaçant les anciennes.

La question n'est point surannée; elle n'a pas cessé d'être à l'ordre du jour. Il est vrai que la crédulité publique a été détrompée par l'éclat même des déceptions. Il est vrai que la comédie et la satire ont flagellé sévèrement... et que la verve d'Aristophane, prenant une forme nouvelle, a poursuivi d'un crayon vengeur les Plutus de nos jours.

Mais d'autres dangers ont succédé aux anciens. Et d'ailleurs si dans Athènes on put abandonner à la comédie et à la satire la police de la cité, il n'en peut pas être ainsi parmi nous; ce n'est pas à ces deux Muses, trop souvent souillées de fange, que nous abandonnerons la garde des mœurs publiques; elle appartient à un génie plus irréprochable et plus sévère, celui de la Loi.

QUARANTE-SIXIÈME LEÇON
DE LA DISSOLUTION DES SO-CIÉTÉS.

La dissolution des sociétés est un fait périodique qui doit résulter d'une cause légale.

Ces causes légales sont: la force des choses, qui dissout de plein droit; l'accord des associés, qui dissout conventionnellement; la demande d'un ou plusieurs, qui provoque la dissolution judiciaire.

Section I. — *Dissolution de plein droit*, 1865.

Elle a pour effet de rompre immédiatement les rapports sociaux et de constituer les associés en simple communauté d'intérêts.

1. *Par l'avènement du terme ou de la condition. 2. Parla consommation de la négociation proposée.*

I. Difficulté s'il y a à la fois fixation d'un terme et détermination d'une affaire.

II. Difficulté si des changements ont été faits dans le plan ou devis.

3. *Par la mort naturelle ou civile de l'un des associés.*

I. La société étant une agrégation, non-seulement de capitaux, mais surtout de personnes,

La mort d'un associé ne fait pas nécessairement passer son titre sur la tête de l'héritier, et, d'autre part, les associés survivants ne peuvent pas être contraints de continuer la société avec des conditions et dans des proportions qui ne seraient plus les mêmes.

II. Ce principe, incontestable pour les sociétés en nom collectif, s'appliquerait même aux commandites. La personne du commandité importe au commanditaire et réciproquement, le commanditaire ayant droit à une sorte de surveillance qui peut être plus ou moins onéreuse au commandité. La position du commanditaire n'est point celle d'un simple prêteur, dont le prêt subsiste même après sa mort jusqu'au terme convenu.

III. Il en est autrement: 1 Pour les sociétés anonymes; 2 Pour les sociétés en commandite par actions; 3 Pour les associations en participation où l'on n'a pas considéré spécialement le travail personnel de l'un des associés.

ii' Pour toutes sociétés, si on a stipulé la continuation. 1868. — En ce cas, l'héritier, même mineur, se trouvera engagé. Il n'en serait pas de même du légataire.

Mais la gestion n'est pas héréditaire, à moins de disposition formelle.

4. Par *la mort civile, l'interdiction ou la déconfiture de l'un d'eux.* — Les deux dernières clauses ne sont que facultatives. 5. *Par l'extinction de la chose qui fait le fonds social.* 1867.

I. Si la totalité de la chose sociale a péri, la société est dissoute.

II. Si c'est une partie seulement et dont la société eût la propriété, elle subsiste.

III. Mais si la société n'en avait que l'usage, elle est dissoute.

IV. *Quid* pour une société où les uns doivent fournir des capitaux, les autres leur industrie? — Distinctions selon que les fonds ont été stipulés limités ou illimités. Section II. — *Dissolution conventionnelle.* 1. Elle doit être unanime, à moins que l'acte constitutif n'en ait autrement disposé.

2. Elle doit être rédigée et rendue publique, dans les mêmes cas, dans les mêmes formes et sous les mêmes sanctions que l'acte constitutif. 46, Com.

Section III. *Dissolution judiciaire.* (Les arbitres la prononcent.) § I. Par la seule volonté d'une partie. 1869-1870.

I. Elle a lieu quand il n'y a ni temps limité, ni objet désigné, et alors la société peut être dissoute encore qu'elleTait été convenue par contrat de mariage.

II. Elle n'aurait pas lieu si les parts étaient cessibles. — Ni par conséquent dans les sociétés par actions.

III. Elle suppose opportunité et de bonne foi. Importunité s'il s'agit d'un objet d'art.

IV. Elle nécessite notification par huissier ou par acte sous seing privé. — Assigner sur la validité, sans quoi l'associé se mettrait à la merci des autres.

V. Mais un associé peut-il, sans cause alléguée, en se soumettant à des dommages-intérêts, provoquer la dissolution d'une société à temps limité?

Arrêt de Lyon.

Objections.

Réponses.

Autorité conforme de M. Pardessus. § 2. Par une demande fondée sur des causes alléguées. 1871. I. Faillite de l'un des associés. 1865.

1. La dissolution peut être provoquée parles co-associés qui n'ont plus de garantie. 2. Mais il n'en serait pas ainsi pour un commanditaire qui aurait fait sa mise; la société ne court plus de risque. 5. Encore moins si le failli était un simple actionnaire. *A. Qiiid* pour le failli ou pour les créanciers qui le représentent? 1 Ils y ont intérêt. 2 Ils ont la lettre de la loi, 1865. Assimilation à la mort. 5 Ils réclament un droit réciproque. Mais les créanciers représentent le failli et n'ont que ses droits.

La faillite est le fait du failli, qui ne peut se dégager par son fait.

L'inexécution d'un engagement ne donne point à l'inexécutant le droit de le rompre.

Analogie de 1613, 1654.

Arrêt conforme: Cassation, 1830.

II. Inexécution des engagements.

Dommages-intérêts s'il y a eu force majeure. Le droit n'existe ici que d'une part.

III. Interdiction.— La résolution serait facultative.

IV. Infirmité habituelle. — Demande réciproque.

QUARÀMMPTIÈME ET DERNIÈRE LEÇON

EFFETS DE LA DISSOLUTION DES SOCIÉTÉS.

Section I. — *Effets de la dissolution entre les associés.*

§ I. Liquidation. Silence de la législation sur ce point. (1872 et 1873, Civ. — 64, Commerce.) Demande du tribunal de commerce de Lyon.

1. *Liquider,* c'est dégager l'actif brut des dettes qui le grèvent, afin d'arriver à l'actif net.

Le moyen d'y parvenir est de vendre les marchandises, de réaliser les créances, de payer les dettes.

2. *Désignation du liquidateur;* elle se fera:

I. Par l'acte de société,

II. Par convention ultérieure,

III. Par les arbitres. — Les arbitres préféreront Les survivants aux héritiers du défunt; Celui qui a créé l'établissement; Celui qui a fait la plus forte mise ou les plus considérables avances; Celui qui est le premier dans la Raison de commerce, etc.

Dans tous ces cas, il importo peu qu'un acte constate la qualité du liquidateur.

Il peut encore se faire que la liquidation s'exécute en commun.

5. *Pouvoir du liquidateur.*

I. Ses fonctions sont celles d'un mandataire; il a tous les pouvoirs et les seuls pouvoirs nécessaires pour l'accomplissement de son mandat, qui est de liquider. — Il n'est pas exact de dire qu'il ait tous les droits de la société.

II. Il peut donc vendre, mais non acheter, vendre les marchandises, mais non les immeubles, ni les créances.

III. Il peut faire tous les actes conservatoires. — Il peut être chargé de continuer les opérations commencées.

IV. 11 peut payer les créanciers sur les deniers de la caisse sociale; il peut, quand elle est vide, tirer des lettres de change sur ses co-associés; mais on conteste qu'il puisse faire des négociations et des emprunts.

V. Il n'a pas le pouvoir de transiger ni de compromettre. 1789. —Cassation, 15 janvier 1812. Paris, 18 juin 1828. Doute.

VI. Il ne transmet pas ses fonctions à ses héritiers; il ne peut se substituer quelqu'un sans le consentement do ses co-associés.

ii. Devoirs du liquidateur.

I. Il devra faire précéder son entrée en fonctions d'un inventaire exact de l'actif et du passif.

II. Il sera convenable de dresser des états de situation pour informer les associés. Le dernier de ces états, signé de tous les associés, contient la décharge du liquidateur.

III. Le liquidateur est responsable de son dol et de sa faute grave, 1992, par conséquent du défaut de diligences pour les créances à réaliser, etc.

IV. La liquidation se fait aux frais de la société.

§ II. Règlement des créances et dettes des associés envers la société.

1. *Compte de gestion.*

Les gérants doivent compte; ils le rendront en l'établissant par les livres et pièces justificatives; seulement leur qualité d'associés pourra faire qu'on n'use pas de rigueur.

2. *Apports et rapports:*

I. De la mise non réalisée. Art. 1846.

II. De ce qu'on aurait reçu des débiteurs, 1849. — De ce qu'on aurait vendu ou bénéficié. 1846.

III. De ce qu'on aurait reçu sur des bénéfices apparents.

5. *Dommages-intérêts.* 1850. — Celui qui aurait cautionné un associé pour sa mise, n'est pas tenu des obligations secondaires. 4. *Remboursements des déboursés.* 1852. —Les intérêts courent du moment où les avances ont été faites. — Frais de voyage, indemnités de déplacement. 5. *Réparation des torts soufferts pour les affaires de la société.* Avances, rançons, vols. — Toutefois on n'appréciera que les dommages inévitables. 6. *Payement des cféances particulières de chaque associé,* soit à titre de compte courant obligé ou libre, soit à titre de simple prêt. 7. *Reprise d'apport.*

I. Elle aura lieu si l'associé n'a pas prétendu aliéner sa mise. Cette question offre le plus grand intérêt quand les mises sont inégales, et que les parts sont égales dans les profits et pertes.

Dans le doute, on doit communément supposer que chacun reprend sa mise: exceptions.

II. Elle s'exécutera différemment selon que les choses ont été remises à la société, de façon qu'elle pût en disposer, ou qu'elles sont restées au risque de l'associé.

Toutes condamnations prononcées en pareille matière importent contrainte par corps, mais non solidarité.

Les conventions sociales peuvent modifier arbitrairement le règlement naturel des dettes et créances. § III. Partage.

Les règles du Partage sont tracées au titre des successions, 815 et suivants.

1. *Formes générales.*

I. Si tous les associés sont présents et majeurs, le partage se fait dans telle forme qu'il leur plaît.

II. S'il y a des associés absents ou des héritiers mineursd'un associé, le partage doit se faire en justice," dans la forme civile. — Autrement, le partage est provisionnel.

III. Si les associés ne s'entendent point, le partage doit avoir lieu en présence d'arbitres. 51.

IV. *Quid* si les formes du partage ont été indiquées dans l'acte constitutif de la société? Il faut s'y tenir. —*Contra.* Rouen, juin 1806.

Dans tous les cas, il n'y a pas lieu à l'apposition des scellés.

2. *Droit des créanciers personnels d'un associé* pour intervenir au partage. 3. *Composition et tirage des lots.* 832, 835, 834, 827. — Ceci s'appliquerait aussi aux marchandises. 842. Titres. 4. *Effets du partage.*

I. Rescision pour lésion de plus du quart. 887. — Dix ans pour la demander.

II. Garantie mutuelle. 834. — L'inscription prise dans les soixante jours conserve le privilège de l'associé contre ses eo-associés.

III. Le partage est déclaratif et non translatif de propriété. 883.

1. *Déclaratif,* par conséquent il peut rendre immobiliers des droits précédemment mobiliers. 2. *Non translatif,* conséquences pour les hypothèques.

Les créanciers hypothécaires de l'un des associés ne pourront inquiéter l'adjudicataire.

Mais les créanciers hypothécaires de la société primeraient les créanciers personnels de l'associé devenu propriétaire.

Section II. *Effets de la dissolution à l'égard des tiers. . Publicité. .* i. La dissolution doit être rendue publique comme la formation de la société, excepté seulement si l'acte constitutif déterminait une époque fixe pour la dissolution.

2. De l'omission de cette formalité résulterait pour les tiers la présomptidn de continuation. Les créanciers personnels pourraient attaquer la dissolution faite en fraude de leurs droits. 3. L'associé qui *continue le commerce* et qui est autorisé à garder le nom et le fonds de l'établissement, n'en doit pas user de manière à tromper les tiers. L'abus de la signature sociale constituerait un faux.

II. *Ordre des créances.*

Les créanciers de la société, pour ce qui concerne les biens sociaux, priment les créanciers personnels de l'associé et même sa femme. Mais l'immeuble du mari, atteint de l'hypothèque légale de la femme et postérieurement apporté dans la société, continue d'être frappé d'hypothèque légale.

III. *Prescription.* — Contre la société, elle n'est limitée que par les règles ordinaires.

Après la dissolution, *distinction*.

I. Contre les associés liquidateurs, la règle ordinaire subsiste.

II. Contre les non-liquidateurs, les actions sont prescrites par cinq ans, à cause de l'impossibilité pour eux d'avoir à leur disposition les pièces justificatives.

Cette prescription court même contre les mineurs et n'est point sujette à la restriction du serment.

Mais le liquidateur poursuivi peut agir en garantie contre les associés; seulement il ne peut agir solidaire «rtUNGES. 11. 38 ment, et peut être repoussé par des exceptions toutes personnelles.

S'il n'y a pas eu de liquidateurs nommés, tous sont présumés l'être. (Exception en faveur des commanditaires.)

Ainsi nous avons parcouru les trois phases par lesquelles passent les Sociétés de Commerce, comme toutes les institutions, comme toutes les choses humaines: formation, existence et dissolution.

Il resterait à nous entretenir de l'arbitrage forcé, tribunal domestique appelé à prononcer sur les litiges qui trop souvent s'introduisent entre les associés. — Mais l'arbitrage aura sa place naturelle dans l'énumération des juridictions commerciales. Aujourd'hui il est temps d'achever cette carrière annuelle, déjà trop prolongée à travers une saison dont l'extrême chaleur a déconcerté l'assiduité d'un grand nombre, et rend la vôtre trop méritoire.

Vous avez traversé courageusement ces premiers chemins de la science, sans vous décourager des épines de la route et de l'inexpérience de celui qui était votre guide: témoins de ses hésitations premières, vous lui avez rendu facile une mission qui intimidait. Recevez-en,

messieurs, de sincères remercîments. Ces remercîments ne s'arrêteront pas dans cette enceinte, ils iront plus loin; ils s'adresseront aussi aux notabilités qui, plus d'une fois, ont bien voulu de leur présence encourager nos leçons, aux autorités administratives, commerciales et universitaires dont le triple patronage n'a cessé de nous environner. Ces souvenirs ne resteront pas sans fruit, médités dans des mois de repos qui ne seront pas stériles. Ils nous ramèneront dans cette chaire avec une ardeur plus vive, avec de nouvelles lumières. — Heureux si ces leçons, en contribuant à répandre la connaissance de nos Lois, en propageaient aussi le respect et l'amour: car les Lois sont l'âme de la patrie, c'est la patrie morale, bien plus encore digne de nos affections que le sol et le ciel où nous naissons pour mourir.

Ces lois peuvent être défectueuses parce qu'elles sont perfectibles, mais elles n'en sont pas moins l'expression, les héritières de quatorze cents ans d'un glorieux passé, les ouvrières de longs siècles de prospérité future. TABLE DES MATIÈRES

Et si ces vœux vous semblent trop ambitieux pour la sphère modeste (1)... (1) Là s'arrête le manuscrit autographe. Ozanam s'en était fié à l'inspiration du moment et de l'auditoire pour achever sa quarante-septième leçon. Ce devait être seulement la dernière leçon de l'année; ce fut la dernière du Cours.

Peu de mois après, un concours s'ouvrit à Paris pour le titre d'agrégé à la Faculté des Lettres. Ozanam se laissa tenter par cette joute d'un ordre élevé et il en sortit vainqueur. Alors, M. Fauriel, professeur de littérature étrangère à la Sorbonne, lui offrit sa chaire, et Ozanam abandonna l'enseignement de la Jurisprudence pour celui des Lettres.

Qui voudrait lui en fdire un reproche? Félicitons-nous toutefois de ce qu'il n'a pas renoncé à cette austère étude du Droit sans y avoir fait ses preuves et sans y laisser sa trace, ne fût-ce là qu'une protestation de plus contre le préjugé qui tend à s'introduire de l'incompatibilité radicale du sens littéraire avec le sens juridique.

Foissel.

FIN DU TOME HUITIÈME ET DERNIER

FIN DE LA TAULE.

AVIS AU RELIEUR

La liste des Souscripteurs devra être placée dans le premier volume à la suite de la dédicace.

Lightning Source UK Ltd.
Milton Keynes UK
UKOW06f2255131114

241594UK00011B/289/P